21世纪应用经济学精品成果系列

# 企业会计制度设计理论与方法

QIYE KUAIJI ZHIDU SHEJI
LILUN YU FANGFA



刘德道◎著

企业是国民经济的基本单位。在竞争日益激烈的市场经济条件下，企业面临着许多的风险。如何加强内部控制，防范风险，提高经济效益，成为现代企业生存和发展的基本任务。我国2006年发布的《企业会计准则》和2008年发布的《企业内部控制制度基本规范》，标志着我国会计准则的国际趋同和企业内部控制制度规范体系的建设取得了重大突破。如何设计出符合自身业务特点和管理要求的会计制度，成为现代企业的一项重要的基础性工作。

中国经济出版社
CHINA ECONOMIC PUBLISHING HOUSE
北京

**图书在版编目（CIP）数据**

企业会计制度设计理论与方法/刘德道著

北京：中国经济出版社，2011.7

ISBN 978－7－5136－0611－0

Ⅰ.①企… Ⅱ.①刘… Ⅲ.①企业管理—会计制度 Ⅳ.①F275.2

**中国版本图书馆 CIP 数据核字（2011）第 049340 号**

责任编辑 孙晓霞 伏建全

责任审读 霍宏涛

责任印制 张江虹

封面设计 巢新强

**出版发行** 中国经济出版社

**印 刷 者** 三河市佳星印装有限公司

**经 销 者** 各地新华书店

**开　　本** 787mm×1092mm 1/16

**印　　张** 19

**字　　数** 405 千字

**版　　次** 2011 年 7 月第 1 版

**印　　次** 2011 年 7 月第 1 次

**书　　号** ISBN 978－7－5136－0611－0/G・1532

**定　　价** 34.00 元

**中国经济出版社** **网址** www.economyph.com **社址** 北京市西城区百万庄北街 3 号 **邮编** 100037

本版图书如存在印装质量问题，请与本社发行中心联系调换（联系电话：010－68319116）

# 前言 • PREFACE

企业是国民经济的基本单位。在竞争日益激烈的市场经济条件下，企业面临着许多的风险。如何加强内部控制，防范风险，提高经济效益，成为现代企业生存和发展的基本任务。我国2006年发布的《企业会计准则》和2008年发布的《企业内部控制制度基本规范》，标志着我国会计准则的国际趋同和企业内部控制制度规范体系的建设取得了重大突破。如何设计出符合自身业务特点和管理要求的会计制度，成为现代企业的一项重要的基础性工作。作者在总结多年研究和教学经验的基础上，撰写了《企业会计制度设计理论与方法》一书。

本书以《中华人民共和国会计法》、《企业会计准则》、《企业内部控制制度基本规范》和《内部会计控制规范》等法律法规为依据，阐述了企业内部会计制度设计的基本理论和基本方法，探讨了企业主要会计制度设计和主要会计处理事务制度设计的内容和方法。本书的主要特色体现在以下几个方面：

1. 内容具有一定的新颖性和前瞻性

创新是本书的一个基本特点。本书围绕我国最新会计制度的内容和要求，力求阐述企业会计制度的新内容，吸收了理论界和实际工作者的最新研究成果以及国外相关的研究内容，具有一定的创新性和学术前瞻性。

2. 注重理论联系实际，可操作性强

本书集理论性和实践性于一体，在阐述了会计制度设计的基本理论和基本方法的基础上，紧紧围绕企业会计工作的实际进行设计，且引用了许多上市公司成功的会计制度设计案例，便于会计实际工作的借鉴和应用。

本书是山东省高校优秀骨干教师国际合作培养项目的研究成果之一。在编写过程中，得到了美国纽海文大学米勒教授和约瑟夫教授的帮助；得到了临沂大学商学院和商学院会计系老师们的大力支持，老师们对相关内容进行了全面、细致的审核；借鉴参考了许多专家学者的研究成果，在此表示诚挚的谢意！同时，感谢中国经济出版社对本书出版的大力支持！

由于水平有限，书中难免存在不足之处，敬请广大读者提出宝贵意见，谢谢！

对本书的意见与建议，请发电子邮件至 sxyxgk@163.com。

编　者

2011年3月

# 目录 · CONTENTS

## 第一篇 企业会计制度设计的理论

第一部分 企业及其组织形式 / 1
第二部分 会计制度与企业会计制度 / 8
第三部分 企业会计制度设计的含义 / 12
第四部分 会计制度设计的依据 / 14
第五部分 企业会计制度设计的指导思想 / 15
第六部分 企业会计制度设计的原则 / 16
第七部分 企业会计制度设计的要求 / 17

## 第二篇 企业会计制度设计的方法

第一部分 企业会计制度设计的种类 / 19
第二部分 企业会计制度设计的内容 / 20
第三部分 企业会计制度设计的人员和方式 / 23
第四部分 企业会计制度设计的程序 / 25
第五部分 企业会计制度设计的方法 / 28

## 第三篇 企业主要会计制度设计

第一部分 企业会计制度总则设计 / 31
第二部分 企业会计组织系统设计 / 32
第三部分 会计要素和会计科目设计 / 47
第四部分 会计凭证设计 / 68
第五部分 会计账簿设计 / 77
第六部分 财务会计报告设计 / 88
第七部分 会计核算组织程序设计 / 111
第八部分 会计档案管理设计 / 117
第九部分 企业内部会计监督与内部稽核制度设计 / 124
第十部分 会计电算化制度设计 / 134

# 第四篇　企业主要会计事务处理制度设计

第一部分　货币资金处理制度设计 / 149
第二部分　筹资与投资业务制度设计 / 163
第三部分　采购与付款业务制度设计 / 174
第四部分　销售与收款业务制度设计 / 183
第五部分　成本费用业务制度设计 / 193
第六部分　存货业务制度设计 / 223
第七部分　固定资产业务制度设计 / 234
第八部分　工程项目业务处理制度设计 / 247
第九部分　预算管理制度设计 / 262
第十部分　担保业务处理制度设计 / 274
第十一部分　责任会计制度设计 / 282
参考文献 / 295

# 第一篇　企业会计制度设计的理论

## 第一部分　企业及其组织形式

### 一、企业的概念

“企业”一词并非来源于我国的古代，和其他一些现在已经广泛使用的社会科学词汇一样，是在清末变法之际，由日本借鉴而来。而日本则是在明治维新以后，从西文翻译引进的。与企业一词相对应的英语称为“enterprise”，由“enter-”和“-prise”两个部分构成，前者具有“获取、获得、开始享有”的含义，可引申为“结果、赢利、收益”；后者则有“撬起、撑起”的意思，引申为“杠杆、工具”。两个部分结合在一起，表示“获取赢利的工具”。日本在引进该词时，意译为“企业”，表示商事主体企图从事某项事业，且有持续经营的意思。据此，可以认为，企业一词在语源意义上是作为权利客体存在的，它是“主体从事经营活动，借以获取赢利的工具和手段”。

企业是依法设立的，从事生产、流通、服务等经济活动，实行自主经营、独立核算，具有法人资格的营利性经济组织，是构成国民经济的基本单位。

### 二、企业的产生和发展

企业是一个历史范畴，它是社会生产力发展到一定水平的产物，是劳动分工和商品生产发展的产物。

在原始社会，生产力十分低下，人们劳动的产品十分有限，只能够维持人们生存的基本需要，有时甚至连基本需要也保障不了。产品没有剩余，没有商品，没有商品经济，也就没有企业。

在奴隶社会和封建社会，自给自足的自然经济占统治地位，社会生产和消费主要是以家庭为经济单位，或以手工劳动为基础的作坊，它们也都不是企业。

在资本主义社会，随着生产力的提高和商品经济的发展，家庭经济单位和作坊被一种更高生产效率的经济单位——企业所取代，其特征是由资本所有者雇用工人，使用一定的生产手段，共同协作，从事生产劳动，从而极大地提高了生产效率。企业构成社会的基本经济单位。

最早出现的企业形式是工业企业。工业企业的早期发展经历了三个阶段，即资本主义手工业作坊、手工业工场和工厂企业。手工业作坊是一种简单协作劳动的组织形式，是工厂企业的萌芽。手工业工场是以专业化分工为基础形成的，具有比手工业作坊规模更大的社会化大生产组织形式，它是企业的初期形态。18 世纪 60 年代开始的资本主义“产业革命”产生了以机器为基本生产手段的工厂。1769 年水力纺织机发明并使用以后，世界上出现了第一个棉纺厂，随后资本主义手工业工场普遍向工厂这种生产组织形式过渡。这种工厂就是工业企业的近代形式。在大量工厂涌现后，向社会各个方面联络，企业从早期的工业领域迅速扩展到商业、建筑、金融、采掘、运输、邮电等各个领域。产业革命以后，随着技术革命和剧烈的市场扩张，资本主义生产开始全面向大机器体系生产过渡，传统的手工业工场也相应向大机器工厂转化。企业的生产经营规模迅速扩张，出现了一批大型工厂，工厂制企业的发展为以雇用专职经理为特色的现代企业的诞生奠定了基础。

随着交通运输和通信网络的发展，出现了现代方式的大量生产和大量分销，与之相适应的大规模产销企业也随之出现。19 世纪末，资本主义由自由竞争向垄断过渡，企业之间的竞争加剧。为抵御市场竞争和经济危机，企业纷纷采取股份公司的形式，现代企业进一步成长壮大，现代公司应运而生。公司（corporation 或者 company）是企业的组织形式，为经营工商业企业（如合伙经营或股份公司）联合的团体。清代魏源著《筹海篇四》中说："公司者，数十商輳资营运，出则通力合作，归则计本均分，其局大而联。"进入 20 世纪后，公司成为社会经济中最具影响力的组织形式。随着发展，其经营地域不断扩展，出现了跨国经营。第二次世界大战后，从 20 世纪 50 年代起，随着主要资本主义国家对外直接投资迅速增长，跨国公司的数目和规模有了空前发展。跨国公司的大发展是当今生产国际化、市场全球化趋势的必然结果。在新技术革命和国际经济发展的直接影响和作用下，跨国公司已成为当代科学技术、国际经济和国际贸易中最活跃、最有影响的力量。目前，跨国公司的总产值已占到资本主义世界总产值的 1/3 以上，它们控制着 50％的国际贸易、80％的工艺研制，其发展势头有增无减。像通用汽车、沃尔玛、IBM、三菱贸易、松下电器、富士胶卷等大型跨国公司的触角已几乎延伸到世界的各个角落。世界最大的 500 家企业几乎都在进行跨国投资和经营。

综上所述，伴随着市场经济的发展，企业得到不断发展壮大和完善。同时，企业的变革也推动着社会经济的发展。企业已成为现代社会经济活动中的一支强大力量。企业的改革和发展是实现经济发展、提高人民生活水平的重要途径。企业发展，则国家兴旺。

## 三、企业的特征

虽然不同类型的企业，都有它们各自的某些特征。但是，不同的企业却都具有以下共同的一般特征。

### （一）经济性

企业是经济组织，它在社会活动中所从事的是经济活动，以谋求利润为目的。企业是市场中的经营主体，它提供自己生产的产品或劳务，通过商业性交换来满足社会的需要，并从中获得利润。企业必须获得利润，才能进行扩大再生产，才能提高职工的生活水平，企业才能发展。企业只有有了赢利，国家的税收才有保证，国家的发展就有了保障，等等。因此，企业的经济性是它区别于从事非经济活动的政府机关、政治组织、事业单位、群众组织和学术团体等非经济组织的最本质的特征。

### (二)社会性

企业是一个社会组织。从商品生产的角度看,企业所从事的生产经营活动是社会化大生产的一个组成部分。企业生存于社会之中,必须承担一定的社会责任。企业不但要通过提供产品或服务来满足顾客和用户的需要,而且还要满足股东、银行、职工、供应商、交易对象、同行业竞争者、政府、社区及周围居民等一切与之相关的社会团体的需要。企业的社会责任还表现在治理和防止环境污染、节约国家资源、为社会提供就业机会和为社区建设做出贡献上等各个方面。

### (三)独立性

企业是独立自主从事生产经营活动的经济组织,在国家法律、政策允许的范围内,企业拥有或者控制独立的资产,自主决定生产经营活动,且不受其他主体的干预。企业实行独立核算、自负盈亏。企业必须遵循等价交换的原则,按价值规律办事,改善经营,以收抵支,自己承担盈亏责任。企业盈利归企业支配,同样企业亏损,也没有任何个人和经济主体替它承担。

### (四)效率性

企业是效率的产物,它的本质在于追求效率。企业是商品生产的物质承担者,也是商品价值的承担者。企业的效率状况决定着生产商品价值的高低。价值规律是调节商品生产的基本规律,而价值规律在调节企业的生产经营过程中,本质上要求企业追求效率。

### (五)能动性

企业是一个能动的有机体,是社会经济系统的一个子系统。系统原理表明,系统具有能动性。企业的能动性表现在对外部环境的适应能力、自我改造能力、自我约束能力和自我发展能力上。企业不断地与外界进行能量、物质和信息交换,调整自己的内部结构,以适应市场环境的变化,发展和壮大自己。

### (六)竞争性

企业是市场中的经营主体,同时也是竞争主体。竞争是市场经济的基本规律。企业要生存,要发展,就必须参与市场竞争,并在竞争中取胜。企业的竞争性表现在它所生产的产品和提供的服务要有竞争力,要在市场上接受用户的评判和挑选,要得到社会的承认。市场竞争的结果是优胜劣汰。企业只有提供有竞争力的产品或服务,才能在市场经济中求得生存和发展。

## 四、企业的种类

发展到今天,企业在组织方式、经营内容和经营规模等方面均发生了很大变化。对企业的分类主要有以下几个方面。

### (一)按照经营方向和技术基础划分

按照经营方向和技术基础可以将企业划分工业企业、农业企业、运输企业、建筑安装企业、邮电企业、商业企业、旅游企业和金融企业。

1. 工业企业

工业企业是指从事工业性产品生产和劳务活动的企业，包括采掘工业企业，加工工业企业，生产、劳务活动和技术服务性的工业企业。工业性产品生产和劳务活动是指运用物理、化学、生物等技术，对自然资源、农业产品和它们的中间产品进行加工，使其转化为生产资料和生活资料或维持其功能的活动。工业企业是在手工业作坊基础上发展起来的。随着社会生产力的发展，在生产中使用机器，又产生了大机器工业企业，即现代工业企业。

2. 农业企业

农业企业是指从事农、林、牧、渔、采集等生产经营活动的企业。农业企业主要是通过人们的劳动去强化和控制、利用动植物（包括微生物）的生活机能和外界的自然力，从而取得产品的生产部门。根据企业所从事的生产门类进行划分，农业企业又可划分为农业（种植业）企业、林业企业、牧业企业、副业企业和渔业企业等。

3. 运输企业

运输企业是指利用运输工具专门从事运输生产或直接为运输生产服务的企业。运输业是国民经济先行部门，对于促进工农商业的发展、城乡经济文化交流、巩固国防、发展对外贸易有着重要的意义。

运输企业按运输方式不同，又可分为铁路运输企业、公路运输企业、水上运输企业、民用航空运输企业和联合运输企业等。水上运输企业，又可细分为远洋运输企业，沿海运输企业和内河运输企业。按照运输对象可分为客运企业、货运企业和客货运输企业。按照专业化性质又可分为单纯运输企业、装卸企业和运输装卸企业。

4. 建筑安装企业

建筑安装企业主要是从事土木建筑和设备安装工程施工的企业。通常包括建筑公司、工程公司、建设公司。

5. 邮电企业

邮电企业是指通过邮政和电信，传递信息，办理通信业务的企业。邮电企业经营业务主要分为邮政和电信。邮政业务主要是：函件，包括信函、明信片、印刷品、盲人读物等；包件，包括包裹和快递小包；邮政汇兑，分普通汇兑和电报汇兑两种；报刊发行，包括报刊订阅和报刊零售。电信业务主要是：长途电话，分国内长途电话和国际长途电话两种。

6. 商业企业

商业企业是指社会再生产过程中专门从事商品交换活动的企业。

商业企业又可分为以下类别：

根据企业的组织管理特征，分为现代商业企业和家庭（族）商业企业。

根据企业在商品流通中的地位和作用，分为批发企业和零售企业。批发企业有产区批发企业、销区批发企业和中转地区批发企业。零售企业有百货商店、连锁商店、超级市场、邮售商店、信托商店等。

根据企业经营的商品种类不同，分为综合性商业企业和专业性商业企业。

根据企业规模，分为大型企业、中型企业和小型企业。

根据企业的业务性质，分为销售企业、加工销售企业、仓储(或储运)企业等。

7. 旅游企业

旅游企业是指凭借旅游资源，以服务设施为条件，通过组织旅行游览活动向游客出售劳务的服务性企业。主要业务是招揽游客，组织游客按一定路线游览，从中获得效益。它具有投资少、利润高、收效快的特点。

8. 金融企业

金融企业是指专门经营货币和信用业务的企业。它所经营的各种金融业务包括：吸收存款，发放贷款，发行有价证券，从事保险，投资信托业务，发行信用流通工具(银行券、支票)，办理货币支付、转账结算、国内外汇兑，经营黄金、白银、外汇交易，提供咨询服务及其他金融业务等。

### (二)按照密集内容和程度划分

按照密集内容和程度将企业划分为劳动密集型企业、资金密集型企业和知识技术密集型企业。

1. 劳动密集型企业

劳动密集型企业主要是指技术装备程度低、用人多、产品成本中活劳动所占比重大的企业。它是相对于技术密集型企业而言的。

2. 资金密集型企业

资金密集型企业是指单位产品所需投资较多，技术装备程度较高、用人少的企业。它是相对于劳动密集型企业而言的。通常把钢铁工业企业、重型机器制造企业、汽车制造企业、石油化工企业等划归资金密集型企业。

3. 知识技术密集型企业

知识技术密集型企业是指运用先进的、现代化的科学技术成就的企业。在这类企业中，集中着较多的中高级技术人员，多数是属于需要花费较多的科研时间和产品开发费用，能生产高精尖产品的部门，如电子计算机工业，飞机和宇宙航空工业，大规模和超大规模集成电路工业，原子能工业，计算机软件设计、技术和管理的咨询服务企业等。

### (三)按照所有制性质划分

按照所有制性质将企业划分国有企业，集体企业，私营企业和各种混合所有制企业。

1. 国有企业

国有企业是指由国家出资或主要由国家出资建立的企业，通常称为国有独资企业和国家控股企业。

2. 集体企业

集体企业是指部分劳动者共同出资建立的企业。在我国主要有城镇集体企业和乡镇企业。

3. 私营企业

私营企业是指由个人出资建立的企业。在我国主要有私人投资企业和外商独资企业等。

4. 混合所有制企业

混合所有制企业是指两种及两种以上经济成分共同出资建立的企业。

**(四)按照财产组织形式划分**

按照财产组织形式将企业划分为独资企业、合资企业、股份制企业、股份合作制企业等类型。

独资企业只有一个出资者;合资企业有若干个出资者,每个出资者按一定的比例为组建企业出资;而股份制企业则应有数量众多的出资者,每个出资者认购企业不同数量的股份。股份合作制企业是以本企业或合作经济实体内的劳动者平等持股,合作经营,按股本和劳动共同分配为特征的企业组织形式。合作制企业的股本来自企业和经营实体内部,外部人员不得入股。在产权关系上,实行所有者与劳动者合一。

**(五)按照经营主体划分**

按照经营主体将企业划分为国有企业和民营企业两种。

国有企业是指由政府直接经营的企业,在这种企业中,政府是企业经济活动的决策主体,企业按照政府的行政指令从事各项经济活动。

民营企业泛指国有企业之外的所有企业,其所有制性质可有多种情况:既可以是非国有,也可以是国有的;既可以是私有制的,也可以是公有制。

**(六)按照规模划分**

按照规模划分将企业划分为大中小型企业。如何界定大中小型企业,每一个国家和地区都有自己的参照指标及其相应的数量指标体系。例如,德国将500人以上、年营业额在1亿马克以上的企业视为大型企业,其余就是中小企业。意大利一般将就业人数在500人以上的企业视为大企业;日本则将300人以上的企业视为大企业;韩国将雇员在1000人以上的划分为大企业,其余就归属于中小企业。在我国,主要是由国家"划型办"来认定大型企业,除大型企业之外的企业称之为中小企业。

**(七)按照企业的组织结构形式或生产的社会化组织程度划分**

按照企业的组织结构形式或生产的社会化组织程度可以将企业分为单厂企业、多厂企业、经济联合体、企业集团等。

(1)单厂企业只有一个工厂,由若干生产车间和一些管理部门、服务部门所组成,具有独立的法人资格。

(2)多厂企业是按照产业化、联合化和经济合理的原则,由两个以上的工厂所组成的企业性的实体公司,也是法人组织。

(3)经济联合体是松散的、相对稳定的经济联合组织,参加联合的各方独立核算、自负盈亏,本着自愿、互利、效益的原则,在生产、科研、技术、设备、人员、物资及销售等方面彼此联合。

(4)企业集团是具有比较紧密联系的企业群体组织,或者说是若干独立企业法人所组成的集合体,依据紧密程度的不同,一般可以分为三四个层次,如集团公司(核心层)、控股层(紧密层)、参股层(半紧密层)、协议层(松散层),有时也分别称为母公司、子公司、关联公司等不同的层次。

### (八)按照企业设立的依据划分

按照企业设立的依据将企业划分为非公司制企业和公司制企业。

1. 非公司制企业

非公司制企业法人是指不受《中华人民共和国公司法》、《中华人民共和国中外合资经营企业法》、《中华人民共和国中外合作经营企业法》、《中华人民共和国外资企业法》调整,经过登记取得法人资格但不称公司也不按公司法组建的经济组织。

按照《中华人民共和国公司法》、《中华人民共和国中外合资经营企业法》、《中华人民共和国中外合作经营企业法》、《中华人民共和国外资企业法》组建的企业叫公司制企业。公司制企业也就是股份制企业,是指由两个以上投资人(自然人或法人)依法出资组建,有独立法人财产,自主经营、自负盈亏的法人企业。公司制的制度相对完善,设有董事会、监事会,这种形式简单清晰,对出资人有一定保障,也易于被各类市场主体接受。

2. 公司制企业法人

公司制企业按照资本的组织形态来划分的企业类型,又可以分为有限责任公司(包括国有独资公司)、股份有限公司、股份合作制企业等。

(1)有限责任公司

有限责任公司又称有限公司,是指依公司法设立,由不超过一定人数的股东出资组成,每个股东以其出资额为限对公司承担责任,公司以其全部资产对公司的债务承担责任的企业法人。

(2)一人有限责任公司

一人有限责任公司,是指只有一个自然人股东或者一个法人股东的有限责任公司。一人有限责任公司的注册资本最低限额为人民币十万元。股东应当一次足额缴纳公司章程规定的出资额。

(3)国有独资公司

国有独资公司是指国家授权投资机构或者国家授权的部门单独投资设立的有限责任公司。

(4)股份有限公司

股份有限公司是指将全部资本分成等额股份,股东以其所持股份为限对公司承担责任,公司以其全部资产对公司的债务承担责任的法人。

另外,以公司的控制关系为标准将公司分为母公司和子公司,按公司的组织基础不同划分为人合公司、资合公司、人合兼资合公司,以公司的管辖系统为标准划分为本公司和分公司。本公司又称总公司,是指依法设立管辖全部企业组织的总机构。它具有独立的法人资格,能够以自己的名义从事各种业务活动,统一指挥,决定公司的业务经营、资金配置、财产调度、人事安排。分公司是总公司设立的分支机构，在法律上和经济上没有独立性，依照公司法的规定，分公司不具有法人资格，其民事责任要由总公司承担。因此，分公司不是独立的公司，它不具有公司的组织形式，也无须按公司的设立要求来设立。

此外，企业还可以按照生产类型来划分。例如，按生产的连续性程度可以将企业划分为连续型生产、流水线生产、间断型生产等不同企业；按生产的重复性程度可分为大量大批生产、成批生产、单件小批生产等不同企业。

# 第二部分 会计制度与企业会计制度

## 一、会计制度的含义及构成

### (一)会计制度概念

制度一般指要求大家共同遵守的办事规程或行动准则，它是在一定历史条件下形成的法令、礼俗等规范。

《易·节》中载："天地节，而四时成。节以制度，不伤财，不害民。"孔颖达疏："王者以制度为节，使用之有道，役之有时，则不伤财，不害民也。"宋王安石《取材》中曰："所谓诸生者，不独取训习句读而已，必也习典礼，明制度。"唐元结《与何员外书》中记录，"昔年在山野，曾作愚巾凡裘，异於制度。"《续资治通鉴·宋孝宗隆兴元年》："尚书省奏：'永固自执政为真定尹，其繖盖当用何制度？'金主曰：'用执政制度。'"《辞海》认为制度是"要求成员共同遵守的，按一定程序办事的规矩。"

在会计工作中也应当遵守一定的处理程序和方法，这就是会计制度。

会计制度是政府部门或者会计主体制定的，处理会计事务的方法和程序，它是具有一定强制性的会计行为准则和规范。

### (二)会计制度的意义

利用会计进行管理是经济管理的重要组成部分，会计制度是企业管理的重要规范。会计制度的重要意义表现为：

1. 会计制度是国家管理会计工作的规范

我国会计工作是由财政部负责管理的。财政部根据《中华人民共和国会计法》制定的我国统一的会计制度，是重要的政府行政法规，是有关单位和个人进行会计核算与监督的依据，是保证企业会计信息真实完整、保护资产安全、维护市场经济秩序的重要手段。

2. 会计制度是现代企业制度的重要组成部分

目前，我国实行现代企业制度。在建立社会主义市场经济体制过程中，要求政企分开、产权明晰、权责明确、管理科学。企业和政府有关机构是经营者和投资者的关系，企业对国有资产只承担保值增值的责任，并向投资者提供应分配的利润，向政府交纳税金，政府不再承担企业亏损的责任。为此，企业要转换经营机制，建立自主经营、自负盈亏、自我约束、自我发展的运行机制。市场经济是法制经济，企业经济活动必须依法进行。企业必须提高法制观念，增强自我约束的机制。企业要得以生存和发展，就必须做到以收抵支有所赢利。为此，企业必须搞好生产和经营，加强经济管理，实行经济核算，节约生产成本，增强企业赢利。为了及时掌握经济信息，增强自我约束的能力，必须建立健全企业内部会计制度，加强企业内部会计监督。

3. 会计制度是保证经济活动正常运行的重要保障

会计通过反映经济情况，监督经济活动，控制经济过程，考核经济效果，预测经济前景，参与经济决策，履行其职能，有助于保证企业经济活动正常运行。会计为了真实、准确、及时、完整地履行职责，完成任务，需要会计制度对会计工作进行规范。

4. 会计制度是企业内部管理系统规章的一个分支

企业内部会计制度是企业内部管理规章的一个重要组成部分，是内部管理中的一个信息与控制系统。现代科学技术的飞速发展，产品更新换代加速，垄断资本占据了统治地位，世界经济一体化，跨国公司的发展使市场竞争更加激烈。企业要在市场竞争中立于不败之地，必须根据市场变化组织生产和经营，及时掌握正确的经济信息，有效地协调组织生产和经营活动，不断改进生产技术，改善经营管理，降低产品成本，提高产品质量，保证财产的安全完整，实现预定的经营目标，这就需要加强内部管理，建立内部自我调节的控制系统，建立并实施内部控制制度。

内部控制制度是指企业内部管理部门为保证企业正常经营，在处理生产经营管理业务活动时相互联系，相互制约的管理体系、管理措施和管理制度。内部控制制度的重点是通过设计合理的、有效的组织机构和职务分工，实施岗位责任分明的标准化业务处理程序。内部控制制度按照涉及的范围可以分为以下两个方面：一是内部会计控制。其范围直接涉及会计事项各方面的业务，主要是指财会部门为了提高会计信息质量，保护资产的安全、完整，确保有关法律法规和规章制度的贯彻执行等而制定和实施的一系列控制方法、措施和程序。二是内部管理控制。范围涉及企业生产、技术、经营、管理的各部门、各层次、各环节。其目的是提高企业管理水平，确保企业经营目标和有关方针、政策的贯彻执行。

**(三)会计制度的构成**

会计是适应经济管理的需要而产生的。为了规范会计行为，就必须制定会计制度。作为会计行为规范的会计制度是会计实践活动的总结和归纳，随着会计实践的发展不断发展和完善。

会计制度可以按照不同的标准进行分类，常见的分类有以下几种：

1. 按照制定单位划分

按照会计制度的制定单位会计制度可以划分为国家统一的会计制度和会计主体的内部会计制度。

(1)国家统一的会计制度是指全国会计工作共同遵循的规则、方法和程序的规范性文件的总称。根据我国会计法的规定，我国统一的会计制度是指国务院财政部门根据会计法制定的关于会计核算、会计监督、会计机构和会计人员以及会计工作管理的制度，是我国会计法规体系的组成部分，对国家机关、社会团体、公司、企业、事业单位和其他组织办理会计事务具有约束力。

在我国，会计制度管理体制实行统一领导、分级管理的原则。《中华人民共和国会计法》第八条规定，国家实行统一的会计制度。国家统一的会计制度由国务院财政部门根据本法制定并公布。国务院有关部门可以依照本法和国家统一的会计制度制定对会计核算和会计监督有特殊要求的行业实施国家统一的会计制度的具体办法或者补充规定，报国务院财政部门审核批准。中国人民解放军总后勤部可以依照本法和国家统一的会计制度制定军队实施国家统一的会计制度的具体办法，报国务院财政部门备案。

由国务院财政部门根据《中华人民共和国会计法》制定企业会计准则、统一会计制度，规范会计工作，逐步形成我国的会计规范体系，成为我国会计管理的特色。

(2)会计主体的内部会计制度是指各会计主体按照国家统一的会计制度，结合会计主体的实际和内部经营管理的需要制定的，适合于各该会计主体关于会计核算、会计监督、会计机构和会计人员以及会计工作管理的制度，是国家统一会计制度的具体应用。会计主体的内部会计制度只适用于特定的会计主体，并且要与国家统一的会计制度相一致。

会计主体的内部会计制度按其性质又可以分为两类：一是预算会计制度，二是企业会计制度。预算会计制度以预算管理为中心，是国家财政和行政事业单位进行会计核算的规范。其中的财政总预算会计制度适用于中央和地方财政总预算的会计核算；行政单位会计制度适用于一切国家机关的会计核算；事业单位会计制度适用于教育、科研等所有事业单位的会计核算。企业会计制度以生产经营管理为中心，是各类企业和其他经济组织进行会计核算的规范。本书中我们研究的是企业单位会计制度。

2. 按照提供的信息划分

根据提供的信息会计制度可以划分为财务会计制度和管理会计制度。

财务会计制度又称为外向型会计制度，是指会计主体按照国家统一的会计制度和公司法、证券法等有关法律法规制定的向会计信息的外部使用者披露财务信息和会计政策等的会计制度。财务会计制度必须严格遵守国家统一的会计制度和一般公认会计准则。

管理会计制度又称为内向型会计制度，是指会计主体(主要是企业)为了加强内部经济管理、提高经济效益而自行制定的会计制度。管理会计以现代管理为基础，以提高经济效益为目的，以一系列特定的技术方法为手段，为企业内部生产经营管理活动提供决策信息。它以企业内部管理需要为基点，手段和方法灵活，甚至可以不受一般公认会计准则的约束。

3. 按照会计制度的内容划分

在我国，会计制度按其内容可以分为有关会计工作管理的制度，有关会计核算的制度，有关会计监督的制度和有关会计机构和会计人员管理的制度等。

一是有关会计工作管理的制度。它是对会计工作组织、会计机构设置以及会计资料保管等的具体规范。如《会计基础工作规范》、《代理记账管理办法》、《会计电算化管理办法》、《会计电算化工作规范》、《企业财务会计报告条例》和《会计档案管理办法》等。

二是有关会计核算的制度。它是指对会计核算的基本原则以及会计科目、会计报表等内容作出的规定，是各单位进行会计核算、编制会计报表所必须遵行的规范，包括《事业单位财务规则》、《事业单位会计准则》、《事业单位会计制度》、《行政单位会计制度》、《财政总预算会计制度》、《行政事业单位会计决算报告制度》、《企业会计准则》、《事业单位会计准则》和《小企业会计制度》等。

三是有关会计监督的制度。它是对会计监督的目的、基本原则以及会计监督的主体、客体等内容作出的规定，是各单位对会计核算资料依据一定的标准进行检查和验证的会计规范，包括《财政部门实施会计监督办法》和《内部会计控制规范》等。

四是有关会计机构和会计人员管理的制度。它是规范会计机构、会计工作者行为、会计机构设置、会计人才选拔和管理方面的制度，包括《总会计师条例》、《会计从业资格管理办法》、《会计专业技术资格考试暂行规定》、《会计干部技术职称暂行规定》、和《会计人员继续教育规定》等。

## 二、企业会计制度

### (一)企业会计制度的概念

企业会计制度是对各类企业和其他经济组织进行会计核算与会计监督等所作的规范，是具体指导一个企业会计工作的规则、方法和程序的规范性文件，是企业管理制度的重要组成部分。

### (二)企业会计制度的内容

关于企业会计制度的内容可以划分为国家对企业的会计制度和企业内部会计制度。国家对企业的会计制度包括以上分类中关于企业的各项会计制度，例如《企业财务会计报告条例》、《企业会计准则》、《小企业会计制度》等。

企业内部会计制度包括的内容较多，《会计基础工作规范》和《企业内部控制基本规范》规定，各单位应当根据《中华人民共和国会计法》和国家统一会计制度的规定，结合单位类型和内容管理的需要，建立健全相应的内部会计管理制度。这些制度主要有：

1. 内部会计管理体系，主要内容包括：单位领导人、总会计师对会计工作的领导职责；会计部门及其会计机构负责人、会计主管人员的职责、权限；会计部门与其他职能部门的关系；会计核算的组织形式等。

2. 会计人员岗位责任制度，主要内容包括：会计人员工作岗位设置；会计工作岗位的职责和标准；各会计工作岗位的人员和具体分工；会计工作岗位轮换办法；对各会计工作岗位的考核办法；建立账务处理程序制度，主要内容包括：会计科目及其明细科目的设置和使用；会计凭证的格式、审核要求和传递程序；会计核算方法；会计账簿的设置；编制会计报表的种类和要求；单位会计指标体系等。

3. 内部牵制制度，主要内容包括：内部牵制制度的原则；组织分工；出纳岗位的职责和限制条件；有关岗位的职责和权限等。

4. 稽核制度，主要内容包括：稽核工作的组织形式和具体分工；稽核工作的职责、权限；审核会计凭证和复核会计账簿、会计报表的方法等。

5. 原始记录管理制度，主要内容包括：原始记录的内容和填制方法；原始记录的格式；原始记录的审核；原始记录填制人的责任；原始记录签署、传递、汇集要求等。

6. 定额管理制度，主要内容包括：定额管理的范围；制定和修订定额的依据、程序和方法；定额的执行；定额考核和奖惩办法等。

7. 计量验收制度，主要内容包括：计量检测手段和方法；计量验收管理的要求；计量验收人员的责任和奖惩办法等。

8. 财产清查制度，主要内容包括：财产清查的范围；财产清查的组织；财产清查的期限和方法；对财产清查中发现问题的处理办法；对财产管理人员的奖惩办法等。

9. 财务收支审批制度，主要内容包括：财务收支审批人员和审批权限；财务收支审批程序；财务收支审批人员的责任等。

10. 成本核算制度，主要内容包括：成本核算的对象；成本核算的方法和程序；成本分析等。

11. 财务会计分析制度，主要内容包括：财务会计分析的主要内容；财务会计分析的基本要求和组织程序；财务会计分析的具体方法；财务会计分析报告的编写要求等。

# 第三部分 企业会计制度设计的含义

## 一、企业会计制度设计的概念

企业会计制度设计是企业以《中华人民共和国会计法》和国家统一的会计制度为依据，运用系统控制的理论和技术，结合企业会计工作的实际，对企业的会计核算、会计监督、会计控制和会计分析等工作进行系统的规划和设计而制定各项会计工作规章制度的工作。

## 二、企业会计制度设计的意义

企业会计制度设计的意义表现为以下几个方面。

### （一）有利于贯彻国家的法律法规和财经政策

企业会计制度的设计必须以国家统一的会计制度为前提。企业设计的会计制度必须符合国家统一的会计制度的原则和内容，不得出现违背或者抵触的现象，企业会计制度是国家会计制度的具体化。因此，各企业在设计会计制度时必须遵守国家有关的法律法规和财经政策。

**(二)有利于加强会计管理,及时准确地提供会计信息**

会计制度设计对会计机构的设置、会计人员的配备、职责分工、岗位责任制以及业务工作程序等进行了科学合理的规划,从而为会计管理工作提供了依据和保障,促进了会计工作的正常、顺利运行。同时,会计的主要任务是为信息使用者决策提供有用的会计信息,而会计制度设计也规划了会计信息收集、加工、对外报出的程序与方法,形成一个系统,保证了会计信息提供的及时性和准确性。

**(三)有利于提高宏观和微观经济管理水平**

从宏观上看,国家在制订法律法规和方针政策等宏观决策时需要高度概括的会计资料。这些会计资料是通过编制汇总会计报表提供的,而汇总会计报表的编制要以各地区、各部门会计指标的相互可比为前提。全国统一的会计制度从宏观角度对会计工作提出普遍的、共同的要求,通过强制执行,为汇总会计报表的编制提供了重要的保证,能够合理保证企业经济信息披露的真实可靠,维护社会公众利益的基本要求和促进资本市场的健康稳定发展。从微观上看,各单位不但要执行统一的会计制度,还应结合自身经营管理的具体情况,自行设计出适用于本单位的会计制度,解决个性问题,有一定的针对性。通过会计制度的贯彻执行,可以为企业的内部决策提供真实、完整、可靠的会计资料,确保经营决策的正确,从而提高经营管理水平。

**(四)有利于防范财务风险和其他经营风险,提高经济效益**

通过企业会计制度设计,企业可以利用会计管理的形式,加强经济核算,严格考核责任成果,协调责权利之间的关系,确保现代企业管理制度的贯彻落实,防范在财务管理过程中不必要的风险。同时,企业会计制度又是企业整个经营管理制度体系的重要组成部分,企业会计制度是其他经营管理制度实施和运行的前提和基础。因此,设计科学合理的会计制度是加强企业经营管理,预防经营风险,从而提高经济效益的基本要求和保障。

**(五)有利于加强会计监督**

会计监督是会计的基本职能,也是会计管理的重要内容。现代企业制度的基本特点就是政企分开,产权明晰,权责分明和管理科学。其中管理科学的重点就是建立包括财务会计制度在内的现代企业管理制度,监督其经济活动按预定目标正常进行,做到合理、合法,取得良好的经济效益。企业会计制度作为内部控制系统的重要组成部分,其本身的严密性和控制功能,要求设计人员在设计时要对会计管理进行通盘考虑。科学的会计业务处理程序,从原始记录到会计信息的报送,其中的各个环节、各项手续都强调相互勾稽和监督,予以规范化、系统化和制度化,为防止差错和各种舞弊行为的发生创造了良好的基础,为加强会计监督提供了有力的依据。

# 第四部分 会计制度设计的依据

会计制度设计的依据是指在设计会计制度时遵照什么样的法律法规，以什么作为参考资料。根据我国的社会制度，会计制度设计的依据应当包括以下几个方面。

## 一、国家法律

会计制度设计依据的法律是《中华人民共和国宪法》和《中华人民共和国会计法》等。《中华人民共和国宪法》是我国法律的基本大法，是我国各种法律的母法。设计会计制度的指导思想和一些重大原则问题，都应以宪法为依据。《中华人民共和国会计法》是我国会计工作的基本大法，是会计工作最高层次的法规，会计制度设计最直接的依据。其他与会计相关的法律还有《中华人民共和国审计法》、《中华人民共和国注册会计师法》、《中华人民共和国公司法》、《中华人民共和国票据法》以及相关的税收等方面的法律制度。

## 二、会计行政法规、规章和规范性文件

会计行政法规，是指由国务院制定发布，调整某些方面会计关系的会计法律制度，如国务院发布的《总会计师条例》、《企业财务会计报告条例》和《现金管理暂行条例》等。这类会计法规具有高度的概括性和普遍的适用性，各单位在设计会计制度时必须遵守。

会计规章和会计规范性文件是指国务院财政部门单独、国务院财政部门和其他部门联合或者国务院其他部门单独根据《中华人民共和国会计法》制定的关于会计核算、会计监督、会计机构和会计人员以及会计工作管理等的制度。例如，国务院财政部门制定并发布的《企业会计准则》、《企业财务通则》、《会计从业资格管理办法》、《会计基础工作规范》、《小企业会计制度》、《企业内部控制基本规范》、《会计专业技术资格考试暂行规定》、《会计干部技术职称暂行规定》、《会计人员继续教育规定》和《农民专业合作社财务会计制度（试行）》等，财政部和国家档案局联合发布的《会计档案管理办法》等。

## 三、地方性会计法规

地方性会计法规是指各省、自治区、直辖市政府根据法律和国务院的行政法规制定的有关会计方面规章制度。地方立法机关制定或认可的会计法规，其效力不能及于全国，而只能在地方区域内发生法律效力。如《山东省会计从业资格管理实施办法》、《山东省会计人员继续教育管理暂行办法》、《广东省会计从业资格管理实施办法》和《广东省会计基础工作规范化管理办法》等。

### 四、企业规章

企业在设计会计制度时，应当遵守自己制定的适用于本企业内部管理的各种规章制度。如公司章程、企业内部各项管理制度、经营目标责任制度、岗位责任制度以及业务技术标准等。

## 第五部分　企业会计制度设计的指导思想

企业会计制度是指导企业会计行为的准则和规范，是企业内部控制和内部会计规范体系的基础。为了作好会计制度设计这项艰巨而复杂的工作，必须有明确的指导思想。

### 一、马列主义、毛泽东思想、邓小平理论和“三个代表”重要思想是指导企业会计制度设计的重要思想武器

以马列主义、毛泽东思想、邓小平理论和“三个代表”重要思想作指导，才能使会计制度内容既符合企业经营管理的要求，又能为宏观调控服务，从而能更好地指导会计工作。

### 二、现代经营管理理论对企业会计制度设计工作具有重要指导作用

现代企业制度是当前和今后一个较长时期我国进行企业改革的基本设想。设计企业会计制度必须用现代经营管理理论作指导。会计制度设计应以提高效率和效益为中心，以向有关方面提供会计信息，为实现企业经营目标，贯彻企业经营方针服务为出发点，以体现人本管理和和谐发展为基调，在保持相对稳定的同时，不断地改革创新企业内部会计制度，以适应经济发展的需要。

### 三、总结、借鉴与创新相结合，保证会计制度的科学性

经济、社会在发展，管理在变化，企业会计制度也应随经济、社会的发展、管理的变化而不断改革创新。只有这样，企业才能跟上形势发展的需要，才能在激烈的市场竞争中立于不败之地。因此，企业会计制度设计的内容必须切合企业的实际，适应企业管理的要求，以总结、借鉴与创新相结合的思路作指导。

### 四、以建立具有中国特色的会计体系为目标

要在不断总结我国会计工作的基础上，充分研究和借鉴国际会计惯例，设计符合我国社会主义市场经济体制要求，有利于转换政府职能，加快市场体系培育，利于深化分配制度和社会保障制度改革的会计制度。

# 第六部分 企业会计制度设计的原则

企业在设计自身的会计制度时，既要立足于国家宏观经济政策和相关法律法规，又要结合本单位业务特点，明确设计原则。

## 一、合法性原则

合法性原则是企业会计制度设计最根本的原则。由于我国实行统一的会计制度，国家颁布的一系列法律和财经法规政策，既体现了社会主义市场经济发展的方向，又反映了宏观上管理市场经济的要求。企业的会计行为涉及社会经济活动的诸多领域，所以企业会计制度的设计，要以会计法律法规为依据，遵守国家的法律和有关的财经法规政策，包括金融、证券、财政、税务、外贸、外汇、公司管理等方面的法规政策。只有这样，才能使设计出的企业会计制度与国家的法律和财经法规政策保持一致，充分发挥会计制度在指导企业会计工作中的作用，促进社会主义市场经济健康有序运行。

## 二、效益性原则

企业会计制度设计是一项计划性、实用性很强的系统工作，在设计时应遵守质量与成本效益原则。企业会计制度设计的效益性原则包括两层含义，一是指在进行会计制度设计时，必须以提高经济效益为中心，在保证设计质量的前提下，尽量节约设计费用；二是要使设计出的会计制度以尽量小的实行成本取得尽量大的经济收益。在设计过程中要把财务会计工作质量放在首位，但同时也要符合成本效益原则，使设计工作中的自身耗费最少，而使设计出的制度所产生的效益最大，财务会计制度各项规定的实施，力求简便易行，使会计制度的执行者学起来浅显易懂，用起来简便易行，要有利于加强经营管理，降低成本费用，增加企业赢利。

## 三、实用性原则

实用性原则是指设计企业内部会计制度时，必须针对本单位的特点，充分考虑本单位的经营规模、经营范围、生产工艺过程和管理要求等方面的具体情况，设计出切合本单位实际情况的、可操作性强的财务会计制度。企业之间只能借鉴吸收而不能简单模仿。例如，企业的生产类型不同，使用的成本计算方法就不一样，如果一个单步骤大批量生产的企业，硬去照搬连续式加工大批量生产企业的成本计算方法，其结果必然造成人、财、物的浪费。因此，设计企业会计制度时必须从实际出发，掌握被设计单位的具体情况，设计出切实可行的财务会计制度，充分发挥会计的职能作用。

## 四、系统性原则

企业会计制度的设计内容涉及会计工作的方方面面，而且与企业的经营管理工作休戚相关，如何使繁多的会计制度成为一个有机的统一整体，既有利于各种制度自身作用的充分发挥，又能最大限度地实现会计制度的整体功能，又能为加强内部经营管理服务，是设计会计制度必须认真考虑的问题。为此，应当按照系统论和相对封闭的原理和要求，科学组织、统筹规划、规范设计，确保所设计的会计制度在使用范围、内容构成、体例结构等方面形成一个完整的体系，既防止疏漏和短缺，又避免重复和冲突。

### 五、稳定性原则

稳定性原则是指企业设计的会计制度必须保持一定的稳定性，以便于执行，同时还要考虑未来发展的需要。企业会计制度是用来指导企业会计实际工作的，一经建立，就应保持较长时期的稳定性，不应经常改变；否则，会使会计人员难以掌握，会计工作无所适从，会计信息缺乏一贯性和可比性，并造成人力、物力、财力的浪费。当然，企业会计制度也不是一成不变的，要随着市场经济客观形势的发展变化、国际形势的变化和国家政策的调整等不断改进。同时，设计的企业会计制度还要具有超前意识，要科学地预测未来会计领域的发展趋势和工作内容的扩充，相应地设计出当前会计工作虽不需要，但不远的将来可能使用的会计制度，并与其他会计制度内容协调一致，使会计制度最大限度地发挥其积极作用。

### 六、控制性原则

控制性原则是指设计企业财务会计制度时，必须应用内部控制制度以防止舞弊，保护单位财产的安全。内部控制是特定主体为加强岗位责任，保护财产安全，确保会计记录正确可靠，及时提供财务信息，避免、预防或查明错误和不正常现象，保证授权职责履行，在内部组织分工、业务处理、凭证手续和程序等方面所规定的既相互联系又相互制约的一系列管理制度。建立健全内部会计控制系统，是企业会计制度设计的一项重要目标。在会计制度设计中，必须对会计机构、会计工作程序设置必要的内部控制，应将控制性作为一项重要的内容应用于各个环节的每个岗位，体现在每个工作人员的职责权限当中，要使每个人及其所从事的工作都处于他人的监督之下，从而防止错误舞弊和贪污等行为的发生。

## 第七部分　企业会计制度设计的要求

企业会计制度设计的基本要求主要有以下几个方面。

### 一、企业会计制度的设计与国家财经法规要求相适应

社会主义市场经济是法制经济，为保证市场经济健康有序地进行，国家颁布了一系列财经法律和政府法规。由于企业会计行为涉及社会经济活动诸多领域，所以会计

制度设计不仅要以会计法、会计准则作为依据，会计制度的内容还要与金融法规、证券法规、财政、税务法规、外经外贸法规、企业法、公司法、企业经营管理条例以及其相关财经法规的规定要求相适应，以促进市场经济健康发展。

## 二、企业会计制度的设计与企业的经济管理体制相适应

会计管理体制与经济管理体制相适应。在计划经济体制下，除财政部制发统一会计制度以外，各专业经济主管部门根据财政部统一的会计制度拟定专业会计制度，在其专业系统发布执行，如国营商业企业统一会计制度、国营对外贸易企业统一会计制度等。而在社会主义市场经济体制下，经济管理体制改革以后，国家只授权财政部制发统一会计制度，其他业务不再制发统一会计制度。但集团公司和大型企业，可在其系统内部制定内部会计制度。

## 三、企业会计制度的设计与企业的所有制形式相适应

我国社会主义市场经济体制是以公有制为主体，多种所有制形式共同发展。由于所有制不同，企业所有者与企业经营者之间的经济权利与经济利益关系就有所不同，并各具有一定的特点，如财政部单独制发股份制企业会计制度、中外合资企业会计制度就有各自的特点。其他各种所有制企业也可在不违背财政部制发的统一会计制度要求下，拟定自己的企业内部会计制度。

## 四、企业会计制度的设计与经济管理的要求相适应

在计划经济体制下，企业会计制度反映的是供给制经营方式下，政府直接管理企业、财务统收统支，产品统购包销，国家统负盈亏的经营管理要求。而在社会主义市场经济体制下，实行现代企业制度，体现“政企分开，产权明晰，权责明确，管理科学”十六字特征，建立了自主经营，自负盈亏，自我约束，自我发展的经营机制，企业必须做到以收抵支有所赢利才能生存和发展、这些经济管理要求的不同，就决定了会计制度核算内容之间的差异。

## 五、企业会计制度的设计与社会各方所需会计信息的要求相适应

在计划经济体制下，政府对企业实行直接管理，企业会计报表主要是向企业负责人提供财务状况和经营成果的情况，向政府上级主管部门和当地财政部门报账。而在市场经济体制下，企业通过会计报表向企业所有者、企业经营者、债权人、投资者（包括潜在的投资者）、政府财政部门、工商行政部门、国家证监机构、社会公众和社会其他方面提供所需会计信息。

# 第二篇 企业会计制度设计的方法

企业会计制度设计的方法因企业会计制度设计的类型和内容而异。本篇在介绍企业会计制度设计的种类和内容的基础上，介绍企业会计制度设计的程序和方式方法。

## 第一部分 企业会计制度设计的种类

企业会计制度设计可以根据不同的标准进行划分，常见的分类有以下几个方面。

### 一、按照企业会计制度设计的内容和目的划分

按照企业会计制度设计的内容和目的将企业会计制度设计分为以下三种：

#### (一)会计制度基础设计

会计制度基础设计包括企业财务战略规划设计，企业内部会计控制制度设计和企业财务会计工作组织制度设计。

#### (二)会计核算制度设计

会计核算制度设计包括记账方法、会计科目、会计凭证、会计账簿、企业财务会计报告、会计核算组织程序、会计档案管理制度和会计电算化管理制度等的设计。

#### (三)财务管理制度设计

财务管理制度是指企业在财务管理过程中为加强经济管理，提高经济效益而制定的关于筹资活动、投资活动、资金营运活动、分配活动等的一系列规范。包括财务管理体系、资金筹集制度、投资制度、各类资产管理制度、财务检查控制制度和财务分析评价制度等的设计。

### 二、按照设计人员划分

按照设计人员将企业会计制度设计分为内部设计和外部设计。内部设计是指企业内部机构和相关人员进行的会计制度设计，外部设计是指企业聘请外部机构和相关人员进行的会计制度设计。

### 三、按照设计范围划分

按照设计范围将企业会计制度设计分为全面性会计制度设计、局部性会计制度设计和修订性会计制度设计三种类型。

### (一)全面性会计制度设计

全面性会计制度设计是指对会计工作所应遵循的一切规范进行的设计。通过设计,构成会计制度的基本框架,并产生一套完整的财务会计制度体系。包括:设置会计机构;配备会计人员;制定会计科目及其使用说明;设计会计凭证、账簿;设计会计报表的种类、格式、登记或编制方法;确定账务处理程序;制定内部控制制度及主要业务的会计处理程序。这种设计一般在企业新建或者国家经济政策、会计政策发生重大变化,原有的会计制度完全不再适用时进行。

### (二)局部性会计制度设计

局部性会计制度设计是指对会计工作的部分规范,主要是对部分经济业务的会计处理程序和方法进行的设计。局部性设计的内容一般是对原财务会计制度的补充,其原因大多是由于国家经济政策发生变化,国家会计政策部分调整,企业经营规模的扩大,经营范围的扩展和经营方式的转变和管理要求提高所引起的。

### (三)修订性会计制度设计

修订性会计制度设计是指对原有的财务会计制度予以修改而进行的设计。由于国家经济政策发生变化,国家会计政策部分调整,企业的业务发展,产品更新,组织机构变动等原因使原有的财务会计制度不再适用时,可以对部分制度进行修订;原有财务会计制度不健全的,可以加以补充,使之完善起来。

# 第二部分 企业会计制度设计的内容

根据我国有关的法律法规,结合企业发展的要求,企业会计制度设计主要包括以下六个方面的内容。

## 一、会计工作组织制度的设计

会计工作组织制度的设计是指对会计工作的领导、机构设置、人员配备、责任和权力等制度的设计。设计会计工作组织,是会计工作得以有条不紊地进行、提高会计工作效率、确保会计信息质量的组织保证。其内容包括:会计机构的设置、会计机构负责人和会计人员的配备和任免、各会计岗位会计人员岗位责任制、会计工作交换制度、会计档案管理制度和会计公共关系等方面的设计。合理地设置会计机构,配备高素质的会计人员,是提高会计工作效率,确保会计信息质量的组织保证。设计严密的工作交接制度和档案管理办法能够有效地防止会计工作中错弊现象的发生,有助于经济责任的合理划分。

## 二、会计核算制度的设计

会计核算制度设计是指会计循环过程有关的制度体系设计,包括记账方法、会计科目、会计凭证、会计账簿、会计报表的种类格式和内容、会计核算组织程序以及成本核算等制度的设计。会计核算是企业会计工作的基础和主要内容，在设计时应注意保证核算的规范性、系统性，便于电算化的运行操作，体现企业经营特征和管理要求的个性化。

## 三、会计政策的选择

会计政策选择是指企业在国家会计法律法规和其他相关规章允许的范围内，根据企业一定时期的经营方针和管理目标，自行选定会计政策以便恰当地反映企业财务状况和经营成果的行为。会计政策是指企业在会计确认、计量和报告中所采用的原则、基础和会计处理方法。选择恰当的会计政策其实也是企业会计政策的设计过程。在法律法规许可的范围内可以选择的会计政策很多，如存货计价方法的选择、不同类别固定资产折旧方法的选择、无形资产摊销政策、产权投资会计政策、坏账处理会计政策、资产重估会计政策、利息费用会计政策、收入确认会计政策、所得税会计政策、外币报表折算会计政策、合并会计政策、研究和开发会计政策等。企业进行会计政策选择必须是适当的、有约束的选择，否则就达不到会计信息可靠性、有用性的目的。我国2006年发布的《企业会计准则第28号——会计政策、会计估计变更和差错更正》，对会计政策选择行为作出了限定和规范。在会计准则的规范下选择会计政策是企业会计政策设计的前提，不超出和偏离会计目标是会计政策设计的原则。

## 四、内部会计控制制度设计

在经济全球化背景下，越来越多的国家意识到强化企业内部控制系统将有助于防止和管理风险、提高运营的效率和效果、确保财务报告的可靠性、提高企业市场战略目标的能力和维护投资者的合法权益。其中内部会计控制已经成为内部控制的基础和核心。实施内部会计控制既可以达到防错纠弊的目的，又可以通过会计工作和利用会计信息对企业的生产经营活动所进行的指挥、调节、约束和促进等活动，以使企业实现效益最大化目标。

内部会计控制的内容可以按照不同的标准进行划分。

### (一)按照《内部会计控制规范》分类

前已述及，内部会计控制按照《内部会计控制规范》分为货币资金、实物资产、对外投资、工程项目、采购与付款、筹资、销售与收款、成本费用、担保等的制度设计。

### (二)按照会计控制对象分类

内部会计控制按照控制对象分为基础控制、实物控制和制度控制。

1. 基础控制

基础控制是通过设计相应的程序，保证完整、正确地记录一切合法的经济业务，及时察觉业务处理和记录过程中出现的错误，以实现会计控制的完整性、合法性、正确性和一致性的目标及保证获得可靠的会计信息。

基础控制的主要做法是通过顺序编号、总额控制，从不同的来源测定数据的一致性；通过登记账簿、掌握档案并运用备忘录来保证记录的完整性。

2. 实物控制

实物控制即通过会计记录对实物的安全性与完整性所进行的控制。实物控制主要通过限制非授权人员接近资产、采取有效的控制措施，以及实行永续盘存制等方法来实现。

3. 制度控制

制度控制是通过建立健全并有效执行单位的内部会计控制制度，从而保证基础控制发挥作用进行的控制。严格的基础控制本身并不能说明会计控制的有效性，只有基础控制得到如实的实施才能发挥作用。制度控制通过职务分工、监督检查等方法，确保会计程序和基础控制程序按设计要求发挥作用。

### （三）按照会计控制过程分类

内部会计控制按照控制过程分为事前控制、事中控制和事后控制。

1. 事前控制是通过事先预见性的规划和预防性的措施进行的控制，如预算、授权审批等属于事前控制环节。事前控制是为了预防错误和舞弊行为。

2. 事中控制是对企业各管理环节、各部门所进行的控制，可以使各项作业按计划、预算和制度进行。事中控制主要通过业务操作和会计系统达到控制目的。比如，通过设置“障碍”和实时检测，使不符合控制条件的行为无法继续。

3. 事后控制建立在反馈控制的基础上，因为事前和事中控制易受环境因素干扰，不能保证控制的绝对有效；而事后控制通过会计信息的及时反馈，对输出信息加以分析，检查计划完成和制度执行情况，纠正偏差，弥补不足，并评判事前控制标准是否恰当，为未来计划和预算服务。

### （四）按照会计控制内容分类

内部会计控制按照控制内容分为对会计工作本身的控制和对企业生产经营活动进行直接与间接的控制。

1. 对会计工作本身控制

对会计工作本身控制主要是指会计基础工作控制，即对会计核算和会计管理服务的基础性工作进行的控制。其主要内容有：会计机构设置；会计人员配备；会计人员岗位与职责分工；会计凭证、账簿、报表填制以及会计档案的保管要求等。

2. 对企业生产经营活动进行直接与间接控制

对企业生产经营活动进行直接控制，主要是对不合法的经济业务通过“不予受理”或“退回补办”等办法实施控制；对企业生产经营活动进行间接控制，主要是通过设计会计控制程序、完善会计控制方法实现对生产经营活动的控制。

### （五）按照会计控制性质分类

内部会计控制按照控制性质分为合法性、完整性与正确性控制。

1. 合法性控制是指会计控制必须保证经济业务事项的处理符合法律法规要求。

其控制方式主要采用授权、核对与比较等。

2. 完整性控制的目的是保证经济业务活动都得到完整的记录，没有遗漏和隐藏。其控制方式主要采用顺序编号、控制合计数及掌握档案与备忘录等。

3. 正确性控制除了上述确保合法性及完整性的控制方法外，还有双重核对与事先控制方式。

在设计内部会计控制制度时，必须兼顾各类会计控制的内容，做到制度设计完整。

### 五、管理会计内容的设计

管理会计作为会计与管理直接结合的方法体系，在设计时主要应该考虑企业采用哪些管理会计的技术方法、管理会计的哪些方法应该与财务会计的哪些方法进行有机结合等。

管理会计设计的内容包括管理会计组织体系设计、经营预测制度设计、经营决策制度设计、预算制度设计、标准（目标）成本制度设计、责任会计制度设计、综合业绩评价制度设计和环境会计制度设计等。

### 六、计算机会计制度设计

计算机会计制度制度是进行会计电算化工作的规范和标准，是会计电算化工作的规则、方法和作业流程的总称，是会计制度的重要组成部分。计算机会计制度设计主要包括计算机软件和硬件管理制度的设计、应用软件的安全控制制度、计算机系统操作和会计数据安全管理制度设计和会计档案管理制度的设计等。

## 第三部分　企业会计制度设计的人员和方式

### 一、企业会计制度设计的人员

#### （一）企业会计制度设计人员的组成

企业会计制度设计是一项综合性和专业性都很强的工作，企业必须根据其实际情况和现有人员的素质，精心选配设计人员，组成会计制度设计小组。会计制度设计人员的数量一般在2人以上。会计制度设计人员的范围根据设计的方式可以全部由企业内部的会计人员和其他相关人员组成，也可以是企业内部人员和外部人员的结合。一般大中型企业会计人员的素质比较好，工作能力较强，可以组织力量自行设计；小型企业由于会计人员的素质相对差一些，应该委托会计师事务所设计会计制度。

企业会计制度设计人员一般由企业主管、财务会计机构的负责人、审计监督人员和各业务主管人员等组成。

在西方国家，会计制度设计的人员主要有：主计长、主办会计人员、高级会计人员、会计师、会计专家、会计顾问公司或会计事务所的人员。

### (二)企业会计制度设计人员的要求

会计制度设计事关重大,要求会计制度设计人员具有较高的素质和能力。

1. 法律知识全面

参加会计制度设计的人员要熟悉国家有关的法律法规,特别是国家有关财经的法律法规,熟悉企业内部的各种规章制度。

2. 品德高尚,责任心强

会计制度设计人员要具备高尚的道德情操,本着对企业负责、对员工和对国家负责的态度进行会计制度设计,工作积极认真,考虑问题全面,具有创新精神和超前意识,作风朴实严谨,兢兢业业,任劳任怨。

3. 具有高深的会计、审计和内部控制等方面的理论知识和丰富的实际工作经验

会计制度设计人员要熟悉会计理论知识,具备会计事务处理和与之相关的专业知识,具有审计和内部控制等方面的理论知识,有着丰富的会计、审计实际工作经验。

4. 具有组织管理的知识和经验

会计制度设计人员要具有一定的组织管理知识和经验,熟悉本企业的情况,在企业经营管理中具有一定的专长和丰富的管理工作经验。

## 二、企业会计制度设计的方式

企业会计制度设计的方式可以依据不同的划分标准进行分类。

### (一)按照设计人员划分

按照设计人员划分将企业内部会计制度设计分为自行设计和委托设计。

1. 自行设计

自行设计是由企业内部组织有关人员制定本企业的财务会计制度。自行拟订的企业内部会计制度应由财会部门负责起草,各管理部门参与拟订有关的条款。

2. 委托设计

委托设计是由企业委托会计事务所或其他机构为本企业制定财务会计制度。委托制定的企业内部财务会计制度应由企业管理当局负责聘请会计师事务所,企业各有关部门应积极配合事务所的工作。

### (二)按照设计内容划分

按照设计内容将企业内部会计制度设计分为全面设计和局部设计。

1. 全面设计

全面设计就是设计一套完整的会计制度。这种设计一般是新建企业、或者企业改制、兼并、收购后进行。有时,企业的董事会或管理人员发生变化,或原有会计制度不健全或者过时,或者规模和经营业务发生较大变化,也需进行全面设计。

2. 局部设计

局部设计指对企业部分经济业务的会计处理,或者对个别部门的组织机构和会计核算资料等所进行的设计。

局部设计又可以划分为补充性设计和修订性设计。补充性设计是指对原有会计制度进行增加而进行的设计，一般发生在拓展新业务时。修订性设计是指对不适用的的原有会计制度进行修改。

(三)按照设计工作的组织形式划分

按照设计工作的组织形式企业内部会计制度设计分为单独设计、共同设计、集体设计和会议设计。单独设计是指由企业或者企业的财务会计机构对会计制度进行的设计，这种设计方式一般适合于小型企业。共同设计是指企业内部的财务会计机构联合企业内部的其他机构进行的设计，或者企业联合社会力量继续的设计，这种设计一般适合于稍具规模的企业。集体设计是指由企业的各个部门或者由企业的领导机构集体谈论设计会计制度，这种设计一般适合于大中型企业。会议设计是指通过召开会议设计会计制度，这种设计一般适用于政府各部门。

# 第四部分　企业会计制度设计的程序

企业会计制度设计程序是指会计制度设计工作从开始到结束全过程应遵循的顺序和步骤，即在设计各项会计制度时从确定设计项目到具体进行设计，然后付诸实践的全过程应分为几个阶段，按什么步骤进行。

科学地制定工作程序，合理地确定步骤是做好各项工作的前提。企业会计制度设计是一项艰巨而复杂的工作，需要投入大量的人力、物力、财力和时间，因此在企业会计制度设计之前应制定一个全面的规划，确定一个科学的程序，以使企业会计制度设计能够按计划有步骤地进行，避免重复劳动，节省工作时间，提高工作效率，保证企业会计制度的质量。

企业会计制度设计一般包括组织准备、调查研究、设计编写、试行修改和发布实施与完善等几个阶段。

## 一、组织准备阶段

组织准备阶段是会计制度设计程序的第一个环节。会计制度设计要达到预期的目的，在很大程度上取决于设计的准备工作是否做得充分、细致、周全。这一阶段应做好如下工作。

(一)确定设计的目的、内容和方式

不同类型、不同内容的会计制度在设计上有不同的要求。因此，在设计之前，首先要明确设计的内容和设计的目的，然后确定设计方式，以便更合理地安排设计工作，提高工作效率。

(二)确定设计人员，成立会计制度设计小组

在确定了设计的目的、内容和方式之后，就要确定设计人员，成立设计小组。采用

自行设计方式的，会计制度设计人员一般由企业内部的负责财务工作的相关人员组成，如分管财务的副厂长(副经理)、会计机构负责人和具有一定理论水平、较高的会计业务能力、熟悉会计法规的会计人员等，必要时可以聘请会计师事务所的注册会计师或者会计专家、教授、学者等参加。实行委托设计方式的，设计人员大多是委托单位的人员，企业可以派人参加。企业会计制度设计小组成立后，要推选或者指定正副组长。一般情况下，正组长1人，副组长2～4人。

### (三)根据设计要求制定设计方案和设计规划

会计制度设计单位提出设计会计制度的要求，具体内容有：会计制度设计应包括的内容；会计制度设计应当达到的要求；会计制度设计完成的时间，等等。设计小组根据这些要求制定设计方案和设计规划，确定设计的时间进度安排，明确设计的内容。

## 二、调查研究阶段

没有调查就没有发言权。调查研究是设计会计制度的基础，只有在充分调查研究的基础上，才能设计高质量的会计制度。这一阶段的工作主要有：

### (一)学习文献资料

设计小组要组织设计人员学习马列主义、毛泽东思想和邓小平理论，明确指导思想；学习党和政府有关方针政策法规制度；学习现行会计法、企业会计准则、统一会计制度和财务管理制度及其他有关规章；学习国内外有关会计制度设计资料等。

### (二)调查了解企业生产经营的实际情况

会计制度设计的工作人员主要应调查企业的性质与规模、产品的特点、生产工艺过程与特点、原材料供应情况、市场情况与产品销售情况、生产设备情况、职工人数、筹资方式与资本构成情况、赢利和利润分配情况、机构设置与人员配备情况、定额管理情况、历年的生产经营情况和经济效益等。凡与会计制度设计有关的所有生产经营情况，均须详细调查，作为会计制度设计的参考。

### (三)调查了解企业现行会计制度的执行情况和存在的问题

设计人员可以选择几个主要问题进行调查，如材料采购、验收、货款结算情况；存货的收、发、结存、清查盘存情况；销售的开票、发货、运输与结算情况；生产费用核算与成本计算方法；内部核算情况以及固定资产、工资、货币资金、往来款项的核算情况等。要了解现行会计制度基本内容、特点、存在的问题和缺陷；科目、报表(包括内部报表)、凭证、账簿的设置及其格式；原始记录的设置及实施情况；主要产品的成本核算方法；成本核算组织体系及有关凭证表单格式；内部控制制度的主要内容及其实施情况等。

### (四)调查其他相关情况

了解目前统计核算、业务核算的实施情况，存在的主要问题，所用凭证、表单、原始记录的种类及其格式等；了解组织机构与人员情况，主要了解企业各职能部门与财会部门的机构与人员情况和分工情况、岗位责任情况等；收集本企业的有关规章制度，如厂规、技术操作规程等，分析其与企业会计制度设计的关系，了解财务、统计、业务核算的实施情况和存在的问题，作为设计会计制度的参考。

### （五）收集同行业先进企业的会计制度

设计会计制度时，要注意收集同行业先进企业的各种会计制度，作为设计本企业会计制度的参考。

### （六）征询意见

设计小组要广泛征询企业领导、各职能部门特别是会计部门以及主要会计人员对新设计的会计制度的要求和意见。

在调查研究过程中应结合企业的具体情况，充分考虑各种可能对会计制度产生影响的因素。调查结束后，设计人员应该根据所获取的资料进行分析研究，确定哪些工作可以简化，哪些过程可以改进，为确定财务会计制度的基本框架提供资料。

## 三、设计编写阶段

设计小组在综合调查研究的基础上，针对设计的内容，拟定设计大纲，编写会计制度。

### （一）拟定设计大纲

设计大纲是企业会计制度设计的纲领性文件，一个科学的会计制度设计大纲可以引导企业以最快的速度、最高的质量、最少的投入完成企业的会计制度设计工作。一般来说，会计制度的设计大纲应当包括下列内容：

1. 会计机构系统图；
2. 本企业适用的会计科目；
3. 会计核算组织程序图；
4. 产品成本核算流程图；
5. 主要业务工作流程图；
6. 原始记录流程图；
7. 采购、销售、筹资、投资、成本和利润等的核算方法与要求；
8. 会计管理工作的总体思路；
9. 会计制度设计的进度计划等。

### （二）编写会计制度草案

设计小组和设计人员按照设计工作流程编写出会计制度的草案。为了保证企业会计制度少走弯路，提高企业会计制度设计的效率，设计小组和设计人员可以按下列先后顺序具体实施会计制度的设计工作。

首先设计企业的会计组织机构系统，其次设计会计核算组织程序，然后设计主要会计要素的核算和控制制度，最后进行全面综合，写成会计制度草案。

### （三）讨论定稿

会计制度设计草案确定以后，先在小组内部进行讨论，讨论通过后，指定专人进行文字总纂，综合有关方面的意见后定稿。

### 四、试行修改阶段

设计的会计制度定稿后交由单位负责人审定批准，在企业各职能管理部门和广大干部职工中试行。经过试行，检验其适用性和有效性，总结经验，发现缺陷。对于发现的问题和不足，及时修改，形成正式的会计制度。

### 五、发布实施与完善阶段

企业对最后定稿的确认为正式的会计制度，在企业中发布实施。在实施过程中，当遇到国家法律法规、会计政策和企业经营战略、管理思想或者经营方式等发生变化时，或者遇到新情况、新问题时，要对现有的会计制度进行补充、修改，使之完善。

## 第五部分 企业会计制度设计的方法

会计制度设计方法是指对会计制度的内容用一定的形式予以反映的具体方式。这些方法一般有文字说明法、表格法、流程图法和混合法，下面分别加以介绍。

### 一、文字说明法

用文字说明会计制度的有关内容，这是会计制度设计中使用最多的方法。该方法在使用时可用文字单独说明，如会计制度的总体说明，会计科目及其使用说明，内部控制要点等；也可以文字辅以图示说明，如对会计组织结构及岗位职责、凭证、账簿、报表的使用说明，对各类业务会计处理程序的说明等。不论如何应用文字说明法，都要能恰当表达有关内容，行文要规范，定义要严谨，语句要确切，要避免无关紧要的修饰，要防止过于冗长，避免使用易于误解的句子。以文字说明法表示的会计制度的内容要注意排列得体，同一层次的语句段落要采用相同的字号排列；不同层次的语句段落要采用合适的编号形式，一般采用统计制度规定的编号方法，例如：一、（一）、1、（1）等。

### 二、表格法

用表格形式反映会计制度中使用的凭证、账页和报表格式。应用表格法主要应掌握以下两方面要求。

#### （一）表格尺寸统一

表格尺寸统一也就是会计凭证、账页和报表用纸格式的统一。统一会计凭证用纸大小，有利于会计凭证的编制及装订和保管；统一账页用纸大小，便于账页的登记和装订保管；统一报表用纸大小，则既便于编制装订保管又便于阅读。总之，便于装订保管是统一会计凭证、账页和报表用纸的共同目的。便于会计凭证、账表的编制和登记，是会计人员自身工作的要求，但便于会计报表的阅读，则是从使用人的角度来考虑的。

为了保证表格用纸规格统一、节约而有效，有关主管部门应确立用纸规格，以便设计人员能在相对集中的用纸规格中选择适合的纸张尺寸。

**(二)表格划线标准**

在会计工作中所使用的表格，其划线方法通常有以下要求：

1. 表格空边的划线

表格一般由表首、表体和表尾组成。表首反映表的名称、日期等内容；表体以线条划分项目、金额等内容；表尾说明表格经办人员等情况。表格空边则是表体与纸张边缘的空间，设计时，要对表格空边做出统一规定，通常表格装订部分空边和表格表首部分空边要留宽一些。另外，表体部分的划线也要统一规定，例如表体外围线用粗线，表体内部标题线用次级粗线，表体内部空格线用细线。有条件的，亦可对表格划线的颜色做出规定，以规范醒目。

2. 表格栏次的划线

表格中分为几个大部分的垂直线应该是最显著的线，例如，用垂直线将账页的金额栏划分为借方、贷方及余额栏。在金额栏中不同货币单位的线也应有所区别，例如元与角之间、百元与千元之间、十万元与百万元之间等可用粗线，其他可用细线，以便记账人员定位。表格中的横线在较多、较密的情况下，可每隔五条线采用一条较粗的线，这样可以防止记录串行，也便于统计记录的笔数。

3. 表格制作控制

会计业务中的表格数量，在企业所有管理用表格中一般占有较大的比例，为了降低表格制作成本，提高表格使用效率，应对表格制作予以控制。其方法就是表格制作、修改及废止的申请审批程序。其具体做法是：

(1)填制申请单。凡表格制定、修改和废止，均须填制申请单。

(2)申请单送审。申请单填写完毕后连同表格样本，送会计主管审核。审核要点主要有：表格是否确实需要，表格内容是否与其他表格有重复或冲突之处；表格制定和修改对有关部门是否有影响；使用是否经济有效；表格联数、尺寸及印数是否经济合算；表格废止理由是否正当，其相关业务是否已不存在或其内容已由其他表格代替或合并等。

(3)申请单位审核批准后，对制订、修改后的表格予以编号，并将其样本及其使用说明向有关部门或人员公布，对废止的表格要限期及时收回、集中处理。会计主管部门要定期检查表格使用情况，作为表格使用、改进及审查的依据。

## 三、流程图法

流程图法是会计制度中用一定图形反映各项业务的处理程序。该方法反映业务处理程序要比文字说明法容易为人们所了解和掌握。使用流程图有利于提高工作效率，能为会计电算化创造条件，同时也有助于审计人员进行内部控制测试，从而确定审计重点和需予审查的详细程度。

流程图有多种类型，常见的有框图式流程图和符号式流程图两种。

### (一)框图式流程图

它是用矩形框图和直线组成的一种流程图,框图内反映所处理的内容,直线反映信息及其载体的传递;框图亦可反映信息及其载体,直线反映处理要求。它常用于简单的业务处理流程,如会计核算形式图、业务处理主要环节图等。

### (二)符号式流程图

它是用具有一定意义的符号,形象反映业务处理过程的图表。它比框图式流程图反映更直观全面,不仅能反映业务处理部门、人员,还能反映信息传递、变换的过程和信息载体生成、传递、记录、存档的情况,所以它被广泛用于业务处理程序设计中。符号式流程图要事先规定符号及其意义,并规定绘制规则,现分别述之。

1. 符号及其含义

目前,用于流程图的符号,国际会计界没有专门统一,但在某些国家已有专门规定,如美国、澳大利亚、日本等均由国家、行业或协会专门规定流程图符号。我国尚未制定出统一的业务流程图符号。

2. 绘制方式

业务流程图的绘制方式一般有两种:一种是纵式流程图;另一种是横式流程图。纵式流程图的绘制方法是:将一项业务处理过程按照次序先后,用一条主线垂直串联起来,业务处理过程中发生的单据、凭证以及凭证的分类、记录、归集、汇总等处理步骤,都用具体图式描绘出来。这种纵式流程图的一个显著特点是:对每个处理步骤都有相应的注释,以简明扼要的文字阐明各步骤的工作内容、控制性质和特点。这种方式较易为人理解,但难以反映各部门之间的联系。横式流程图的绘制方法,则以业务处理过程中各部门的控制和实施范围以及部门之间的联系为基础,横向表示凭证、单据在部门之间和部门内部的传递、分配、记录、归档等步骤。这种方式可系统地、完整地反映业务处理过程中各职能部门之间的联系,但不便于对各步骤的活动做出简单的文字叙述,如果业务内容过于复杂,或图形符号过多时,就较难明了整个业务的控制系统。

## 四、混合编号法

混合编号法是指在设计会计制度时采用多种符号进行,即综合采用文字、图表和流程图。这种方法是会计实际工作常用的会计制度设计的方法。

# 第三篇 企业主要会计制度设计

本篇介绍企业中主要会计制度的设计，包括企业会计制度总则设计，企业会计组织系统设计，会计科目设计，会计凭证设计，会计账簿设计，财务会计报告设计，会计核算组织程序设计，会计档案管理设计，会计内部监督与内部稽核制度设计和会计电算化制度设计。

## 第一部分 企业会计制度总则设计

### 一、会计制度总则的含义

#### (一)会计制度总则的概念

会计制度总则又称为总说明，是指写在会计制度最前面的、概括性的适用于会计工作各个环节的总的原则。

#### (二)会计制度总则的意义

通过会计制度总则，企业的财会人员和其他人员可以了解会计制度制定的目的、实施的要求，掌握会计制度的总精神，明确会计核算和监督的指导思想和原则，对会计制度的贯彻实施、明确会计工作任务、做好会计工作具有重要意义。

### 二、企业会计制度总则内容的设计

企业会计制度总则一般在会计制度的第一部分，其内容包括会计制度制定的目的、依据和适用范围，会计核算的基础等。

#### (一)会计制度制定目的、依据的设计

会计制度制定的目的就是制定会计制度要达到的目标和要求。在设计会计制度时，要在总则中明确会计制度制定的目的。

会计制度制定的依据是指在设计会计制度时参照哪些法律法规和政策、制度。关于会计制度制定的依据前以述及，企业在设计时根据设计目的选择适用的法律法规和政策、制度。

例如，深圳市天威视讯股份有限公司在制定《财务管理基本体系》时，在第一章总则第一条中设计了制定目的和依据：为加强深圳市天威视讯股份有限公司(以下简称公司或本公司)财务管理，规范公司财务行为，保护公司及投资者的合法权益，根据《中华人民共和国会计法》(以下简称《会计法》)、《企业财务通则》、《企业内部控制基本规范》、《深圳市天威视讯股份有限公司章程》(以下简称《公司章程》)以及国家有关法律、

法规，结合公司实际情况，制定本制度。

#### （二）会计制度适用范围的设计

会计制度适用范围的设计就是设计本会计制度适用于企业的哪些部门和个人。一般来说，企业会计制度适用的范围是本企业的内部各部门和人员。对于有分支机构的企业，总公司的会计制度对下属分支机构具有约束作用。

例如，中国建筑股份有限公司会计制度的适用范围设计为：本制度适用于股份公司各级企业及其内部独立核算单位（以下简称"企业"）。对于境外企业，应当按照所在国家（地区）的法律法规进行会计核算、编制财务会计报告，并按照本制度有关规定向国内报送财务会计报告。按照"统一制度，分级实施"的原则，各企业应当按照股份公司统一制定的会计制度进行会计核算，不再另行制定本企业的会计制度。从事特殊业务的企业，可参照本制度制定本企业的会计制度或核算办法，经股份公司批准后实施。

#### （三）会计核算的设计

会计核算的设计一般包括会计核算基本前提的设计和会计信息质量要求的设计等。

会计信息质量要求又称为会计核算的原则，是对企业财务报告中所提供会计信息质量的所作基本要求，是使财务报告所提供的会计信息对使用者决策有用应具备的基本特征。它主要包括可靠性、相关性、可理解性、可比性、实质重于形式、重要性、谨慎性、及时性、会计计量和划分收益性支出与资本性支出十项，企业在设计时可以根据实际情况选择使用。

## 第二部分 企业会计组织系统设计

会计组织系统是企业组织系统的一个重要组成部分，它为整个企业组织系统的健康运行提供所需的各类信息。核算和监督是会计的基本职能，保证会计信息的真实性和完整性，提高会计信息的使用价值是会计工作的基本目标。要想充分发挥会计职能，及时完成会计任务，有效实现会计目标，必须建立健全会计组织系统。企业会计组织系统设计的内容包括设置会计机构、配备会计人员、设计岗位及其职责等。

### 一、企业会计组织系统设计的原则

企业在设计会计组织系统时应当遵循以下原则：

#### （一）系统性原则

企业组织是一个大系统，会计机构是这一大系统下的子系统。系统理论认为，系统具有集合性、关联性、环境适应性、功能性、动态平衡性和层次性等特征。企业在会计组织系统的设置时，应根据企业经营管理组织系统的规模、管理方针、战略规划、企业生产经营特点等进行系统分析和设计，使会计机构与相关职能部门（如供应部门、销售部门、生产车间、人力资源部门等）密切配合，建立有机的协调关系，共同完成企业管理系统任务，以充分发挥会计工作在企业管理中的核心作用。

**（二）内部控制原则**

会计的职能之一是对企业的生产经营进行监督控制。因此，会计机构的设置必须根据企业经营管理上的要求，抓住企业资金运动全过程的关键点，形成对企业经营全过程和全方位的监控。这就要求企业组织系统中的每个部门和工作人员都应该有明确的职权、责任和具体的工作内容，做到部门之间职责清、任务明，有利于实行岗位责任制。设计企业会计机构必须充分贯彻内部控制制度，来达到相互稽核的防疫自免功能。

**（三）适合实际原则**

企业会计组织系统的设置，应符合企业组织形式的现状，充分考虑到企业的个性化。企业的业务类型和规模不仅是设计企业组织系统的依据，也是企业会计组织系统设置的依据。一般来说，经营类型简单、业务量少，企业会计组织系统可以简单些，可以设置为“科”或“室”；经营类型复杂、业务量多，企业会计组织系统可以大些，可设置成“处”。大型集团公司的企业会计组织系统可以分设，设置为“部”等。

**（四）明晰具体原则**

企业会计组织系统无论大小，其内部人员岗位责任制必须明确具体。把岗位指标层层分解，做到人人肩上有指标，明确规定各个岗位会计人员的职责和权限。

**（五）效率性原则**

企业会计组织系统的设置有其自身的规律性和科学性。首先，企业会计组织系统的设置要实现与企业其他组织机构之间相互协调，达到相对封闭，实现对企业生产经营的全面控制，取得整个企业管理的最大经济效益。其次，所设置会计机构提供会计信息所产生的经济效益必须大大高于为实现此目的而发生的成本费用，即要避免机构重叠、岗位职责交叉、人浮于事、相互扯皮的现象，最大限度地提高会计工作效率。

## 二、企业会计组织系统设计的类型

企业会计组织系统设计的类型可以按照不同的标准划分，常见的划分方式有以下几种。

**（一）按照企业规模划分**

按照企业规模将企业会计组织系统设计分为小型企业会计组织系统设计、大中型企业会计组织系统设计、集团企业会计组织系统设计和内部核算下的会计组织系统设计四种类型。

**(二)按照会计工作组织形式划分**

按照会计工作组织形式将企业会计组织系统设计划分为集中核算和非集中核算两种形式。

1. 集中核算

集中核算又称集中核算制,是指整个企业的会计工作主要集中在会计部门进行的核算组织形式。在这种组织形式下,企业内部的其他部门和下属单位只对其发生的经济业务填制原始凭证或原始凭证汇总表,送交会计部门。会计部门进行填制凭证到编制报表等一系列会计核算程序工作。它一般适用于小型企事业单位。

2. 非集中核算

非集中核算又称两级核算或分散核算,是指将会计工作分散在企业内部各部门和所属单位进行的核算组织形式。在这种组织形式下,内部所属单位整理有关本部门业务的原始凭证,进行明细核算,上报有关会计报表;企业会计部门进行总分类核算,编制企业财务报告。它一般适用于大中型企事业单位。

值得注意的是,无论采用哪一种核算方式,企业对外的现金往来、物资购销、债权债务的结算都应由企业会计部集中办理。

**(三)按照财务与会计是否统一划分**

按照财务与会计是否统一将企业会计组织系统设计划分为财务与会计合设和财务与会计分设两种形式。

1. 财务与会计合设

财务与会计合设是指企业将财务机构与会计机构合并设置在一起,这种设置方式同传统的管理模式相适应的,也是目前我国多数企业所采用的形式。一般情况下,企业只设一个财务科室,由总会计师和主管企业经济活动的副总经理来领导,负责整个企业的财务和会计两方面的管理工作。其优点在于关系简单明了,便于财会业务集中管理,并能提高工作效率。但是,随着经济的发展,企业所面临的理财环境越来越复杂,财务管理的内容也越来越丰富,财务管理对企业的重要性日益增强,这种一体化的组织形式有些跟不上目前财务管理的发展形势。

2. 财务与会计分设

财务与会计分设是指企业将财务与会计分开各自单独设置独立机构,各司其职。一般情况是,在财务副总经理或总会计师之下,设置平行的财务部和会计部,分别执行财务职能和会计职能。会计部主要负责会计核算、办理纳税、编制财务报告等,并负责内部会计控制。财务部主要负责企业财务管理工作,承担资金筹集、编制财务预算、投资经营决策、营运资本日常管理、信用和保险、利润分配,以及日常财务活动的控制、分析、评价并提出报告等。

随着我国经济改革的不断深入,企业的财务活动发生了深刻变化,企业资产规模日益庞大、管理跨度宽、筹资渠道及方式多样化,使得财务机构与会计机构分设越来越必要。

## 三、会计机构的设计

各单位应当如何设置会计机构,《中华人民共和国会计法》第三十六条规定,各单位应当根据会计业务的需要,设置会计机构,或者在有关机构中设置会计人员并指定会计主管人员;不具备设置条件的,应当委托经批准设立从事会计代理记账业务的中介机构代理记账。

### (一)小型企业会计机构的设计

由于小型企业经济业务简单,会计组织系统的设计常常有两种方式,一是委托经批准设立从事会计代理记账业务的中介机构代理记账;二是在有关机构中设置会计人员并指定会计主管人员。采用第二种方式时,通常将会计与财务合并设置为一个部门或成为某部门下属的一个子部门,如图表 3-1 所示。

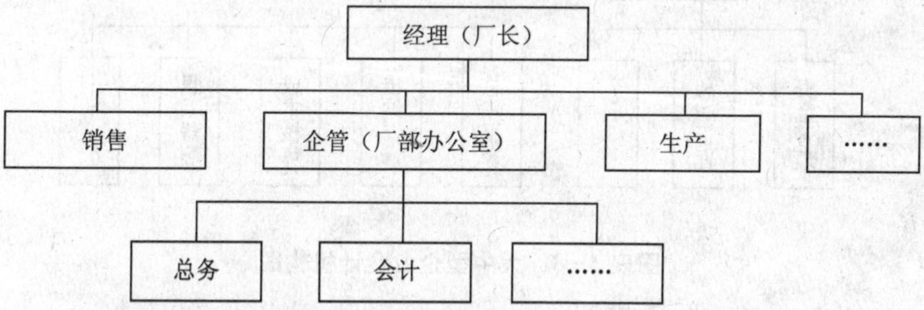


**图表 3-1　小型企业会计机构图**

当财务与会计业务量稍大些,并且财务管理工作日益复杂和重要时,也可单独设置会计部门,并在会计部门内部进行简单分工,财会机构一般设置为“科”或“室”,如图表 3-2 所示。

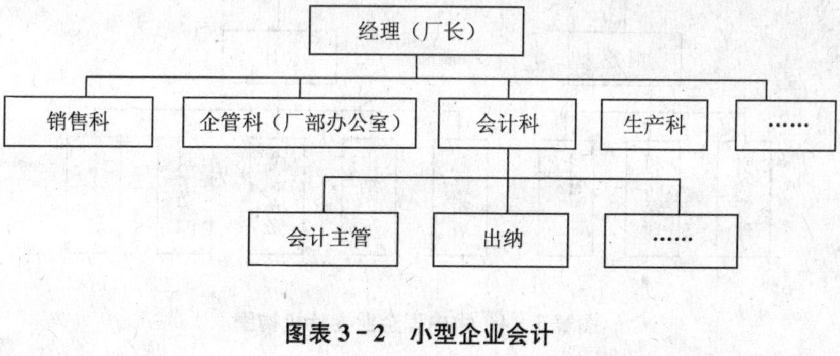


**图表 3-2　小型企业会计**

小型企业会计岗位通常设置会计主管、出纳、明细账会计、总账会计等岗位,并配备财务会计人员 2 至 6 人。

### (二)大中型企业会计机构的设计

大中型企业的经济业务较多,大多会计机构的设计一般采取会计与财务分设模式。根据《中华人民共和国会计法》规定，国有的和国有资产占控股地位或者主导地位的大、中型企业还必须设置总会计师。会计岗位设置比较健全，甚至还会出现“一岗多人”现象，通常配备6～60多名财会人员。大中型企业会计机构图如图表3-3和图表3-4所示。

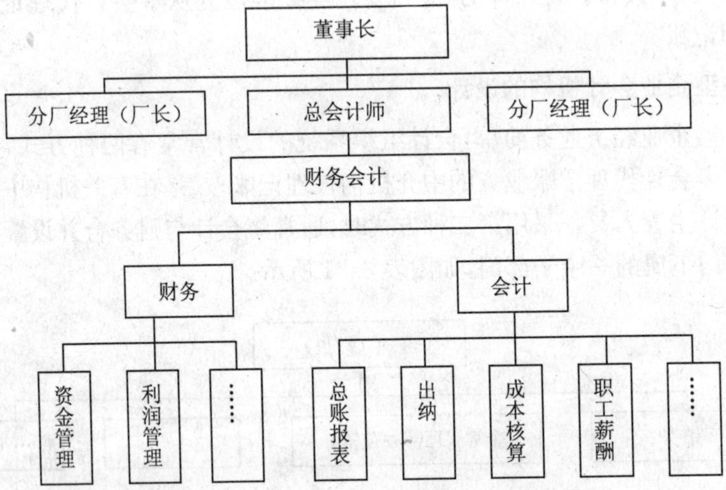


图表3-3　大中型企业会计机构图

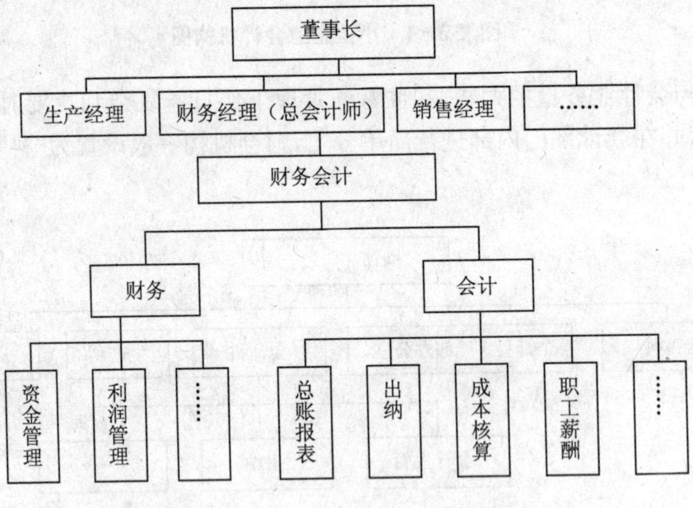


图表3-4　大中型企业会计机构图

### (三)企业集团会计机构的设计

企业集团是由母公司及其控股子公司、分公司和其他分支机构组成的企业联合组织。母公司和子公司都是独立的企业法人，但企业集团本身不是法人，母公司(或子公司)下属的分公司和分支机构也不是法人(但可以采用独立核算或非独立核算形式)。

企业集团的主要特点是:规模大型化、经营多样化。会计机构在设计上要考虑资本国际化的特点。

会计机构的设计与大中型企业会计机构设计的相同点是:采取会计与财务分设模式或合并设置形式,并在其内部设置相应的机构和岗位。

与大中型企业会计机构设计的不同点是:需要在母公司(或子公司)下属的分公司和分支机构设置财会部门。其中,子公司、分公司和其他分支机构的财务会计部门,应在业务上受企业集团总部的财务会计部门的指导。

## 四、会计人员与岗位职责设计

### (一)会计人员设计

1. 会计人员的要求

确定了会计组织系统之后,就要配备会计人员。我国有关法律法规对会计人员规定了三方面的基本要求。一是要持有会计从业资格证书。《中华人民共和国会计法》规定:"从事会计工作的人员,必须取得会计从业资格证书。"二是要具备必要的专业知识、专业技能和良好的职业道德。《会计基础工作规范》规定:"会计人员应当具备必要的专业知识和专业技能,熟悉国家有关法律、法规、规章和国家统一会计制度,遵守职业道德。"这是对会计人员最基本的要求。目前考核和确认会计人员的专业知识和业务技能主要是通过设置会计专业职务和会计专业技术资格考试来进行的。三是要按照规定参加会计业务培训。《会计基础工作规范》规定:"会计人员应当按照国家有关规定参加会计业务的培训。"并规定:"各单位应当合理安排会计人员的培训,保证会计人员每年有一定时间用于学习和参加培训。"

2. 会计人员的配备和任免

明确了对会计人员的要求,就要根据企业经济业务的多寡确定会计岗位和所需会计人员的数量,配备会计人员。配备会计人员通常有下列几种方式:一是由政府主管部门或上级主管单位直接任命或聘任,如国有大中型企业的总会计师由政府主管部门任命或者聘任。二是由各单位自行招聘。在招聘会计人员时,企业可以通过与大中专院校合作培养,到人才市场招聘,或者通过报刊、国际互联网等发布广告等方式进行。三是由各单位征得上级主管部门的同意后聘任。四是实行会计委派制。

除此之外,企业会计人员配备还必须按照有关内部控制的要求,实行回避制度。企业领导人的直系亲属不得担任本企业的会计机构负责人、会计主管人员;会计机构负责人、会计主管人员的直系亲属不得在本企业会计机构中担任出纳工作。即使是小型企业在合并设岗,实行一人多岗时,一些不相容职务的岗位也不得合并,以免造成人为错弊。

关于会计人员的任免,《中华人民共和国会计法》规定,会计人员按照干部管理权限的规定任免,企业事业单位的会计机构负责人、会计主管人员的任免并应经过上级主管单位同意。会计人员忠于职守,坚持原则,受到错误处理的,上级主管单位应当责成所在单位予以纠正;玩忽职守,丧失原则,不宜担任会计工作的,上级主管单位应当责成所在单位予以撤换。

3. 会计人员的职责

会计人员的职责主要有:

(1)进行会计核算

核算是会计的基本职能之一,也是全部会计管理工作的基础。会计核算是通过价值量对经济活动进行确认、计量、记录,并进行公正报告的工作。在此环节会计人员应当按照会计法律、法规和会计准则的规定,做好会计核算工作,保证账证相符、账账相符、账实相符。

(2)实行会计监督

监督是会计的另一大基本职能,会计监督是通过检查和控制等具体方法,促使经济活动按照规定的要求运行,以达到预期的目的。在此环节会计人员对本单位的各项经济业务和会计手续的合法性、合理性进行监督。对不真实、不合法的原始凭证不予受理,及时向本单位负责人报告;对违反国家统一的财政制度、财务规定的收支不予办理。接受有关主管部门的监督,如实提供信息,不得拒绝、隐匿和谎报情况。

(3)参与制订企业发展计划

会计人员具有熟悉会计信息的先决条件,应结合企业实际情况积极参与企业发展计划的制订工作。如参与各项业务计划的制订,各项预算的编制和对财务计划进行考核、分析与评价。

(4)其他会计事项

协助企业其他管理部门做好企业管理的基础工作,提供关于企业改制、合并、分立等支持企业可持续发展方面相关的会计信息资料。

4. 会计人员的权限

为了保障会计人员顺利履行自己的职责,国家赋予会计人员必要的权限,主要有以下几点:

(1)会计人员有权要求单位有关部门、人员认真执行国家批准的计划、预算,遵守国家法律及财经纪律和财务会计制度。

如有违反法律、法规的情况,会计人员有权拒绝付款、拒绝报销或拒绝执行,并向单位领导人报告。对于弄虚作假、营私舞弊、欺骗上级等违法乱纪行为,会计人员必须坚决拒绝执行,并向本单位领导或上级部门报告。

(2)会计人员有权参与本单位编制计划、制定定额、对外签订经济合同,参加有关的生产、经营管理会议和业务会议。

(3)会计人员有权对本单位各部门进行会计监督。

5. 会计人员交接

会计人员工作交接是会计工作中的一项重要内容,做好会计交接工作,可以使会计工作前后衔接,保证会计工作连续进行;做好会计交接工作,可以防止因会计人员的更换出现账目不清、财务混乱等现象；做好会计交接工作，也是分清移交人员和接管人员责任的有效措施。

(1)办理会计工作交接的情形

《中华人民共和国会计法》规定，会计人员调动工作或者离职，必须与接管人员办清交接手续。并规定会计人员在临时离职或其他原因暂时不能工作时，也应办理会计工作交接。对此，《会计基础工作规范》作了详细规定，具体包括：临时离职或因病不能工作、需要接替或代理的，会计机构负责人（会计主管人员）或单位负责人必须指定专人接替或者代理，并办理会计工作交接手续；临时离职或因病不能工作的会计人员恢复工作时，应当与接替或代理人员办理交接手续；移交人员因病或其他特殊原因不能亲自办理移交手续的，经单位负责人批准，可由移交人委托他人代办交接，但委托人应当对所移交的会计凭证、会计账簿、财务会计报告和其他有关资料的真实性、完整性承担法律责任。

(2)办理会计工作交接的基本程序

①交接前的准备工作

会计人员在办理会计工作交接前，必须做好以下准备工作：

已经受理的经济业务尚未填制会计凭证的应当填制完毕。

尚未登记的账目应当登记完毕，结出余额，并在最后一笔余额后加盖经办人印章。

整理好应该移交的各项资料，对未了事项和遗留问题要写出书面说明材料。

编制移交清册，列明应该移交的会计凭证、会计账簿、财务会计报告、公章、库存现金、有价证券、支票簿、发票、文件、其他会计资料和物品等内容；实行会计电算化的单位，从事该项工作的移交人员应在移交清册上列明会计软件及密码、会计软件数据盘、磁带等内容。

会计机构负责人（会计主管人员）移交时，应将财务会计工作、重大财务收支问题和会计人员的情况等向接替人员介绍清楚。

②移交点收

移交人员离职前，必须将本人经管的会计工作，在规定的期限内，全部向接管人员移交清楚。接管人员应认真按照移交清册逐项点收。具体要求是：库存现金要根据会计账簿记录余额进行当面点交，不得短缺，接替人员发现不一致或“白条抵库”现象时，移交人员在规定期限内负责查清处理；有价证券的数量要与会计账簿记录一致，有价证券面额与发行价不一致时，按照会计账簿余额交接；会计凭证、会计账簿、财务会计报告和其他会计资料必须完整无缺，不得遗漏。如有短缺，必须查清原因，并在移交清册中加以说明，由移交人负责；银行存款账户余额要与银行对账单核对相符，如有未达账项，应编制银行存款余额调节表调节相符；各种财产物资和债权债务的明细账户余额要与总账有关账户的余额核对相符；对重要实物要实地盘点，对余额较大的往来账户要与往来单位、个人核对；公章、收据、空白支票、发票、科目印章以及其他物品等必须交接清楚；实行会计电算化的单位，交接双方应在电子计算机上对有关数据进行实际操作，确认有关数字正确无误后，方可交接。

③专人负责监交

为了明确责任，会计人员办理工作交接时，必须有专人负责监交。一般会计人员办理交接手续，由会计机构负责人（会计主管人员）监交；会计机构负责人（会计主管人员）办理交接手续，由单位负责人监交，必要时主管单位可以派人会同监交。

通过监交，保证双方都按照国家有关规定认真办理交接手续，防止流于形式，保证会计工作不因人员变动而受影响；保证交接双方处在平等的法律地位上享有权利和承担义务，不允许任何一方以大压小，以强凌弱，或采取非法手段进行威胁。移交清册应当经过监交人员审查和签名、盖章，作为交接双方明确责任的证件。

④交接后的有关事宜

会计工作交接完毕后，交接双方和监交人在移交清册上签名或盖章，并应在移交清册上注明单位名称，交接日期，交接双方和监交人的职务、姓名，移交清册页数以及需要说明的问题和意见等；接管人员应继续使用移交前的账簿，不得擅自另立账簿，以保证会计记录前后衔接，内容完整；移交清册一般应填制一式三份，交接双方各执一份，存档一份。

(3)会计工作交接后移交人与接交人的会计责任

《会计基础工作规范》规定，移交人员对移交的会计凭证、会计账簿、会计报表和其他会计资料的合法性、真实性承担法律责任。这就是说，如果移交人员所移交的会计资料是在其经办会计工作期间内发生的，那么就应当对这些会计资料的合法性、真实性负责，即使接替人员在交接时因疏忽没有发现所接收会计资料在合法性、真实性方面的问题，如事后发现，也应由原移交人员负责，原移交人员不应以会计资料已经交接而推卸责任。

**(二)会计岗位职责设计**

企业在设置内部会计工作岗位时，可以按照企业交易循环涉及的业务或者按照报表项目进行。在企业中应当设置的会计岗位及其职责一般包括以下几个方面，在具体设计时企业可以根据实际情况选取，可以将不同的岗位合并，也可以对一个岗位分开设立。

1. 总会计师

《中华人民共和国会计法》规定，国有的和国有资产占控股地位或者主导地位的大、中型企业必须设置总会计师。这条规定要求国有大中型企业必须设置总会计师，当然并不排除其他单位设置总会计师，其他单位也可以根据需要，自行决定是否设置总会计师。

总会计师是在企业负责人领导下主管经济核算和财会工作的负责人。总会计师必须由具有五年以上财会管理经验的高级会计师担任。

总会计师的岗位职责主要包括：

(1)按照会计法和有关财经法规、政策、制度的规定，负责领导本单位的会计人员办理会计事项，进行会计核算，实行会计监督，正确分配企业收益，协调各方面的经济关系。

(2)组织领导本单位的财务管理、成本管理、预算管理等方面的工作,主要有:①编制和执行预算、财务收支计划、信贷计划,拟定资金筹措和使用方案,开辟财源,有效地使用资金;②进行成本预测、计划、控制、核算、分析和考核,督促本单位有关部门降低消耗、节约费用、提高经济效益;③建立健全经济核算制度,利用财务会计资料进行经济活动分析;④协助本单位领导人对企业的生产经营以及基本建设投资方向等问题作出决策。

(3)参与新产品开发、技术改造、科研研究、商品(劳务)价格和职工薪酬的方案的制定和重大经济合同、经济协议的洽谈、审查和签订工作;

(4)审查并签署单位财务收支计划、成本费用计划、信贷计划、财务专题报告和会计决算报表。

(5)审查涉及财务收支的重大业务计划、经济合同、经济协议和项目建议书、可行性研究报告等,并参加会签。

(6)负责本单位会计机构的设置和会计人员的配备、会计职务的设置和聘任提出方案,组织会计人员培训,支持会计人员依法行使职权。

(7)协助单位负责人对企业的生产经营、行政事业单位的业务发展以及基本建设投资等问题作出决策。

(8)参与新产品开发、技术改造、科技研究、商品(劳务)价格和工资奖金等方案的制定。

(9)承办主要行政领导交办的其他工作。

2. 会计机构负责人与会计主管

会计机构负责人与会计主管的岗位职责包括:

(1)在单位主要行政领导人和总会计师领导下,全面负责本企业会计机构的会计工作;

(2)负责组织和实施制定有财务管理和会计核算方面的管理制度和办法(如内部结算办法,财务管理若干规定,成本核算方法,原材料、产成品、在产品管理办法等);

(3)负责组织实施月、季、年度财务收支计划,层层落实与分解,并负责对其执行情况的检查、分析与建议;

(4)定期审核各种会计报表、年度决算报告及财务情况说明书,并对上述会计报表、决算报告和有关资料所提供的财务会计信息的真实性、合法性、准确性承担责任;

(5)参加有关的生产经营、对外投资洽谈合同的会议,提出财会建议,供领导决策参考;

(6)实行会计监督,严格维护财经纪律,对重大的财务收支业务应亲自作不定期的抽查和复审;

(7)负责检查会计人员的政治业务学习,支持会计人员依法行使职权;

(8)负责检查会计岗位履行职责的情况,及时提出指导意见;

(9)负责对会计人员工作业绩进行考核和奖惩;

(10)负责搞好同生产、经营、业务、采购、供销等部门之间的协调工作。

3. 总账报表岗位

总账报表岗位的岗位职责主要有:

(1)编制记账凭证,按照会计核算组织程序的要求编制汇总记账凭证或者科目汇总表,登记总账;

(2)负责期末结账、利润计算及结转等工作;

(3)负责编制资产负债表、利润表和现金流量表,以及其他明细报表,核对其他报表等工作。

4. 出纳岗位

出纳岗位的岗位职责主要有:

(1)按照国家有关现金管理和银行结算制度及外汇管理的相关规定,根据主管会计审核签章的凭证,办理现金收付和结算业务;

(2)登记库存现金和银行存款日记账,做到日清日结,每月定期与银行对账,编制银行存款余额调节表;

(3)保管库存现金和各种有价证券;保管有关印章、空白收据和支票,办理领用注销手续;

(4)按核定的额度掌握库存现金的库存量等。

5. 采购及应付款核算岗位

采购及应付款核算岗位的岗位职责主要有:

(1)审查汇编材料采购用款计划,控制材料采购成本,分析采购计划的执行情况;

(2)认真审核各类材料的采购凭证,分别按材料的采购地点、类别、品种、规格、保管地点和供货单位等进行登记,核算材料采购成本;

(3)对在途材料要督促清理催收。对已验收入库尚未付款的材料,月终应估价入账;

(4)登记应付账款明细账、经常对账、及时办理结算手续,认真审核有关发票、账单等结算凭证,防止错付、漏付、多付和重付等现象发生;

(5)定期组织材料仓库盘点实物,核对材料总账和明细账,做到账账相符、账实相符等。

6. 销售及应收款核算岗位

销售及应收款核算岗位的岗位职责主要有:

(1)审查销售业务的有关凭证,严格执行国家的价格政策,认真履行销售合同,分析销售计划的完成情况;

(2)根据销货发票等凭证,正确计算销售收入、销售成本、费用、税金和销售利润,登记有关明细账;

(3)对应收账款要及时登记往来明细账,经常对账,催收欠款;

(4)经常核对产成品、发出商品账户的定额和实际库存,保持账实、账账相符;

(5)对购销业务以外的各项往来款项,要按照单位和个人分户设置明细账,根据审核后的记账凭证逐笔顺序登记,并经常核对余额;

(6)定期编制商品销售分析报告等。

7. 职工薪酬核算岗位

职工薪酬核算岗位的岗位职责主要有:

(1)监督工资基金的使用;

(2)参与制订薪酬总额计划,分析职工薪酬总额计划的执行情况,控制其支出;

(3)负责计算职工的薪酬,办理职工工资结算;

(4)审核发放工资和奖金;

(5)负责工资分配的核算;

(6)计提职工福利费和拨交工会经费;

(7)年终计算并编制职工薪酬清算表,参加有关薪酬清算;

(8)办理职工个人所得税的计算、交纳和其他代扣工作等。

8. 存货核算岗位

存货核算岗位的岗位职责主要有:

(1)会同有关部门拟定材料物资管理与核算实施办法;

(2)审查采购计划,控制采购成本,防止盲目采购;

(3)负责存货明细分类核算,对已验收入库尚未付款的材料,月终要估价入账;

(4)配合有关部门制定材料消耗定额,编制材料计划成本目录;

(5)参与库存存货的盘点,按规定处理清查账务;

(6)分析储备情况,防止呆滞积压。对于超过正常储备和长期呆滞积压的存货,要分析原因,提出处理意见和建议,督促有关部门及时处理。

9. 固定资产核算岗位

固定资产核算岗位的岗位职责主要有:

(1)建立健全固定资产管理办法,编制固定资产目录,负责固定资产的明细核算,定期核对,保持账、卡、物相符,按期编报固定资产增减明细表;

(2)计提固定资产折旧。定期清查盘点固定资产,认真审核并正确处理盘盈、盘亏以及使用不当的设备等,分析固定资产的使用效果,促进提高固定资产的利用率;

(3)负责核算在建工程及无形资产等。

10. 成本核算岗位

成本核算岗位的岗位职责主要有:

(1)制定成本核算办法,编制成本、费用计划;

(2)健全基础工作,实行责任成本、指标分解、归口分级落实,促进成本计划实现;

(3)严格按成本制度规定,正确归集和分配生产费用,计算产品实际成本;

(4)登记成本费用明细账,编制成本、费用报表;

(5)进行成本、费用分析和考核,加强成本的日常控制,促进成本降低;

(6)加强对在产品和自制半成品的管理和核算,建立车间、班组的在产品台账和半成品登记簿,经常盘点,保持账实相符;

(7)开展部门、车间和班组经济核算等。

11. 稽核岗位

稽核岗位的岗位职责主要有:

(1)审查财务收支。根据财务收支计划和财务会计制度,逐笔审核各项收支,对计划外或不符合规定的收支,应提出意见,并向有关领导汇报,采取措施,进行处理。

(2)复核各种记账凭证。复核凭证是否合法,内容是否真实,手续是否完备,数字是否正确,记账分录是否符合会计准则和会计制度的规定。

(3)对账簿记录进行抽查,看其是否符合要求。并将计算机中的数据与会计凭证进行核对;

(4)复核各种会计报表是否符合会计准则和会计制度规定的编报要求。对复核中发现的问题和差错,应通知有关人员查明、更正和处理。

(5)审查财务成本计划执行情况。

(6)其他稽核事项。

12. 税务筹划岗位

税务筹划岗位的岗位职责主要有:

(1)办理各种税金计提、缴纳、查对、复核等事项;

(2)办理进出口业务的关税缴纳、免税申请及退税等事项;

(3)办理所得税的减免税申请事项;

(4)办理企业有关工商、税务的开业、变更登记等有关的事项;

(5)申办及登记进出口证书业务、单据及结算等事项;

(6)编制税务报表及相关分析报告;

(7)办理其他与税务有关的事项。

13. 档案管理岗位

档案管理岗位的岗位职责主要有:

依据《会计档案管理办法》的规定,建立会计档案的立卷、归档、保管、查阅和销毁等管理制度,保证会计档案妥善保管、有序存放、方便查阅、严防毁损、散失和泄密。

14. 财务管理岗位

财务管理岗位的岗位职责主要有:

预算组负责编制企业财务预算,包括现金预算、销售收入预算、生产成本及各项费用预算、资本预算等,并负责各项预算执行情况的检查,处理其他与预算有关事项。

筹资管理组根据资本预算,负责核定资金需要量,筹集资金,对资本结构和资金成本进行控制。具体表现在筹资方案的选择、股票和债券的发行方式及数量的确定、借款合同的签订等。

投资管理组负责对企业各种投资进行可行性研究，包括对外投资的可行性研究、吸收外单位投资的可行性研究、基建投资和设备更新改造的可行性研究。提出决策建议，对投资项目的现金流量进行估计并对其进行控制，对投资方案进行经济评价。

利润管理组负责制定企业利润规划，对利润计划执行和完成情况进行监督和评价；拟定企业利润分配政策，制定利润分配方案，并对已批准的利润分配方案组织实施。

资本运营组负责企业财务状况和经营成果的分析与评价，提出改善财务状况和提高经济效益的报告，负责对日常资金运营状况进行控制和监督。

15．综合分析岗位

综合分析岗位的岗位职责主要有：综合分析财务状况和经营成果；编制财务情况说明书和专题分析报告；进行财务预测，提供经营决策参考资料等。

## 设计案例

会计组织系统设计，选自《深圳和而泰智能控制股份有限公司财务管理制度》。

### 深圳和而泰智能控制股份有限公司财务管理制度

（二〇一一年一月）

第二章　会计核算的组织与监督

第十九条　财务管理中心岗位设置。根据公司的业务规模确定财务管理中心编制。确定工作人员岗位，岗位设置包括：财务总监、财务经理、会计主管、总账会计、税务会计、销售审核及核算会计、出纳、材料及成本核算会计，管理会计等岗位。

第二十条　财务管理中心组织结构图

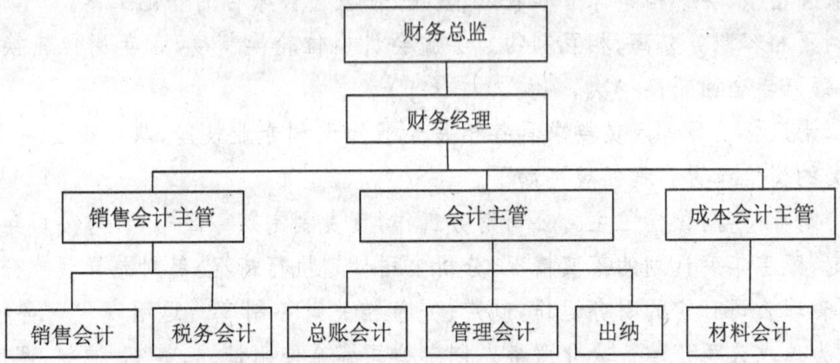


第二十一条　财务管理中心的职责

（一）负责公司日常财务核算，参与公司的经营管理。

（二）根据公司资金运作情况，合理调配资金，确保公司资金正常运转。

（三）搜集公司经营活动情况、资金动态、营业收入和费用开支的资料并进行分析、提出建议，定期向总经理报告。

（四）组织各部门编制收支计划，编制公司的月、季、年度营业计划和财务计划，定期对执行情况进行检查分析。

（五）严格财务管理，加强财务监督，督促财务人员严格执行各项财务制度和财经纪律。

（六）负责全公司各项财产的登记、核对、抽查和调拨，按规定计算折旧费用，保证资产的资金来源。

（七）参与公司及各部门对外经济合同的签订工作。

（八）负责公司现有资产管理工作。

（九）原材料、物料进出账务及成本处理；外协加工料进出账务处理及成本计算；各产品成本计算及损益决算；预估成本协助工作及差异分析。

（十）收入类有关单据审核及账务处理；各项费用支付、资产购置等审核及账务处理；往来账款账务处理；总分类账、日记账等账簿处理；财务报表及会计科目明细表；

（十一）经营报告资料编制；单位成本、标准成本编制核算；年度预算资料汇总。

（十二）统一发票报缴工作；公司所得税核算及申报工作；各种税款的申报工作及事务处理；资金预算工作；财务盘点工作。

（十三）会计意见建议及督促；税务及税法研究。

（十四）完成领导交办的其他工作。

……

第三章　会计人员岗位责任制

第二十六条　为了落实会计法，实现会计工作规范化，明确会计岗位的职责范围和工作标准，结合公司的实际情况，特制定本岗位责任制。

第二十七条　会计工作岗位，可以一人一岗、一人多岗或者一岗多人。但出纳人员不得兼管稽核、会计档案保管和收入、费用、债权债务账目的登记工作。

做到不相容职务分离，相互制约。实施会计岗位轮换制度，每年岗位轮换四分之一以上，每三年全面轮换一次。

第二十八条　会计人员要求具备相关专业知识和专业技能，具备会计从业资格。会计人员的岗位设置和责任规定如下。

（一）财务总监：该岗位主持公司财务工作，负责制定财务战略，参与公司年度经营计划制定，跟踪年度计划的落实情况，分析公司计划执行情况，针对差异现象分析其真实原因，管理公司日常的财务运作，制定、完善相关财务制度。运用现代财务投资、分析理念，为追求公司价值最大化服务。制定公司资金使用计划，筹集、控制、调度资金，保障公司经营活动正常运转；协调政府税务部门关系，充分运用税务优惠政策，依法纳税；指导公司财务做好核算工作；组织财务人员定期培训，对公司其他部门人员进行财务知识培训；向董事会和总经理陈述财务报告。

（二）财务经理：负责财务人员的管理、财务预算和决算的编制、费用资金的审核、财务管理制度的制订与修订、会计制度及作业程序的制订与修订、财务人员月度和年度考核、财务报告的审核、部门之间相互沟通、经济合同的审核等。

（三）会计主管：负责归集整理财务报表及信息披露的资料、合并及分析财务报表、编制财务报告、检查下属岗位职责执行情况、财务电脑数据库的管理、审核会计凭证和会计档案的管理、对外统计报表（如政府部门调查表）的编制或审核、年度总预算的控制、凭证的审核、外汇单据的核销、固定资金的管理等。

（四）总账会计：制作会计凭证并录入电脑、明细及总分账的核对、每月凭证及报表的打印、电脑维护、审核除原辅材料外的所有采购价格。

（五）出纳：费用报销、现金及银行所有业务、票据和财务印章的管理、工资发放、编制银行余额调节表、编制资金收支周报表、审核工资等。

（六）税务会计：开具销售发票、编制税务报表及报税业务、进出口业务、与外贸部的业务对接、月底编制进出口相关报表等。

（七）成本会计主管：与采购部、生产部和物控部的业务对接、材料成本的核算、计算直接人工成本表和制造费用成本分配表、编制材料成本报表及分析并提出控制措施、每月组织仓库盘点并出盘点报告、与仓库的对账工作、审核原辅材料的采购价格等。

（八）销售会计：审核销售单据、与客户对账、应收账款账龄分析、应收账款的催收等。

（九）材料会计：材料收、发、存的日常核算及报表、月底参与仓库盘点工作、与仓库账务的核对、与供应商核对账款、跟踪材料发票的到位等。

（十）管理会计：采购合同询价评审、对费用支付申请是否合理进行评审、单个项目建设可行性、成本费用过程控制和监督、成本费用分析。

……

# 第三部分　会计要素和会计科目设计

## 一、会计要素设计

### （一）我国会计要素的设置情况

会计要素又称会计对象要素，是为了实现会计目标，按照交易或者事项的经济特征，对会计的对象即会计核算和监督的内容所作的划分。会计要素是会计对象的具体化，是反映会计主体财务状况和经营成果的基本单位，是财务会计报告的基本构成部分，它是设置会计科目和账户的基础，也是进行会计确认、计量和报告的基础。新中国成立以后，我国社会经济制度经历了从计划经济到商品经济再到市场经济的发展历程，会计制度也随之变化，会计要素和会计科目的设置情况也发生着一系列变化。其变化过程可以分为以下几个方面。

1. 新中国成立后至党的十一届三中全会

新中国成立后，我国在会计核算制度上主要是借鉴了根据地时期的会计核算经验，和部分地借鉴了苏联的会计核算经验，逐步形成了全国统一的行业会计制度。1950年3月，政务院财政经济委员会发布了《关于草拟统一的会计制度的训令》，要求中央各企业主管部门拟定各部门统一的会计制度，于1950年7月1日发布了试行的《中央重工业部所属企业及经济机构统一会计制度》，1951年、1952年先后两次全面修订了全国统一的各行业会计制度，将会计要素划分为资产、负债、净值、费用、收入、利润六类，国营工业企业共设置149个一级会计科目，基本形成了中国统一的会计制度。其后，广泛地引进了苏联的做法，财政部于1955年正式颁发了由苏联专家参与制定的《国营企业基本业务标准账户计划》和《国营工业企业基本业务统一会计报表和说明草案》。这一时期的会计核算制度在会计科目与会计报表形式方面，几乎照搬苏联模式，会计要素按“经济内容”划分为五类，设置一级会计科目90个。1958年进入“大跃进”的时代，一系列的会计制度基本废止。

2. 党的十一届三中全会至2005年

这一阶段是我国会计准则形成和发展的主要时期。1980年以来由于对外开放政策的实施，中外合资经营企业大量涌现。财政部酝酿制定了《中华人民共和国中外合资经营企业会计制度》，于1985年7月1日开始施行。该制度把资产、负债、资本、成本、损益定为会计的基本要素。1992年调整为《中华人民共和国外商投资企业会计制度》，同年5月发布了《外商投资工业企业会计科目和会计报表》，设置68个一级会计科目。根据十余年的改革经验，在广泛地借鉴国际会计惯例的基础上，我国于1992年11月颁布了《企业会计准则》，并陆续发布了工业企业、商品流通企业、交通运输企业、旅游饮食服务企业、施工企业、房地产开发企业、农业企业、对外经济合作企业、金融企业、保险企业、电影、新闻出版企业等14个行业的会计制度，将会计要素划分为资产、负债、所有者权益、收入、费用和利润六大要素。

3. 2006年新准则中会计要素和会计科目的设置情况

随着市场经济的发展，我国根据经济形势的需要和世界经济一体化的趋势，于2006年年2月15日，颁布了新企业会计准则，明确规定会计要素包括资产、负债、所有者权益、收入、费用和利润。这一设置与以往年代虽然基本相同，但在内容上已经发生了实质变化，体现在以下几个方面：

(1)对会计要素从总体上进行了规范

新基本准则规范了资产、负债、所有者权益、收入、费用和利润六大类会计要素的定义、基本确认、计量标准及其报告，较好地处理了基本准则与具体准则之间的关系，体现了基本准则明确会计的基本性、原则性问题的特征。

对资产定义为过去的交易或者事项形成的、由企业拥有或者控制的、预期会给企业带来经济利益的资源。将负债定义为企业过去的交易或者事项形成的、预期会导致经济利益流出企业的现时义务。新准则认为所有者权益是指企业资产扣除负债后由所有者享有的剩余权益，其来源包括所有者投入的资本、直接计入所有者权益的利得和损失、留存收益等。认为收入是指企业在日常活动中形成的、会导致所有者权益增加的、与所有者投入资本无关的经济利益的总流入。将费用定义为企业在日常活动中发生的、会导致所有者权益减少的、与向所有者分配利润无关的经济利益的总流出。认为利润是企业在一定会计期间的经营成果，包括收入减去费用后的净额、直接计入当期利润的利得和损失等。

(2)在会计要素的计量上谨慎地采用了公允价值标准。目前，企业会计基本准则明确以历史成本为各会计要素的计量基础，但如果能取得公允价值并且公允价值可以可靠计量，则可以采用公允价值计量。《企业会计准则——基本准则》第四十三条规定企业在对会计要素进行计量时，一般应当采用历史成本，采用重置成本、可变现净值、现值、公允价值计量的，应当保证所确定的会计要素金额能够取得并可靠计量。考虑到中国市场发展的现状，新准则体系中主要在金融工具、投资性房地产、非共同控制下的企业合并、债务重组和非货币性交易等方面采用了公允价值，体现了会计的谨慎性原则。

**(二)我国会计要素设置的缺陷分析**

我国新企业会计准则的颁布和实施，使会计工作有章可循，对于规范会计工作、加强经济管理意义重大。但是，根据会计的基本理论和会计的实践来看，会计要素和会计科目的设置还存在着诸多缺陷，给会计理论和会计实际工作带来了诸多不便。这些缺陷归纳起来主要有以下几个方面：

1. 与国际会计的设置不一致

在我国新企业会计基本准则中，将会计要素划分为资产、负债、所有者权益、收入、费用和利润六大要素。其中资产、负债、所有者权益是反映财务状况的要素，在分类和内容上与世界各国基本一致。个别国家为了反映其国家的具体情况，又将某些要素进行分解，例如，美国财务会计准则委员会(FASB)将影响权益要素的业主投资、业主派得作为两个独立的会计要素；英国会计准则委员会(ASB)将所有者投资作为一个独立的要素。

其中收入、费用和利润是反映经营成果的要素，在内容上与世界各国关于会计要素的划分存在一定的差别。国际会计准则委员会(IASC)设置收益和费用两个要素，美国财务会计准则委员会(FASB)设置营业收入、费用、利得、损失、综合收益 5 个要素，英国会计准则委员会(ASB)设置利得、损失和向所有者分配 3 个要素，加拿大特许会计师协会(CICA)设置收入、费用、利得、损失 4 个要素，澳大利亚会计准则委员会(AASB)则引用国际会计准则委员会的设置，只有收入和费用两个要素，我国台湾地区只是在损益计算时涉及收入、费用、利润，但没有将它们作为独立的会计要素。而且各国对收入和费用要素的界定存在较大分歧。例如，我国和美国采用了狭义的定义，认为收入仅指企业经营活动所带来的经济利益流入，包括主营业务收入和其他业务收入；费用仅指企业经营活动所带来的经济利益流出，包括主营业务成本、其他业务成本、营业税金及附加、销售费用、管理费用、财务费用。应用了收入与费用的配比原则，强调了两者之间的因果关系。而国际会计准则委员会和英国则采用了广义的概念，国际会计准则委员会采用的是“收益”和“费用”，收益包括利得，费用包括损失，英国则采用了“利得”和“损失”，其中利得包括收入，损失包括费用。

2. 将利润作为反映经营成果的要素，不符合会计的基本理论

会计基本准则是所有具体准则的基础，是用来指导、评估和发展具体准则，为具体准则的制定提供理论上的依据，在整个会计准则体系之中处于顶尖的位置。在会计基本准则中对会计核算的对象进行总体概括就是会计要素。新会计准则基本准则将利润定义为企业在一定会计期间的经营成果，它包括收入减去费用后的净额、直接计入当期利润的利得和损失等。其中直接计入当期利润的利得和损失，是指应当计入当期损益、会导致所有者权益发生增减变动的、与所有者投入资本或者向所有者分配利润无关的利得或者损失。据此，利润的计算取决于收入减去费用后的净额、直接计入当期利润的利得和损失金额。与《国际会计准则》相比，我国基本会计准则将利润作为一个要素实有不妥，理由是利润只是收入和费用的计算结果，是二者的对比结果，将其作为会计要素之一在基本准则中列示是不科学的，与会计基本准则的地位和作用不符。另外，《企业会计准则——基本准则》第十条规定企业应当按照交易或者事项的经济特征确定会计要素，这就是实质重于形式原则，它要求企业应当按照交易或者事项的经济实质进行会计确认、计量和报告，不应仅以交易或者事项的法律形式为依据。在企业的经济活动中收入和费用是经常发生的经济业务，应当作为会计的要素，而利润只是收入和费用二者相减的结果，将其作为一个会计要素在基本准则中列示，违背了会计基本准则的基础地位。

3. 对收入和费用范围的界定不科学

以前的会计准则认为收入是企业在销售商品、提供劳务及让渡资产使用权等日常活动中所形成的经济利益的总流入，并规定只有在未来经济利益很有可能增加且经济利益增加金额能够可靠计量时才能确认。新企业会计基本准则将收入定义为企业在日常活动中形成的、会导致所有者权益增加的、与所有者投入资本无关的经济利益的总流入，取消了“销售商品、提供劳务及让渡资产使用权等”的描述性语句，更加符合企业经济业务多元化、复杂化的现时特征。以前的会计准则认为费用是指企业为销售商品、提供劳务等日常活动所发生的经济利益的流出。为生产产品或提供劳务发生的对象化的费用计入产品或者劳务成本，在产品实现销售或发生劳务时，计入当期损益，而无法对象化的费用则直接计入发生当期的损益。新企业会计基本准则将费用定义为企业在日常活动中发生的、会导致所有者权益减少的、与向所有者分配利润无关的经济利益的总流出。但是，在期末结转、计算利润时却又包括了在非日常活动中取得的利得和损失。例如在会计实务工作中，我们要将“主营业务收入”、“其他业务收入”、“投资收益”、“营业外收入”、“主营业务成本”、“其他业务成本”、“营业外支出”、“管理费用”、“销售费用”、“财务费用”、“营业税金及附加”等所有损益类账户的余额结转到本年利润，这样一来就使得收入和费用的范围前后不一致，内涵和外延不一致，缺乏一定的科学性。

## (三)重构会计要素的建议

会计要素的确立和会计科目的设置,不仅关系到企业经营管理目标的实现,而且也影响着会计方法的选择和运用。综上所述,我国会计要素和会计科目的设置在与国际会计接轨和指导、规范会计工作等方面存在着一定的缺陷,给会计理论和会计实际工作带来了诸多不便。为此,本文认为应当根据国际会计准则的基本框架,结合我国社会经济发展的实际,重构我国会计要素。

会计要素是对会计对象的高度概括,是反映会计主体财务状况和经营成果的基本单位,也是构成财务会计报告的基本部分,它提供了会计科目和账户的设置基础,是会计核算及其方法的选择和运用前提,应当按照会计的基本理论和原则,并结合社会经济发展的实际划分和设置会计要素。

1. 坚持会计基本准则的基础地位,科学划分会计要素

在会计要素的设置上,坚持会计基本准则的基础地位,进一步与国际会计准则趋同,按照企业交易或事项的经济实质,设置资产、负债、所有者权益、收益、费用五大要素。其中资产、负债和所有者权益是反映财务状况的要素,其内容与新企业会计准则一致;其中收益和费用是反映经营成果的要素。五大要素之间形成会计的基本等式,即资产＝负债＋所有者权益＋收益－费用,或者资产＋费用＝负债＋所有者权益＋收益,这样五大会计要素形成了一个闭合回路,全面地反映了企业的交易或事项。

之所以没有设置利润会计要素,是因为从经济实质上来讲利润只是一定会计期间收益和费用相比较的结果,企业实现的利润导致了企业的权益增加,已经反映在所有者权益之中,依据互排性原则,同一层次会计要素的设置不能重叠,而且企业的经营成果在损益表中完全可以得以反映,与是否设置“利润”要素没有太大关系,如果再设置利润要素实属不当。当然,利润是经营成果的最终体现,也是衡量企业管理当局受托责任履行情况最直接的指标,建议将利润在具体准则中进行规范,并将其纳入财务报告要素。这样一来,既维护了基本准则的基础地位,又可以为会计信息使用者提供更加系统、详细的信息,较好地解决了基本准则和具体准则的主次关系。

2. 科学界定收益和费用

在收益和费用的定义和划分上,延用国际会计准则的划分标准,采用广义的概念,将收益定义为在一定会计期间导致所有者权益增加的经济利益的总流入,表现为资产的流入或增值,或者是负债减少。按照与经营活动的相关性,将收益划分为收入和利得。收入是企业在日常活动中形成的、导致所有者权益增加的、与所有者投入资本无关的经济利益的总流入。利得是企业在非日常活动中形成的、导致所有者权益增加的经济利益的总流入。并在具体准则中明确规定收入和利得的具体规范。将费用定义为在一定会计期间导致权益减少的经济利益的流出,表现为资产的流出或折耗,或者负债的增加。按照与经营活动的相关性,将费用划分为经营支出(简称支出,下同)和损失。支出是指企业在日常活动中发生的、导致所有者权益减少的、与向所有者分配利润无关的经济利益的总流出。损失是指企业在非日常活动

中发生的、导致所有者权益减少的经济利益的总流出。并在具体准则中明确规定支出和损失的具体规范。

按照我国会计准则基本准则第十四条和第十六条的规定，企业进行会计核算和会计处理时应当遵守明晰性原则和实质重于形式原则。据此，本文认为会计要素的设置既要符合会计主体经济业务的内容，反映经济活动的实质，又要简明扼要，便于使用者理解和使用。从利得和损失的经济实质内容来看，利得与收入一样，都代表经济利益的流入，都会引起所有者权益的增加；损失与费用一样，都代表经济利益的流出，都会引起所有者权益的减少，它们在性质上是相同的，没有本质的区别。它们之间惟一的区别在于收入和费用是企业日常经营活动中交易或事项引起的经济利益的流入与流出，利得和损失是企业日常经营活动以外的、偶发的交易或事项引起的经济利益的流入与流出。为此，本文将利得与收入、损失与费用合并为收益类会计要素，既符合实质重于形式原则，又使得会计要素的划分简明易懂。

## 二、会计科目设计

会计科目是对会计要素具体内容进行分类所形成的项目，是设置账户、进行账务处理的依据，也是合理组织会计核算的重要条件。通过设置会计科目，对会计要素进行分类别、分项目核算，可以为会计信息需要者提供各种总括的和详细的会计信息。

### （一）会计科目设计的意义

1. 会计科目是对会计核算内容具体分类的方法

会计科目是对会计要素科学分类所形成的具体项目。

会计核算的特点体现在会计分类上。会计核算内容的分类首先按其性质分为六大要素，即资产、负债、所有者权益、收入、费用、利润；然后，再将六大要素细分，就形成会计科目。

会计主体的经济业务纷繁复杂，必然引起会计要素的变化。为了满足会计信息使用者的不同要求，提供各类会计信息，就必须采用科学的方法对会计要素的具体内容作进一步的分类。

2. 会计科目是编制会计凭证的依据

会计主体发生经济业务之后，首先要取得原始凭证，然后要据以编制记账凭证。编制记账凭证就是编制经济业务的会计分录，确定应借应贷的账户及其金额。账户依据什么设置？账户的设置依据就是会计科目。

3. 会计科目是账户分类设置和账户格式设计的前提

会计科目就是账户的名称，会计科目是设置总分类账和明细分类账开设的依据，它规定了各个账户的具体核算内容，决定了账户格式的设计。一般来说，有多少会计科目就要设置多少账户。

4. 会计科目的设计为会计报表的设计奠定了基础

会计报表是对会计科目所反映的资料的汇总，会计科目就成为会计报表的构成项目。会计报表就要根据账户的余额和发生额综合反映会计主体的财务状况和经营成果。

5. 会计科目的设计是审查、稽核的基础

审查、稽核又称审计,审计工作必须明确一个会计主体的会计科目系统,才能审查每一账户的内容是否相符。

### (二)会计科目的设计原则

1. 依据会计主体的特点和资金运动规律

会计主体的特点就是会计主体的经营组织特点。例如营利性组织(企业)要计算成本、费用、利润,制造业要经过供应、生产、销售等资金流动过程;非营利性组织不需要计算成本、费用、利润,只要反映资金收支即可,在会计科目设置上就不同。特别是企业的资金运动具有静态和动态两种形式,因此需要设计静态会计科目和动态会计科目,以全面反映企业资金运动状况。

2. 满足经营管理的需要

既要满足企业内部经营管理的需要,又要满足外部管理的需要,如国家宏观调控的需要等。因此,为满足国家的需要,总分类科目(又称一级科目,下同)的设置必须统一,对于二级及以下的会计明细科目,各单位可以根据经济业务的特点设计。

3. 严格遵守科目的外延性和互斥性

外延性就是全部一级科目能够集中反映会计主体所有的经济业务,发生的任何一项经济业务都能有相应的会计科目核算,不许出现空白。同时,二级科目核算的是一级科目的全部内容,三级科目核算的是二级科目的全部内容……

互斥性是指每一个会计科目的核算内容都是特定的,不允许与其他科目出现交叉的现象,即发生的任何一项经济业务只能在特定的会计科目中核算。

4. 合理进行总括分类和明细分类

一级科目和二级及以上科目设计的数量要适当。科目数量过多,增加工作量;科目数量太少,难以反映经济业务的实际情况。

5. 符合会计电算化的需要

会计科目的名称、编码、核算内容等要符合数据编码和计算机的需要。

6. 会计科目的名称简要应简明扼要,含义清晰,以便于理解、记忆和使用。

### (三)会计科目的基本设计步骤

1. 确定设计方式

会计科目的设计方式有自行设计和委托设计。其中自行设计是指由本单位人员主持的设计;委托设计是指单位委托社会中介机构进行的设计。前者比较熟悉情况,后者不太熟悉情况。

2. 经济业务调查

不论何种设计,都要调查了解被设计会计主体的情况,包括:

(1)调查单位的内部组织情况、生产经营特点和经济活动的特点包括：生产经营流程、成本核算、费用开支规程、财产物资增减、货币资金收付、往来结算、资本金构成、对外投资情况等。

(2)调查经营状况

包括：主营业务、其他经营业务的情况。

(3)调查经营发展状况

包括：近期或将来是否会发生新的或特殊的经济业务。

调查时，拟定调查提纲，通过发放调查表、召开座谈会、现场走访等，收集资料。

3. 整理分析资料，拟定会计科目

(1)整理分析资料，根据单位特点确定经济业务，将经济业务分类，一般分为两类：一类是反映财务状况的经济业务，一类是反映经营成果的经济业务。

(2)将经济业务划分设计出会计要素，反映财务状况经济业务的会计要素有资产、负债、所有者权益，反映经营成果经济业务的会计要素有收入、费用、利润。

(3)设计出一级会计科目和明细科目

将资产、负债、所有者权益、收入、费用、利润各要素再进行细分，确定总账科目的数量和名称，形成一级会计科目。据据一级会计科目确定各层明细科目的数量和名称，设计出明细科目。

4. 分类编号

对已确定的各级会计科目分别进行排列和编号。

5. 编写会计科目使用说明书

编写出每一个会计科目的核算范围、核算内容、核算方法等。还要设计主要会计事项的分录指南(或举例)。在文体结构上，主要会计事项的分录举例通常作为附件，并放在会计制度的后面。

6. 试行和修订

会计科目设计完毕之后，经过试行对试行中出现的情况及时修正，使之趋于完善。

**(四)会计科目设计的方法**

会计科目设计的基本方法概括起来有三种。

1. 借鉴设计法

又称参照设计法，是指参照相同或相似单位的会计科目进行的设计。这种方法适应于新成立单位的会计科目设计。

2. 归纳合并法

在分析原有会计科目体系的基础上，将相同或相似的会计科目归类合并，设计出新会计科目的方法。这种方法适应于单位的合并或兼并。

3. 补充修订法

对现有会计科目进行删减、增加或者修改，设计出新会计科目的方法。这种方法适应于新增经济业务、经营管理发生变化、国家政策变化等情况。

### (五)会计科目分类与分级的设计

1. 会计科目分类法

常见的会计科目分类法有:二类分类法、四类分类法、五类分类法和六类分类法。

(1)二类分类法

财政部1981年制定的,以及1985年和1989年修订实施的《国营:工业企业会计制度》、均将会计科目分为"资金来源类"、"资金占用类"两类。

财政部1972年颁布施行的《基本建设会计制度》,也将会计科目分为"资金来源类"、"资金占用类"。

二类分类法是过去高度集中的财务管理体制下多数行业的传统分类方法。

(2)四类分类法

原商业部1970年制定的《商业会计制度(试行方案)》,先将会计科目分为"资金来源及收入类"、"资金占用及支出类";然后,在此基础上将会计科目具体分为"来源科目"、"收入科目"、"占用科目"、"支出科目"四类。

中国人民保险公司1984年修订的《中国人民保险公司会计划度》,将会计科日分为"资产类"、"负债类"、"资产负债共同类"、"损益类"四类。

(3)五类分类法

财政部1985年4月24日颁布的《中外合资经营工业企业会计科目和会计报表》,将会计科目分为"资产类"、"负债类"、"资本类"、"成本类"、"损益类"五类。

财政部1992年5月25日颁布的《外商投资工业企业会计科目和会计报表》(同年7月1日开始实施),将会计科日分为"资产类"、"负债类"、"投资人权益类"、"成本类"、"损益类"五类:

财政部1992年2月31日颁布的《工业企业会计制度》(1993午7月1日实施),将会计科目分为"资产类"、"负债类"、"所有者权益类"、"成本类"、"损益类"五类。这种分类法,是许多国家通行的一种会计科目分类方法;

该制度按国际惯例所设计的会计科目和会计报表,意味着我国采用了国际通行的商业语言。从此,我国所有行业的企业会计制度均按此种分类方法进行设计。

财政部1997年6月25日颁布的《财政总预算会计制度》. 将会计科目分为"资产类"、"负债类"、"净资产类"、"收人类"、"支出类"五类。随后,1997年7月17日财政部颁布的《事业单位会计制度》和1998年2月6日财政部颁布的《行政单位会计制度》均将会计科目分为此五类。现在又改为"资产类"、"负债类"、"基金类"、"收人类"、"支出类"。

(4)六类分类法

2006年颁发的新会计准则,将会计科目分为六大类:"资产类"、"负债类"、"共同类"、"所有者权益类"、"成本类"、"损益类"。

2. 会计科目的分级

所谓会计科目的分级设计,是指确定至总账科目至明细会计科目的级数。会计科目的级数设计,主要有五级设计法和三级设计法两种。

(1)五级分类法

首先划分大类别,又称为第一级分类。例如,将会计科目分为六大类:“资产类”、“负债类”、“所有者权益类”、“成本类”、“损益类”、“共同类”。

其次划分性质别,又称为第二级分类。即对六大类再分类。例如,可以将“资产类”划分为流动资产和非流动资产。

再次划分科目别,又称为第三级分类。即对性质别所包括的内容进一步划分。例如,将流动资产划分为库存现金、银行存款、其他货币资金、交易性金融资产、应收票据、应收账款、原材料、库存商品等。本级划分最为关键,形成会计一级科目或总分类账科目。

第四划分子目别,又称为第四级分类。即对科目别进行的划分,表示总账科目所统驭的子类科目。例如,将其他货币资金划分为外埠存款、银行汇票、银行本票、信用卡等。将原材料划分为原料及主要材料、辅助材料、外购半成品、修理用备件、包装材料、燃料等二级科目。本级划分提供了二级科目或子目,为设置二级明细账和编制明细报表提供了依据。

最后划分细目别,又称为第五级分类。即对子目别进行的划分,表示子目所含的项目。

例如,将其他货币资金中的外埠存款可以按照存放地点划分。将原材料划分为原料及主要材料、辅助材料、外购半成品、修理用备件、包装材料、燃料等二级科目后,还可以按照保管地点、类别、品种、规格等设置明细科目。本级划分提供了三级科目或明细目,为设置明细账和进行详细分析提供了依据。

在以上设计中,应重视第三、四级的分类设计。

(2)三级分类法

同五级分类法的后三级。

**(六)总账科目设计**

财政部 2006 年发布的《企业会计准则应用指南》中规定了我国统一的总账科目,各个企业可以根据具体情况选择使用其中的部分会计科目,但是没有设置的权力。可供企业选择的会计科目见图表 3-5 所示。

**常用会计科目名称及编号**

| 一、资产类 | | | | | |
|---|---|---|---|---|---|
| 顺序号 | 编号 | 会计科目名称 | 顺序号 | 编号 | 会计科目名称 |
| 1 | 1001 | 库存现金 | 22 | 1501 | 持有至到期投资 |
| 2 | 1002 | 银行存款 | 23 | 1502 | 持有至到期投资减值准备 |
| 3 | 1012 | 其他货币资金 | 24 | 1503 | 可供出售金融资产 |
| 4 | 1101 | 交易性金融资产 | 25 | 1511 | 长期股权投资 |

**图表 3-5 会计科目表**

续表

| 一、资产类 | | | | | |
|---|---|---|---|---|---|
| 顺序号 | 编号 | 会计科目名称 | 顺序号 | 编号 | 会计科目名称 |
| 5 | 1121 | 应收票据 | 26 | 1512 | 长期股权投资减值准备 |
| 6 | 1122 | 应收账款 | 27 | 1521 | 投资性房地产 |
| 7 | 1123 | 预付账款 | 28 | 1531 | 长期应收款 |
| 8 | 1131 | 应收股利 | 29 | 1601 | 固定资产 |
| 9 | 1132 | 应收利息 | 30 | 1602 | 累计折旧 |
| 10 | 1221 | 其他应收款 | 31 | 1603 | 固定资产减值准备 |
| 11 | 1231 | 坏账准备 | 32 | 1604 | 在建工程 |
| 12 | 1401 | 材料采购 | 33 | 1605 | 工程物资 |
| 13 | 1402 | 在途物资 | 34 | 1606 | 固定资产清理 |
| 14 | 1403 | 原材料 | 35 | 1701 | 无形资产 |
| 15 | 1404 | 材料成本差异 | 36 | 1702 | 累计摊销 |
| 16 | 1405 | 库存商品 | 37 | 1703 | 无形资产减值准备 |
| 17 | 1406 | 发出商品 | 38 | 1711 | 商誉 |
| 18 | 1407 | 商品进销差价 | 39 | 1801 | 长期待摊费用 |
| 19 | 1408 | 委托加工物资 | 40 | 1811 | 递延所得税资产 |
| 20 | 1411 | 周转材料 | 41 | 1901 | 待处理财产损溢 |
| 21 | 1471 | 存货跌价准备 | | | |
| 二、负债类 | | | | | |
| 顺序号 | 编号 | 会计科目名称 | 顺序号 | 编号 | 会计科目名称 |
| 1 | 2001 | 短期借款 | 9 | 2241 | 其他应付款 |
| 2 | 2201 | 应付票据 | 10 | 2501 | 长期借款 |
| 3 | 2202 | 应付账款 | 11 | 2502 | 应付债券 |
| 4 | 2203 | 预收账款 | 12 | 2701 | 长期应付款 |
| 5 | 2211 | 应付职工薪酬 | 13 | 2711 | 专项应付款 |
| 6 | 2221 | 应交税费 | 14 | 2801 | 预计负债 |
| 7 | 2231 | 应付利息 | 15 | 2901 | 递延所得税负债 |
| 8 | 2232 | 应付股利 | | | |

续表

| 三、共同类 | | | | | |
| --- | --- | --- | --- | --- | --- |
| 顺序号 | 编号 | 会计科目名称 | 顺序号 | 编号 | 会计科目名称 |
| 1 | 3001 | 清算资金往来 | 4 | 3201 | 套期工具 |
| 2 | 3002 | 货币兑换 | 5 | 3202 | 被套期项目 |
| 3 | 3101 | 衍生工具 | | | |
| 四、所有者权益类 | | | | | |
| 顺序号 | 编号 | 会计科目名称 | 顺序号 | 编号 | 会计科目名称 |
| 1 | 4001 | 实收资本 | 4 | 4103 | 本年利润 |
| 2 | 4002 | 资本公积 | 5 | 4104 | 利润分配 |
| 3 | 4101 | 盈余公积 | 6 | 4201 | 库存股 |
| 五、成本类 | | | | | |
| 顺序号 | 编号 | 会计科目名称 | 顺序号 | 编号 | 会计科目名称 |
| 1 | 5001 | 生产成本 | 3 | 5201 | 劳务成本 |
| 2 | 5101 | 制造费用 | 4 | 5301 | 研发支出 |
| 六、损益类 | | | | | |
| 顺序号 | 编号 | 会计科目名称 | 顺序号 | 编号 | 会计科目名称 |
| 1 | 6001 | 主营业务收入 | 9 | 6601 | 销售费用 |
| 2 | 6051 | 其他业务收入 | 10 | 6602 | 管理费用 |
| 3 | 6101 | 公允价值变动损益 | 11 | 6603 | 财务费用 |
| 4 | 6111 | 投资收益 | 12 | 6701 | 资产减值损失 |
| 5 | 6301 | 营业外收入 | 13 | 6711 | 营业外支出 |
| 6 | 6401 | 主营业务成本 | 14 | 6801 | 所得税费用 |
| 7 | 6402 | 其他业务支出 | 15 | 6901 | 以前年度损益调整 |
| 8 | 6403 | 营业税金及附加 | | | |

**(七)明细科目设计**

我国会计制度只规定了部分明细科目(二级和三级),对其他明细科目只规定了设置原则。因此,大量的其他明细科目由单位根据情况自行设计,原则是:

1. 按核算内容的类别或项目设计

即根据总账科目所核算的经济内容分类或分项目设计。

(1)根据类别设置

例如,无形资产可以根据类别设置专利权、非专利技术、商标权、著作权、土地使用权等;库存现金、银行存款根据是否有无外币设置外币现金、外币存款等。

符合此类设计方法的还有其他货币资金、短期投资、应交税费、实收资本等。

(2)根据用途划分项目设置

例如,管理费用按照费用项目设置公司经费(包括行政管理部门职工薪酬、修理费、物料消耗、低值易耗品摊销、办公费和差旅费等)、工会经费、董事会费(包括董事会成员津贴、会议费和差旅费等)、聘请中介机构费、咨询费(含顾问费)、诉讼费、业务招待费、房产税、车船使用税、土地使用税、印花税、技术转让费、矿产资源补偿费、研究费用、排污费,等等。

符合此类设计方法的还有营业外收入、营业外支出、销售费用、财务费用等。

2. 按核算内容的对象设计

按核算内容的对象设计即按照该内容涉及的单位、个人、物品品种等设计会计科目。

例如,企业的债权、债务、采购、销售、资产清理等都有明确的对象,在设计应收款、应付款等明细科目时,依据有关单位设计。

又如,生产成本按照成本核算对象设计直接材料、直接人工、制造费用。

3. 按业务部门设计

为了考核各车间、部门的业绩,可以按照车间、部门设置明细科目。

例如,制造费用可以按照车间设置二级明细科目,按照支出的用途设计三级明细科目。

4. 按核算内容的种类、对象、地点、用途相结合设计

有的总账科目下属的明细科目分级较多,一般情况下,二级明细科目按照类别、项目设计,三级及以下科目按照对象、具体用途、内容设计。

例如,短期借款按照不同的债权人设置二级科目,再按照借款种类设置三级科目。

符合此类设计方法的还有原材料、库存商品、固定资产、应付职工薪酬等。

5. 备查登记簿设置与明细科目设计相结合

为了加强核算和管理,在设计明细科目时,还应设置备查账簿进行明细核算。

例如,应收票据、应付票据、固定资产等。

### (八)会计科目编号的设计

会计科目的编号是指在会计科目表中,以数字、文字、字母、横线或圆点等作为符号,对每一个会计科目所规定的固定编码。

对会计科目进行编号的主要目的在于:方便会计核算电算化;有利于清晰地反映会计科目的分类(包括大类、小类)、分级和会计科目体系,使会计科目的设计更系统、严密和具有逻辑性;有利于利用电脑对账簿数据进行科目汇总与分桥等。常用的会计科目编号方法有数字编号法、文字符号法和混合编号法。

1. 数字符号法

用一定数字编列会计科目号数的方法。分为以下三种:

(1)顺序编号法

顺序编号法又称流水编号法,将会计科目依次排列,自"1"开始顺序排列至最后一

个科目。

(2)数字分组法

又称分段编号法,将会计科目按照确定的数字组依次排列,每一类会计科目赋予一个数字组,每一类数字组再规定起始号数。

例如,资产类 101,102……199;

负债类 201,202……299。

……

资产类下面再细分几个组,例如,假定货币资金是 101～109……

(3)十进位数字编号法

用十进位数字编列会计科目号数的方法。

先按大类别划分,从 1 编到 9;

再按性质别在大类别右边加一个数字,从 0 编到 9;

总账科目在性质别右边加一个数字,从 01 编到 09。

例如,“资产类”为 1、“负债类”为 2、“共同类”为 3、“所有者权益类”为 4、“成本类”为 5、“损益类”为 6;

“资产类”为 1,在右边加数 0－9,按照流动性 10,11,12,13……

10,11,12,13……右边加 01—09,形成科目编号,1001:库存现金,1002:银行存款……

我国目前采用此法。

2. 文字符号法

文字符号法是用一个字母或一系列字母作为会计科目及类别的标记。这种方法是按汉语拼音或英文字母的排列顺序来表示科目分类的,其优点是便于记忆,易于联想。其编号方法有以下三种:

(1)普遍文字法。即以英文字母的 A、B、C、D 等,按其顺序代替数字编号;或者以我国汉语拼音字母,按其顺序代替数字编号。

(2)记忆法。即以各级每一英文会计科目的字头为代表的简字,然后就其属性加以联结,即成为该科目的代表符号。利用汉语拼音字母排列也是如此,即其总账科目和明细科目使用拼音的头一个字母来表示(也可以完全以开头字母排列),这种方法适用于仓库材料,商品等存货方面编号。

(3)混合法

混合法是将数字符号法及文字符号法加以合并,来表示会计科目的编号方法。其构成可以按照分组符号法或十进位法处理。具体组合方式有两种:一种以数字表示科目分类和总账科目,用字母表示明细科目,字母取科目的第一个字母;另一种用字母表示主要分类,用数字总账科目和明细科目,字母多按其顺序排列。

**(九)会计科目使用说明书的设计**

会计科目设计完成后,要在会计科目表后以使用说明的方式对各个会计科目的核算内容、用途、使用方法等进行详细说明。主要包括以下五个方面:

1. 会计科目的核算内容与范围；

2. 会计科目的核算方法；

3. 会计手册和标准会计分录设计；

4. 明细科目设置说明；

5. 其他说明。

现举例说明会计科目使用说明书的设计。

例如，库存现金科目的使用说明书可以设计为：

一、本科目核算企业的库存现金。企业有内部周转使用备用金的，可以单独设置“备用金”科目。

二、企业增加库存现金，借记本科目，贷记“银行存款”等科目；减少库存现金做相反的会计分录。

三、企业应当设置“现金日记账”，根据收付款凭证，按照业务发生顺序逐笔登记。每日终了，应当计算当日的现金收入合计额、现金支出合计额和结余额，将结余额与实际库存额核对，做到账款相符。

四、本科目期末借方余额，反映企业持有的库存现金。

## 设计案例

会计科目设计，选自《中国建筑股份有限公司会计制度》。

### 中国建筑股份有限公司会计制度

（2009 年版）

第三部分　会计科目体系及使用说明

第一章　会计科目体系及编码说明

**一、会计科目编码说明**

（一）为统一股份公司会计核算，并结合已经实施的股份公司系统的财务信息化管理，股份公司对会计科目及辅助核算作了部分代码编制。

（二）对会计科目的编码分两个部分，即主科目及其代码的设置；辅助核算档案及代码设置。

（三）主会计科目实行 4—2—2—2—2 编码，即对会计核算科目的一、二、三、四、五级分别用 4、2、2、2、2 位自然码设置。辅助核算档案分十三个档案，分别是：现金流量表项目档案、外币档案、项目档案、地区档案、金融资产档案、客商档案、合同档案、部门档案、人员档案、金融机构档案、存货档案、固定资产档案、无形资产档案。辅助核算档案分两种定义内容，即为股份公司统一定义内容、下属单位定义内容；辅助档案设置仅供各企业参考，不作统一要求。

（四）对股份公司统一编制的主会计科目代码，各企业不得修改、打乱。如股份公司需作修改，将统一通知各企业。各企业需增加股份公司定义的主会计科目代码时，须向股份公司提交申请，股份公司作统一修订。

（五）股份公司所属二、三级子公司编制会计科目代码，须遵循股份公司的编码原则。

（六）已经施行NC管理的二级子公司，可根据自己需要对所属范围内的单位，编制单位代码。股份公司暂不编制各企业单位代码。

（七）股份公司所属各企业三级公司（不含三级公司）以下公司无编码权。

## 二、会计科目表

| 科目编码 4—2—2—2 | 会计科目 | | | | 辅助信息核算 |
|---|---|---|---|---|---|
| | 一级 | 二级 | 三级 | 四级 | |
| | | | 一、资产类 | | |
| 1001 | 现金 | | | | |
| 100101 | | 人民币 | | | 现金流量表项目、项目档案 |
| 100102 | | 外币 | | | 现金流量表项目、外币、项目档案 |
| 1002 | 银行存款 | | | | |
| 100201 | | 人民币 | | | 现金流量表项目、项目档案 |
| 10020101 | | | 中国银行 | | |
| 10020102 | | | 工商银行 | | |
| 10020103 | | | 建设银行 | | |
| 10020104 | | | 农业银行 | | |
| 10020105 | | | 招商银行 | | |
| 10020106 | | | 交通银行 | | |
| 10020107 | | | 中信银行 | | |
| 10020108 | | | 兴业银行 | | |
| 10020109 | | | 光大银行 | | |
| 10020110 | | | 民生银行 | | |
| 10020111 | | | 华夏银行 | | |
| 10020112 | | | 广东发展银行 | | |
| 10020113 | | | 深圳发展银行 | | |
| 10020114 | | | 浦东发展银行 | | |
| 10020115 | | | 城市商业银行 | | |
| 10020116 | | | 花旗银行 | | |
| 10020117 | | | 汇丰银行 | | |
| 10020118 | | | 渣打银行 | | |
| 10020198 | | | 内部银行 | | 现金流量表项目、客商、项目档案 |
| 10020199 | | | 其他金融机构 | | 现金流量表项目、项目档案 |
| 100202 | | 外币 | | | 现金流量表项目、外币、项目档案 |

续表

| 科目编码 4—2—2—2 | 会计科目 | | | | 辅助信息核算 |
|---|---|---|---|---|---|
| | 一级 | 二级 | 三级 | 四级 | |
| 1012 | 其他货币资金 | | | | |
| 101201 | | 外埠存款 | | | 现金流量表项目、金融机构、项目档案 |
| 101202 | | 银行本票存款 | | | |
| 101203 | | 银行汇票存款 | | | |
| 101204 | | 信用卡存款 | | | |
| 101205 | | 保证金存款 | | | |
| 101206 | | 存出投资款 | | | |
| 101207 | | 旅行支票 | | | |
| 1101 | 交易性金融资产 | | | | 金融资产档案 |
| 110101 | | 国债投资 | | | |
| 11010101 | | | 成本 | | |
| 11010102 | | | 公允价值变动 | | |
| 110102 | | 股票投资 | | | |
| 11010201 | | | 成本 | | |
| 11010202 | | | 公允价值变动 | | |
| 110103 | | 基金投资 | | | |
| 11010301 | | | 成本 | | |
| 11010302 | | | 公允价值变动 | | |
| 110199 | | 其他交易性金融资 | | | |
| 11019901 | | | 成本 | | |
| 11019902 | | | 公允价值变动 | | |
| 1121 | 应收票据 | | | | |
| 112101 | | 银行承兑汇票 | | | 金融机构、客商、项目档案 |
| 112102 | | 商业承兑汇票 | | | 客商、项目档案 |
| 1122 | 应收账款 | | | | |
| 112201 | | 工程款 | | | 客商、项目档案 |
| 11220101 | | | 进度款 | | |
| 11220102 | | | 保修金 | | |
| 1122010201 | | | | 本金 | |
| 1122010202 | | | | 贴现息 | |
| 112202 | | 售房款 | | | |
| 11220201 | | | 分期款 | | |
| 11220202 | | | 按揭款 | | |
| 112203 | | 设计勘察费 | | | |
| 112204 | | 销售款 | | | |
| 112205 | | 租赁费 | | | |
| 112299 | | 其他 | | | |

续表

| 科目编码 4—2—2—2 | 会计科目 | | | | 辅助信息核算 |
|---|---|---|---|---|---|
| | 一级 | 二级 | 三级 | 四级 | |
| 1123 | 预付账款 | | | | 客商、项目、合同档案 |
| 112301 | | 预付工程款 | | | |
| 112302 | | 预付开发款 | | | |
| 112303 | | 预付货款 | | | |
| 112304 | | 预付设计勘察费 | | | |
| 112305 | | 预付代理费 | | | |
| 112399 | | 其他 | | | |
| 1131 | 应收股利 | | | | 客商、金融资产档案 |
| | | | | | 金融资产档案 |
| 1132 | 应收利息 | | | | |
| 113201 | | 交易性金融资产利息 | | | |
| 11320101 | | | 国家债券 | | |
| 113202 | | 持有至到期投资利息 | | | |
| 11320201 | | | 国家债券 | | |
| 11320202 | | | 公司债券 | | |
| 11320203 | | | 金融债券 | | |
| 113203 | | 可供出售金融资产利息 | | | |
| 11320301 | | | 国家债券 | | |
| 11320302 | | | 公司债券 | | |
| 11320303 | | | 金融债券 | | |
| 113204 | | 委托贷款利息 | | | |
| 113299 | | 其他 | | | |
| …… | | | | | |
| | | | | | |
| | | | | | |
| | | | | | |

省略其他内容

第二章会计科目使用说明

资产类

1001 库存现金

一、本科目核算企业的库存现金。

企业内部周转使用的备用金，在“其他应收款”科目核算，不在本科目核算。

二、企业应当严格按照国家有关现金管理的规定收支现金，超过库存现金限额的部分应当及时交存银行，并严格按照本制度规定核算现金的各项收支业务。

三、本科目按币种设置“人民币”、“外币”两个二级明细科目。

四、现金收支的主要账务处理

（一）从银行提取现金，根据支票存根所记载的提取金额，借记本科目，贷记“银行存款”科目；将现金存入银行，根据银行退回的进账单第一联，借记“银行存款”科目，贷记本科目。

（二）企业因支付内部职工出差等原因所需的现金，按支出凭证所记载的金额，借记“其他应收款——备用金”等科目，贷记本科目；收到出差人员交回的差旅费剩余款并结算时，按实际收回或补付的现金，借记或贷记本科目，按应报销的金额，借记“管理费用”等科目，按实际借出的现金，贷记“其他应收款——备用金”科目。

（三）企业因其他原因收到现金，借记本科目，贷记有关科目；支出现金，借记有关科目，贷记本科目。

五、企业应当设置“现金日记账”，由出纳人员根据收付款凭证，按照业务发生顺序逐笔登记。每日终了，应当计算当日的现金收入合计数、现金支出合计数和结余数，并将结余数与实际库存数核对，做到账款相符。

有外币现金的企业，应当分别以人民币和各种外币设置“现金日记账”进行明细核算。

六、每日终了结算现金收支、财产清查等发现的有待查明原因的现金短缺或溢余，应通过“待处理财产损溢”科目核算：属于现金短缺，应按实际短缺的金额，借记“待处理财产损溢——待处理流动资产损溢”科目，贷记本科目；属于现金溢余，按实际溢余的金额，借记本科目，贷记“待处理财产损溢——待处理流动资产损溢”科目。待查明原因后作如下处理：

（一）如为现金短缺，属于应由责任人赔偿的部分，借记“其他应收款”或“现金”等科目，贷记“待处理财产损溢——待处理流动资产损溢”科目；属于应由保险公司赔偿的部分，借记“其他应收款”科目，贷记“待处理财产损溢——待处理流动资产损溢”科目；属于无法查明的其他原因，根据管理权限，经批准后处理，借记“管理费用”科目，贷记“待处理财产损溢——待处理流动资产损溢”科目。

（二）如为现金溢余，属于应支付给有关人员或单位的，应借记“待处理财产损溢——待处理流动资产损溢”科目，贷记“其他应付款”科目；属于无法查明原因的现金溢余，经批准后，借记“待处理财产损溢——待处理流动资产损溢”科目，贷记“营业外收入”科目。

七、本科目期末借方余额，反映企业实际持有的库存现金。

1002 银行存款

一、本科目核算企业存入银行的各种存款。

企业如有存入其他金融机构的存款，也在本科目核算。企业的外埠存款、银行本票存款、银行汇票存款、信用卡存款、信用证保证金存款等在“其他货币资金”科目核算，不在本科目核算。

二、本科目应按币种设置“人民币”、“外币”两个二级明细科目。

其中，“人民币”科目下按行别或其他金融机构类别设置“中国银行”、“工商银行”、“建设银行”、“农业银行”、“招商银行”、“交通银行”、“中信银行”、“内部银行”、“其他金融机构”等三级明细科目。

“内部银行”科目主要适用于采用内部银行进行资金集中管理的企业。

三、企业应当严格按照国家有关支付结算办法，正确地进行银行存款收支业务的结算，并按照本制度规定核算银行存款的各项收支业务。

四、企业将款项存入银行或其他金融机构，借记本科目，贷记“现金”等有关科目；提取和支出存款时，借记“现金”等有关科目，贷记本科目。

五、银行存款的收款凭证和付款凭证的填制日期和依据：

（一）采用银行汇票方式。收款单位应当将汇票、解讫通知和进账单送交银行，根据银行退回的进账单和有关的原始凭证编制收款凭证；付款单位应在收到银行签发的银行汇票后，根据“银行汇票申请书（存根）”联编制付款凭证。如有多余款项或因汇票超过付款期等原因而退款时，应根据银行的多余款收账通知编制收款凭证。

（二）采用商业汇票方式。其中：

1. 采用商业承兑汇票方式的，收款单位将要到期的商业承兑汇票连同填制的邮划或电划委托收款凭证，一并送交银行办理转账，根据银行的收账通知，据以编制收款凭证；付款单位在收到银行的付款通知时，据以编制付款凭证。

2. 采用银行承兑汇票方式的，收款单位将要到期的银行承兑汇票连同填制的邮划或电划委托收款凭证，一并送交银行办理转账，根据银行的收账通知，据以编制收款凭证；付款单位在收到银行的付款通知时，据以编制付款凭证。收款单位将未到期的商业汇票向银行申请贴现时，应按规定填制贴现凭证，连同汇票一并送交银行，根据银行的收账通知，据以编制收款凭证。

（三）采用银行本票方式。收款单位按规定受理银行本票后，应将本票连同进账单送交银行办理转账，根据银行盖章退回的进账单第一联和有关原始凭证编制收款凭证；付款单位在填送“银行本票申请书”并将款项交存银行，收到银行签发的银行本票后，根据申请书存根联编制付款凭证。企业因银行本票超过付款期限或其他原因要求退款时，在交回本票和填制的进账单经银行审核盖章后，根据进账单第一联编制收款凭证。

（四）采用支票方式。收款单位对于收到的支票，应在收到支票的当日填制进账单连同支票送交银行，根据银行盖章退回的进账单第一联和有关的原始凭证编制收款凭证，或根据银行转来由签发人送交银行支票后，经银行审查盖章的进账单第一联和有关的原始凭证编制收款凭证；付款单位对于付出的支票，应根据支票存根和有关原始凭证及时编制付款凭证。

（五）采用汇兑结算方式。收款单位对于汇入的款项，应在收到银行的收账通知时，据以编制收款凭证；付款单位对于汇出的款项，应在向银行办理汇款后，根据汇款回单编制付款凭证。

（六）采用委托收款结算方式。收款单位对于托收款项，根据银行的收账通知，据以编制收款凭证；付款单位在收到银行转来的委托收款凭证后，根据委托收款凭证的付款通知和有关的原始凭证，编制付款凭证。如在付款期满前提前付款，应于通知银行付款之日，编制付款凭证。如拒绝付款的，不作账务处理。

（七）采用托收承付结算方式。收款单位对于托收款项，根据银行的收账通知和有关的原始凭证，据以编制收款凭证；付款单位对于承付的款项，应于承付时根据托收承付结算凭证的承付支款通知和有关发票账单等原始凭证，据以编制付款凭证。如拒绝付款，属于全部拒付的，不作账务处理；属于部分拒付的，付款部分按上述规定处理，拒付部分不作账务处理。

（八）以现金存入银行，应根据银行盖章退回的交款回单及时编制现金付款凭证，据以登记“现金日记账”和“银行存款日记账”（不再编制银行存款收款凭证）。向银行提取现金，根据支票存根编制银行存款付款凭证，据以登记“银行存款日记账”和“现金日记账”（不再编制现金收款凭证）。

（九）发生的存款利息，根据银行通知及时编制收款凭证。

六、企业应按开户银行和其他金融机构、存款种类等，分别设置“银行存款日记账”，由出纳人员根据收付款凭证，按照业务的发生顺序逐笔登记，每日终了应结出余额。“银行存款日记账”应定期与“银行对账单”核对，至少每月核对一次。月度终了，企业账面余额与银行对账单余额之间如有差额，必须逐笔查明原因进行处理，并按月编制“银行存款余额调节表”调节相符。

七、有外币存款的企业，应分别以人民币和各种外币设置“银行存款日记账”进行明细核算。企业发生外币业务时，应将有关外币金额折合为人民币记账。除另有规定外，所有与外币业务有关的账户，应采用业务发生时的汇率，也可以采用业务发生当期期初的汇率折合。

期末，各种外币账户（包括外币现金以及以外币结算的债权和债务）的期末余额，应按期末汇率折合为人民币。按照期末汇率折合的人民币金额与原账面人民币金额之间的差额，作为汇兑损益，分别情况处理：

（一）筹建期间发生的汇兑损益，计入“管理费用——开办费”科目。

（二）与购建固定资产有关的外币专门借款产生的汇兑损益，按借款费用的处理原则处理，在固定资产交付使用前计入该项在建固定资产成本。

（三）除上述情况外，汇兑损益均计入当期财务费用。

因银行结售、购入外汇或不同外币兑换而产生的银行买入、卖出价与折合汇率之间的差额，计入当期财务费用。

八、企业应加强对银行存款的管理，并定期对银行存款进行检查，如果有确凿证据表明存在银行或其他金融机构的款项已经部分不能收回，或者全部不能收回的，例如，吸收存款的单位已宣告破产，其破产财产不足以清偿的部分，或者全部不能清偿的，应当作为当期损失，冲减银行存款，借记“营业外支出”科目，贷记本科目。

九、本科目期末借方余额，反映企业实际存在银行或其他金融机构的款项。

……

# 第四部分 会计凭证设计

## 一、会计凭证设计的原则和要求

### (一)会计凭证及其作用

1. 会计凭证的概念

会计凭证是记录经济业务的发生和完成情况,明确经济责任,作为登记账簿依据的书面证明。

会计凭证按其填制的程序和用途不同,可以分为原始凭证和记账凭证。

2. 会计凭证的作用

会计凭证的作用主要有:

(1)可以正确、及时地记录经济业务发生或完成的情况,为记账、算账提供原始依据。

(2)可以发挥会计监督的作用,检查经济业务的真实性、正确性和合法性。

(3)明确经济责任,加强岗位责任制。

### (二)会计凭证设计的原则

在设计会计凭证时,应遵循的原则有:

1. 有利于提供完整、详细的第一手资料。

会计凭证应当把经济业务发生的时间、地点、内容、条件、责任情况记录下来,及时反映各项经济业务情况,为进行账务处理奠定基础。

2. 有利于进行各种核算、检查、分析。

3. 有利于加强内部会计控制。

要充分发挥会计凭证的控制手段作用。例如,多设核对点,使凭证设计遵守统一性,做到规范化;尽量使用全国或地方统一的会计凭证,单位内部采用的会计凭证的种类、格式、用途尽量做到统一和标准化。

4. 相对稳定。

相对稳定原则要求原始凭证和记账凭证的格式和内容一经采用不能轻易改动。

### (三)会计凭证设计的要求

会计凭证的设计就是从本单位的实际需要出发,在财务会计制度中规定本单位应设置的会计凭证的种类、格式、内容、用途、份数、传递路线和时间要求,使本单位发生的经济信息能够及时、正确、全面地通过会计凭证集中到会计部门,以便于会计核算和监督。

会计凭证设计的要求有以下四个方面:

1. 全面、详细地反映经济业务的发生过程

会计凭证必须把经济业务发生的时间、地点、内容、条件、责任等基本情况记录

下来，为会计监督、会计分析提供资料，为会计管理的后续步骤创造良好的条件和基础。

2. 符合账务处理程序的要求

不同的账务处理程序需要不同种类的记账凭证，必须根据确定的账务处理程序设计通用或专用的记账凭证。

3. 体现内部控制制度的要求

会计凭证是实施内部控制的重要工具，设计时应体现不相容职务分工负责的原则，会计凭证的填制、传递、使用、保管相互分离，达到相互牵制，从而发挥内部控制制度的作用。

4. 符合简明实用的要求

会计凭证要在保证需要的前提下，力求简化，文字通俗易懂，体现实用性和可行性，尽量简化环节，格式满足需要，并保持相对稳定。

## 二、原始凭证的设计

### （一）原始凭证的概念

原始凭证是在经济业务发生时取得和填制的，用以记录和证明经济业务的发生或完成情况，并作为记账原始依据的会计凭证。原始凭证是具有法律效力的书面证明。

真实、正确的原始凭证是记账的原始依据。

### （二）原始凭证种类的设计

原始凭证可以按照不同的分类方法进行分类，常见的分类有以下 7 种，企业可以根据实际情况设计确定原始凭证的种类。

1. 按照取得来源不同划分

原始凭证按照取得来源分为自制原始凭证和外来原始凭证。

(1)自制原始凭证是指本单位自行填制的原始凭证，如收料单、领料单、工资单、差旅费报销单、开出发票的存根。

(2)外来原始凭证是指从外单位取得的原始凭证，如发货票、收据、银行存款的收付款凭证。

2. 按照填制手续次数不同划分

原始凭证按照填制手续次数不同划分为一次凭证、累计凭证和汇总凭证。

(1)一次凭证是填制手续一次完成的凭证，如外来凭证、收料单、现金收据、发货单等。

(2)累计凭证是在一定时期内在同一凭证中记录发生的同类的重复的经济业务。需多次填制才能完成的凭证。如限额领料单，发料凭证汇总表等。

(3)汇总凭证即原始凭证汇总表。

3. 按照填制经济业务的数量不同划分

原始凭证按照填制经济业务的数量不同分为单项原始凭证和汇总原始凭证。

(1)单项原始凭证是指只记录单项经济业务的原始凭证。

(2)汇总原始凭证是指将若干张同类原始凭证汇总之后编制的原始凭证汇总表。如收、发料凭证汇总表。

4. 按照填制手段不同划分

原始凭证按照按照填制手段不同分为手工凭证和机制凭证。

(1)手工凭证是指由业务人员或会计人员手工填制的。

(2)机制凭证是指通过打印机打印的原始凭证。

5. 按照用途划分

原始凭证按照按照用途分为通知凭证、执行凭证和计算凭证。

(1)通知凭证是要求、指示或命令企业进行某项经济业务的凭证。如罚款通知单、银行解款单、银行结算凭证等。

(2)执行凭证是证明某项经济业务已经完成的凭证,如销货发票、商品物资验收单等。

(3)计算凭证是对正在进行或完成的经济业务进行计算的凭证,如成本计算单、工资计算表等。

6. 按照格式划分

原始凭证按按照格式分为通用凭证和专用凭证。

(1)通用凭证是在一定范围内,具有统一格式和使用方法的凭证,如全国统一的银行承兑汇票。

(2)专用凭证是具有特定内容和专门用途的凭证,如差旅费、报销单等。

7. 按业务的类型划分

按业务的类型原始凭证分为款项收付业务凭证、存货出入库业务凭证、成本费用凭证、购销业务凭证、固定资产业务凭证和转账业务凭证等。

**(三)原始凭证要素的设计**

不论原始凭证的种类如何,其包括的基本要素相同,一般包括:

(1)原始凭证的名称和编号;

(2)接受原始凭证单位的名称;

(3)编制原始凭证的日期;

(4)经济业务的内容;

(5)经济业务的数量、单价和金额;

(6)填制原始凭证的单位、填制人、经手人和验收人签章;

(7)其他必要的补充内容。

在设计时,企业可以根据经济业务的特点和要求,确定原始凭证的要素。

**(四)原始凭证格式和联次设计**

不同种类的原始凭证具有不同的用途,具体内容也不同。这就要求企业针对不同用途的原始凭证,分别设计各种原始凭证的格式和联次,并规定各联的具体用途。

在设计原始凭证的格式时，要考虑以下几个方面的问题：凭证的联次主要根据企业的组织机构、管理要求及与企业外部的关系加以确定；凭证内容排列的先后要考虑凭证传递顺序的要求，应便于登记，一般项目名称在左边，要填制的内容在右边，重要的项目应设置在主要位置；凭证的版式以及印刷纸质、凭证的颜色及印刷的数量等，在具体设计时都应作出合理的安排。

**（五）原始凭证传递程序的设计**

凭证传递程序是指凭证从填制或取得起到归档为止，在本企业内部各部门和人员之间的传递过程和停留时间。科学合理的原始凭证传递程序，是建立正常的会计业务核算程序、加强会计工作内部控制、提高真实可靠的会计资料、促进会计工作效率提高的保证。在设计时应根据各项经济业务的特点，结合本企业各部门和人员的分工情况，结合业务处理的流程和原始凭证各联次的具体用途来确定。

**（六）原始凭证的具体设计**

原始凭证的种类繁多，在此列举几种常见原始凭证的设计方法。

1. 借款单的设计

借款单是借款人凭以借款的依据，属于反映货币资金收、付业务的原始凭证。首先，应分析它一般包括的内容，有借款原因、借款金额、借款时间、借款者、领导批示等内容。其次，应考虑会计核算程序，这项借款业务涉及的环节，即要考虑联次等因素。设计格式如图表 3－6 所示。

**借款单**

年　　月　　日

| | | | |
|---|---|---|---|
| 借款单位 | | 借款人 | |
| 借款事由 | | | |
| 金额 | 人民币（大写）¥ | | |
| 借款部门负责人： | 会计主管： | 出纳： | 领款人： |

**图表 3－6　借款单的设计格式**

2. 差旅费报销单

差旅费报销单属于汇总原始凭证，由报销人和会计主管人员共同填制，经有关人员签章后，会计人员据此及所附原始凭证进行账务处理。分析差旅费报销涉及的人员和事项，可以得出这项业务一般包括如下因素：出差人姓名、出差地点、出差的原因、预先借款的金额、回来后实际报销金额、多退少补的金额、各方责任人等。设计的差旅费报销单格式能包括这些因素即可。设计格式如图表 3－7 所示。

**差旅费报销单**

姓名＿＿＿＿＿＿＿＿职别＿＿＿＿＿＿＿＿　　　　年　　月　　日　金额单位:元

| 起日 | | 止日 | | 合计天数 | 各项补助费 | | | | | | | | | | 车船杂支费 | | | | | | | | 附件 |
|---|---|---|---|---|---|---|---|---|---|---|---|---|---|---|---|---|---|---|---|---|---|---|---|
| 月 | 日 | 月 | 日 | | 伙食补助 | | | 住宿补助 | | | 未买卧铺补助 | | | 夜间乘硬座超12小时补助 | 火车费 | 汽车费 | 轮船费 | 飞机费 | 市内交通 | 住宿费 | 其他杂支 | 合计金额 | |
| | | | | | 天数 | 标准 | 金额 | 天数 | 标准 | 金额 | 票价 | 标准 | 金额 | | | | | | | | | | 张 |
| | | | | | | | | | | | | | | | | | | | | | | | |
| | | | | | | | | | | | | | | | | | | | | | | | |
| | | | | | | | | | | | | | | | | | | | | | | | |
| 合计人民币大写:万　仟　佰　拾　元　角　分 | | | | | | | | | | | | | | | | | | | | | | | |
| 原借差旅费＿＿＿＿元,报销＿＿＿＿元,剩余交回＿＿＿＿元。 | | | | | | | | | | | | | | | | | | | | | | | |
| 出差事由 | | | | | | | | | | | | | | | | | | | | | | | |

审批人签字：　　　会计主管签字：　　　报账人签字：　　　领款人签字：

**图表 3-7　差旅费报销单设计格式**

3. 收料单

收料单是企业采购环节必须设计的原始凭证之一,属于一次性原始凭证。购进材料验收入库时,由仓库保管人员根据购进材料的实际验收情况填制。其包含的内容如下:购进材料或商品的运输和检验情况,材料的名称、规格、单位、数量和成本等事项,还应包括各方责任人。由于本凭证涉及三方,所以应设计为一式三联。一联为采购人员保存;一联为收料仓库留存,据以登记材料明细账;一联随发票账单到会计部门报账。设计格式如图表 3-8 所示。

**收料单**

供货单位：　年　　月　　日　　合同号：

| 材料编号 | 材料品名 | 规格 | 材质 | 单位 | 数量 | | 实际单价 | 材料金额 | 采购费用 | 合计(材料实际成本) |
|---|---|---|---|---|---|---|---|---|---|---|
| | | | | | 计划 | 实际 | | | | |
| | | | | | | | | | | |
| | | | | | | | | | | |
| | | | | | | | | | | |
| 主管： | | 质检员： | | 仓库验收： | | | 经办人： | | 结算办法： | |

**图表 3-8　收料单的设计格式**

4. 限额领料单

限额领料单的设计要点是必须确定领料的限额,其设计格式如图表 3-9 所示。

限额领料单

年　　月

领料部门：　　　　发料仓库：　　　　用途：　　　　编号：

| 材料编号 | 材料名称 | 规格 | 计量单位 | 领用限额 | 单价 | 全月实用 | |
|---|---|---|---|---|---|---|---|
| | | | | | | 数量 | 金额 |

| 领料日期 | 请领数量 | 实发数量 | 领料人签章 | 发料人签章 | 限额结余 |
|---|---|---|---|---|---|
| | | | | | |
| | | | | | |
| | | | | | |
| | | | | | |
| 合计 | | | | | |

供应部门负责人：　　　　生产部门负责人：　　　　仓库管理员：

**图表 3-9　限额领料单的格式设计**

## 三、记账凭证的设计

### (一)记账凭证的概念

记账凭证也称为传票，是根据审核无误的原始凭证或原始凭证汇总表编制的，用来确定会计分录，作为记账凭据的一种凭证。原始凭证是会计核算的重要依据，但还只是经济业务发生和完成情况的初步反映，其格式和内容多种多样，因而必须先加以系统地归类和整理，按照记账规则的要求编制会计分录，审核无误以后，才可以规范地登记入账。

### (二)记账凭证的种类

记账凭证可以按照不同的分类标准进行分类，常见的分类有：

第一，记账凭证按其对经济业务反映方式不同，分为单式记账凭证和复式记账凭证。

(1)单式记账凭证是在一张凭证上只填写一个会计科目的会计凭证。如果一个经济业务涉及几个会计科目，就要填制几张凭证。

(2)复式记账凭证是在一张凭证上填写一项完整的经济业务，同一项经济业务的全部会计科目，集中填写在一张凭证上。

前者便于分工记账和汇总，但工作量大，不能反映一项经济业务全貌以及账户的对应关系，主要适用于编制记账凭证汇总表(即科目汇总表)。

第二，按其反映经济业务的内容不同可分为收款赁证、付款赁证和转账赁证。

(1)收款凭证是涉及现金及银行存款收入业务的记账凭证。如表 3-10 所示。

收款凭证

借方科目：　　　　年　月　日　　　　收字第　号

| 摘要 | 贷方科目 | | 记账 | 金额 |
|---|---|---|---|---|
| | 一级科目 | 二级或明细科目 | | |
| | | | | |
| | | | | |
| | | | | |
| | | | | |
| | | | | |
| 附件　张，其中主件　张 | | 合计 | | |

会计主管　　记账　　出纳　　审核　　制单（签章）

图表 3－10　收款凭证的格式

从格式可以看出，其会计分录可以一借一贷、一借多贷。为了区别一般把收款凭证设计成红字。

(2)付款凭证是涉及现金及银行存款付出业务的记账凭证。如图表 3－11 所示。

付款凭证

贷方科目：　　　　年　月　日　　　　付字第　号

| 摘要 | 借方科目 | | 记账 | 金额 |
|---|---|---|---|---|
| | 一级科目 | 二级或明细科目 | | |
| | | | | |
| | | | | |
| | | | | |
| | | | | |
| | | | | |
| 附件　张，其中主件　张 | | 合计 | | |

会计主管　　记账　　出纳　　审核　　制单（签章）

图表 3－11　付款凭证的格式

从格式可以看出，其会计分录可以一借一贷，多借一贷。为了区别一般把付款凭证设计成蓝字或者绿字。

(3)转账凭证是不涉及现金及银行存款收支业务的记账凭证。设计格式如图表3-12所示。

转账凭证

年　月　日　　　　转字第　号

| 摘要 | 会计科目 | | 记账 | 借方金额 | 贷方金额 |
|---|---|---|---|---|---|
| | 一级科目 | 二级或明细科目 | | | |
| | | | | | |
| | | | | | |
| | | | | | |
| 附件　张，其中主件　张 | | 合计 | | | |

会计主管　　记账　　出纳　　审核　　制单（签章）

图表 3－12　转账凭证的格式

从格式可以看出，其会计分录可以一借一贷、一借多贷，多借一贷，多借多贷。为了区别一般把付款凭证设计成黑字。

各种经济业务也可通用一种记账凭证，这种凭证称为通用记账凭证，通用记账凭证的格式类同转账凭证。而收、付款凭证和转账凭证则称为专用记账凭证。

此外，为了简化登记总账的工作，还可以根据收付款凭证、转账凭证定期汇总编制用于登记总分类账的记账凭证，分别称为汇总收款凭证、汇总付款凭证和汇总转账凭证。也可以将全部记账凭证汇总，编制科目汇总表，据以登记总账。

### (三)记账凭证设计的内容

记账凭证应当包括的基本内容有：

(1)记账凭证的名称；

(2)编制凭证的日期和编号；

(3)经济业务内容摘要；

(4)会计科目的名称、记账方向和金额；

(5)所附原始凭证张数；

(6)有关人员的签名或盖章。包括制证、审核、记账和会计主管等人，收付款的记账凭证还应由出纳人员签字盖章。

### (四)记账凭证格式的设计要求和方法

记账凭证的格式设计是会计凭证设计的重要内容，要求基本内容要完整，重点要突出；各栏次要排列合理以及不同的记账凭证采用不同颜色印制等。

#### 1. 通用记账凭证格式的设计

通用记账凭证的格式中包括摘要栏、科目栏和金额栏，按金额栏的设置分为单栏式和双栏式。双栏式中设置两个金额栏，便于检查科目借贷金额的平衡关系；单栏式中只设置一个金额栏，不便于检查借贷科目的平衡关系，但能完整反映科目之间的对应关系。

#### 2. 专用记账凭证格式的设计

专用记账凭证分为收款凭证、付款凭证和转账凭证。专用凭证的基本格式内容与通用记账凭证相同。只是对于收款凭证或付款凭证而言，由于借方科目或贷方科目可以确定为现金和银行存款，所以在设计收款凭证或付款凭证时，可以直接印上“借方：现金(银行存款)”或“贷方：现金(银行存款)”科目。转账凭证分为对照式和顺序式两种，顺序式又分为单金额式、双金额式和多金额式三种。

#### 3. 单式记账凭证格式的设计

单式记账凭证的特点是一张记账凭证反映一个科目。为了便于检查和平衡，所以在设计单式记账凭证时，应在上面标明对应科目的名称。其余格式内容与复式记账凭证相同。

#### 4. 汇总记账凭证的设计

汇总记账凭证分为分类汇总记账凭证(汇总收款凭证、汇总付款凭证和汇总转账凭证)和科目汇总表。其设计格式如图表 3－13、图表 3－14、图表 3－15 所示。

## 汇总收款凭证

借方科目： 年 月 汇收第 号

| 贷方科目 | 金额 | | | | 总账页数 | |
|---|---|---|---|---|---|---|
| | 1日至10日<br>收字 号至 号<br>共 张 | 11日至20日<br>收字 号至 号<br>共 张 | 21日至31日<br>收字 号至 号<br>共 张 | 合计 | 借方 | 贷方 |
| | | | | | | |
| | | | | | | |
| | | | | | | |
| | | | | | | |
| 本月合计 | | | | | | |

**图表 3-13 汇总收款凭证的设计格式**

## 汇总付款凭证

贷方科目： 年 月 汇付第 号

| 借方科目 | 金额 | | | | 总账页数 | |
|---|---|---|---|---|---|---|
| | 1日至10日<br>付字 号至 号<br>共 张 | 11日至20日<br>付字 号至 号<br>共 张 | 21日至31日<br>付字 号至 号<br>共 张 | 合计 | 借方 | 贷方 |
| | | | | | | |
| | | | | | | |
| | | | | | | |
| | | | | | | |
| 本月合计 | | | | | | |

**图表 3-14 汇总付款凭证的设计格式**

## 汇总转账凭证

贷方科目： 年 月 汇转第 号

| 贷方科目 | 金额 | | | | 总账页数 | |
|---|---|---|---|---|---|---|
| | 1日至10日<br>转字 号至 号<br>共 张 | 11日至20日<br>转字 号至 号<br>共 张 | 21日至31日<br>转字 号至 号<br>共 张 | 合计 | 借方 | 贷方 |
| | | | | | | |
| | | | | | | |
| | | | | | | |
| | | | | | | |
| 本月合计 | | | | | | |

**图表 3-15 汇总转账凭证的设计格式**

科目汇总表是根据记账凭证汇总编制的。定期将每一科目的借方、贷方发生额汇总在一张科目汇总表上。科目汇总表的格式如图表 3-16 所示。

**科目汇总表**

年　　月　　日至　　月　　日　　　　科汇字第　　　　号

记账凭证自第　　　　号至第　　　　号　　　　附记账凭证　　　　张

| 借方金额 | | | | | | | | | | 记账√ | 会计科目 | 贷方金额 | | | | | | | | | | 记账√ |
|---|---|---|---|---|---|---|---|---|---|---|---|---|---|---|---|---|---|---|---|---|---|---|
| 千 | 百 | 十 | 万 | 千 | 百 | 十 | 元 | 角 | 分 | | | 千 | 百 | 十 | 万 | 千 | 百 | 十 | 元 | 角 | 分 | |
| | | | | | | | | | | | | | | | | | | | | | | |
| | | | | | | | | | | | | | | | | | | | | | | |
| | | | | | | | | | | | | | | | | | | | | | | |
| | | | | | | | | | | | | | | | | | | | | | | |
| | | | | | | | | | | | | | | | | | | | | | | |
| | | | | | | | | | | | | | | | | | | | | | | |
| | | | | | | | | | | | | | | | | | | | | | | |
| | | | | | | | | | | | | | | | | | | | | | | |
| | | | | | | | | | | | | | | | | | | | | | | |
| | | | | | | | | | | | | | | | | | | | | | | |
| | | | | | | | | | | | | | | | | | | | | | | |
| | | | | | | | | | | | | | | | | | | | | | | |
| | | | | | | | | | | | | | | | | | | | | | | |
| | | | | | | | | | | | | | | | | | | | | | | |
| | | | | | | | | | | | | | | | | | | | | | | |
| | | | | | | | | | | | 合　计 | | | | | | | | | | | |

会计主管：　　　　　记账：　　　　　审核：　　　　　制表：

图表 3-16　科目汇总表

5. 其他记账凭证的设计

其他记账凭证主要是指联合凭证。联合凭证既是原始凭证，也是记账凭证。其设计的特点就是在原始凭证上增加借方科目和贷方科目，这种记账凭证目前在会计工作中很少采用。

# 第五部分 会计账簿设计

## 一、会计账簿设计的意义

### （一）会计账簿的概念

会计账簿是由若干张具有一定格式且又相互联系的账页组成，以会计凭证为依据，用来连续、系统、全面地记录和反映经济业务的簿籍。

为了连续、系统、全面地反映会计主体在一定时期内的全部经济业务及其各项会计要素的增减变动情况，必须将会计凭证所反映的每项经济业务内容，分门别类地记载到账簿中去，以便为经营管理提供完整、系统的会计核算资料。设置和登记会计账簿是会计核算的方法之一，是整个会计工作的中心。

**(二)会计账簿的种类**

会计账簿可以按照不同的标准进行分类。

1. 按照用途分类

按照用途会计账簿可分为：序时账簿、分类账簿和备查账簿。

(1)序时账簿

序时账簿是指按照经济业务发生的时间先后顺序，逐日逐笔登记的账簿，故又称为日记账。日记账可以划分为普通日记账和特种日记账。普通日记账是登记所有经济业务的账簿，特种日记账是只登记特殊业务的账簿。在经济生活中登记的特殊业务主要是指库存现金和银行存款，故特种日记账又可以划分为库存现金日记账和银行存款日记账。除此之外，还有销货日记账、购货日记账、应收账款日记账、应付账款日记账等。

(2)分类账簿

分类账簿是指根据分类核算的要求，分别登记各类经济业务的账簿。分类账簿可以划分为总分类账簿和明细分类账簿两种。

总分类账簿，又称为总分类账或者总账账簿，简称总账，是按照总分类账户分类登记的账簿。它提供的是各项资产、负债、所有者权益、费用、成本和收入等的总括核算资料。

明细分类账簿，也称为明细账簿，简称明细账，是按照明细分类账户分类登记的账簿。它是用来分类登记某类经济业务详细情况，用来提供明细核算资料的账簿。

(3)备查账簿

备查账账簿又称辅助账簿，指对某些在序时账簿和分类账簿中未能反映和记录的经济业务进行补充登记的账簿，该种账簿可以对某些经济业务的内容提供必要参考资料，主要用来记录一些供日后查考的有关经济事项。如“代销商品登记簿”、“租入固定资产登记簿”和“委托加工材料登记簿”等。

2. 按照外表形式分类

按照外表形式账簿可分为订本式账簿、活页式账簿和卡片式账簿。

(1)订本式账簿是指把许多账页事先装订成册的账簿。这种账簿，账页固定且顺序编码，避免了散失和被任意增减或抽换的现象。但是，由于订本式账簿账页固定，使用起来欠灵活，且不便于记账分工，容易造成浪费，或影响连续记账。

(2)活页式账簿

活页式账簿是指账页的数量不固定、随时可以增减账页的账簿。这种账簿，账页数量可根据需要确定，不足时，可随时增加账页。该种账簿登记方便，可同时由数人分工记账。账簿的空白账页，在使用时连续编号，装置在账夹中，并由有关人员盖章，以防散失。登记使用完毕时，将其加具封面，装订成册，以便保管。缺点是容易散失或被抽换。

(3)卡片式账簿

卡片式账簿是指由卡片组成的账簿。卡片上印有记账的格式，其数量可根据经济业务增减。平时卡片不固定在一起，使用完毕不再登账时，则将卡片穿孔固定保管或者保管在卡片夹内。

3. 按照账页格式分类

按照账页格式将账簿分为三栏式账页账簿、多栏式账页账簿和数量金额式账页账簿。

(1)三栏式账页账簿

三栏式账页账簿是指由三栏式账页组成的账簿。这种账簿的账页划分为借方、贷方、余额三个基本栏次。这种账簿适合于只登记金额的账户，总账、日记账和部分只需要登记金额的明细账采用这种格式。例如库存现金、银行存款、应收账款、应付账款等。其格式见图表 3-17 库存现金日记账账页，图表 3-18 银行存款日记账账页，图表 3-19 应收账款账页。

日记账：库存现金

第　页

| 20××年 | | 凭证号码 | | 对方科目 | 摘要 | 收入 | 付出 | 结余 |
|---|---|---|---|---|---|---|---|---|
| 月 | 日 | 字 | 号 | | | | | |
| | | | | | | | | |
| | | | | | | | | |
| | | | | | | | | |
| | | | | | | | | |
| | | | | | | | | |
| | | | | | | | | |
| | | | | | | | | |
| | | | | | | | | |
| | | | | | | | | |

**图表 3-17　库存现金日记账账页**

日记账：银行存款

第　页

| 20××年 | | 凭证号码 | | 支票 | | 摘要 | 对方科目 | 收入 | 付出 | 结余 |
|---|---|---|---|---|---|---|---|---|---|---|
| 月 | 日 | 字 | 号 | 种类 | 号码 | | | | | |
| | | | | | | | | | | |
| | | | | | | | | | | |
| | | | | | | | | | | |
| | | | | | | | | | | |
| | | | | | | | | | | |
| | | | | | | | | | | |
| | | | | | | | | | | |
| | | | | | | | | | | |
| | | | | | | | | | | |

**图表 3-18　库存现金日记账账页**

总账:应收账款

第　页

| 20××年 | | 凭证号码 | | 摘要 | 借方 | 贷方 | 借或贷 | 结余 |
|---|---|---|---|---|---|---|---|---|
| 月 | 日 | 字 | 号 | | | | | |
| | | | | | | | | |
| | | | | | | | | |
| | | | | | | | | |
| | | | | | | | | |
| | | | | | | | | |
| | | | | | | | | |
| | | | | | | | | |
| | | | | | | | | |
| | | | | | | | | |
| | | | | | | | | |

**图表 3-19　应收账款总账账页**

(2)数量金额式账页账簿

数量金额式账页账簿是指由数量金额式账页组成的账簿。这种账簿的账页以三栏式账簿为基础,在每一栏下设置"数量"、"单价"、"金额"三个专栏。这种账簿适合于既要登记金额,又要登记数量的账户,例如原材料、库存商品等。数量金额式原材料明细账账页的格式见图表 3-20。

数量金额式明细账:原材料

第　页

| 年 | | 凭证 | | 摘要 | 收入 | | | 发出 | | | 结存 | | |
|---|---|---|---|---|---|---|---|---|---|---|---|---|---|
| 月 | 日 | 种类 | 编号 | | 数量 | 单价 | 金额 | 数量 | 单价 | 金额 | 数量 | 单价 | 金额 |
| | | | | | | | | | | | | | |
| | | | | | | | | | | | | | |
| | | | | | | | | | | | | | |
| | | | | | | | | | | | | | |
| | | | | | | | | | | | | | |
| | | | | | | | | | | | | | |

**图表 3-20　数量金额式明细账账页**

(3)多栏式账页账簿是指由多栏式账页组成的账簿。这种账簿的账页将借方或贷方划分为若干栏次,用以登记明细资料。多栏式账页账簿常适用于登记费用成本账户,按照费用成本项目设置栏次,以满足管理的要求,例如生产成本、制造费用、管理费用、本年利润、应交税费等明细账常采用多栏式账页账簿。多栏式账页的基本格式见

图表 3－21。

多栏式明细账

| 年 | | 凭证 | | 摘要 | 借方 | 贷方 | 借或贷 | 余额 | 借方(贷方)金额分析 | | | | |
|---|---|---|---|---|---|---|---|---|---|---|---|---|---|
| 月 | 日 | 种类 | 编号 | | | | | | | | | | 合计 |
| | | | | | | | | | | | | | |
| | | | | | | | | | | | | | |
| | | | | | | | | | | | | | |
| | | | | | | | | | | | | | |
| | | | | | | | | | | | | | |
| | | | | | | | | | | | | | |

**图表 3－21　多栏式账页的格式**

**(三)会计账簿的基本内容**

各种账簿记录的经济内容不同，账簿的格式又多种多样。虽然不同格式账簿所包括的具体内容有差别，但是各种账簿具备的基本内容相似。会计账簿包括的基本内容有：

1. 封面：写明账簿名称和记账单位名称。

2. 扉页：填列账簿的启用日期和截止日期、页数、册次、经管账簿人员一览表和签章、会计主管人员签章、账户目录等。

3. 账页：账页上反映的主要内容是账户的名称、登账的日期、登账的依据、内容摘要、金额等。

**(四)会计账簿设计的意义**

会计凭证反映的经济内容是零星的、分散的，想要全面地反映企业经济活动还必须设计会计账簿。设计会计账簿的意义主要有：

1. 会计账簿可以为连续、系统、分类地记录和监督经济业务提供信息载体

连续、系统、分类地反映和监督经济业务是会计的特点之一，而这一特点主要反映在会计账簿中。通过会计账簿的序时记录，为“连续性”提供了保障；通过分类记录，又保证了“系统性”，两种记录的有机结合，又保证了“全面性”。

2. 会计账簿是会计报表的依据

会计要为会计信息的使用者提供信息资料，这些资料绝大部分是通过会计报表的编制提供的，而会计报表所反映的资料又主要来源于会计账簿。账簿为报表的编制提供了主要的数据，从而保证了会计信息的使用者所需的各种财务会计指标。

3. 为反映资产的增减变动情况提供基础，保证财产安全，有利于加强会计监督

会计账簿是汇集、整理和加工会计信息的工具，同时也积累了经济活动中的数据。企业中的一切财务收支、经营过程和结果都要反映在有关的账簿中。通过账簿记录，可以全面深入地了解和掌握企业各项资产，如存货、货币资金、债权债务的增减变动情况，有利于监督和保护企业资产的安全完整。

4. 有利于经济责任的建立和考核

会计账簿可以在一定范围内建立岗位职责并进行考核。例如,通过各种材料的明细账的分析,就可以了解库存材料的增减变动和结存情况,明确和考核仓库保管员的经济责任,促使保管员尽职尽责。

## 二、会计账簿的设计原则

会计账簿设计的原则包括以下几个方面。

### (一)账簿的设计要与企业的规模和特点及内部会计分工相适应

账簿的设计既要考虑满足管理的需要,又要减少登账的工作量,防止重复设账,来提高工作效率。设计账簿时,要从企业的实际情况出发,设立账簿的种类、格式、内容,以及设置该账簿的经济效果。一般来说,企业规模较大,经济业务必然较多,会计人员分工较细,会计账簿体系的设计比较复杂,册数较多。反之,企业规模较小,业务量也少,分工简单,账簿的设置可以简化,设置的账簿体系能够覆盖全部经济业务即可。

### (二)账簿设计要与会计报表相衔接

会计报表是企业输出财务信息的终端,它是根据账簿记录编制的,报表中的有关指标能够直接从有关总分类账户或明细分类账户中取得和填列,尽量避免从几本账簿中取得资料进行加减运算来填报。尽可能使账簿的种类、明细项目与会计报表的种类与口径一致,加快报表的编制速度。

### (三)账簿的设计要简洁明了,便于审核、使用和保管

账簿设计要在保证记录系统完整的前提下,应力求精简,节约使用账簿,提高会计工作效率。账簿设计的内容要便于对账、查账,有利于从报表审核账簿或从账簿检查记账凭证和原始凭证。账簿要便于使用和保管,要考虑到会计人员便于操作,账页的格式应当简单明了,账本册数不宜过多,账页尺寸不宜过大,栏次不宜过多。但也不应过分强调精简而减少必要账簿的设置。

### (四)要与会计核算组织程序紧密配合

在进行账簿的具体设计时,应充分注意已选定的会计核算组织程序。要根据会计核算组织程序的具体要求确定账簿体系。

## 三、会计账簿设计的步骤

会计账簿的设计,就是根据企业经营的特点和管理的要求对账簿的种类、数量、格式、内容、各种账簿之间的关系及登记账簿的方法等进行的规定。为了保证账簿组织的严密性和有效性,设计账簿时,应当按下列步骤进行。

### (一)确定账簿的种类

这是设计账簿所必需首先解决的问题。但要确定所使用的账簿的种类,就必须先了解账簿的有哪几种。在设计时,可以根据企业的经济业务类型、经营管理要求、财会

机构的类型及其内部分工情况，确定所使用的账簿种类，并在此基础上设计各种账簿的数量、格式和内容。

**（二）设计账簿的格式和内容**

这是账簿设计的主要工作和关键步骤。在确定所用账簿的种类后，每一种账簿应采用何种形式、账页格式如何、包括哪些具体内容等。

**（三）规定各种账簿之间的关系**

设计出账簿的种类、内容和格式以后，要明确规定各种账簿之间的关系，保证各种账簿的相互制约、相互补充，建立完善的账簿组织体系。

**（四）建立会计账簿的保管制度**

会计账簿是会计档案的重要组成部分，是企业经济活动情况的数据库。为此，企业必须妥善保管会计账簿，建立健全会计账簿管理制度。具体设计内容可以参照《会计档案管理办法》进行设计。

## 四、各类账簿的设计

《会计基础工作规范》规定，各单位应当按照国家统一会计制度的规定和会计业务的需要设置会计账簿。会计账簿包括总分类账、明细分类账、日记账簿和其他辅助性账簿。

**（一）总分类账的设计**

各单位必须按照《会计基础工作规范》的规定设置总账。总账要采用订本式账簿，三栏式账页，按照经济业务发生的先后顺序登记各总分类账户。在会计工作中，总账事先设计、印刷、装订成册，会计主体可以到市场上购买，也可以自行印刷装订成册。

总分类账簿设计应按照会计科目的编号顺序分设账户，并为每个账户预留若干账页。由于会计核算形式的不同，总分类账的格式也有所不同，其格式有三栏式总分类账、汇总式总分类账、日记总账和报告式总分类账等。因为总分类账簿只能提供价值指标，所以，总分类账通常采用“借方”、“贷方”和“余额”三栏式订本账簿，在总分类账借贷两栏内，可增设“对方科目”栏，也可不设，其格式在《会计学基础》中已有介绍，在此不赘述。

**（二）明细账的设计**

在会计实际工作中，明细账采用活页式账簿，账页格式根据经济核算的要求不同而采用三栏式账页、多栏式账页和数量金额式账页。会计期间结束后，将所有的账页加具封面装订。关于三栏式账页、多栏式账页和数量金额式账页的几天格式和内容在《会计学基础》中都有介绍，在此不赘述。这里仅介绍特殊明细账格式的设计。

对于应收账款，由于其业务特殊性以及管理上的需要，在设计明细分类账时，需要提供每笔应收账款的回收情况；对于应收票据账户需要提供票据到期、票款收回或贴现情况；对于固定资产账户需要增设使用年限和折旧率；外币账户需要提供汇率情况等。

### (三)日记账簿的设置

《会计基础工作规范》规定，现金日记账和银行存款日记账必须采用订本式账簿。不得用银行对账单或者其他方法代替日记账。在会计实际工作中，订本式日记账账页格式为三栏式账页。

库存现金日记账和银行存款日记账，其设计方法类同总账，会计主体可以到市场上购买，也可以自行印刷装订，其格式在《会计学基础》中都有介绍，在此不赘述。这里另外介绍几种常用日记账的设计。

1. 普通日记账

普通日记账是用来序时地、全面地登记一个单位的经济业务发生情况，它由原始的日记账簿和分录簿相结合而成。其格式见图表 3－22 所示。

**普通日记账**

| 年 | | 凭证号数 | 摘 要 | 账户名称 | 借方金额 | 贷方金额 | 过 账 |
|---|---|---|---|---|---|---|---|
| 月 | 日 | | | | | | |
| | | | | | | | |
| | | | | | | | |
| | | | | | | | |
| | | | | | | | |
| | | | | | | | |
| | | | | | | | |
| | | | | | | | |
| | | | | | | | |
| | | | | | | | |

图表 3－22　普通日记账的格式

日记账中的摘要栏，是扼要说明经济业务内容的，账户名称和金额栏则是记录会计分录的内容。这种日记账的优点是可以全面地反映一个单位的经济业务情况，对原始凭证起保护作用。它的主要缺点是要根据会计分录逐笔过入分类账，过账工作量大，如果业务繁多，也不便于分工记账。

2. 购货日记账

购货日记账是专门用来登记购货业务的日记账。购货业务较多的企业，对采购业务的发生及完成情况，要设置购货日记账。企业购货业务按结算方式分为付现购入和赊购两种情况，因此，购货日记账的设计也有两种：一种是只登记赊购业务，在购货日记账中只设“应付账款”和“应付票据”科目，付现购入业务在库存现金和银行存款日记账设“在途物资”专栏进行登记；另一种是登记全部购进业务，而库存现金和银行存款日记账不设“在途物资”专栏。登记全部购进业务的购货日记账格式如图表 3－23 所示。

购货日记账 1

| 年 | | 凭证号数 | 摘要 | 购货单位 | 过账 | 在途物资借方 | | | 库存现金贷方 | 银行存款贷方 | 应付账款贷方 | 应付票据贷方 |
|---|---|---|---|---|---|---|---|---|---|---|---|---|
| 月 | 日 | | | | | 买价 | 运杂费 | 合计 | | | | |
| | | | | | | | | | | | | |
| | | | | | | | | | | | | |
| | | | | | | | | | | | | |
| | | | | | | | | | | | | |
| | | | | | | | | | | | | |
| | | | | | | | | | | | | |
| | | | | | | | | | | | | |
| | | | | | | | | | | | | |
| | | | | | | | | | | | | |

图表 3－23　购货日记账的格式 1

购货日记账如只登记赊购业务，则无须设置库存现金和银行存款栏目，具体格式如图表 3-24 所示。

购货日记账 2

| 年 | | 凭证号数 | 摘要 | 购货单位 | 过账 | 在途物资借方 | | | 应付账款贷方 | 应付票据贷方 |
|---|---|---|---|---|---|---|---|---|---|---|
| 月 | 日 | | | | | 买价 | 运杂费 | 合计 | | |
| | | | | | | | | | | |
| | | | | | | | | | | |
| | | | | | | | | | | |
| | | | | | | | | | | |
| | | | | | | | | | | |
| | | | | | | | | | | |
| | | | | | | | | | | |
| | | | | | | | | | | |
| | | | | | | | | | | |

图表 3－24　购货日记账的格式 2

3. 销货日记账

销货日记账是专门用来反映企业销售业务的一种日记账。销售业务按结算方式分为现销和赊销两种，因此设置销货日记账也有两种方法：一种是只登记赊销业务，现销业务在现金和银行存款日记账设“主营业务收入”专栏进行登记；另一种是登记全部销售业务，而在现金、银行存款日记账中没有设“主营业务收入”专栏。其格式分别见图表 3-25 和图表 3-26 所示。

销货日记账 1

| 月 | 日 | 凭证号数 | 摘要 | 购货单位 | 过账 | 现金借方 | 存款借方 | 应收账款借方 | * *产品 | | | * *产品 | | | …… |
|---|---|---|---|---|---|---|---|---|---|---|---|---|---|---|---|
| | | | | | | | | | 数量 | 单价 | 金额 | 数量 | 单价 | 金额 | |
| | | | | | | | | | | | | | | | |
| | | | | | | | | | | | | | | | |
| | | | | | | | | | | | | | | | |
| | | | | | | | | | | | | | | | |
| | | | | | | | | | | | | | | | |
| | | | | | | | | | | | | | | | |
| | | | | | | | | | | | | | | | |
| | | | | | | | | | | | | | | | |
| | | | | | | | | | | | | | | | |
| | | | | | | | | | | | | | | | |
| | | | | | | | | | | | | | | | |
| | | | | | | | | | | | | | | | |
| | | | | | | | | | | | | | | | |

图表 3-25　销货日记账格式 1

销货日记账 2

| 年 | | 凭证号数 | 摘要 | 购货单位 | 过账 | 应收账款借方 | 主营业务收入贷方 | | | | | | | |
|---|---|---|---|---|---|---|---|---|---|---|---|---|---|---|
| | | | | | | | * *产品 | | | * *产品 | | | …… | |
| 月 | 日 | | | | | | 数量 | 单价 | 金额 | 数量 | 单价 | 金额 | | |
| | | | | | | | | | | | | | | |
| | | | | | | | | | | | | | | |
| | | | | | | | | | | | | | | |
| | | | | | | | | | | | | | | |
| | | | | | | | | | | | | | | |
| | | | | | | | | | | | | | | |
| | | | | | | | | | | | | | | |
| | | | | | | | | | | | | | | |
| | | | | | | | | | | | | | | |
| | | | | | | | | | | | | | | |
| | | | | | | | | | | | | | | |
| | | | | | | | | | | | | | | |
| | | | | | | | | | | | | | | |
| | | | | | | | | | | | | | | |
| | | | | | | | | | | | | | | |
| | | | | | | | | | | | | | | |
| | | | | | | | | | | | | | | |
| | | | | | | | | | | | | | | |
| | | | | | | | | | | | | | | |
| | | | | | | | | | | | | | | |
| | | | | | | | | | | | | | | |
| | | | | | | | | | | | | | | |
| | | | | | | | | | | | | | | |
| | | | | | | | | | | | | | | |
| | | | | | | | | | | | | | | |
| | | | | | | | | | | | | | | |
| | | | | | | | | | | | | | | |

图表 3-26　销货日记账格式 2

4. 多栏式销货日记账的设计

多栏式销货日记账的专栏设计主要是提供管理所需的信息或编表的资料。例如，对于销售额，可以按照销售小组、产品种类、应税税率或销售地区等进行分类，并设置专栏，提供管理需要的各种数据。按销售小组分设专栏的格式见图表 3-27 所示。

**多栏式销货日记账**

| 年 | | 凭证号数 | 摘要 | 购货单位 | 过账 | 库存现金借方 | 银行存款借方 | 应收账款借方 | 其中 | | | |
|---|---|---|---|---|---|---|---|---|---|---|---|---|
| 月 | 日 | | | | | | | | 1组 | 2组 | 3组 | …… |
| | | | | | | | | | | | | |
| | | | | | | | | | | | | |
| | | | | | | | | | | | | |
| | | | | | | | | | | | | |
| | | | | | | | | | | | | |
| | | | | | | | | | | | | |
| | | | | | | | | | | | | |
| | | | | | | | | | | | | |
| | | | | | | | | | | | | |
| | | | | | | | | | | | | |
| | | | | | | | | | | | | |
| | | | | | | | | | | | | |
| | | | | | | | | | | | | |

图表 3－27　多栏式销货日记账的格式

### (四)辅助账簿的设计

辅助账簿可以为某些经济业务提供必要的补充资料，它没有固定的格式，各单位可根据实际工作的需要来设置。

备查账簿的数量和格式，通常根据企业实际需要来设计，比较灵活。

在企业中，常用的备查账簿有委托加工材料备查账簿、租入固定资产备查账簿、应收票据备查账簿等几种。下面以应收票据备查账簿设计为例，说明其格式的设计。

应收票据设计的要素有应收票据的种类、票面金额、出票日期、票面利率、贴现日期、贴现率、贴现所得金额、收款日期、收回金额和票据注销日期等，因此在设计应收票据备查账簿时应考虑上述要素内容。设计格式如图表 3－28 所示。

**应收票据明细账**

| 年 | | 票据种类 | 票据号码 | 摘要 | 票面金额 | 交易合同 | 付款单位 | 被背书人 | 到期日 | 利率 | 贴现日 | 贴现率 | 贴现净额 | 收款日期 | 收回金额 | 备注 |
|---|---|---|---|---|---|---|---|---|---|---|---|---|---|---|---|---|
| 月 | 日 | | | | | | | | | | | | | | | |
| | | | | | | | | | | | | | | | | |
| | | | | | | | | | | | | | | | | |
| | | | | | | | | | | | | | | | | |
| | | | | | | | | | | | | | | | | |

图表 3－28　应收票据明细账

续表

| 年 | | 票据种类 | 票据号码 | 摘要 | 票面金额 | 交易合同 | 付款单位 | 被背书人 | 到期日 | 利率 | 贴现日 | 贴现率 | 贴现净额 | 收款日期 | 收回金额 | 备注 |
|---|---|---|---|---|---|---|---|---|---|---|---|---|---|---|---|---|
| 月 | 日 | | | | | | | | | | | | | | | |
| | | | | | | | | | | | | | | | | |
| | | | | | | | | | | | | | | | | |
| | | | | | | | | | | | | | | | | |
| | | | | | | | | | | | | | | | | |
| | | | | | | | | | | | | | | | | |
| | | | | | | | | | | | | | | | | |

另外,《会计基础工作规范》规定,实行会计电算化的单位,用计算机打印的会计账簿必须连续编号,经审核无误后装订成册,并由记账人员和会计机构负责人、会计主管人员签字或者盖章。发生收款和付款业务的,在输入收款凭证和付款凭证的当天必须打印出现金日记账和银行存款日记账,并与库存现金核对无误。

# 第六部分 财务会计报告设计

## 一、财务会计报告及其作用

### (一)财务会计报告的概念

财务会计报告是企业对外提供的反映企业某一特定日期财务状况和某一会计期间经营成果、现金流量等会计信息的文件,它包括会计报表及其附注和其他应当在财务会计报告中披露的相关信息和资料。

其中财务报表是财务会计报告的核心内容,是以会计账簿及其他会计核算资料为依据,按照统一的格式加以汇总、整理,用来总括地反映单位在一定时点的财务状况和一定时期经营成果和现金流量的一种表式报告文件。

会计报表附注是指对在会计报表中列示项目所作的进一步说明,以及对未能在这些报表中列示项目的说明等。

其他应当在财务会计报告中披露的相关信息和资料是指以上两个部分中没有包括的并需要加以说明的有关信息和资料。

### (二)财务会计报告设计的意义

设计财务会计报告的意义概括起来主要有以下四个方面。

1. 为投资者提供决策信息

信息是决策的重要依据。会计报表作为反映企业综合财务状况和经营成果的报告,是投资者了解企业情况,分析企业财务状况,参与企业管理、评价企业经营者,作出投资和管理决策的重要依据之一。

2. 为债权人提供资金使用情况、偿债能力等信息

作为债权人，关心的是企业能否到期还本付息。债权人可以通过会计报表来了解企业的财务状况，分析企业的偿债能力。

3. 提供信息资料给企业和职工以便于日常管理

会计部门是企业管理部门的重要组成部分，会计信息则是企业决策的重要依据。为管理者和职工提供的会计信息，主要以会计报表方式体现出来，通过报表数据分析，可以分析检查企业的计划完成情况，进而对企业的经营活动、经济效益等作出评价，及时发现生产经营中存在的问题，以便及时调整管理方向和生产计划，改善经营管理，提高经济效益。

4. 提供信息给政府和政府所属的财政、工商、税务等行政部门

政府可以依据企业提供的会计资料进行汇总，统计出全国或者某一区域的经济信息，实施宏观调控；财政、工商和税务作为企业的监管部门，通过分析会计报表，可以检查企业财政法规执行情况，检查企业是否合法经营，是否依据税法进行计税和纳税等。

## 二、财务报告设计的原则

为了更好地发挥会计报表的作用，便于会计报表使用者进行分析和决策，在设计会计报表时，应遵循以下原则。

### （一）采用国际通行体系，做到体系严密、完整、统一

会计是国际通用的商业语言，为适应对外开放进入国际市场的需要，应当尽量采用国际通行的财务会计报表体系。同时，财务会计报告的设计应当全面反映核算企业经济活动的全貌，各种会计报表中的各项指标应当相互联系，相互补充，相互衔接，共同组成完整的会计指标体系，以全面反映企业经济活动的全貌。

### （二）贯彻重要性原则

财务会计报告提供的信息既要全面、概括，又要突出重点。设计时要按照重用性原则的要求，对重要的业务要单独、详细反映。对不重要的业务可以简化，合并反映，以提高财务会计报告的效用。

### （三）清晰明了，便于理解和利用

不论是对内报表还是对外报表，财务会计报表项目的设置、分类和列示方法应当清晰明了，项目分类明确，会计信息力求客观、统一和连贯，便于理解和利用。例如，为了便于纵向比较，报表可以采用前后期对比或报告期与本期累计的方式编列。在采用前后期对比时，若上期项目与本期项目不一致时，应当将上期数字按照本期标准进行调整。

## 三、财务报告设计的内容

财务报告设计的内容包括会计报表的设计、会计报表附注的设计和其他应当在财务会计报告中披露的相关信息和资料设计。

**(一)会计报表的设计**

企业应当设计哪些会计报表?企业设计的会计报表可以划分为对外报表和对内报表两类。

《企业会计准则》规定了对外报表的种类:对于一般企业,《企业会计准则》规定会计报表至少应当包括资产负债表、利润表、现金流量表等报表;对于小企业,《企业会计准则》规定应当编制资产负债表和利润表,可以不编制现金流量表;对于上市公司,应当编制资产负债表、利润表、现金流量表、所有者权益(或股东权益)变动表等。

企业可以根据经营管理的需要设计自己需要的对内报表,常见的内部报表主要有:成本报表、期间费用报表、货币资金变动情况表、银行借款报告表、进货日报表、销货日报表、利润计划完成情况分析表、利润预测报表和主营业务利润分析表等。

**(二)会计报表附注的设计**

会计报表附注是为帮助报表使用者正确理解会计报表的内容,避免产生误解而对报表的有关项目等所做的解释,是财务报表不可或缺的重要组成部分,相对于报表而言,同样具有重要性。报表使用者通过全面阅读附注可以充分了解企业的财务状况、经营成果和现金流量等。

会计报表附注的设计内容主要包括:所采用的会计处理程序和方法;会计处理程序和方法变更的情况、原因以及对财务状况和经营成果的影响;非经常性项目的说明;报表中有关重要项目的明细资料,其他有助于理解和分析会计报表需要说明的事项等。在设计时,会计报表附注应当按照一定的结构进行系统合理的排列和分类,有顺序地披露信息,主要包括下列内容:

1. 企业的基本情况

企业的基本情况主要包括:企业注册地、组织形式和总部地址;企业的业务性质和主要经营活动;母公司以及集团最终母公司的名称;财务报告的批准报出者和财务报告批准报出日。

2. 财务报表的编制基础

3. 遵循企业会计准则的声明

企业应当声明编制的财务报表符合企业会计准则的要求,真实、完整地反映了企业的财务状况、经营成果和现金流量等有关信息。

4. 重要会计政策和会计估计

企业应当披露采用的重要会计政策和会计估计,不重要的会计政策和会计估计可以不披露。在披露重要会计政策和会计估计时,应当披露重要会计政策的确定依据和财务报表项目的计量基础,以及会计估计中所采用的关键假设和不确定因素。

5. 会计政策和会计估计变更以及差错更正的说明

企业应当按照《企业会计准则第 28 号——会计政策、会计估计变更和差错更正》及其应用指南的规定,披露会计政策和会计估计变更以及差错更正的有关情况。

6. 报表重要项目的说明

企业对报表重要项目的说明，应当按照资产负债表、利润表、现金流量表、所有者权益变动表及其项目列示的顺序，采用文字和数字描述相结合的方式进行披露。尽可能以列表形式披露重要报表项目的构成以及当期增减变动情况，报表重要项目的明细金额合计，应当与报表项目金额相衔接。

7. 或有和承诺事项的说明

或有和承诺事项的说明主要包括：预计负债的种类、形成原因以及经济利益流出不确定性的说明；与预计负债有关的预期补偿金额和本期已确认的预期补偿金额；或有负债的种类、形成原因及经济利益流出不确定性的说明；或有负债预计产生的财务影响，以及获得补偿的可能性；无法预计的，应当说明原因；或有资产很可能会给企业带来经济利益的，其形成的原因、预计产生的财务影响等；在涉及未决诉讼、未决仲裁的情况下，披露全部或部分信息预期对企业造成重大不利影响的，该未决诉讼、未决仲裁的性质以及没有披露这些信息的事实和原因等。

8. 资产负债表日后事项的说明

资产负债表日后事项是指资产表日至财务报告批准报出日之间发生的有利或不利事项，包括资产负债表日后调整事项和非调整事项。

(1)资产负债表日后调整事项是指对资产负债表日已经存在的情况提供了新的或进一步证据的事项，包括：

①资产负债表日后诉讼案件结案，法院判决证实了企业在资产负债表日已经存在现时义务，需要调整原先确认的与该诉讼案件相关的预计负债，或确认一项新负债；

②资产负债表日后取得确凿证据，表明某项资产在资产负债表日发生了减值或者需要调整该项资产原先确认的减值金额；

③资产负债表日后进一步确定了资产负债表日前购入资产的成本或售出资产的收入；

④资产负债表日后发现了财务报表舞弊或差错。

(2)资产负债表日后非调整事项是指表明资产负债表日后发生情况事项，包括：

①资产负债表日后发生重大诉讼、仲裁、承诺；

②资产负债表日后资产价格、税收政策、外汇汇率发生重大变化；

③资产负债表日后因自然灾害导致资产发生重大损失；

④资产负债表日后发行股票和债券以及其他巨额举债；

⑤资产负债表日后资本公积转增资本；

⑥资产负债表日后发生巨额亏损；

⑦资产负债表日后发生企业合并或处置子公司。

9. 关联方关系及其交易

关联方交易是指在关联方之间转移资源或义务的事项，而不论其是否收取价款。包括：

(1)母公司和子公司的名称。母公司不是该企业最终控制方的，说明最终控制方名称。母公司和最终控制方均不对外提供财务报表的，说明母公司之上与其最相近的对外提供财务报表的母公司名称；

(2)母公司和子公司的业务性质、注册地、注册资本(或实收资本、股本)及其当期发生的变化；

(3)母公司对该企业或者该企业对子公司的持股比例和表决权比例；

(4)企业与关联方发生关联方交易的，该关联方关系的性质、交易类型及交易要素。其中交易要素至少应当包括：交易的金额；未结算项目的金额、条款和条件，以及有关提供或取得担保的信息；未结算应收项目的坏账准备金额和定价政策。企业应当分别关联方以及交易类型披露关联方交易。

**(三)其他应当在财务会计报告中披露的相关信息和资料设计**

在设计会计报表时，以上没有包括的相关信息和资料可以作出详细的披露。

下面详细介绍各类对外报表和对内报表的设计。

## 四、对外报表的设计

**(一)资产负债表**

资产负债表是反映企业在某一特定日期财务状况的报表，其设计原理是根据“资产＝负债＋所有者权益”的会计平衡等式，把企业在一定日期的资产、负债和所有者权益的项目，按照一定的分类标准和次序编制而成的。

在结构设计上，资产负债表有“账户式”和“报告式”两种结构可供选择。

账户式，又称平衡式，这种格式是根据会计平衡公式设计的。在报表的左方列示资产，右方列示权益。账户式资产负债表的优点是对资产、负债和所有者权益等式关系的列示比较直观，能一目了然地看出企业的财务状况，但受固定格式的限制，不宜太长或太宽。报告式资产负债表对财务状况的表述不如账户式资产负债表直观，但它不受格式限制。

报告式，又称垂直式，是根据“资产－负债＝所有者权益”的会计恒等式设计的。报表项目自上而下排列，首先列示资产，然后列示负债，最后列示所有者权益。

目前，我国采用国际通用的账户式结构。在项目分类设计上，资产按大类分为流动资产、长期资产、固定资产、无形资产及其他资产和递延税项等，负债分为流动负债和长期负债；所有者权益分为实收资本(股本)、资本公积、盈余公积和未分配利润。在资产负债表项目排列顺序的设计上，资产负债表项目的排列方法一般有两种：一种是按重要程序排列，指各分类项目在总体中所占的比重大小和在生产经营过程中的重要性排列，其主要目的是为满足国家宏观管理需要而设计的；另一种排列方法是按流动性排列，就是按照各项目的流动性程度从大到小排列，这种设计的目的是为投资者分析企业的偿债能力。

账户式资产负债表的格式见图表 3-29 所示，在设计时企业可以根据涉及的经济业务进行删减相关项目。

**资产负债表**

会企 01 表

编制单位：　　　　　　　　　　年　月　日　　　　　　　　　　单位：元

| 资产 | 期末余额 | 年初余额 | 负债和所有者权益（或股东权益） | 期末余额 | 年初余额 |
|---|---|---|---|---|---|
| 流动资产： | | | 流动负债： | | |
| 货币资金 | | | 短期借款 | | |
| 交易性金融资产 | | | 交易性金融负债 | | |
| 应收票据 | | | 应付票据 | | |
| 应收账款 | | | 应付账款 | | |
| 预付款项 | | | 预收款项 | | |
| 应收利息 | | | 应付职工薪酬 | | |
| 应收股利 | | | 应交税费 | | |
| 其他应收款 | | | 应付利息 | | |
| 存货 | | | 应付股利 | | |
| 一年内到期的非流动资产 | | | 其他应付款 | | |
| 其他流动资产 | | | 一年内到期的非流动负债 | | |
| 流动资产合计 | | | 其他流动负债 | | |
| 非流动资产： | | | 流动负债合计 | | |
| 可供出售金融资产 | | | 非流动负债： | | |
| 持有至到期投资 | | | 长期借款 | | |
| 长期应收款 | | | 应付债券 | | |
| 长期股权投资 | | | 长期应付款 | | |
| 投资性房地产 | | | 专项应付款 | | |
| 固定资产 | | | 预计负债 | | |
| 在建工程 | | | 递延所得税负债 | | |
| 工程物资 | | | 其他非流动负债 | | |
| 固定资产清理 | | | 非流动负债合计 | | |
| 生产性生物资产 | | | 负债合计 | | |
| 油气资产 | | | 所有者权益(或股东权益)： | | |
| 无形资产 | | | 实收资本(或股本) | | |
| 开发支出 | | | 资本公积 | | |
| 商誉 | | | 减:库存股 | | |
| 长期待摊费用 | | | 盈余公积 | | |
| 递延所得税资产 | | | 未分配利润 | | |
| 其他非流动资产 | | | 所有者权益（或股东权益）合计 | | |
| 非流动资产合计 | | | | | |
| 资产总计 | | | 负债和所有者权益(或股东权益)总计 | | |

**图表 3－29　资产负债表**

### (二)利润表

利润表是指反映一定时期经营成果及其分配的报表,其设计原理是根据净利润的计算公式进行的,即按照收入和除成本费用后计算净利润。由于各项收入指标与费用支出指标排列顺序不同,利润表的结构主要有多步式和单步式两种。单步式利润表的优点是简单直观,易于编制和理解,缺点是不能反映净利润分类及形成情况。多步式利润表的优点是能对企业的经营成果进行分析,有助于不同企业之间进行对比,有利于企业对今后的盈利能力的预测。我国企业一般采用多步式结构。

在采用多步式结构设计利润表时,项目分类按照净利润形成过程,分为主营业务利润、营业利润、利润总额和净利润四个层次,项目的排列顺序按照主营业务利润到非主营业务利润的顺序排列进行设计。多步式结构利润表的格式见图表 3－30 所示。

**利润表**

编制单位: 年 单位:元 会企 02 表

| 项 目 | 行 次 | 本年金额 | 上年金额 |
|---|---|---|---|
| 一、营业收入 | | | |
| 减:营业成本 | | | |
| 营业税费及附加 | | | |
| 销售费用 | | | |
| 管理费用 | | | |
| 财务费用(收益以"－"号填列) | | | |
| 资产减值损失 | | | |
| 加:公允价值变动净收益(净损失以"－"号填列) | | | |
| 投资净收益(净损失以"－"号填列) | | | |
| 二、营业利润(亏损以"－"号填列) | | | |
| 加:营业外收入 | | | |
| 减:营业外支出 | | | |
| 其中:非流动资产处置净损失(净收益以"－"号填列) | | | |
| 三、利润总额(亏损总额以"－"号填列) | | | |
| 减:所得税费用 | | | |
| 四、净利润(净亏损以"－"号填列) | | | |
| 五、每股收益: | | | |
| (一)基本每股收益 | | × | |
| (二)稀释每股收益 | | × | |

**图表 3－30 利润表的格式**

### (三)现金流量表

现金流量表反映企业在某一特定日期(通常为年末)现金及现金等价物的流入和

流出及其净额的报表。在设计上,现金流量表采用报告式结构,分为三个基本部分及相关的附注。三个基本部分是:经营活动现金流量、投资活动现金流量筹资活动现金流量,每一部分现金净流量都是以"现金流入－现金流出＝现金净流量"这一基本平衡公式设计的,每一部分现金净流量之后,构成企业总的现金净流量。

1. 经营活动产生的现金流量

经营活动现金流量是指企业投资活动和筹资活动以外的所有交易和事项产生的现金流量,可以按照现金的来源和运用直接填制,也可以以净利润为基础调整填制。因此,经营活动现金流量有直接法和间接法两种设计方法。

直接法是指按现金收入和支出的主要类别直接反映企业经营活动的现金流量;

按直接法设计现金流量表的主要优点是便于分析企业经营活动现金流量的来源和用途,预测企业现金流量的未来前景。间接法是指以净利润为基础,调整不涉及现金的收入、费用项目以及其他有关项目,据此确定经营活动的现金流量。也就是以净利润作为起点,对其中没有实际发生现金流入和流出的收入费用项目,进行调整,以此计算现金流量的一种方法。其优点是便于对净利润与经营活动现金净流量进行比较,了解利润与经济活动现金流量差异的原因,从现金流量的角度分析净利润的质量。

2. 投资活动产生的现金流量

投资活动产生的现金流量是指企业长期资产的购建和不包括在现金等价物范围内的投资及其处置活动所产生的现金流量。

3. 筹资活动产生的现金流量

筹资活动现金流量是指导致企业资本及债务规模和构成发生变化的活动所导致的现金流量。

4. 其他项目的设计

现金流量表的其他项目是指日常活动之外的,不经常发生的项目,如灾害、保险赔款、捐赠等特殊项目,以及相关的补充资料。

现行企业现金流量表的格式见图表 3－31 所示。

**现金流量表**

编制单位:　　　　年度　　　　单位:元　　　　会企 03 表

| 项目 | 行次 | 本年金额 | 上年金额 |
|---|---|---|---|
| 一、经营活动产生的现金流量: | | | |
| 销售商品、提供劳务收到的现金 | | | |
| 收到的税费返还 | | | |
| 收到其他与经营活动有关的现金 | | | |
| 经营活动现金流入小计 | | | |
| 购买商品、接受劳务支付的现金 | | | |
| 支付给职工以及为职工支付的现金 | | | |
| 支付的各项税费 | | | |

**图表 3－31　现金流量表**

续表

| 项目 | 行次 | 本年金额 | 上年金额 |
|---|---|---|---|
| 支付其他与经营活动有关的现金 | | | |
| 经营活动现金流出小计 | | | |
| 经营活动产生的现金流量净额 | | | |
| 二、投资活动产生的现金流量： | | | |
| 收回投资收到的现金 | | | |
| 取得投资收益收到的现金 | | | |
| 处置固定资产、无形资产和其他长期资产收回的现金净额 | | | |
| 处置子公司及其他营业单位收到的现金净额 | | | |
| 收到其他与投资活动有关的现金 | | | |
| 投资活动现金流入小计 | | | |
| 购建固定资产、无形资产和其他长期资产支付的现金 | | | |
| 投资支付的现金 | | | |
| 取得子公司及其他营业单位支付的现金净额 | | | |
| 支付其他与投资活动有关的现金 | | | |
| 投资活动现金流出小计 | | | |
| 投资活动产生的现金流量净额 | | | |
| 三、筹资活动产生的现金流量： | | | |
| 吸收投资收到的现金 | | | |
| 取得借款收到的现金 | | | |
| 收到其他与筹资活动有关的现金 | | | |
| 筹资活动现金流入小计 | | | |
| 偿还债务支付的现金 | | | |
| 分配股利、利润或偿付利息支付的现金 | | | |
| 支付其他与筹资活动有关的现金 | | | |
| 筹资活动现金流出小计 | | | |
| 筹资活动产生的现金流量净额 | | | |
| 四、汇率变动对现金的影响： | | | |
| 五、现金及现金等价物净增加额： | | | |
| 期初现金及现金等价物余额 | | | |
| 期末现金及现金等价物余额 | | | |

**(四)所有者权益(或股东权益)变动表**

所有者权益(或股东权益)变动表反映企业年末所有者权益(或股东权益)变动的情况。本表应在一定程度上体现企业综合收益的特点,除列示直接计入所有者权益的利得和损失外,同时包含最终属于所有者权益变动的净利润,从而构成企业的综合收益。表内各项目应当根据当期净利润、直接计入所有者权益的利得和损失项目、所有者投入资本和向所有者权分配利润、提取盈余公积等情况分析填列。其中,直接计入当期损益的利得和损失应包含在净利润中;直接计入所有者权益的利得和损失,主要包括:可供出售金融资产公允价值变动净额、现金流量套期工具公允价值变动净额等,单列项目反映。企业应采用的所有者权益(或股东权益)变动表格式如图表 3-32 所示,企业在设计时可以根据具体情况进行删减。

**所有者权益(股东权益)变动表**

编制单位:　　年　　单位:元　　会企:04 表

| 项目 | 行次 | 本年金额 | | | | | | 上年金额 |
|---|---|---|---|---|---|---|---|---|
| | | 实收资本(或股本) | 资本公积 | 盈余公积 | 未分配利润 | 库存股(减项) | 所有者权益合计 | |
| 一、上年年末余额 | | | | | | | | |
| (一)会计政策变更 | | | | | | | | |
| (二)前期差错更正 | | | | | | | | |
| 二、本年年初余额 | | | | | | | | |
| 三、本年增减变动金额(减少以"—"号填列) | | | | | | | | |
| (一)本年净利润 | | | | | | | | |
| (二)直接计入所有者权益的利得和损失 | | | | | | | | |
| 1. 可供出售金融资产公允价值变动净额 | | | | | | | | |
| 2. 现金流量套期工具公允价值变动净额 | | | | | | | | |
| 3. 与计入所有者权益项目相关的所得税影响 | | | | | | | | |
| 4. 其他 | | | | | | | | |
| 小计 | | | | | | | | |
| (三)所有者投入资本 | | | | | | | | |
| 1. 所有者本期投入资本 | | | | | | | | |
| 2. 本年购回库存股 | | | | | | | | |
| 3. 股份支付计入所有者权益的金额 | | | | | | | | |
| (四)本年利润分配 | | | | | | | | |

**图表 3-32　所有者权益变动表**

续表

| 项目 | 行次 | 本年金额 | | | | | | 上年金额 |
|---|---|---|---|---|---|---|---|---|
| | | 实收资本（或股本） | 资本公积 | 盈余公积 | 未分配利润 | 库存股（减项） | 所有者权益合计 | |
| 1. 对所有者（或股东）的分配 | | | | | | | | |
| 2. 提取盈余公积 | | | | | | | | |
| （五）所有者权益内部结转 | | | | | | | | |
| 1. 资本公积转增资本 | | | | | | | | |
| 2. 盈余公积转增资本 | | | | | | | | |
| 3. 盈余公积弥补亏损 | | | | | | | | |
| 四、本年年末余额 | | | | | | | | |

## 五、内部报表的设计

### （一）内部报表的概念

内部报表是为企业各管理部门提供的报表，其作用在于为企业管理提供必要的决策、分析所需要的会计信息。

### （二）内部报表的特点

内部报表与外部报表相比有以下特点：

1. 报表内容有较强的针对性

内部报表是根据企业管理实际需要决定其内容的，并随企业经营情况的变化随时变更。这就需要内部报表内容目标明确，有极强的针对性，重点突出，简明扼要，使企业管理者准确把握信息，更好地做出决策。

2. 报表指标具有多样性

由于内部报表的内容针对企业经营管理的实际，涉及的内容面广，所以内部报表的指标也就广泛。

3. 灵活性

企业对外财务报表往往有法定要求，要按照法律法规的规定编制。而内部报表主要服务于企业内部，可以按照企业内部管理的需要来编制内部报表，不用拘泥于法律规定。内部报表所反映的内部应该是多方面的，反映的资料不一定是本会计期间，其应着重于分析、比较、控制和预测。

4. 及时性

企业对外财务报表有规定期限，是按月、季、年编制的。而内部报表应该按照企业内部管理需要，定期或非定期的全面多角度的反馈企业的经营情况，将相关信息及时快速地传递给企业管理当局，使信息传递的有效性达到最大。

5. 网络性

随着计算机网络技术的完善和发展，网络化办公信息系统在企业中得到了广泛地使用。内部报表作为一种管理控制手段，可以通过运用计算机技术进行数据的收集、加工整理，通过网络化办公系统更快更准地进行信息传递，从而提高企业内部经营效率和效果，完善企业自身，提高企业的市场竞争力。

### (三)内部会计报表设计的原则

除遵循会计报表设计的一般原则外，内部报表设计还应遵循以下原则：

1. 报表指标适用

在设计报表时，指标内容要求具有专题性和实用性，不要求全面系统，而要求按使用者的需要设计，做到针对性强，重点突出；

2. 报表内容力求简明扼要

内部报表是直接为企业生产、经营和管理服务的，在格式和数据上要求简单明了，有适用性，不需要统一的格式和绝对精确的数据；

3. 编报时间要求及时

内部报表要求及时提供信息，它可以是定期编制，也可以不定期编制，取决于企业经营和管理的需要。

### (四)常用内部报表的设计

在企业管理的实际中常用的内部报表主要有：成本报表、期间费用报表、货币资金变动情况表、进货日报表、销货日报表、利润计划完成情况分析表、利润预测报表和主营业务利润分析表等。下面介绍几种常见常用内部报表的设计。

1. 货币资金变动情况表的设计

货币资金变动情况表是反映企业银行存款及现金每日变动情况及其结余情况的报表。它主要为管理当局提供当日企业货币资金的流动、结存情况，实现有效地调度货币资金。其设计核心是货币资金在本期的增加、减少和期末结存情况。

货币资金变动情况表的编制单位是企业的财务会计部门，也可以具体到科或核算组。编制周期是每日进行，属于日报表。在内容上货币资金包括库存现金、银行存款和其他货币资金。从重要性程度来看，银行存款应排在最显要的位置。报表项目应按照“期初余额＋本期收入－本期支出＝期末余额”计算公式确定，并按顺序排列。从管理的角度考虑，本表应表明货币资金存在的具体形式，比如银行存款是分布在哪些账户上；还应当披露货币资金的来源渠道和用途，可以在“本日增加金额”和“本日减少金额”项目下，应分别列示详细情况。此外，管理部门利用该表还可以掌握有多少货币资金可以实际调度，反映明日可以实际动用的最大额度。为此，可以在表的下方增加备注栏，作为补充说明。最后还要明确有关人员的职责。本表应由出纳在每日下班前编制，由会计人员进行复核(根据具体情况也可由会计人员编制，由出纳进行核对)，由会计主管或会计机构负责人审批后，方可报出。货币资金变动情况表的一般格式如图表 3-33 所示。

货币资金变动情况表

编制单位：　　　　　　　　年　　月　　日　　　　　　　　金额单位：

| 项目 | 银行存款 | | | 库存现金 | 其他货币资金 | | | 合计 |
|---|---|---|---|---|---|---|---|---|
| | A账户 | B账户 | …… | | 本票 | 汇票 | …… | |
| 昨日账面余额 | | | | | | | | |
| 本日增加金额 | | | | | | | | |
| 其中： | | | | | | | | |
| 营业收入 | | | | | | | | |
| 融资收入 | | | | | | | | |
| 账款收回 | | | | | | | | |
| 投资收回 | | | | | | | | |
| 其他收进 | | | | | | | | |
| 本日减少金额 | | | | | | | | |
| 其中： | | | | | | | | |
| 营业支出 | | | | | | | | |
| 归还贷款 | | | | | | | | |
| 归还账款 | | | | | | | | |
| 投资支出 | | | | | | | | |
| 内部借款 | | | | | | | | |
| 其他支出 | | | | | | | | |
| 本日账面余额 | | | | | | | | |
| 未记账增加 | | | | | | | | |
| 未记账减少 | | | | | | | | |
| 本日实际余额 | | | | | | | | |
| 备注： | | | | | | | | |

会计主管：　　　　复核：　　　　出纳：　　　　制表：

图表 3－33　货币资金变动情况表的格式

2. 成本报表

成本报表是根据产品(经营业务)成本和期间费用的核算资料以及其他有关资料编制的,用来反映企业一定时期产品(经营业务)成本和期间费用水平及其构成情况的报告文件。成本报表包括产品生产成本表和制造费用明细表。

(1)产品生产成本表的设计

产品生产成本表是反映企业在报告期内生产的全部产品的总成本和各种主要产品的单位成本的报表。产品生产成本表可以划分为产品生产成本计算表和产品生产成本分析表两种。

①产品生产成本计算表是对在某一会计期间生产的产品成本进行汇总,计算产品的总成本和单位成本的表格,其格式如图表 3-34 所示。

产品成本计算表

产品名称：　规格：　型号：　计量单位：　数量：

| 成本项目 | 月初在产品成本 | 本月生产成本 | 生产成本合计 | 完工产品 | | 月末在产品 | |
|---|---|---|---|---|---|---|---|
| | | | | 总成本 | 单位成本 | 总成本 | 单位成本 |
| 直接材料 | | | | | | | |
| 直接人工 | | | | | | | |
| 其他直接费用 | | | | | | | |
| 制造费用 | | | | | | | |
| 合计 | | | | | | | |

图表 3-34　产品成本计算表格式

②产品生产成本分析表主要是对某一会计期间的产品成本进行分析，已发现产品成本的变化情况，该表可以划分为基本报表和补充资料两部分。基本报表部分应按可比产品和不可比产品分别填列。可比产品是指企业过去曾经正式生产过，有完整的成本资料可以进行比较的产品。不可比产品是指企业本年度初次生产的新产品，或虽非初次生产，但以前仅属试制而未正式投产、缺乏可比的成本资料的产品。基本报表部分反映可比产品、不可比产品和全部产品的本月总成本和本年累计总成本。对于其中各种主要产品，还分别反映其实际产量、单位成本、本月总成本和本年累计总成本。补充资料部分，主要反映可比产品成本的降低额和降低率等资料。补充资料中各项指标在年末编表时分别根据上年和本年的统计、会计资料计算填列。产品生产成本表的设计格式如图表 3-35 所示。

******产品生产成本分析表　年　月

单位：元

| 项目 | 上年实际 | 本年计划 | 本年实际 | 和上年比 | | 和计划比 | |
|---|---|---|---|---|---|---|---|
| | | | | 降低额 | 降低率% | 降低额 | 降低率% |
| 直接材料 | | | | | | | |
| 直接人工 | | | | | | | |
| 制造费用 | | | | | | | |
| 生产费用合计 | | | | | | | |
| 加：在产品期初余额 | | | | | | | |
| 减：在产品期末余额 | | | | | | | |
| 产品生产成本合计 | | | | | | | |

图表 3-35　产品生产成本分析表的格式

(2)制造费用表

制造费用是企业生产车间(部门)为生产产品和提供劳务而发生的各项间接费用。在会计实际工作中，首先要归集和分配制造费用，然后要按照产品种类进行分配。因此制造费用表可以划分为制造费用汇集表和制造费用分配表。

①制造费用汇集表又称为制造费用明细表，是反映在一定时期内企业的生产车间(分厂)为生产产品或提供劳务而发生的各项间接费用的构成情况的费用表。该表可

以分析、考核报告期内制造费用的构成及其变动情况，查明制造费用升降的原因，寻求降低费用的途径。

制造费用明细表应按费用项目分列“上年实际”、“本年计划”、“本年实际”予以反映，本表的一般格式如图表 3－36 所示。

**制造费用明细表**

| 项目 | 行次 | 本年计划 | 上年实际 | 本年实际 |
|---|---|---|---|---|
| 1. 工资 | | | | |
| 2. 职工福利费 | | | | |
| 3. 折旧费 | | | | |
| 4. 修理费 | | | | |
| 5. 办公费 | | | | |
| 6. 水电费 | | | | |
| 7. 机物料消耗 | | | | |
| 8. 劳动保护费 | | | | |
| 9. 租赁费 | | | | |
| 10. 差旅费 | | | | |
| 11. 保险费 | | | | |
| 12. 其他 | | | | |
| 制造费用合计 | | | | |

**图表 3－36　制造费用明细表的格式**

②制造费用分配表是对发生的制造费用在产品之间进行分配的一种报表。其设计格式如图表 3－37 所示。

**制造费用分配表**

年　月　日

单位：元

| 项目 | 分配标准(生产工人工资…) | 分配率 | 分配金额 |
|---|---|---|---|
| | | | |
| | | | |
| | | | |
| 合计 | | | |

分配率＝

**图表 3－37　制造费用分配表的格式**

3. 期间费用报表的设计

期间费用是指不计入产品成本，直接列入当期损益的各项费用，主要有管理费用、销售费用和财务费用。企业需要设计期间费用表，反映本期实际费用数，本年累计费用实际数，费用计划数，上年累计实际费用数，完成费用计划的百分比，费用同期比的增减百分比等，以便发现费用管理中存在的问题，找出进一步控制费用的方法和措施。

(1)销售费用表的设计

销售费用表反映企业销售商品过程中发生的运输费、装卸费、广告费等各项费用。

本表的一般格式如图表 3－38 所示。

**销售费用表**

| 项目 | 行次 | 本年计划 | 上年实际 | 本年实际 |
|---|---|---|---|---|
| 1. 工资 | | | | |
| 2. 职工福利费 | | | | |
| 3. 业务费 | | | | |
| 4. 运输费 | | | | |
| 5. 装卸费 | | | | |
| 6. 包装费 | | | | |
| 7. 保险费 | | | | |
| 8. 展览费 | | | | |
| 9. 广告费 | | | | |
| 10. 差旅费 | | | | |
| 11. 租赁费 | | | | |
| 12. 低值易耗品摊销 | | | | |
| 13. 物料消耗 | | | | |
| 14. 其他 | | | | |
| 营业费用合计 | | | | |

**图表 3－38　销售费用表的格式**

（2）管理费用表的设计

管理费用是反映企业为组织和管理企业生产经营所发生的管理费用，包括企业在筹建期间内发生的开办费、董事会和行政管理部门在企业的经营管理中发生的或者应由企业统一负担的公司经费（包括行政管理部门职工工资及福利费、物料消耗、低值易耗品摊销、办公费和差旅费等）、工会经费、董事会费（包括董事会成员津贴、会议费和差旅费等）、聘请中介机构费、咨询费（含顾问费）、诉讼费、业务招待费、房产税、车船使用税、土地使用税、印花税、技术转让费、矿产资源补偿费、研究费用、排污费等。管理费用表的一般格式如图表 3－39 所示。

**管理费用表**

| 项目 | | 行次 | 上年实际 | 本年计划 | 本年实际 |
|---|---|---|---|---|---|
| 开办费 | | | | | |
| 公司经费 | 合计 | | | | |
| | 其中：行政管理部门职工工资 | | | | |
| | 职工福利费 | | | | |
| | 办公费 | | | | |
| | …… | | | | |

**图表 3－39　管理费用表的格式**

续表

| 项目 | | 行次 | 上年实际 | 本年计划 | 本年实际 |
|---|---|---|---|---|---|
| 工会经费 | | | | | |
| 董事会费 | 合计 | | | | |
| | 其中：董事会成员津贴 | | | | |
| | 会议费 | | | | |
| | 差旅费 | | | | |
| | …… | | | | |
| …… | | | | | |
| 合计 | | | | | |

(3)财务费用表的设计

财务费用表反映企业在报告期内筹集生产经营所需资金等而发生的利息支出、汇兑损失及相关的手续费等费用构成情况的费用表。本表的一般格式如图表 3－40 所示。

**财务费用表**

| 项目 | 行次 | 上年实际 | 本年计划 | 本年实际 |
|---|---|---|---|---|
| 利息支出 | | | | |
| 汇兑损失 | | | | |
| 金融机构手续费 | | | | |
| …… | | | | |
| 财务费用合计 | | | | |

**图表 3－40　财务费用表**

4. 进货日报表

进货日报表是对企业每日材料及商品购进的详细情况进行反映的报表。其设计格式如图表 3－41 所示。

**进货日报表**

年　月　日

| 供应商编号 | 供应商 | 日计 | | 月计 | | | | 余额 | |
|---|---|---|---|---|---|---|---|---|---|
| | | 进货净额 | 收支金额 | 进货金额 | 进货退货折让金额 | 净进货金额 | 余购金额 | 未结清票据余额 | 总债务余额 |
| | | | | | | | | | |
| | | | | | | | | | |
| | | | | | | | | | |
| | | | | | | | | | |
| | | | | | | | | | |
| | | | | | | | | | |

**图表 3－41　进货日报表的格式**

续表

| 供应商编号 | 供应商 | 日计 | | 月计 | | | 余额 | | |
|---|---|---|---|---|---|---|---|---|---|
| | | 进货净额 | 收支金额 | 进货金额 | 进货退货折让金额 | 净进货金额 | 余购金额 | 未结清票据余额 | 总债务余额 |
| | | | | | | | | | |
| | | | | | | | | | |
| | | | | | | | | | |
| | | | | | | | | | |
| | | | | | | | | | |
| | | | | | | | | | |
| | | | | | | | | | |
| | | | | | | | | | |

5. 销货日报表

销货日报表是对企业每日商品或产品销售的详细情况进行反映的报表。其设计格式如图表 3-42 所示。

**销货日报表**

月　日

| 摘要 | 部 | | 部 | | 部 | |
|---|---|---|---|---|---|---|
| | 内销 | 外销 | 内销 | 外销 | 内销 | 外销 |
| | | | | | | |
| | | | | | | |
| | | | | | | |
| | | | | | | |
| | | | | | | |
| | | | | | | |
| | | | | | | |
| | | | | | | |
| | | | | | | |
| | | | | | | |
| | | | | | | |
| | | | | | | |
| | | | | | | |
| 合计 | | | | | | |
| 本月累计 | | | | | | |
| 本日合计 | | | | | | |

总经理：　　审核：　　填表：

**图表 3-42　销货日报表的格式**

## 设计案例

财务会计报告设计，选自《中国建筑股份有限公司会计制度》。

### 中国建筑股份有限公司会计制度

(2009)年版

第四部分　财务报告

第一章财务报告编制程序及要求。

……

六、财务情况说明书

(一)财务情况说明书，是对企业在一定会计期间内生产经营、资金周转和利润实现及分配等情况的综合性说明，是财务会计报告的主要组成部分。

财务情况说明书的具体编制说明和格式，以股份公司当年的财务决算文件为准。

(二)财务情况说明书主要包括以下内容：

**1. 企业生产经营的基本情况**

(1)企业主营业务范围和附属其他业务，纳入年度报表合并范围内企业从事业务的行业分布情况；未纳入合并的应明确说明原因；企业从业人员、职工数量和专业素质的情况。

(2)本年度生产经营情况，经营环境变化对企业生产经营的影响，营业范围的调整情况，新产品、新技术、新工艺开发及投入情况。

(3)对企业业务有影响的知识产权的有关情况。

(4)开发、在建项目的预期进度及工程竣工决算情况。

(5)经营中出现的问题与困难，以及需要披露的其他业务情况与事项等。

**2. 利润实现、分配及企业亏损情况**

(1)主营业务收入的同比增减额及其主要影响因素。

(2)成本费用变动的主要因素。

(3)其他业务收入、支出的增减变化，若其收入占主营业务收入10%(含10%)以上的，则应按类别披露有关数据。

(4)同比影响其他收益的主要事项，包括投资收益，特别是长期投资损失的金额及原因；补贴收入各款项来源、金额，以及扣除补贴收入的利润情况；影响营业外收支的主要事项、金额。

(5)利润分配情况。

(6)利润表中的项目，如两个期间的数据变动幅度达30%(含30%)以上，且占报告期利润总额10%(含10%)以上的，应明确说明原因。

(7)税赋调整对净利润的影响。

(8)会计政策变更的原因及其对利润总额的影响数额，会计估计变更对利润总额的影响金额。

(9)亏损企业户数、亏损面、亏损总额及其同比增减额，按以下主要原因：企业改组改制、产品滞销、成本费用加大、管理不善等造成的亏损企业户数及亏损额进行分析。

3. 资金增减和周转情况

(1)应收账款、其他应收款、存货、长期投资等各项资产所占比重，变化是否正常，增减原因；长期投资占所有者权益的比率及同比增减情况，原因，购买和处置子公司及其他营业单位的情况。

(2)资产损失情况，包括待处理财产损益主要内容及其处理情况，政策性挂账等内容及原因，按账龄分析三年以上的应收款项和其他应收款未收回原因及坏账处理办法，不良长期投资等产生的原因及影响。

(3)流动负债与长期负债的比重，长期借款、短期借款、应付账款、其他应付款同比增减金额及原因；企业偿还债务的能力和财务风险状况；三年以上的应付账款和其他应付款金额、主要债权人及未付原因；逾期本金和未还利息情况。

(4)企业从事证券买卖、期货交易、房地产开发等业务占用资金和效益情况。

(5)企业债务重组事项及对本期损益的影响。

(6)资产、负债、所有者权益项目中，如两个期间的数据变动幅度达30%(含30%)以上，且占报表日资产总额5%(含5%)以上的，应明确说明原因。

4. 对企业财务情况、经营成果和现金流量有重大影响的其他事项。

5. 针对本年度企业经营管理中存在的问题，新年度拟采取的改进管理和提高经营业绩的具体措施，以及业务发展计划。

第三章会计报表附注

一、会计报表附注说明

会计报表附注，是对在资产负债表、利润表、现金流量表和所有者权益变动表等报表中列示项目的文字描述或明细资料，以及对未能在这些报表中列示项目的说明等。

会计报表附注的具体编制说明和附注格式，以股份公司当年财务决算文件为准。

附注的主要内容：

(一)企业的基本情况。

1. 企业注册地、组织形式和总部地址。

2. 企业的业务性质和主要经营活动。

3. 母公司以及集团最终母公司的名称。

4. 财务报告的批准报出者和财务报告批准报出日。

(二)财务报表的编制基础。

(三)遵循企业会计准则的声明。

(四)重要会计政策和会计估计；包括财务报表项目的计量基础，公允价值的选择，收入确认所采用的会计政策，投资性房地产计量采用的会计政策以及会计估计采用的关键假设和不确定因素的确定依据等。

(五)会计政策和会计估计变更以及差错更正，包括会计政策变更的性质、内容和原因、当期和前期财务报表中受到影响的项目名称和调整金额、无法进行追溯调整的，说明该事项和原因以及开始应用变更后的会计政策的时点；会计估计变更的内容和原因、对当期和未来期间损益的影响金额或无法确定会计估计变更影响数的原因；说明前期差错的性质、前期财务报表中受到影响的项目名称和更正金额、无法进行追溯重述的，说明该事实和原因以及对前期差错开始进行更正的时点、具体更正情况。

（六）重要资产转让及其出售的说明。

（七）或有事项和资产负债表日后事项，包括预计负债的种类、形成原因以及经济利益流出不确定性说明，各类预计负债的期初、期末余额和本期变动情况，与预计负债有关预期补偿金额和本期已确认的预期补偿金额；或有负债的种类及其形成原因，经济利益流出不确定性说明，或有负债预计产生的财务影响，对于重大未决诉讼、仲裁，如披露信息预期将对企业产生重大不利影响的，可以只披露未决诉讼、仲裁的性质，以及没有披露其他信息的事实和原因；或有资产形成的原因、预计产生的财务影响；资产负债表日后发生的对财务报表有重大影响的调整事项性质、内容、形成原因以及对报告年度相关报表项目的影响数，资产负债表日后发生的对财务报表有重大影响的非调整事项的性质、内容，及其对财务状况和经营成果的影响，无法作出估计的，说明原因。

（八）企业合并和分立的说明。

1. 同一控制下合并事项应披露：参与合并企业的基本情况，属于同一控制下企业合并的判断依据，合并日的确定依据；以支付现金、转让非现金资产以及承担债务作为合并对价的，所支付对价为合并日的账面价值；以发行权益性证券作为合并对价的，合并中发行权益性证券的数量及定价原则，以及参与合并各方交换有表决权股份的比例、被合并方的资产、负债在上一会计期间资产负债表日及合并日的账面价值；被合并方自合并当期期初至合并日的收入、净利润、现金流量等情况；合并合同或协议约定将承担被合并方或有负债的情况；被合并方采用的会计政策与合并方不一致所作调整情况的说明；合并后已处置或准备处置被合并方资产、负债的账面价值、处置价格等。

2. 非同一控制下企业合并事项应披露：参与合并企业的基本情况；购买日的确定依据；合并成本的构成及其账面价值、公允价值及公允价值的确定方法；购买方各项可辨认资产、负债在上一会计期间资产负债表日及购买日的账面价值和公允价值；合并合同或协议约定将承担被购买方或有负债的情况；被购买方自购买日起至报告期期末的收入、净利润和现金流量等情况；商誉的金额及其确定方法；因合并成本小于合并中取得的被购买方可辨认净资产公允价值的份额计入当期损益的金额；合并后已处置或准备处置被购买方资产、负债的账面价值、处置价格等。

（九）重要报表项目的说明。

1. 交易性金融资产、持有至到期投资、贷款和应收款项、可供出售金融资产、交易性金融负债的账面价值，金融资产重分类前后的公允价值或账面价值以及重分类的原因，金融资产的相关利得或损失，本期按实际利率法计算确认的金融资产或金融负债利息收入总额或利息费用总额，处于担保、抵押状态的金融资产金额，以及其他相关信息。

2. 各类存货的期初和期末账面价值，确定发出存货成本所采用的方法，存货可变现净值的确定依据，存货跌价准备的计提方法，当期计提的存货跌价准备的金额，当期转回的存货跌价准备的金额，以及计提和转回的有关情况，用于担保的存货账面价值。

3. 子公司、合营企业和联营企业清单，包括企业名称、注册地、业务性质、投资企业的持股比例和表决权比例，合营企业和联营企业当期的主要财务信息，包括资产、负债、收入、费用等合计金额，被投资单位向投资企业转移资金的能力受到严格限制的情况，当期及累计未确认的投资损失金额，与对子公司、合营企业及联营企业投资相关的或有负债。

4. 投资性房地产的种类、金额，投资性房地产的折旧或摊销，以及减值准备的计提情况，房地产转换情况、理由，以及对损益或所有者权益的影响，当期处置的投资性房地产及其对损益的影响。

5. 固定资产的确认条件、分类、计量基础和折旧方法，固定资产的确认条件、分类、计量基础和折旧方法，各类固定资产的期初和期末原价、累计折旧额及固定资产减值准备累计金额，当期确认的折旧费用，对固定资产所有权的限制及其金额和用于担保的固定资产账面价值，准备处置的固定资产名称、账面价值、公允价值和预计处置时间等。

6. 无形资产的期初和期末账面余额、累计摊销额及减值准备累计金额，使用寿命有限的无形资产，其使用寿命的估计情况，使用寿命不确定的无形资产，其使用寿命不确定的判断依据，无形资产的摊销方法，用于担保的无形资产账面价值、当期摊销额等情况，计入当期损益和确认为无形资产的研究开发支出金额。

7. 当期确认的各项资产减值损失金额，计提的各项资产减值准备累计金额，金融资产的减值损失需披露前后两期可比的金融资产减值准备期初余额、本期计提数、本期转回数等，各报告分部当期确认的减值损失金额，重大资产减值损失的原因和当期确认的重大资产减值损失的金额，重大资产减值的可收回金额的确定方法。

8. 应当支付给职工的工资、奖金、津贴和补贴，及其期末应付未付金额，应当为职工缴纳的医疗保险费、养老保险费、失业保险费、工伤保险费、生育保险费和住房公积金，及其期末应付未付金额，为职工提供的非货币性福利，及其计算依据，应当支付的因解除劳动关系给予的补偿，及其期末应付未付金额，其他职工薪酬。

9. 企业年金计划的主要内容及重大变化，投资种类、金额及公允价值的确定方法，可能使投资价值受到重大影响的其他事项。

10. 当期授予、行权和失效的各项权益工具总额，期末发行在外的股份期权或其他权益工具行权价格的范围和合同剩余期限，当期行权的股份期权或其他权益工具以其行权日价格计算的加权平均价格，权益工具公允价值的确定方法，当期因以权益结算的股份支付而确认的费用总额，当期因以现金结算的股份支付而确认的费用总额，当期以股份支付换取的职工服务总额及其他方服务总额。

11. 政府补助的种类及金额，计入当期损益的政府补助金额，本期返还的政府补助金额及原因。

12. 当期资本化的借款费用金额，当期用于计算确定借款费用资本化金额的资本化率。

13. 所得税费用(收益)的主要组成部分,所得税费用(收益)与会计利润关系的说明,未确认递延所得税资产的可抵扣暂时性差异、可抵扣亏损的金额(如果存在到期日,还应披露到期日),对每一类暂时性差异和可抵扣亏损,在列报期间确认的递延所得税资产或递延所得税负债的金额,确认递延所得税资产的依据,未确认递延所得税负债的,与对子公司、联营企业及合营企业投资相关的暂时性差异金额。

(十)企业应在会计报表附注中披露现金流量表的补充资料。

(十一)每股收益的相关信息,包括基本每股收益和稀释每股收益分子、分母的计算过程;列报期间不具有稀释性但以后期间很可能具有稀释性的潜在普通股;在资产负债表日至财务报告日之间,企业发行在外普通股或潜在普通股发生重大变化的情况。

(十二)重大非货币性资产交换活动与债务重组活动,包括换入资产、换出资产的类别,换入资产成本的确定方式,换入资产、换出资产的公允价值以及换出资产的账面价值,非货币性资产交换确认的损益;债务重组方式,确认的债务重组损失总额,债权转为股份所导致的投资增加额及该投资占债务人股份总额的比例,或有应收金额,债务重组中受让的非现金资产的公允价值、由债权转成的股份的公允价值和修改其他债务条件后债权的公允价值的确定方法及依据。

(十三)重大交易、投资、融资活动。

(十四)适用建造合同准则的企业应披露各项合同总金额、以及确定合同完工进度的方法,各项合同总金额、以及确定合同完工进度的方法,各项合同已办理结算的价款金额,当期预计损失的原因和金额。

(十五)租赁事项。企业承租重大经营租赁资产的,则应披露资产负债表日后连续三个会计年度每年将支付的最低租赁付款额,以后年度将支付的不可撤销经营租赁的最低租赁付款总额;企业承租融资租赁资产的,则应披露各类租入固定资产的期初和期末原价、累计折旧额,资产负债表日后连续三个会计年度每年将支付的最低租赁付款额,以及以后年度将支付的最低租赁付款额总额,未确认融资费用的余额、以及分摊未确认融资费用所采用的方法。

企业应披露各类对外经营租赁租出资产在资产负债表日的账面价值,企业对外融资租赁租出资产的,应披露资产负债表日后连续三个会计年度每年将收到的最低租赁收款额及以后年度将收到的最低租赁收款额总额,未实现融资收益的余额、以及分摊未实现融资收益所采用的方法。

(十六)外币折算有关事项,包括企业及其境外经营选定的记账本位币及选定的原因,记账本位币发生变更的,说明变更理由,采用近似汇率的,近似汇率的确定方法,计入当期损益的汇兑差额,处置境外经营对外币财务报表折算差额的影响。

(十七)其他重要事项的说明,如重要管理人员的更换等。

# 第七部分 会计核算组织程序设计

会计核算组织程序，又称账务处理程序，是指在会计核算中会计主体采用的会计凭证、账簿、会计报表的种类和格式与记账程序有机结合的方法和步骤。会计主体采用的会计凭证、账簿、会计报表的种类和格式可以称为账务组织；记账程序又称会计核算程序，或者记账步骤，或者会计循环，是指一个会计主体在一定的会计期间，从经济业务发生后取得或填制会计凭证起，到登记账簿，编制会计报表止的会计工作过程。会计核算组织程序就是在会计核算中会计主体采用的账务组织和记账程序有机结合的方法和步骤。

## 一、会计核算组织程序设计的作用

会计核算组织程序设计的作用表现为以下几个方面。

### （一）保证会计核算的工作效率

通过设计科学、实用的会计核算程序，使会计凭证、会计账簿、会计报表、记账程序和记账方法相互配合协调，使会计工作有序进行，加快核算进度，及时提供会计信息，有利于提高会计工作效率。

### （二）保证会计核算质量

通过对发生的会计事项按照所设计的程序进行整理、分类、记录、汇总与报告，能使提供的会计信息正确、真实，保证会计核算质量。

### （三）会计凭证和会计账簿设计的基础

设计什么样的会计核算程序对会计凭证的设计、会计账簿的设计有较大影响。设计好会计核算程序，才能顺利地进行会计凭证、会计账簿的设计。

### （四）节约核算费用

科学合理的核算程序，可对凭证、账簿等各项会计核算工作进行合理的组合与协调，减少不必要的环节和重复劳动，节约核算过程中人力、物力、财力的耗费。

## 二、会计核算组织程序的设计要求

会计核算组织程序的设计应满足以下要求：

### （一）保证能正确、及时、完整地提供会计信息使用者所需要的会计信息

设计本单位的会计核算程序时，应认真研究会计信息使用者的具体要求，并根据这些要求来设计、设置所需的凭证、账簿、报表以及核算程序，以便通过会计核算，能正确、及时地提供出这些核算资料。

### (二)根据国家的有关规定结合本单位的特点设计

设计会计核算程序,必须以国家公布的“会计准则”为指导,并符合相关会计制度的要求。同时,还要紧密结合单位的实际情况,如规模大小、业务繁简、经营管理特点、会计人员的素质等,这样才能使所设计的会计核算程序最适合本单位。

### (三)将内部控制制度融于其中

为了保证会计核算资料的正确性,应在设计会计核算程序时将内部控制制度融于其中,通过凭证、账簿的种类、格式的选择及组织,从账证、账账、账实的相互联系中贯彻内部牵制和加强稽核手段的渗透,保证会计工作的真实和正确。

### (四)使会计核算程序所涉及的各项内容有机结合,协调一致

会计核算程序是由会计凭证、会计账簿、会计报表组合起来的,设计时要注意将它们连接好、协调好,形成一个完整的、适合单位实际需要的有机整体,这样才能保证会计工作的正常运作。

### (五)提高会计工作效率,节约费用

设计会计核算程序时,一方面要考虑如实反映经济活动情况,及时提供正确、完整的会计信息,另一方面要注意简化核算手续,减少重复劳动,提高工作效率,节约核算工作的人力、物力、财力。既不能片面追求简化而不顾质量,又不能搞烦琐哲学,贪多求全,应科学地组织核算工作。

## 三、会计核算组织程序的设计原则

### (一)坚持以会计准则为指导

设计会计核算程序时,对所设计确定的会计核算形式,应审核是否符合会计准则的精神,如有不符,就应修改设计。

### (二)切合单位的实际

设计会计核算程序在坚持会计准则指导的同时,应当考虑单位规模的大小、业务的繁简、经营管理的特点等。

### (三)坚持会计核算与经济管理相结合

会计核算是经济管理的重要组成部分,因此在设计会计核算程序时,既要有利于组织会计核算,又要服务于经济管理。

### (四)坚持提高会计工作质量和合理简化手续相结合

设计会计核算组织程序,首先要确保会计工作质量,在提高会计工作质量的前提下,尽量简化手续,减少工作量,保证会计工作的效率。

## 四、会计核算组织程序的设计步骤

会计核算的基本模式是凭证—账簿—报表。在设计会计核算组织程序时,必须遵循会计核算的基本模式,进而确定会计核算组织程序的步骤。

会计核算组织程序设计的基本步骤是：先确定设计会计核算形式，绘制出程序图，然后安排账簿组织，再确定凭证。首先要求对企业生产经营特点和管理要求进行调查，大致规划出该企业适用的会计核算形式，做出会计核算形式设计草图。然后根据草图的要求安排账务组织，即设计各个环节使用的原始凭证、记账凭证，分类账、序时账和各种报表等，并使它们均成为完整的体系。

## 五、非汇总记账凭证核算组织程序的设计

非汇总记账凭证核算组织程序，即根据记账凭证逐笔登记总账的会计核算组织程序，它包括记账凭证核算组织程序和日记总账核算组织程序两种。

### (一)记账凭证核算组织程序的设计

记账凭证核算组织程序是指直接根据记账凭证逐笔登记总账，是一种最基本的会计核算程序。

1. 账务组织的设计

(1)原始凭证按照实际发生的经济业务设计。

(2)记账凭证可以采用通用格式的记账凭证，也可以采用收款凭证、付款凭证及转账凭证专用格式的记账凭证。

(3)设置库存现金日记账、银行存款日记账，总分类账和明细分类账等账簿。其中总账采用三栏式账页的订本式账簿；库存现金和银行存款日记账一般采用三栏式账页的订本式账簿，也可以采用多栏式账页的订本式账簿。

(4)明细账的账页可以根据具体情况分别采用三栏式、多栏式、数量金额式或者横线登记式，外部形式上一般采用活页式账簿。

(5)财务会计报告一般按照会计制度的统一要求选择适合本企业的会计报表等。

2. 记账程序与方法的设计

记账凭证核算组织程序的记账程序与方法按照以下步骤设计：

(1)根据各种原始凭证编制原始凭证汇总表，并据以编制记账凭证；

(2)根据收款凭证和付款凭证逐笔登记库存现金日记账和银行存款日记账；

(3)根据原始凭证(或原始凭证汇总表)和记账凭证登记各种明细分类账；

(4)根据各种记账凭证登记总分类账；

(5)定期将总分类账与日记账、明细账相核对；

(6)期末根据总账和明细分类账的有关记录编制财务报表。

记账凭证核算组织程序的基本模式如图表3-43所示。

3. 记账凭证核算组织程序的优缺点及适用范围

(1)优点：该程序简化了记账手续，简单明了，根据记账凭证逐笔登记总账，总账记录详细，便于核对账目。

(2)缺点：登记总账的工作量较大。

(3)适用范围：规模较小，经济业务较少的企业。

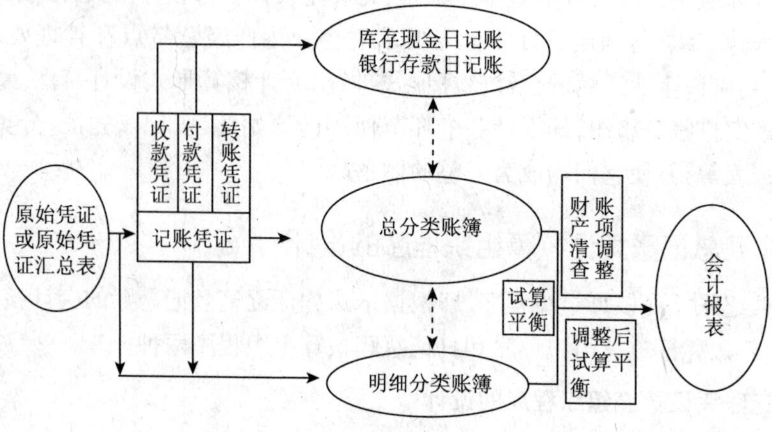


图表 3-43 记账凭证组织核算程序图

## (二)日记总账核算组织程序的设计

在日记总账核算组织程序下，需要设置日记总账代替总分类账，其格式见图表 3-44 所示。

日记总账

| 年 | | 凭证号数 | 摘要 | 发生额 | ＊＊账户 | | ＊＊账户 | | … | |
|---|---|---|---|---|---|---|---|---|---|---|
| 月 | 日 | | | | 借方 | 贷方 | 借方 | 贷方 | 借方 | 贷方 |
| | | | | | | | | | | |

图表 3-44 日记总账的格式

日记总账核算组织程序的设计内容类同记账凭证核算组织程序的设计，其格式见图表 3-45 所示。

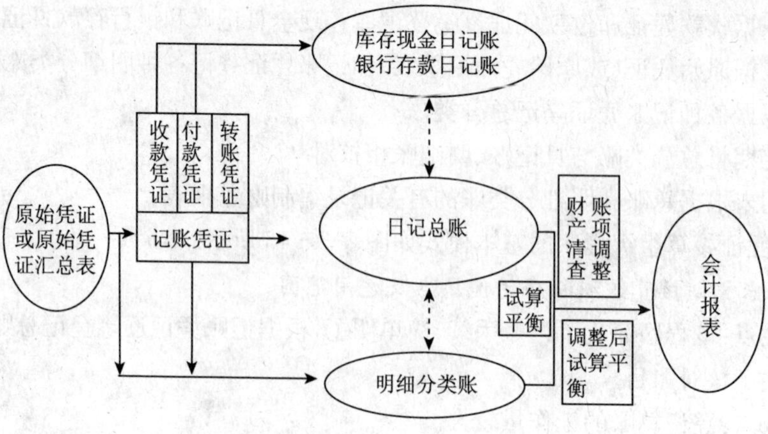


图表 3-45 日记总账核算组织程序图

日记总账核算组织程序的优点是:总账采用联合账簿,既进行序时登记,又进行分类登记,在一张账页上就可反映出一定时期内发生的经济业务的全貌,便于进行会计分析、会计检查。但在这一核算程序下,总分类账户的开设方法是在一张账页上,将全部总分类账户分专栏开设,在总分类账户设置较多的情况下,账页就会太长,使用不方便,还容易串行发生错账。在会计人员较多的情况下,这一核算形式不便于会计人员的内部分工记账。根据以上优缺点,即可看出这一核算程序,适用于经济活动的内容简单,一级会计科目设置较少的小单位使用。

## 六、汇总记账凭证核算组织程序的设计

汇总记账凭证核算组织程序是指根据汇总的记账凭证登记总账的会计核算组织程序。根据汇总的范围分为全部汇总的核算程序和分类汇总的核算程序,前者又称为科目汇总表核算组织程序,后者称为汇总记账凭证核算组织程序。

### (一)科目汇总表核算组织程序

科目汇总表核算组织程序是根据记账凭证编制科目汇总表,然后据以登记总分类账的一种核算形式。

1. 账务组织的设计

原始凭证按照实际发生的经济业务设计。

记账凭证可以采用通用格式的记账凭证,也可以采用收款凭证、付款凭证及转账凭证专用格式的记账凭证,增加科目汇总表。

科目汇总表的编制方法是将一定时期的记账凭证,全部汇总到一张科目表上,再据以登记总账。科目汇总表的格式见图表 3-46 所示。

**科目汇总表**

年　月　日至　日　　　　科汇第　号

| 会计科目 | 总账页数 | 本期发生额 | | 记账凭证起止号数 |
|---|---|---|---|---|
| | | 借方 | 贷方 | |
| | | | | |
| 合计 | | | | |

**图表 3-46　科目汇总表的格式**

设置库存现金日记账、银行存款日记账,总分类账和明细分类账等账簿。其中总账采用三栏式账页的订本式账簿;库存现金和银行存款日记账一般采用三栏式账页的订本式账簿,也可以采用多栏式账页的订本式账簿。

明细账的账页可以根据具体情况分别采用三栏式、多栏式、数量金额式或者横线登记式,外部形式上一般采用活页式账簿。

财务会计报告一般按照会计制度的统一要求选择适合本企业的会计报表等。

2. 记账程序与方法的设计

科目汇总表核算组织程序的记账程序与方法的设计步骤是:

(1)根据各种原始凭证编制原始凭证汇总表;根据原始凭证或原始凭证汇总表编制收款凭证、付款凭证和转账凭证;

(2)根据收款凭证和付款凭证账及所附原始凭证逐笔登记库存现金日记账和银行存款日记账;

(3)根据原始凭证(或原始凭证汇总表)和记账凭证登记各种明细分类账;

(4)根据各种记账凭证,定期编制科目汇总表;

(5)根据科目汇总表登记总分类账;

(6)按对账要求,定期将总分类账与日记账、明细账相核对;

(7)期末根据总账和明细分类账的有关记录编制财务报表。

记账程序与方法见图表 3-47。

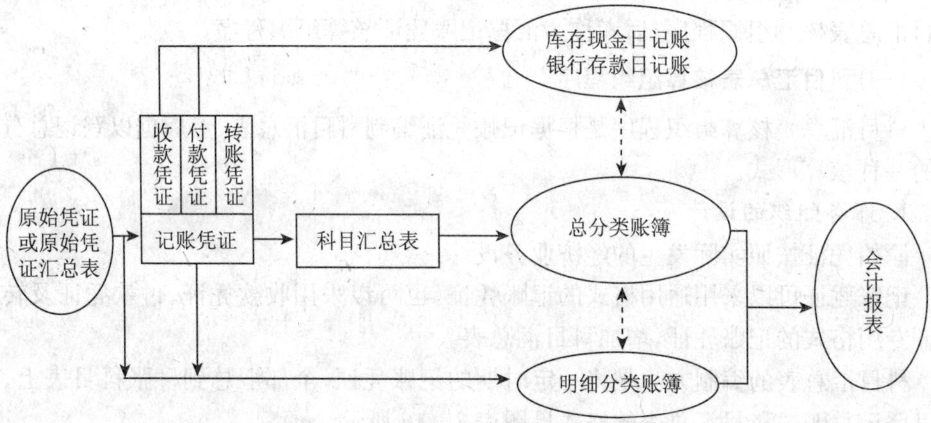


**图表 3-47 科目汇总表核算组织程序图**

科目汇总表核算组织程序大大简化了总账的登记工作,而且科目汇总表编制方便,可据以进行试算平衡,及时发现并纠正错误。其缺点是不能反映账户的对应关系。总分类账户只能起到金额数字的归纳汇总作用,不能反映经济业务的性质内容,不利于通过其对经济活动进行分析和检查,适合于规模较大,经济业务较多的企业。

**(二)汇总记账凭证核算组织程序**

汇总记账凭证账务处理程序是根据汇总记账凭证定期登记总账的一种账务处理程序。

1. 账务组织的设计

原始凭证按照实际发生的经济业务设计。

记账凭证必须采用收款凭证、付款凭证及转账凭证专用格式的记账凭证,同时还有增设汇总记账凭证,包括汇总收款凭证、汇总付款凭证和汇总转账凭证。关于汇总收款凭证、汇总付款凭证和汇总转账凭证在会计学基础课程中已经介绍,在此不再重述。

2. 记账程序与方法的设计

汇总记账凭证核算组织程序的记账程序与方法的设计步骤是:

(1)根据各种原始凭证编制原始凭证汇总表；

(2)根据原始凭证或原始凭证汇总表编制收款凭证、付款凭证和转账凭证；

(3)根据收款凭证和付款凭证登记库存现金日记账和银行存款日记账；

(4)根据原始凭证(或原始凭证汇总表)和记账凭证及所附原始凭证逐笔登记各种明细分类账；

(5)根据收款凭证、付款凭证和转账凭证编制汇总记账凭证；

(6)根据汇总记账凭证登记总分类账；

(7)按对账要求，定期将总分类账与日记账、明细账相核对；

(8)期末根据总账和明细分类账的有关记录编制财务报表。

记账程序与方法见图表 3-48 所示。

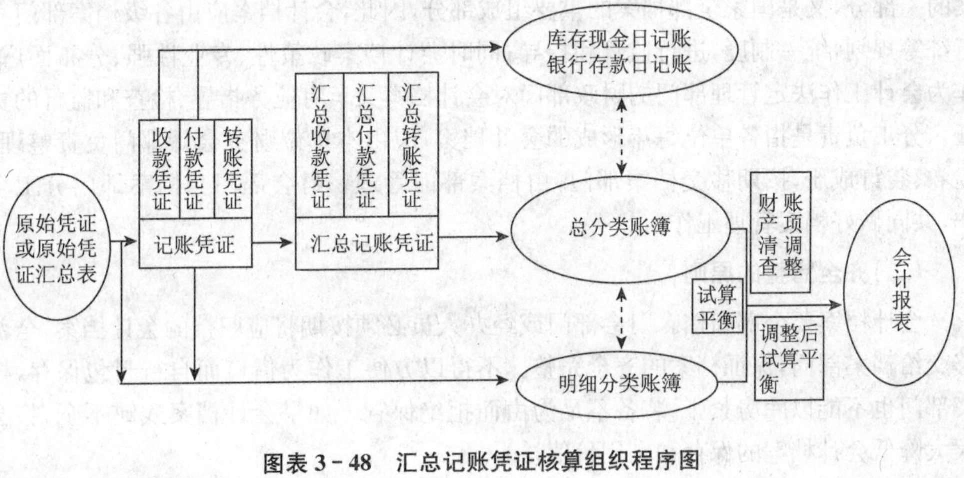


**图表 3-48　汇总记账凭证核算组织程序图**

汇总记账凭证核算组织程序减轻了登记总账的工作量，能够反映了账户之间的对应关系(在总账中也能反映)，便于对经济活动的分析和检查。其缺点是汇总记账凭证的编制工作量比较大，比较复杂，起不到简化登账的目的。适合于经营规模较大，经济业务较多的企业单位。

# 第八部分 会计档案管理设计

会计档案是机关、团体和企事业单位在会计活动中形成的，并按照一定规定保存备查的会计凭证、会计账簿和财务会计报告等核算专业材料，是记录和反映单位经济业务的重要史料和证据，是国家档案的重要组成部分。

《中华人民共和国会计法》规定各单位对会计凭证、会计账簿、财务会计报告和其他会计资料应当建立档案，妥善保管。国家财政部和国家档案局联合发布的《会计档案管理办法》规定各单位必须加强对会计档案管理工作的领导，建立会计档案的立类型、归档、保管、查阅，严防毁损、散失和泄密。为此，企业应根据《中华人民共和国会计法》和《会计档案管理办法》的有关规定，明确规定本单位会计档案管理的要求及整理、保管、利用、销毁办法。

会计档案管理属于会计工作管理的一个方面，也是会计制度的重要组成部分。有的企业在设计会计制度时，单独将其作为一个管理办法来对待。有的企业在会计制度总则中做简单说明，而将具体办法作为附录放在制度的最后。

## 一、会计档案管理设计的原则

### (一)统一管理、分工负责的原则

统一管理是指会计档案由档案、财政部门统一管理。会计档案既是本单位全部档案的一部分，又是国家全部档案的重要组成部分，因此，会计档案应由各级档案部门实行统筹规划，统一制度，进行监督和指导；同时会计档案政策性、专业性强、分布面广，作为会计工作法定管理部门的财政部门对会计档案又负有业务指导、检查和监督的责任。分工负责是指各单位每年形成的会计档案，应由本单位财务会计部门负责整理、立卷、装订成册，按期移交档案部门，由档案部门管理。财会部门与档案部门分工合作，共同做好档案管理工作。

### (二)齐全完整的原则

会计档案要全部归档。财会部门或经办人员必须按期将应归档的会计档案，全部移交给档案部门，保证档案的齐全完整。不得以方便工作为借口而自行封包保存，档案部门也不能以库房紧张、装备不足为由而拒绝保管。如果会计档案残缺不全，将会大大降低会计档案的保存和利用价值。

### (三)简便易行的原则

会计档案的工作制度、管理办法等应当力求简便易行、通俗易懂、操作简单、利用方便，以便提高工作效率，充分发挥会计档案的作用。

### (四)依法管理的原则

会计档案涉及面广、政策性强、使用价值大，因此，必须加强会计档案管理的法制建设，依法管理会计档案。单位应根据法律法规规定，建立健全会计档案的立卷、归档、调阅、保存和销毁等管理制度，切实把会计档案管好、用好。

## 二、会计档案整理的设计

会计档案整理是指将会计档案分门别类、按序存放的工作。整理工作是会计档案管理的重要内容，是保存、利用会计档案的前提。会计档案整理包括会计凭证的整理、会计账簿的整理、财务会计报告的整理和其他会计资料的整理。

各单位每年形成的会计档案，应当由会计机构按照归档要求，负责整理立卷，装订成册，编制会计档案保管清册。当年形成的会计档案，在会计年度终了后，可暂由会计机构保管一年，期满之后，应当由会计机构编制移交清册，移交本单位档案机构统一保管;未设立档案机构的,应当在会计机构内部指定专人保管。出纳人员不得兼管会计档案。移交本单位档案机构保管的会计档案,原则上应当保持原卷册的封装。个别需要拆封重新整理的,档案机构应当会同会计机构和经办人员共同拆封整理,以分清责任。

### (一)会计凭证的整理

在每一会计期间将所以的经济业务登记入账之后,按记账编号顺序订成册,装订要整齐结实、美观。按项目逐一填写凭证封面和案卷目录,分别装成两本档案目录,填写要清楚,端正。案卷目录一式两份,一本交档案室,一本财务人员自存。案卷编号按年编一个流水号,每个案卷装满后方能断号,启用第二本档案时再从 1 号开始编案卷号。案卷套盒存放后,要填盖好案卷盒封面,案卷排列从左至右,从上至下装箱。

### (二)账簿整理立卷

每年结束使用之后,按账簿名称分类,一种账簿立一卷,在账簿右上角贴上账簿标签卡。第 1 个案卷内的纸张要用号码机编盖页号(空白页不能编号),填盖案卷目录一式二份。如果账簿是活页的,应将原封面去掉,再以三孔装订,然后用白纸(或牛皮纸)作封面。账簿案卷编号,应按出纳账、总账、明细账、辅助账各编流水号。当年号要接上上年流水号,然后填盖卷盒和账簿卡,装箱时按从左至右顺序排列。

### (三)会计报表整理

会计报表的整理按报表名称如年报、季报(含月报、旬报)和基层报表分别整理立卷,然后按保管期限各编案卷流水号。每一案卷 30 至 60 页,按时间先后顺序排列,用号码机编页码,填盖卷内目录和案卷目录,卷内目录一式三份,一份装案卷首页,另两份同案卷目录装订成两本档案目录册,作查找索引。案卷以三孔装订,装订整齐、结实、美观。装订后填盖案卷封面,编盖案卷流水号(即当年的案卷号和上一年案卷号衔接上,一直编至档案目录册满后方断号。然后按永久、短期两种不同案卷,分别套装入盒,(每盒装三卷左右),装档案硬盒与装箱排列方法同前。

### (四)工资表立卷

工资表的立卷方法和编号、装盒、排列与报表的方法一样。

### (五)其他材料整理

其他各种文字材料应按保管期限分开立卷,但装盒时可与报表的相应保管期限的案卷同盒装放。装订方法与报表一样。

## 三、会计档案分类的设计

会计档案的分类,要遵循会计档案的形成规律和本身固有的特点,从本单位会计档案的实际出发,可选择以下分类方法:

### (一)年度——形成分类法

年度——形成分类法是把一个年度形成的会计档案分为凭证、账簿和财务会计报告三大类,然后分别组成若干保管单元(卷)。这一方法适用于一般的企业事业单位。

**(二)年度——机构分类法**

年度——机构分类法是指先把一个年度内形成的会计档案按机构分开,然后在机构内再按凭证、账簿、财务会计报告分别组成保管单元。这种方法,一般适用于各级财政、税务、建设银行等部门和所属单位多的大型企业。

## 四、会计档案编号的设计

会计档案作为单位档案的一个主要组成部分,其编号(又称为档号)应纳入单位档案的整个编号系统。会计档案编号的设计内容一般包括设计会计档案的全宗号、分类号、目录号、案卷号、页号等。

**(一)全宗号**

全宗号是指立档单位的代号。全宗号的设立与变更,应按《机关档案工作条例》的有关规定执行。此号单位会计部门和档案部门都不必填写。

**(二)分类号**

分类号是指单位档案分类序列中的类别顺序号。单位档案按照组织机构分类的,会计档案的分类号即是其产生机构的代号;按照"文书档案"、"科技档案"等几大门类分类的,会计档案分类号即为所在门类的门类号;企业档案按照国家档案局颁布的《企业档案分类试行规则》进行分类,会计档案的分类号即为其所在类的代号。此号会计部门立卷时可不必填写,归档后由单位档案部门整理时填写。

**(三)目录号**

目录号是指案卷目录的代号。会计档案按保管期限结合形式(名称)设置案卷目录。便于查找和管理,案卷目录应按保管期限结合时间顺序排列,并编写目录号。同一保管期限的目录号不能重复。

**(四)案卷号**

案卷号是指案卷在其所在目录中的顺序号。报表、账簿、凭证应以本、册为单位,一本或一册编一个案卷号。案卷号按照登入案卷目录的先后排定,与目录内的顺序号一致,每个目录内的案卷号不能重复。

**(五)页号**

页号是每本(册)会计档案内每一页核算材料的编码,一般在立卷时已经编定。每本会计档案内的页号不能重复。

会计凭证一般按记账顺序装订。一个月内会计凭证装订数册时,每册都要加编册号,注明本月共×册,本册是第×册,以便查找。

## 五、会计档案保管的设计

会计档案的保管要严格执行安全和保密制度。做到会计档案完好无缺,不丢失、不破损、不霉烂、不被虫蛀；会计档案的信息不超过规定的传递的范围。各单位每年形成的会计档案，在财务会计部门整理立卷或装订成册后，如果是当年的会计档案，在会计年度终了后，可暂由本单位财务会计部门保管一年，期满后，原则上应由财务会计部门编造清册移交本单位的档案部门保管。各类会计档案的保管期限，根据其特点，可分为永久和定期两类，各类会计档案的保管期限见图表所示，企业可以根据图表 3-49 中的要求进行设计。

各种会计档案的保管期限，从会计年度终了后的第一天算起。各类会计档案所适用的保管期限为最低保管期限，各单位不得擅自变更。

**企业和其他组织会计档案保管期限表**

| 序号 | 档案名称 | 保管期限 | 备注 |
|---|---|---|---|
| 一 | **会计凭证类** | | |
| 1 | 原始凭证 | 15 年 | |
| 2 | 记账凭证 | 15 年 | |
| 3 | 汇总凭证 | 15 年 | |
| 二 | **会计账簿类** | | |
| 4 | 总账 | 15 年 | 包括日记账 |
| 5 | 明细账 | 15 年 | |
| 6 | 日记账 | 15 年 | 现金和银行存款日记账保管 25 年 |
| 7 | 固定资产卡片 | | 固定资产报废清理后保管 5 年 |
| 8 | 辅助账簿 | 15 年 | |
| 三 | **财务报告类** | | 包括各级主管部门汇总财务报告 |
| 9 | 月、季度财务报告 | 3 年 | 包括文字分析 |
| 10 | 年度财务报告(决算) | 永久 | 包括文字分析 |
| 四 | **其他类** | | |
| 11 | 会计移交清册 | 15 年 | |
| 12 | 会计档案保管清册 | 永久 | |
| 13 | 会计档案销毁清册 | 永久 | |
| 14 | 银行余额调节表 | 5 年 | |
| 15 | 银行对账单 | 5 年 | |

**图表 3-49　企业和其他组织会计档案保管期限表**

## 六、会计档案利用和销毁的设计

### (一)会计档案的利用

保存会计档案的最终目的，是利用会计档案，因此，必须重视和加强会计档案的利用工作。各单位保存的会计档案不得借出。如有特殊需要，经本单位负责人批准，可以在指定地点提供查阅或者复制，并履行登记手续，归还时要清点。查阅或复制会计档案的人员，不得在会计档案上做任何记录、勾、划和涂改，更不能拆封或抽撤单据。

### (二)会计档案的销毁

根据《会计档案管理办法》的规定，保管期满的会计档案，可以按照以下程序销毁：

1. 由本单位档案机构会同会计机构提出销毁意见，编制会计档案销毁清册，列明销毁会计档案的名称。卷号、册数、起止年度和档案编号、应保管期限、已保管期限、销毁时间等内容。

2. 单位负责人在会计档案销毁清册上签署意见。

3. 销毁会计档案时，应当由档案机构和会计机构共同派员监销。国家机关销毁会计档案时，应当由同级财政部门、审计部门派员参加监销。财政部门销毁会计档案时，应当由同级审计部门派员参加监销。

4. 监销人在销毁会计档案前，应当按照会计档案销毁清册所列内容清点核对所要销毁的会计档案了销毁后，应当在会计档案销毁清册上签名盖章，并将监销情况报告本单位负责人。

但是，如下情形除外：保管期满但未结清的债权债务原始凭证和涉及其他未了事项的原始凭证，不得销毁，应当单独抽出立卷，保管到未了事项完结时为止。单独抽出立卷的会计档案，应当在会计档案销毁清册和会计档案保管清册中列明；建设单位在建设项目建设期间的会计档案，保管期满的不得销毁。

采用电子计算机进行会计核算的单位，应当保存打印出的纸质会计档案。具备采用磁带、磁盘、光盘、微缩胶片等磁性介质保存会计档案条件的，由国务院业务主管部门统一规定，并报财政部、国家档案局备案。

单位因撤销、解散、破产或者其他原因而终止的，在终止和办理注销登记手续之前形成的会计档案，应当由终止单位的业务主管部门或财产所有者代管或移交有关档案馆代管，法律、行政法规另有规定的，从其规定。

单位分立后原单位存续的，其会计档案应当由分立后的存续方统一保管，其他方可查阅、复制与其业务相关的会计档案；单位分立后原单位解散的，共会计档案应当经各方协商后由其中一方代管或移交档案馆代管，各方可查阅、复制与其业务相关的会计档案。单位分立中未结清的会计事项所涉及的原始凭证，应当单独抽出由业务相关方保存，并按规定办理交接手续。

## 设计案例

会计档案管理办法设计，选自《宁夏英力特化工股份有限公司会计管理制度》

### 宁夏英力特化工股份有限公司会计管理制度

（2007 年 1 月）

第十六章　财会档案的管理

第一百八十六条　会计档案是指会计凭证，会计账簿和会计报表等会计核算专业材料，它是记录和反映经济业务的重要史料和证据。

第一百八十七条　会计档案的立档、归档保管、调阅办法及相关责任。

（一）企业财务部门对每年形成的会计档案应按照归档的要求定期收集，审查核对，整理立卷，编制目录，装订成册，并于会计年度终了后，负责保管一年。期满之后，财务部门必须按期将应当归档的会计档案，全部移交档案部门，不得自行封包保存。档案部门必须按期点收，不得推诿拒绝。

（二）档案部门接收保管的会计档案，原则上应当原卷册的封装，个别需要拆封重新整理的，应当会同原财务会计部门和经办人共同拆封整理，以分清责任。档案部门对于违反会计档案管理制定的，有权进行检查纠正，情节严重的，应当报告本单位领导或财政、审计机关严肃处理。

档案部门对会计档案必须进行科学管理，做到妥善保管，存放有序，查找方便。同时，严格执行安全和保密制度，不得随意堆放，严防毁损，散失和泄密。

（三）保存的会计档案，应为本企业积极提供利用，并严格调阅手续。本企业人员调阅档案，要持调阅单经主管会计人员批准后，方可调阅，归还档案时，归还或注销调阅单。企业外部人员调阅会计档案，要有正式介绍信，经会计主管人员或单位领导人批准，批准后要详细登记调阅的档案名称、调阅日期、调阅人员的姓名和工作单位，调阅理由、归还日期等。

（四）会计档案必须按照国家档案局与财政部规定的期限保管。具体保管期限见下表，各种会计档案的保管期限，从会计年度终了后的第一天算起。

**会计档案保管期限**

| 档案名称 | | 保管期限 | 备注 |
|---|---|---|---|
| 一、会计凭证类 | 原始凭证、记账凭证和汇总凭证 | 15年 | |
| | 其中：涉及外事的和对私改造的会计凭证 | 永久 | |
| | 银行存款余额调节表及银行对账单 | 3年 | |
| | 其中：涉及尚未查明的未达账项的 | 保存至查清后 | |
| 二、会计账簿类 | 日记账 | 15年 | |
| | 其中：现金和银行存款日记账 | 25年 | |
| | 明细账 | 15年 | |
| | 总账 | 15年 | |
| | 固定资产卡片 | 资产报废清理后5年 | |
| | 辅助账簿 | 15年 | |
| | 涉及外事的会计账簿 | 永久 | |
| 三、会计报表类（包括各级主管部门的汇总会计报表） | 主要财务指标快报（包括文字分析） | 3年 | |
| | 月、季会计报表（包括文字分析） | 5年 | |
| | 年度会计报表（决算）（包括文字分析） | 永久 | |
| 四、其他类 | 会计移交清册 | 15年 | |
| | 会计档案保管清册 | 25年 | |
| | 会计档案销毁清册 | 25年 | |

第一百八十八条　财会档案的移交

（一）企业合并、撤销时，随同企业的全部档案一并移交给指定的单位，并按规定办理交接手续。

（二）会计人员交接时，必须将所保管的财会档案全部编制移交清册并按清册移交清楚，不得封包移交，更不能随身带走。

第一百八十九条　财会档案的销毁制度

财会档案保管期满，需要销毁时，由本企业档案部门提出销毁意见，会同财务会计部门共同鉴定，严格审查，编造财会档案销毁清册，经企业领导审查，报经上级主管单位批准后销毁。对于其中未了结的债权债务的原始凭证，应单独抽出，另行立卷，由档案部门保管到结清债权债务时为止。

各单位按规定销毁会计档案时，应由档案部门和财务会计部门共同派员监销。监销人在销毁会计档案以前，应当认真进行清点核对，销毁后，在销毁清册上签名盖章，并将监销情况报告本单位领导。

# 第九部分　企业内部会计监督与内部稽核制度设计

## 一、企业内部会计监督制度设计

### （一）会计监督的含义

会计监督是依照国家有关法律、法规和规章对会计工作进行检查督促，并利用正确的会计信息对经济活动进行全面、综合的协调和控制，以达到提高会计信息质量和经济效益的目的。

我国完整的会计监督体系由单位内部会计监督和外部监督构成，外部监督又包括国家监督和社会监督。其中国家监督是指财政、审计、税务等机关依照法律和国家有关规定对各单位进行的监督，它是维护社会经济秩序的重要手段和形式；社会监督是指社会中介机构如会计师事务所中的注册会计师接受委托对单位的经济活动进行依法审计，并据实作出客观评价的一种监督形式。单位内部会计监督是单位内部的会计人员根据国家的财经政策、会计法规，利用会计所提供的信息，对会计主体的经济活动进行全面的监督和控制，使其达到预期目标的监督。

### （二）企业内部会计监督制度设计的要求

内部会计监督制度设计的要求主要有：

（1）记账人员与经济业务事项和会计事项的审批人员、经办人员、财物保管人员的职责权限应当明确，并相互分离、相互制约。

经验表明，为了使内部控制程序行之有效，三项职务必须分离，即资产保管与会计核算相分离，经营责任与会计责任相分离，授权与执行、保管、审查、记录相分离。

（2）重大对外投资、资产处置、资金调度和其他重要经济业务事项的决策和执行的相互监督、相互制约程序应当明确。

企业日常的经营活动通过内部控制中的职责分工来控制。对于并不经常发生的重大经济业务事项，由于它们涉及的资金或资产数额巨大，对公司、企业的经营业绩、财务状况和现金流量影响重大，有时甚至关系到它们的生死存亡，为了防止资源的浪费或流失，必须建立科学、合理的决策程序，其中最重要的是合理确定审批权限。此外，对外投资、资产处置、资金调度，以及其他重要经济业务事项（如资产重组、收购兼并、担保抵押、财务承诺、关联交易）的决策一旦作出，其执行过程还必须由不同部门和人员相互监督，相互制约。

（3）财产清查的范围、期限和组织程序应当明确。

《中华人民共和国会计法》要求各单位要明确财产清查的范围、期限和组织程序。财产清查直接关系到会计记录的准确性，成本计算、损益确定、财务状况计量，都离不开财产清查。只有严格财产清查制度，对会计记录所记载的资产与实存资产的差异及时处理，做到账实相符，投资者、债权人的合法权益才能得到保障。

（4）对会计资料定期进行内部审计的办法和程序应当明确。

内部审计既是内部控制的重要组成部分，也是强化内部会计监督的制度安排。内部审计主要发挥以下五个方面的作用：

①合理保证会计资料的准确性和可靠性。

②保护资产的安全、完整。

③督促员工遵循内部管理制度。

④促进内部控制逐步完善。

⑤促使公司、企业防微杜渐，守法经营。

**（三）企业内部会计监督制度设计的内容**

根据《中华人民共和国会计法》和《会计基础工作规范》的规定，内部会计监督制度设计的内容包括以下几个方面。

1．内部会计监督的主体

内部会计监督的主体是企业内部的会计机构、会计人员。

2．内部会计监督的依据

内部会计机构、会计人员进行会计监督的依据是：财经法律、法规、规章；会计法律、法规和国家统一会计制度；各省、自治区、直辖市财政厅（局）和国务院业务主管部门根据《中华人民共和国会计法》和国家统一会计制度制定的具体实施办法或者补充规定；各单位根据《中华人民共和国会计法》和国家统一会计制度制定的单位内部会计管理制度和各单位内部的预算、财务计划、经济计划、业务计划等。

3．内部会计监督的客体

内部会计监督的客体即内部会计监督的内容。《会计基础工作规范》规定，企业的会计机构、会计人员对本单位的经济活动进行会计监督，具体内容有：

（1）审核和监督原始凭证

对不真实、不合法的原始凭证，不予受理。对弄虚作假、严重违法的原始凭证，在不予受理的同时，应当予以扣留，并及时向单位领导人报告，请求查明原因，追究当事人的责任。对记载不明确、不完整的原始凭证，予以退回，要求经办人员更正、补充。

（2）审核和监督会计账簿

会计机构、会计人员对伪造、变造、故意毁灭会计账簿或者账外设账行为，应当制止和纠正；制止和纠正无效的，应当向上级主管单位报告，请求作出处理。

(3)审核和监督实物、款项

会计机构、会计人员应当对实物、款项进行监督，督促建立并严格执行财产清查制度。发现账簿记录与实物、款项不符时，应当按照国家有关规定进行处理。超出会计机构、会计人员职权范围的，应当立即向本单位领导报告，请求查明原因，作出处理。

(4)审核和监督财务报告

会计机构、会计人员对指使、强令编造、篡改财务报告行为，应当制止和纠正；制止和纠正无效的，应当向上级主管单位报告，请求处理。

(5)审核和监督财务收支

会计机构、会计人员应当对财务收支进行监督。主要内容有：对审批手续不全的财务收支，应当退回，要求补充、更正；对违反规定不纳入单位统一会计核算的财务收支，应当制止和纠正；对违反国家统一的财政、财务、会计制度规定的财务收支，不予办理；对认为是违反国家统一的财政、财务、会计制度规定的财务收支，应当制止和纠正；制止和纠正无效的，应当向单位领导人提出书面意见请求处理。单位领导人应当在接到书面意见起十日内作出书面决定，并对决定承担责任。

会计机构、会计人员对违反国家统一的财政、财务、会计制度规定的财务收支，不予制止和纠正，又不向单位领导人提出书面意见的，也应当承担责任。对严重违反国家利益和社会公众利益的财务收支，应当向主管单位或者财政、审计、税务等机关报告。

(6)审核和监督会计管理制度的执行

会计机构、会计人员对违反单位内部会计管理制度的经济活动，应当制止和纠正；制止和纠正无效的，向单位领导人报告，请求处理。会计机构、会计人员应当对单位制定的预算、财务计划、经济计划、业务计划的执行情况进行监督。

另外，各企业必须依照法律和国家有关规定接受财政、审计、税务等机关的监督，如实提供会计凭证、会计账簿、会计报表和其他会计资料以及有关情况、不得拒绝、隐匿、谎报。按照法律规定应当委托注册会计师进行审计的企业，应当委托注册会计师进行审计，并配合注册会计师的工作，如实提供会计凭证、会计账簿、会计报表和其他会计资料以及有关情况，不得拒绝、隐匿、谎报，不得示意注册会计师出具不当的审计报告。

### (四)外部会计监督设计

根据我国有关法律、行政法规的规定，企业会计工作应接受社会审计和财政部门的监督，这些部门包括财政、审计、税务、人民银行、证券监督、保险监管等。接受监督检查的企业应如实提供所需的各种会计资料及有关情况，不得拒绝、隐匿和谎报。

1. 注册会计师的监督

须经注册会计师进行审计的单位，应当向受委托的会计师事务所如实提供会计凭证、会计账簿、财务会计报告和其他会计资料以及有关情况。任何单位或者个人不得以任何方式要求或者示意注册会计师及其所在的会计师事务所出具不实或者不当的审计报告。

注册会计师的业务范围主要有：依法承办审计业务；承办会计咨询、服务业务。注册会计师依法独立、公正执行业务，受法律保护。注册会计师执行业务可以根据需要查阅受托人有关的会计资料和文件，对委托人故意不提供有关会计资料和文件的，可以拒绝出具有关报告。

2. 财政部门对单位会计的监督

财政部门对单位会计监督的主要内容包括：是否依法设置会计账簿；会计凭证、会计账簿、财务会计报告和其他会计资料是否真实、完整；会计核算是否符合会计法和国家统一的会计制度的规定；从事会计工作的人员是否具备从业资格。对单位会计资料如发现重大违法嫌疑时，国务院财政部门及其派出机构可以向与被监督单位的金融机构查询有关情况，有关单位和金融机构应给予支持。

3. 审计机关的监督

国务院审计机关和各级人民政府的审计机关依据我国宪法和法律对各级政府的财政收支，对国家的财政金融机构和企业事业组织的财务收支，进行审计监督。各单位必须按照法律规定接受审计机关的监督。各级审计机关独立行使审计监督权，不受其他行政机关、社会团体的干涉。一切属于政府审计范围的机关、企业事业单位，都必须接受审计监督，审计机关作出的审计结论和决定，有关单位和个人必须接受。

4. 税务机关的监督

税务机关的监督主要是各级税务机关在税收征收管理过程中，对各单位的纳税及影响纳税的其他工作所实行的监督。税务部门根据国家税收法律、法规的规定通过日常税收征管工作，一方面促使各单位依法经营，建立健全有利于正确计算和反映纳税所得额情况的各项基础工作，推动各单位加强包括会计工作在内的管理工作。另一方面，督促各单位依法纳税，遵纪守法，堵塞各种税收漏洞，纠正和查处违反税法的行为。保证包括会计法在内的各项财经纪律、法规的贯彻实施。

5. 人民银行的监督

中国人民银行依法对金融机构及其业务实施监督管理，维护金融业的合法、稳健运行。中国人民银行按照规定审批金融机构的设立、变更、终止及其业务范围。中国人民银行有权对金融机构的存款、贷款、结算、呆账等情况随时进行稽核、检查监督。中国人民银行有权对金融机构违反规定提高或者降低存款利率、贷款利率的行为进行监督检查。中国人民银行有权要求金融机构按照有关规定报送资产负债表、损益表以及其他财务会计报表和资料。中国人民银行负责编制全国金融统计数据、报表，并按照国家有关规定予以公布。中国人民银行以国家政策性银行的金融业务，进行指导和监督。中国人民银行应当建立健全本系统的稽核、检查制度，加强内部的监督管理。

6. 证券监督机构的监督

国务院证券监督机构依法对全国证券市场实行集中统一监督管理。国务院证券监督管理机构根据需要可以设立派出机构，按照授权履行监督管理职责。国务院证券监督管理机构在证券发行、证券交易、上市公司收购活动中，对证券交易所、证券公司、证券登记结算机构、证券业协会和证券交易服务机构的管理活动中的法定职责。国务院证券监督管理机构依法对证券市场实行监督管理,维护证券市场秩序,保障其合法运行。

## 二、内部稽核制度设计

### (一)内部稽核制度含义

1. 内部稽核制度的概念

内部稽核制度是会计机构内部的一种工作制度,是指企业的会计机构指定专职或者兼职会计人员,负责对本单位的会计凭证、会计账簿、财务会计报告和其他会计资料进行审核的制度。内部稽核制度是内部控制制度的重要组成部分。内部稽核制度与内部审计制度,共同构成了对会计工作检查的制度。

2. 内部稽核制度的意义

会计稽核是会计机构本身对于会计核算工作进行的一种自我检查或审核工作。建立会计机构内部稽核制度,其目的在于防止会计核算工作上的差错和有关人员的舞弊。通过稽核,可以对日常会计核算工作中出现的疏忽、错误等及时加以纠正或者制止,以提高会计核算工作的质量,可以规范会计行为,提高会计资料的质量。

内部稽核制度设计一般包括以下内容:稽核工作的组织形成和具体分工;稽核工作的职责、权限;审核会计凭证和复核会计账簿、会计报表的方法。

### (二)内部稽核制度设计的职责

《中华人民共和国会计法》规定,会计机构内部应当建立稽核制度。内部稽核会计机构内部稽核工作的主要职责有以下几个方面:

1. 会计内部稽核应依照会计法、国家统一的会计制度及有关会计规章的规定办理。

2. 单位及附属机构实施内部稽核,应由会计人员执行,未设会计人员的机构,应由指定兼办会计人员执行。

3. 单位附属机构日常会计事务的审核,由各机构会计人员负责初核,单位会计人员负责复核,内部审核人员负责抽查;单位本身日常会计事务的稽查,由单位会计人员负责初核,内部审计人员负责抽查。

4. 会计人员行使内部稽核职权时,向所属各单位调阅账簿、凭证、报表及其他文件或检查现金、票据、证券或其他财物时,各单位不得隐匿或拒绝,遇有询问,应作详细答复。会计人员行使职权时,必要时,报经受查单位上级主管批准,可封存各有关财物或者有关凭证及其他文件,并报有关主管作进一步的处理。

5. 会计人员执行内部稽核,应先仔细研究有关法令、制度、规章、程序及其他资料,务求充分了解有关规定,并应持有谨慎的态度。

6. 会计人员对所属机构进行稽核时,应编制一定的稽核底稿,记录机构组织概况、业务性质、重要人事、财务概况及其他重要事项等。

7. 会计人员对于审核过的账表、凭证、财物等均应编制工作底稿,应于适当文件签章证明并加签日期。检查现金、票据、证券的结果，应设底稿，登记检查日期、检查项目、检查结果及负责人姓名和签章证明。

8. 内部稽核人员如发现特殊情况或提报重要改进建议，均应以书面报告，送经会计负责人报请单位主管核阅后送请有关单位办理。此报告应当作内、外部审计时参考。

9. 内部稽核工作底稿及报告等文件，应分类编号进档，并要妥善保管。

10. 内部稽核与内部审计应合理分工、配合办理，避免重复检查。

**(三)内部稽核范围的设计**

内部稽核的范围主要包括会计事务稽核、经营预算稽核、财务出纳稽核和财物变动稽核等。

1. 会计事务稽核

会计事务稽核，主要包括对凭证、账簿、报表及有关会计事务处理程序的稽核。其主要内容如下：

(1)会计人员对于不合法的会计程序或会计文书，应使之更正，不更正者，应拒绝办理，并报告上级主管。

(2)各单位的会计凭证，关系现金、票据、证券的收付者，非经会计主管或其授权人签名或盖章，不得执行。对外的收款收据，非经会计主管或其授权人代签人的签名或盖章，不得生效。

(3)会计人员审核原始凭证，发现有下列情形之一者，应拒绝签署：

①未注明支出或用途或有关依据者；

②依照法律或习惯应有的主要书据缺少或形式不具备者；

③未经事项的主管或主办人员签名或盖章者；

④未经经手人、验收人及保管人签名或盖章者，或应附送验收的证明而不附送者；

⑤未经主办事务人员签名或盖章所发生的财物增减、保管、转移的事项；

⑥书据上数字或文字有涂改痕迹而未经负责人员签名或盖章证明者；

⑦书据上表示金额或数量的文字、号码不符者；

⑧其他与法令不相符者。

(4)会计人员审核记账凭证，应注意以下事项：

①是否根据合法的原始凭证而编制；

②会计科目、子目使用是否正确，有无误列；

③摘要栏记录事由是否简明扼要，并与相关原始凭证是否相符；

④金额是否与相关原始凭证所载金额相符；

⑤是否载明相关原始凭证种类、账数、号数、日期等；

⑥不以本位币计数者，有无证明货币的种类、数量及折合率；

⑦是否编号，有无重号、缺号；

⑧记账凭证是否按时装订，并由经办人及主办人员于装订处加盖骑缝印章；

⑨记账凭证的调阅、拆订有无按规定手续办理；

⑩原始凭证不附记账凭证保管的，是否标明记账凭证号数，是否妥善保管。原始凭证及记账凭证是否按规定年限保管，是否按规定手续办理销毁。

(5)会计人员审核账簿，应注意下列事项：

①各类账簿的设置，是否与会计法及国家统一的会计制度的规定相符；

②各种账簿记录是否与记账凭证相符，各项账目登记是否完整；

③现金日记账每日收付总额及余额是否与总分类账及明细分类账现金科目当日收付及结余额相符，各明细账余额之和是否与总账相关科目余额相符；

④各种明细账是否按时登记，并按月与总分类账有关统制科目核对，是否相符；

⑤账簿的登记、装订、保管及存放地点是否妥善；

⑥账簿是否按规定年限保管，销毁是否按规定办理手续。

(6)会计人员审核会计报表，应注意下列事项：

①会计报表的种类及格式，是否与会计法及国家统一的会计制度的规定相符，是否适合单位管理的需要；

②各种会计报表，是否根据会计记录编制，是否便于核对；

③会计报表的编报期限是否符合规定；

④会计报表所列数字的计算是否正确；

⑤会计报表所列数字或文字的更正，是否符合规定；

⑥使用完毕的会计报表是否分年编号收存，有无编制目录备查；

⑦对外会计报表有无经单位主管及会计负责人签章；

⑧会计报表是否按规定年限保管，报表的销毁是否按规定办理；

⑨如因会计方法、会计科目分类或其他原因而引起会计报表内容变更，有无将变更情形及对财务分析影响作适当说明。

(7)会计人员审核期终结账，应注意下列事项：

①预收及预付款项与递延收益及递延费用时效到达或消失者，有无按期结转，预收及预付款项有无列账说明；

②应收及应付款项有无根据相关凭证计算列账，有无漏列情况；

③其他资产及负债各科目悬账，是否作适当整理，所列金额是否正确，相关凭证是否齐全。

④各种收入及费用项目，至期终结账时，应行调整的是否作适当调整，调整金额是否正确；

⑤各种悬账的冲销、处理是否适当，金额是否正确；

⑥悬而已久的账，有无积极稽催。

2. 经营预算稽核

经营预算稽核，主要包括对预算收支估计、汇编及预算执行控制的稽核。其主要内容如下：

(1)会计人员审核经营预算的编制，应注意下列事项：

①经营部门提供预算年度的销货收入预测，与单位营运目标是否相配合，与以往

年度营业状况和今后发展趋势是否相一致；

②生产部门提供的预测产品数量是否与销货数量相配合协调；

③生产部门提供的耗用原料预测数，是否与产品生产计划相协调，与过去原料耗用相比有无显著出入；

④采购原料计划是否根据存货政策及采购政策制订的，价格预测是否合理；

⑤直接人工计划耗用是否与产量相配合，工资预测是否适当；

⑥制造费用预测、变动费用预测，与过去分摊率是否接近，固定费用部分有无变化；

⑦推销费用与管理费用的预测，有否划分变动及固定部分，预测数与过去年度实际数有无重大变化；

⑧将上述各种预测进行汇总，其结果是否符合预期目标，对财务状况有无重大影响；

⑨预算编制后有无报送有关部门审议及单位主持人核准；

⑩预算有否正式颁布，有否向有关部门及人员作沟通说明。

(2)会计人员审核经营预算的控制，应注意下列事项：

①年度预算核准后有无按季、月制订执行计划，有无进一步预测未来执行情况；

②有无按季、按月进行实际数与预算数比较，其比较结果有无反馈给相关单位；

③有无认真研讨实际与预算之间的差异及其原因；

④有无针对存在的问题采取纠正的措施。

(3)会计人员审核资本预算的编制与执行，应注意下列事项：

①资本支出预算的个案建议有无通过充分研究论证，成本与效益是否相适应，有无书面评估资料；

②资本支出建议是否适应单位长期发展需要，单位有无长期发展规划，个案建议有无纳入规划管理；

③资本支出预算有无报经有关部门审议及单位领导核准；

④资本年度支出预算核准后，有无按预期进度编制分期支付的计划；

⑤按预算支付时，有无严格的核准手续；

⑥是否严格控制资本支出预算的变更；

⑦年终有无对资本支出预算执行情况进行考核，针对存在问题有无采取纠正行动。

3. 财务出纳稽核

财务出纳稽核，包括对现金、银行存款、票据、证券等财务出纳日常处理手续及保管的稽核。其主要内容如下：

(1)现金、银行存款、票据及证券收付，是否按照规定的程序办理；

(2)现金、银行存款、票据及证券收付，是否根据凭证随时登记和完整登记；

(3)单位及所属机构是否按限额库存现金，有无超额库存，有无现金闲置等现象；

(4)各单位备用金额是否适当，有无按期报销，有无妥善保管；

(5)有无在营业时间外收付款项现象,如有,其处理手续是否完备严密,保管是否安全;

(6)现金、票据、证券实际结存额与账表是否相符,是否按期与银行核对银行存款数及进行银行存款调节;

(7)各单位预领的零用金,有无进行不定期检查,每次检查结果是否进行登记;

(8)现金、票据、证券等保管是否良好,有无作不定期抽查,抽查后有无记录;

(9)现金等的保管建筑是否坚固完善,钥匙及密码暗锁是否由指定人妥善保管,库防是否采取了防潮、防盗、防震及其他安全措施。

4. 财物变动稽核

财物变动稽核,包括对购买、定制、营建及变卖财物处理程序的稽核。其主要内容如下:

(1)会计人员审查财物订购及款项预付是否符合计划进度及规定,是否进行了完整的登记,关系费用契约及采购、买卖合同等是否经会计人员事前审核及签章,否则无效。

(2)会计人员审核购买、变卖财物及营缮工程时,应注意下列事项:

①财物购置、定制及营缮工程,有无预算及是否与所定用途相符,数额是否在预算范围之内,事前有无办理申请及核准;

②日常应用的大批原物料及其他物品是否视存量及耗用情况申请采购与配发使用,经济采购量与存量控制制度是否适当;

③财物的购买、定制及营缮工程,有无按预计金额大小,分级授权核定办理;

④订购单及有关合约前有无送交会计部门会签;

⑤会计部门会签订购单及有关合约时,应注意契约所载条款与一般惯例是否相符,交货或完工期有无明定,逾期交货或完工之罚款条款有无明定,对方违约或不履契约时有无保证办法等;

⑥财物或营缮工程的验收,有无经主管部门负责切实点验,涉及专门性问题有无会同专业单位共同办理验收手续,指定验收单位有无负责办理财物数量的点验,指定负责质量检验单位有无办理质检与签证,会计单位有无逐项查核;

⑦营缮工程建设单位有无详细的施工记录以记录用工、用材及工程进度情况;

⑧各种财物经验收后,是否按照规定进行登记及管理,保管是否妥善,是否按期盘点;

⑨财物使用是否充分有效,有无闲置呆废现象,财物报废有无按正常程序处理,废品有无及时处理变卖。出售财物是否办理批准手续,有无记录,收入是否完整入账等。

## 设计案例

内部稽核制度设计,选自《大连智云自动化装备股份有限公司财务管理制度》。

### 大连智云自动化装备股份有限公司财务管理制度

(2010 年 12 月 25 日)

第五章　会计稽核制度

第三十五条　为了加强公司会计稽核工作的管理，提高会计核算工作的质量，根据国家有关政策法规的规定，以及公司的具体情况及管理要求，制定本制度。

第三十六条　会计稽核是指在会计机构内部指定专人对有关会计账证等进行审核、复查。会计稽核是会计工作的重要内容，公司要加强会计稽核工作。通过稽核，对日常核算工作中所出现的疏忽、错误或不法行为，及时加以纠正或制止，以提高会计核算工作的质量。

第三十七条　稽核工作的组织形式及分工：

1. 公司的财务稽核制度以财务部为中心，各职能部门相配合；

2. 财务部长对会计稽核工作负责，并对计划指标的衔接、财务收支、成本费用、财产增减变化等重大事项负责稽核；

3. 财务部设兼职稽核工作岗位，其工作主要包括：会计凭证的审核、账簿的核对、会计报表的复核以及基础工作的复核。

第三十八条　会计机构内部稽核工作的主要内容：

1. 审核财务、成本、费用等计划指标是否齐全，编制依据是否可靠，有关计算是否正确，各项计划指标是否衔接等。

(1)审核目标成本的执行情况，及时解决目标和实际的差异；

(2)审核成本开支范围和费用开支标准；

(3)审核成本费用核算期间和成本差异。审核之后应当提出建议或意见，以便修改和完善计划和预算。

2. 审核实际发生的经济业务或财务收支是否符合有关法律、法规、规章制度的规定。

(1)审核公司资金预算是否合理使用，是否严格控制非生产性开支；

(2)审核公司对国家投入的资本金、专项资金和税收返还资金是否严格按照国家规定的用途使用；

(3)审核是否依法、及时、足额缴纳各种税费、养老、失业、工伤、失业、医疗保障。如发生问题，应及时指出并采取切实措施加以制止和纠正。

3. 审核会计凭证会计账簿、会计报表和其他会计资料的内容是否合法、真实、准确、完整，手续是否齐全，是否符合有关法律、法规、规章制度规定的要求。

(1)原始凭证必须经过授权人的审核，只有经过审核的原始凭证才能作为会计记录的原始依据；

(2)记账凭证的内容必须与原始凭证的内容保持一致，所有的记账凭证必须附有原始凭证；

(3)凭证必须连续编号，凭证的使用必须编号顺序使用；

(4)业务经办人员在处理有关业务后，必须签名、盖章，以明确其经济责任；

(5)定期审核凭证账簿和报表之间是否相符；

(6)定期审核总分类账和明细分类账、总分类账和日记账是否相符。

4. 审核各项财务物资的增减变动和结存情况，并与账面记录进行核对，确定账实是否相符，并查明账实不符的原因。

第三十九条　稽核人员要对所审核签署的凭证、账簿、报表、成本计划、财务收支计划负责。

# 第十部分　会计电算化制度设计

本章介绍电算化会计核算系统设计的内容，包括会计科目、会计凭证、会计账簿、会计报表的设计和电算化会计系统安全控制制度设计，掌握电算化会计系统组织结构及岗位责任制设计等。

## 一、会计电算化制度设计概述

### （一）会计电算化概念

随着电子计算机技术的快速发展，电子计算机已经越来越广泛地被应用于会计工作，这就是会计电算化。会计电算化就是以电子计算机为主的当代电子信息技术应用到会计实务中的简称，是用电子计算机代替人工记账、算账、报账，以及部分替代人脑完成对会计信息的分析、预测、决策的过程，是现代化大生产和新技术革命的必然产物。它不仅是会计数据处理手段的变革，而且必将对会计理论和实务产生深远的影响。目前，会计电算化已成为一门融会计学、管理学、电子计算机技术、信息技术为一体的边缘学科。

### （二）会计电算化的特征

以计算机作为手段进行会计数据处理，即电算化会计和手工操作相比，在进行会计数据处理时所采用的工具、手段、方法和组织流程等各方面都有所不同。表现在以下五个方面：

1. 数据处理方式不同

（1）数据存储发生了变化。在采用电子计算机的条件下，是以磁性材料（硬盘或软盘）作为数据的载体，当会计数据输入计算机之后，一切登录、计算、分类、汇总、转账、编制报表的工作，都由计算机自动完成。

（2）数据规范化、代码化。会计电算化系统要求原始会计数据标准化、规范化，如会计科目、原材料、固定资产、产成品等数据，必须形成标准化的代码，以便于计算机快速、高效地进行处理。

（3）对数据的校验控制要求更高了。在计算机处理方式下，对数据（凭证数据）的录入要加强数据的校验，如采用合法性检查、二次录入、凭证录入后的机内审核等方法，以保证数据的可靠性。

（4）会计数据处理自动化、集中化。当原始会计数据输入计算机后，会计数据就由计算机自动加工处理，很少人工干预，会计数据的处理都集中在计算机中进行，使一次输入的会计数据在会计电算化系统内全面共享。

2. 数据处理流程不同

数据处理流程是指会计数据从产生、传递到处理、审核及存档的整个处理过程。在手工操作的条件下，通常要经过审核原始凭证后编制记账凭证、登记账簿、进行成本计算、定期结账和编制会计报表等步骤来完成全部数据的处理过程。应用电子计算机来处理上述会计业务时，处理顺序基本与手工处理相同，但有一个明显的差别就是计算机避免了数据的重复加工处理过程，因为计算机已使手工操作时的内部牵制和相互核对作用失去意义。例如，总账与明细账的核对，由于计算机在处理此类问题时是结合进行的，既避免了重复操作，又克服了“笔误”，所以这一步骤得以简化。由此可见，会计电算化对经济业务的处理，真正达到了序时记录与分类登记相结合，总分类核算与明细分类核算相结合的完善地步。

3. 输出账簿格式与形式不同

会计核算的手工操作方式对账簿格式和形式有统一的规定，比如货币资金日记账、总账，要求采用订本账，各个总账科目的明细分类账必须按其分户单独设置账页，系统地记录一个会计年度的发生额与余额，而且不允许以表(单)代账等。但在电子计算机处理会计业务的情况下，必须充分发挥电子计算机的优越性，并考虑它在处理数据、打印输出上的特殊性。对打印的账簿不能完全按照手工操作的格式输出。实现会计电算化的最终目的是要完全取代手工操作、取代手工账簿，打印账簿只是权宜之计。既然企事业单位的全部经济业务都已存储在磁性介质上，因此一切查询检索都可以直接在电子计算机上进行。随着自动化程度逐渐提高，有关部门和人员(如上级机关或审计人员)都可根据需要配备计算机终端，查询或审计所需的会计数据。但是，鉴于当前的实际情况，定期输出某些简化格式的账簿还是必要的。由于能够以可靠的存储系统长期保存大量的信息，打印输出的账簿就可以适当从简。比如，允许货币资金日记账采取活页簿；总账可以采用“总分类账户本期发生额对照表”的形式来代替(以表代账)；明细账可以定期满页打印，也可以在一张账页中打印几个分户等。

4. 人员分工和组织机构不同

会计电算化系统中的人员将由会计专业人员、电子计算机软件人员、硬件及操作人员组成。要求这些人员是既懂会计知识，又懂电子计算机知识的复合型人才。组织机构由原来有相互稽核牵制作用的专业组构成，改变为由会计数据处理部门、会计数据管理部门及系统维护部门构成，形成一个新的内部控制制度。

5. 内部控制制度不同

内部控制包括会计机构内部的牵制、稽核制度及会计人员的岗位责任制等。原手工操作时，会计机构的内部牵制在企事业单位中有各种明确的规定，如对会计凭证的编制审核、批准的规定，对实物保管账证、账物的稽核制度，对出纳人员不得兼管稽核、会计档案保管和收入、费用、债务账目的登记工作等制度的规定。实现会计电算化以后，会计人员的岗位及内部牵制制度将随之有所变化。在一些中、小企业，经济业务比较简单，全部会计业务集中在几台单机上处理，会计人员的职责分工大体是：制票、稽核、录入、校核、维护。在大型或中型企业，经济业务比较复杂，分工较细，对各种会计事项的处理往往在网络环境下进行，而且每一个岗位的会计人员可以自行处理其岗位的业务，录入经过稽核的会计凭证要素，使之进入网络系统。系统的中心接收其数据，并根据各个岗位的需要传输、调取、处理这些数据。在这种情况下，制票、稽核、录入集中在一个岗位(不是集中在一个人)，系统中心则负责校对与维护。总之，无论是单机运行还是网络环境运行，原会计机构和会计人员都有了相应的变化，原手工操作时的一部分内部控制被计算机技术所代替，已转化为计算机自动控制，使原来的这些内部控制失去作用。例如，账簿的平行登记、账与账之间的内部控制，将由计算程序自动完成不会出现账证、账账、账表之间的不一致现象。根据计算机软件和硬件的特点，还要制定一些电算化环境下的内部控制制度，如软硬件维护制度、操作管理制度、数据管理制度、会计档案管理制度等。

**(三)会计电算化制度的设计要求**

会计电算化制度是会计制度的一个组成部分，设计科学的会计电算化制度除了符合会计制度设计的一般要求外，还要达到以下要求：

1. 保证会计信息的安全可靠

这要求应设计详细的内部控制制度的操作管理制度，做到：进入系统的数据要有凭有据，数据进入系统后要确保其安全可靠，能及时防错、查错、纠错，保证提供正确的会计数据；对各种意外事故，有预防与补救措施，使提供的会计信息安全可靠。

2. 做到既满足单位使用又简便易行

会计软件功能很多，但各单位对它的要求不同，因此，在设计会计电算化制度时应从实际出发，结合单位管理的特点和需要，制定出适合本单位使用的会计电算化制度。

3. 系统最优化原则

要兼顾会计电算化信息系统各子系统之间的关系，遵循系统性原则，使整个系统实施最优化会计电算化信息系统包括多个子系统，各子系统之间都有一定的联系，在设计某一子系统作业流程时，必须从整个会计电算化系统出发，考虑到与其他子系统的连接性能，使逐个实施的其他子系统全部完工后能组成高质量的完整的会计电算化信息系统。例如，在使用会计软件的各个子系统时，应遵循一定的顺序：先启用采购和销售系统，然后是库存和存货系统，总账、工资、固定资产系统可同时应用，最后启用应收、应付和成本系统。但是，如果各个系统没有同时启用，或按顺序启用，那么后启用系统的一些功能可能会因其他系统的启用而受到限制。

4. 满足财会人员易学易用、操作方便的要求

会计电算化信息系统的使用者是会计人员，他们的计算机操作水平相对不高，因此，系统的作业流程设计必须尽可能方便操作。例如在凭证类别设计时，如果只要设计一种凭证就可以满足使用的情况下，则不必设更多的类别；能在一个子系统中解决的问题，就不要放到其他子系统中解决，各子系统之间过多的联系，有时不便操作，也不便于会计电算化工作的推广。

### (四)电算化会计制度设计的内容

电算化会计制度设计主要包括三个方面的内容:一是有关会计电算化核算设计;二是会计电算化组织管理制度设计;三是会计电算化安全控制制度设计。

## 二、会计电算化核算设计

会计电算化信息系统一般由会计核算和财务管理两个子系统组成。

会计核算子系统按其会计核算业务可分为账务处理、应收应付款核算、工资核算、固定资产核算、存货核算、成本核算、产品销售核算、会计报表生成、汇总与分析等。

财务管理子系统据资金运动的客观规律,根据企业生产经营计划和财务制度,经过预测、计划、分析等工作,正确地组织和调节企业资金形成、分配和运用过程中的财务关系。其主要内容为资金管理、成本管理和销售收入与企业盈利管理等。

会计电算化核算设计的主要内容就是关于会计科目、会计凭证、会计账簿和会计报表的电算化问题。它们在电算化会计核算系统中的本质和作用仍与手工方式时相同,只是在形式和使用上有一些不同之处。设计内容如下。

### (一)会计科目设计

在实行电算化会计时,可以充分利用计算机运算速度快、存储量大以及输入、输出方便的特点,将科目划分得更细一些,以便及时提供管理上所需要的详细信息。

例如,工业企业的制造费用科目,在手工核算条件下,往往是根据生产车间分设二级明细科目。这些二级科目无法提供制造费用构成的详细信息,不利于加强管理。在电算化会计中,可以在二级科目的基础上,进一步按制造费用的用途设置三级明细科目。另外,还可以在软件中设置检索、汇总功能,利用计算机按不同的要求能够检索和汇总制造费用的构成情况,随时提供出产品成本计算和制造费用预算执行情况分析时所需的资料。

在建立信息系统的条件下,为了使计算机能综合提供各种信息,对于一些虽然不属于会计核算所需的数据,但其他管理部门所需的数据,也应设置一定的项目进行分类归集汇总,以提高整个信息系统的效益。

例如,在工资核算中,除在工资文件中列有职工姓名、基本工资、岗位津贴、各种补贴、各种扣款及实发工资等数据外,还可增加年龄、职务等有关人事管理资料,以供人事管理部门的需要。

对于电算化会计系统来说,在进行会计科目设计时的另一个重要问题是会计科目的编码。为了与国家制定的统一会计科目编号一致、便于在同行业之间进行交流,可按现行企业会计制度中规定的会计科目编号为依据,在此基础上再后缀一定的数码组,构成群码,分别代表总分类会计科目及其所属的明细分类会计科目。若某会计科目有二级、三级明细分类科目,在最后一级明细科目编码中要体现二级、三级的分类,便于计算机处理,防止重复输入信息。

由于企业的生产经营有时会发生调整,明细科目编码设计时还应考虑三种不同的情况：

1. 固定明细科目，即企业会计制度中规定的明细科目，如应交税费、资本公积和利润分配等科目的下设明细科目编码都是统一规定的，可以采用顺序编码。

2. 半变动明细科目，如企业资产类科目中，固定资产、原材料、产成品等科目下的明细科目会有增减变动，但变动不频繁，尚有规律可循。可以按分组编码法，或按其业务核算的内容编码，如原材料明细科目可以按类别、品种、规格编码。

3. 变动的明细科目如应收、应付款类科目，变化较为频繁，无规可循。若采用编码会增大工作量，而且输入时容易出错。故不宜采用数字代码，仍使用文字较好。

**(二)会计凭证设计**

会计凭证是记录经济业务、明确经济责任的书面证明，在电算化会计系统中，它是数据输入的依据，显得尤为重要。只有保证会计凭证上数据的正确，才能使输出的会计信息正确。对电算化会计制度中的会计凭证的设计，除了要遵循手工核算系统的一些要求外，还应便于电算化会计系统中数据的输入。

1. 自制原始凭证的设计

在电算化会计系统中，一般是以原始凭证代替记账凭证，直接根据原始凭证输入计算机，既节约工作时间又确保输入数据的可靠性；也可以保留记账凭证，根据记账凭证将会计数据输入计算机。在后一种情况下，原始凭证的设计与手工核算系统下的没有多少区别。在前一种情况下设计原始凭证时，要考虑到数据输入计算机的方法，增加相应的内容。数据输入计算机通常有以下两种方法：

(1)会计人员根据原始凭证的内容将数据通过键盘输入计算机中。在这种方法下，原始凭证的清晰完整是很重要的。由于以原始凭证代替记账凭证，在设计自制的原始凭证时，除应具备原始凭证基本内容外，还应具有记账凭证的内容，如应借应贷的会计科目名称及其编码。某些经济业务应用的会计科目是固定的，可以在原始凭证中事先印好。为了减少输入错误，可将凭证中的各类编码(如凭证编号、客户代码、科目编码等)用粗线或双线框上，从而显得更加明显清楚。

(2)将数据通过一定的机器可读媒体输入计算机。这种方法是使用机器设备编制原始凭证的同时，将数据收集在机器可读的媒体上，再通过机器可读媒体输入计算机，从而省去许多数据输入前的准备工作。采用这种方法，要使用某些专用设备，如电子收款机、销售点记录机以及数据终端等。在这种方法下，机器设备所编制的原始凭证，主要是对经济业务的发生起书面证明的作用。因而，便于审核监督是设计应考虑的重要因素。例如，业务完成的时间可具体到分、秒，即×年×月×日×时×分×秒。

2. 记账凭证的设计

在电算化条件下，由于计算机是集中核算，一次输入即可分别记入有关的各个账簿文件中，不存在记账工作的分工问题。而对于会计分录的审核和日后的查账，也可以通过对原始凭证的审核或由计算机打印输出已登记的凭证等方式来解决。因此，记账凭证已没有存在的必要性。

但是，在使用计算机尚不能保证安全的情况下，为了保存序时、完整、系统的会计分录资料和便于原始凭证的归类保管，也可以保留记账凭证。在这种情况下，需要记账凭证的格式内容规范统一，以满足计算机的要求。

(1)记账凭证的格式

记账凭证有单式和复式之分。单式记账凭证的采用主要是在手工记账条件下便于分工记账，而在电算化条件下，已不存在这种必要性。而若采用单式记账凭证，编制、输入和保管的工作量都比较大，因此，应采用复式记账凭证。计算机可以处理一借多贷或多借一贷的业务，但为减少输入数据量，最好采用简单会计分录。若有复杂会计事项，可将其简化为简单会计分录处理。

(2)记账凭证的内容

在电算化条件下，记账凭证上的原始数据要完整，应包括经济业务所要求反映的全部内容，以便根据记账凭证就可以登记日记账、总分类账和明细分类账。而在手工记账条件下，需要记账凭证结合原始凭证的内容登记日记账和明细分类账。

在电算化条件下，会计科目、凭证号、客户号等都应采取代码的方式。因此，在设计记账凭证时，相应地增加有关代码的内容。为了输入方便，最好把这些代码以横线或框标注。

(3)记账凭证的编制

在电算化条件下，记账凭证既可用手工编制，也可由计算机编制。后者往往是计算机在处理经济业务的同时，根据指令对原始凭证输入数据进行逻辑判断后，确定应借应贷会计科目名称和金额，除打印输出备查外，还将金额记入有关账簿中，也可以同时使用上述两种方法，对某些不包括在专业核算系统内的业务，或一些零星发生的业务，采用手工编制记账凭证；对包括在专业核算系统内的业务，采用计算机编制记账凭证的方法。

**(三)会计账簿设计**

电算化会计系统中，会计账簿的设计与手工核算系统下有较大的不同。这主要是由于核算工具的不同所导致的。在电算化会计系统中，账簿是按照文件的形式建立的，是长期保存的文件，也称为账簿文件。其建立、更新、修改都是通过一定的程序由计算机自动生成，不再使用传统账簿。由于电算化会计系统的"一次输入，多次记账"的特点，手工系统下的"账账核对"已失去其控制意义。因此，电算化会计制度中的会计账簿不一定非要按照手工系统中的账簿来设计。其会计账簿的设计取决于企业的信息需求水平和管理水平，同时受到企业拥有的计算机硬件和软件的先进程度及会计人员业务能力的影响，既可以按照手工系统中的账簿设置，也可采取综合核算的方法，将各种账簿结合起来设置。考虑到习惯性问题，多数单位基本上仍是按照手工系统中的账簿来设置。账簿文件的设置，仍属于会计制度设计的内容，但涉及许多关于计算机的应用知识，需要计算机程序设计人员的协助。

1. 总账文件的设计

总账文件仍和传统的总分类账簿一样，按总分类会计科目开设账户，对总分类会计科目的经济内容进行总括核算，提供总括性指标。在电算化系统中，账簿文件资料一般以记录的形式存储在数据库文件中，其设置与建立有不同的方法，格式也各有所不同。总账文件可以单独设置，也可以和明细账文件或日记账文件合并设置。根据企业经济业务的特点和管理的要求，总账文件的建立主要有两种方式：

(1)建立期末余额数据库文件。由于总账反映的是总括指标，一般只反映各科目当期期末余额即可。其处理方法是：当经济业务发生后，根据该项业务所涉及的借方或贷方科目代码，从总账文件中将其上期期末数调出，加或减该科目的本期发生额后，计算出本期的期末余额，以此余额更新总账文件中原来的余额。

在这种方式下，总账的输出格式可以简化，仅需设置会计科目代码、期末余额(分借、贷方)即可。

(2)建立全部记录数据库文件。这是在总账文件中同时反映各科目的期初余额、本期借方发生额、本期贷方发生额和期末余额等项。其中本期发生额，既可以逐笔登记，也可以累计登记借方或贷方发生额的累加数。

在不同的设置和建立方法下，总账的输出格式相应也要进行不同的设计。在建立全部记录文件、采取逐笔登记的方法下，可采用“三栏式”账簿格式，或者采用“日记总账”格式；在建立全部记录文件，并采取累计登记的方法下，可采用“棋盘式”账簿格式，见表3-50。

**总分类账**

年　　月

| 借方科目<br>贷方科目 | ××科目 | ××科目 | 贷方合计 |
|---|---|---|---|
| ××科目 | | | |
| ××科目 | | | |
| …… | | | |
| 借方合计 | | | |

**图表3-50　总分类账的格式**

2. 明细账文件的设计

明细账的设置应根据管理的需要和各科目内容的特点。

有些明细账只需了解其借贷方发生额和本期余额即可，可以累计登记，如固定资产、原材料和产成品等明细账。在设置文件时，可按一级总分类科目设文件名，以其所属的每一个明细科目代码设置记录。

有些明细账要求提供本期发生额每一次登记的业务详细资料及当前余额，需要逐笔登记，如管理费用、制造费用等费用类明细账。在设置文件时，与建立全部记录的总账文件设置在一起，逐笔登记，并按明细科目代码建立数据库检索文件。

有些明细科目经常变动，如应收账款、应付账款等债权债务类明细科目，不便编号，可按一级总分类科目设文件名，以明细科目文字代码为标志分类记录，并建立检索文件。

一个明细账文件包括若干个记录，每个记录包括若干个数据项，根据不同的科目反映经济内容的特点，设置不同的数据项，可参考手工系统下明细账的不同栏次。但是，有些数据是电算化系统中独有的，如科目代码、业务代码，应增设。另外，设计明细账文件的输出格式时，要考虑文件记录长度的限制和打印输出宽度的限制。

3. 日记账文件的设计

日记账是序时反映经济业务情况的账簿，因此，可以采用顺序文件形式来建立。对于现金和银行存款日记账文件，为了便于及时了解现金和银行存款的收、支及结存情况，一般都按月设置、按日打印输出。日记账的输出格式参见第五章。格式中的栏次标题可以写在相关程序中，直接在显示器上显示或打印输出。文件中只需包括各项目的内容，摘要栏根据需要可以将文字输入机内，也可以用业务代码。会计科目采用代码的形式输入计算机，由计算机自动转换为文字显示或打印。

### （四）会计报告的设计

在电算化会计核算系统中，会计报告的设计与手工核算系统基本相同。在设计时主要注意以下几个问题：

1. 报表设计要与账簿文件设计联系起来进行。编制报表的资料来源于账簿文件，不同的会计报表，其数据有不同的具体来源。为了方便编制报表，有些账簿文件记录中可以加入报表资料累计栏，也可以建立报表资料辅助账簿文件。在会计期末，将各种数据从相关账簿文件中调入各报表文件，加工处理后存入报表文件中，打印输出。

2. 企业内部报表可以适当地增加种类和报送的次数。电算化条件下，系统内所有数据的层次较分明，只要及时输入各项原始数据，就能随时按照需要编制出各种会计报表，"实时报告"、"在线报告"已成为可能。因此，在设计会计报表时，应根据管理的需要，适当地增加一些内部报表的种类和报送报表的次数，如可设计提供经过复杂处理的分析报表和预测报表，但同时要注意防止编制不需要的报表。

3. 企业内部报表的内容可以适当地详细一些。这主要是为了便于了解和分析各项经济活动和财务收支情况，满足各方面管理的需要，尤其是基层单位所需的内部报表，可以打破传统会计报表内容的界限，必要时可以将账簿中所包括的非财务信息，如销售文件中的客户名称及地址等资料，一并包括在报表的内容中。

4. 对报表文件格式和编制方法应作出统一规定。在一个企业范围内应统一会计报表的项目、格式和编制方法，统一报表文件的名称、存取方式和记录形式等，以便于会计信息的传递和再加工。

5. 建立报表的审核制度。所有打印输出的会计报表，会计部门必须根据有关的账簿文件和计划中的数据进行审核，在确认报表中的数据无误后，再盖章或签字送出。这应在会计制度中作出具体规定。

## 三、会计电算化组织管理制度设计

在电算化会计系统中，会计工作的组织管理制度与手工系统基本上相同，这里仅就不同之处进行介绍。

### (一)电算化会计系统组织结构及岗位责任制设计

1. 电算化会计系统组织结构设计

电算化会计系统建立后,首先应考虑的问题就是电算化会计系统的组织结构,即会计组织机构设置以及责任与权力的分配。这对于确定企业内部各个作业单位和员工之间职责关系、确保会计电算化工作顺利开展及电算化系统内部管理制度的有效执行都有着重要影响,必须加以重视。一般来说,电算化会计系统的组织结构通常有以下几种形式:

(1)财务部门与信息中心并列的形式,即在总经理或副总经理领导下设置管理信息系统中心、财务部等各职能部门。财务部门与信息中心处于并列位置,电算化会计系统的开发与维护都由信息中心负责,在财务部门内设有微机或终端,但财务部门只负责电算化会计系统的使用,如图表 3-51 所示。

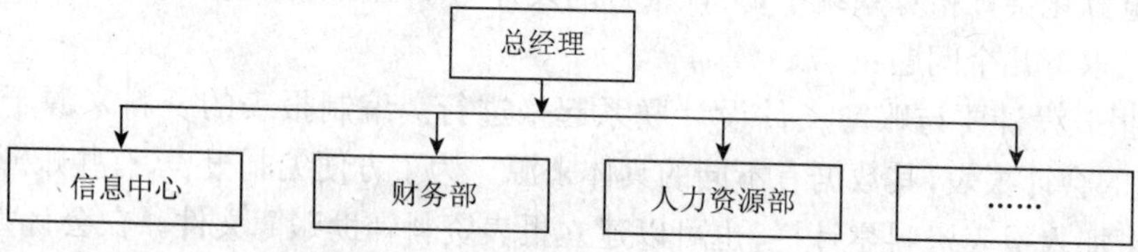


**图表 3-51　会计电算化组织结构图**

在这种情况下,财务部门内部组织结构是否需要变动或调整,主要由计算机的应用程度决定。如果计算机处理的业务不多,财务部门内部组织结构与手工核算体系下相比基本无大的变化。只是下属专业组的职能有所变化,需与信息中心提供的信息发生关联。如果会计核算工作基本上都由计算机来处理,就必须对财务部门的内部组织结构作较大调整,图表 3-52 就是一种常见的调整后的组织结构。

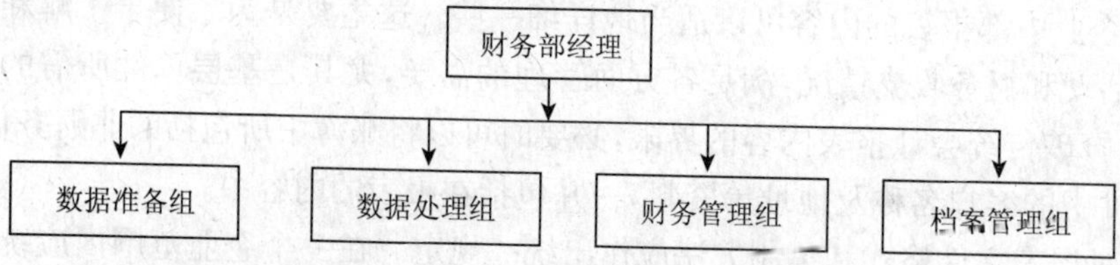


**图表 3-52　会计电算化组织结构图**

在该结构中,数据准备组负责电算化会计系统所需数据的组织、整理工作;数据处理组负责电算化系统的运行工作;财务管理组负责会计信息的分析、整理和参与决策等工作;档案管理组主要负责各种打印输出资料、备份数据的工作。这种组织结构一般适用于大中型企业。

(2)财务部门内下设计算机应用组的形式,即总部不设置管理信息系统中心,而由各个业务部门独立设置计算机应用组(或计算机房),各计算机应用组负责本业务部门的电算化工作,在会计部门常以系统开发组的形式出现,与其他小组平级,主要负责会计电算化的规划、开发工作，如图表 3-53 所示。

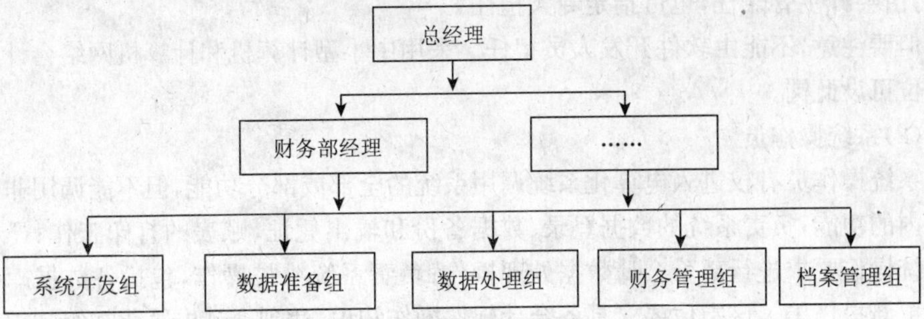


**图表 3-53　电算化会计系统的组织结构**

这种组织结构有利于根据财务部门的需要确定开发步骤和项目，系统的实用性强，也有利于开发人员与会计人员的相互学习、共同搞好会计电算化工作，但不利于满足单位的总体信息需求，不利于单位对计算机应用进行统一领导、规划、组织，容易造成重复开发、共享性差，也不利于财务部门与其他业务部门的协调。从长远来看，这种方式只能作为一种过渡形式。

(3)单位没有独立的信息部门，财务部门内仅配以专职维护员、操作员，运行已建立的电算化会计系统。这种形式主要适用于小型的企事业单位，它们不能配置专门的软件开发人员和专门的信息部，主要靠购买商品化会计软件或聘请软件开发公司帮助其建立电算化会计系统。

在实际工作中，有些单位的电算化会计系统组织结构可能是上面几种常见形式的组合。如有的单位既在总部设置信息中心，同时也在各个业务部门设置计算机应用组，计算机应用组在业务上受信息中心指导，行政上受业务部门领导，因而电算化会计系统组织结构中有系统开发组，但它同时也受信息中心的指导。会计电算化后，各单位应根据自身的特点和实际需要，合理设计电算化会计系统的组织结构。

2. 电算化会计系统岗位责任制设计

在合理的组织结构基础上，还需将各部门的业务活动再划分为若干具体的工作岗位，并赋予各个岗位以相应的职责权限。岗位责任是组织结构的具体代表。在电算化会计系统中，“不相容职务分离”的控制原则仍然适用，但是在控制程序与方法上必须有一定的调整或变更，相应地，电算化会计系统的岗位责任制也有所不同。会计电算化后的工作岗位可分为基本会计岗位和电算化会计岗位。基本会计岗位可包括会计主管、出纳、会计核算各岗位、稽核、会计档案管理等工作岗位。这些岗位的基本职责没有发生多少变化。电算化会计岗位和基本职责要求如下：

(1)系统管理员

负责电算化系统的日常管理工作，监督并保证系统的有效、安全、正常运行；负责组织和系统运行环境的建立，以及系统建立时的各项初始化工作；负责协调系统各类人员之间的工作关系，规定机构内各使用人员的权限等级；负责系统各有关资源的调用、修改和更新的审批；负责做好系统运行情况的总结，提出系统更新或修改的需求报告等。系统管理员要求具备财会和计算机知识，以及相关的会计电算化组织管理的经验，可由会计主管兼任，也可指定专人担任。

但要注意，不能由软件开发人员担任。采用中小型计算机和计算机网络会计软件的单位可设此岗。

(2)系统操作员

系统操作员有权进入电算化系统调用系统的全部或部分功能，但不能调用非自己权限内的功能；负责系统的数据登录、数据备份和输出凭证、账表的打印工作；严格按照系统操作要求进行部分会计数据处理操作；负责系统维护操作，包括各数据库的修改和更新操作等。该岗位要求具备会计软件操作知识，达到会计电算化初级知识培训的水平，一般由经过计算机和会计两类训练的会计人员或计算机专业人员担任，但不能由系统开发人员担任。

(3)数据审核员

负责对输入各种凭证单据的审核工作，包括各类代码的合法性、摘要的规范性和数据的正确性审核。对不合要求的退回有关人员更正，再行审核；负责对计算机输出各种凭证、账表的审核工作，不合要求的返回不签章。该岗位要求熟悉本单位全面的会计业务并具备一定的计算机知识，可由主管会计兼任。

(4)系统维护员

负责系统的安装和调试工作；负责定期检查系统运行情况，对运行中软件、硬件故障及时进行排除，对由于故障而产生的数据混乱丢失等情况负责恢复工作；负责各种共享代码设置及维护工作等。该岗位要求具备计算机和会计知识、经过电算化中级培训、能熟练地编制程序、了解所用软件的结构，可以由软件开发人员担任。

(5)档案管理员

负责系统的各种文档、数据软盘、系统软盘及各类账表、凭证、资料的备份和存档工作；负责各类数据、账表、凭证、资料的安全保密工作。该岗位要求具备计算机常识，如软盘的使用与保护等，一般应由能做好安全保密工作的人员担任。

(6)数据分析员

主要负责会计信息的分析、整理工作，并向管理层提出参考性意见。该岗位要求熟悉会计业务、有经验，达到会计电算化中级知识培训水平。

**(二)会计电算化操作管理制度设计**

电算化会计系统建立后，对其操作使用是系统正常有效运行的一个关键方面。会计电算化操作管理制度设计的目的就是通过严格标准的计算机操作来保证信息处理的高质量，减少产生差错及未经授权使用系统的机会。其主要内容如下：

1. 操作人员职责

操作人员的职责前已述及。

2. 操作人员权限

应明确规定各操作人员的操作权限，各操作人员只能在自己的权限范围内进行操作，不得越权操作。另外还需明确规定：

(1)系统管理员权限较大,一般可调用所有的功能和程序,但不能调用系统的源程序及详细的技术资料。

(2)系统维护员只能对系统进行管理和维护,不能从事系统的任何操作使用工作。

(3)除了系统维护人员之外,其他人员不得直接打开库文件进行操作,不允许随意增删和修改数据、源程序库文件结构。

(4)存档的数据、账表、凭证及其他资料,由档案管理员按规定统一复制、保管,未经许可,其他人员不得擅自复制、修改和带出。

3. 操作规程

应建立一套完整的电算化会计系统操作使用规程,明确操作方法和操作次序,防止重复、遗漏和误操作。具体可以从以下几个主要方面进行规定:

(1)各类操作人员操作基本规程。

各操作使用人员在上机操作前后,应进行上机操作登记;操作人员应遵循每一个作业操作指南中的规定进行作业操作,包括程序运行顺序、设备和文件的使用要求等;上机必须输入自己的操作密码,操作运行中离开工作现场必须执行相应命令退出系统;不得使用来历不明的软件和非数据维护员发放的磁盘;每次操作完毕必须退出系统,并及时作好备份。

(2)数据输入操作规程。

只有经过审核无误并由有关人员签章的数据方可输入;按软件提供输入项目和要求输入,收付款凭证必须当日输入,其他凭证视情况而定,但每月必须将当月的资料全部输入;每项业务输入后必须自审一次,无误后方可进入下一次输入;不得擅自修改凭证数据,如发现错误可停止输入,退回审核员或准备人员,已输入计算机的数据,在登账之前发现差错,可按凭证数据进行修正,在登账之后发现差错,必须另做凭证,以红字(或负数)冲销,录入计算机;输入后必须及时备份,进行必要的打印输出。

(3)计算机计算、转录及查询操作规程。

对上次加工操作备份数据进行复核,对输入数据的审核进行检查;计算、转录必须按程序规定进行,日记账每日一次,其他视情况而定,但月底前必须全部处理;查询必须符合查询范围,不得擅自扩大查询范围;每次操作结束后必须进行备份。

4. 其他操作管理制度

如操作日志制度,对每个上机人员的姓名、上机时间、操作内容,应作出详细记录,形成上机日志,以备需要时核查。上机日志应由专人保管,禁止修改,保证记录的原始性和真实性。

## 四、会计电算化安全控制制度设计

建立必要的安全控制制度,以保证计算机软、硬件的安全,进而保障数据及交易资料在电算化会计系统的运作过程中得以可靠的处理。计算机软、硬件及会计数据面临的主要风险有:单位内部人员无意或故意的人为破坏;自然灾害等环境因素导致的损坏;外部犯罪人员的盗窃;电脑“黑客”及计算机病毒的破坏。因此,需要设计出有效的计算机软、硬件及会计数据安全控制制度。

**(一)计算机软、硬件安全控制制度设计**

实行电算化会计,应根据工作的需要,设计必需的计算机软、硬件安全控制制度。其主要内容如下:

1. 保证机房设备安全和计算机正常运行是进行会计电算化的前提条件,要经常对有关设备进行保养,保持机房和设备的整洁,防止意外事故的发生。

2. 确保会计数据和会计软件的安全保密,防止对数据和软件的非法修改和删除;对磁性介质存放的数据要保证双备份。

3. 对正在使用的会计核算软件进行修改、对通用会计软件进行升级。计算机硬件设备更换过程中,要保证实际会计数据的连续和安全,并由有关人员进行监督。

4. 健全计算机硬件和软件出现故障时进行排除的管理措施,保证会计数据的完整性。

5. 健全必要的防止计算机病毒的措施。

**(二)会计数据安全控制制度设计**

会计数据的安全控制制度设计,需从保证数据的完整性和保密性着手,主要包括以下几个方面的内容:

1. 有关数据存贮控制制度。对于那些对整个企业及信息系统的有效运行关系重大的机密数据要求存放在一个不易接触的环境中,并与计算机房相隔离。在不用时,应将关键的参考文件、程序文档等以脱机或联机的形式保存在档案室中。在联机系统中,主文件与用户的各类数据应在直接存储器中保存在不同的部分,以提供界面控制。正在测试中的程序应与使用中的程序及数据库隔离,以防影响测试的有效性。对于记录在磁介质上的作为会计档案保管的会计数据,也可以在每年结账后将其翻刻成只读光盘进行保存。

2. 有关数据丢失或非法修改的防范制度。如在计算机网络中,为加强数据的安全性,防止机密数据泄露或被非法探测,可以应用数据加密技术,对远程终端数据的输入和传输采用密码方式,在数据到达处理中心时再解密。又如在档案室可建立"数据资料使用日志",详细记录所有资料的进出使用情况,包括记录所有文件发出和领用时间、领用人姓名、送还时间等,同时还应严格控制借阅范围。

3. 有关数据备份控制制度。要考虑到一旦数据、文件等被毁坏或非法修改,如何尽快地恢复数据,保证系统的正常运行。进行数据备份是一种普遍应用的恢复性控制手段。

4. 有关数据删除的控制制度。电算化会计系统的运行需要一定的硬盘空间,在硬盘不够维持系统的正常运行时,可以删除机内的以前年度的数据。在删除之前必须进行数据备份,以便在发生误操作时可以恢复系统数据。

5. 有关数据恢复的控制制度。电算化会计系统一般都设有恢复机内数据的功能。这一功能保证机内数据受到破坏时可以及时得到恢复。如果疏于防范,该功能也会成为窃取企业秘密和篡改机内数据的有利途径，因此必须严格控制。一般来说，应限定专人负责进行这项操作，在操作时应该认真注意系统提示，避免误操作。

## 设计案例

会计电算化管理制度设计，选自《浙江新湖创业投资股份有限公司会计制度》。

### 浙江新湖创业投资股份有限公司会计制度

（2008 年 4 月 28 日）

第十二章 会计电算化管理制度

第六十条 会计电算化岗位责任制

软件操作员：负责输入记账凭证和原始凭证等经济数据，并应确保输入的会计科目、摘要、数据资料的准确性，熟悉会计软件的操作，具备会计电算化初级证书或同等的水平，此项工作可由出纳兼任。

记账审核员：负责对输入的记账凭证的会计科目、摘要、数据进行审核，利用会计软件操作机内账簿的登录工作，每月，每季和年末打印输出部门所需的会计资料，包括各类对账单、记账凭证汇总表、各账户的明细表及会计报表等，此项工作应由会计担任，要求具备一定的会计和计算机知识。

电算化主管：负责协调计算机及会计软件系统的运行工作，利用会计软件，负责对计算机内的会计数据进行组合分析，符合财务经理对各项指标的需求，此岗位工作应由主办会计任职，要求具备相当的会计知识和相关的会计电算化的操作经验。

系统维护员：负责保证计算机硬件、软件及打印机的正常运行，负责机内各项会计数据指标的分析、打印，要求具备计算机中级证书或同等的水平和助理会计师以上的实际能力，此项岗位工作应由网络管理员担任和会计总管兼任。

第六十一条 会计电算化操作管理制度

上机人员应使用自己的开机口令、用户名称和上网口令，对操作密码要严格管理，由网络管理员定期更换密码，杜绝未经授权的人员上机操作，对指定操作人员实行使用权限控制。

严禁对已输入计算机内的记账凭证、原始凭证等经济数据未经审核而登录机内账簿。

上机操作人员在离开计算机前，应执行退出命令，退出会计软件。

网络管理员应保存必要的上机操作记录，对上机操作时间、操作内容、故障情况等内容做好记录。

保证机房设备安全和计算机正常运行是进行会计电算化的前提条件，每一位上机操作人员要经常对电脑设备进行保养，保持机房的整洁，防止意外事故发生。

为防止对会计数据和软件的非法修改和删除，对磁性介质存储的数据要双备份保存，确保会计电算化数据和会计软件的准确和安全保密。

对在使用的会计核算软件进行修改及对会计软件进行升级，计算机硬件设备进行更换等操作，必须要有一定的审批手续并在修改、升级和硬件更换过程中实施监督，要确保原有的会计数据的连续和安全。

对计算机硬件和软件出现故障或发现病毒，操作人员应立即通知网络管理员及时排除，保证会计数据的完好和完整。

各公司应对当天发生的经济业务及时做好输入和审核工作，期末及时结账并打印输出会计报表。

严禁自行安装、删除各种系统软件和应用软件，严禁使用外来软盘，防止病毒的侵入，定期做好数据的分析、备份和电脑的清洁工作。

第六十二条　会计电算化的档案管理

会计电算化档案应包括存储在计算机硬盘中的所有会计数据、信息及其他磁性介质或光盘储存的会计资料、计算机打印输出的财务书面资料。

会计数据、信息和财务书面资料是指记账凭证、会计账簿、会计报表、各类分析统计的经济指标和书面报告。

会计电算化档案的管理是财务管理的组成部分，各公司要严格按照有关的规定要求，对会计电算化档案进行有效的管理。

各公司要加强对电算化档案的防磁、防水、防火、防潮和防尘工作，双份存备的会计档案应存放在两个不同的地点。

采用磁性介质保存的会计档案，应定期进行检查，定期进行复制，避免由于磁性介质损坏而使会计档案不全。

各公司对会计软件全套程序的保管，应视同会计档案的保管，保管的期限应按该会计软件停止使用或有重大更改五年之后。

# 第四篇 企业主要会计事务处理制度设计

本篇重点介绍企业常见的主要会计事务处理制度设计,包括货币资金处理业务制度设计、投资与筹资业务制度设计、采购与付款业务制度设计、销售与收款业务制度设计、存货业务制度设计、成本核算制度设计、固定资产业务制度设计、工程项目业务处理制度设计、预算制度设计、担保业务处理制度设计和责任会计制度设计,共计十一个部分。

## 第一部分 货币资金处理制度设计

货币资金是企业经济活动中流动性最强、需要重点管理的资产。在本部分中介绍各类货币资金处理制度设计的主要内容。

### 一、货币资金处理制度设计的要求和依据

货币资金是指企业在生产经营过程中停留在货币形态的资金,包括库存现金、银行存款和其他货币资金三部分。其中库存现金是指企业库存的现金,包括库存的人民币和外币;银行存款是企业存入银行或其他金融机构的各种款项;其他货币资金是存放地点和用途与库存现金、银行存款不同的货币资金,包括银行汇票存款、银行本票存款、信用卡存款、信用证保证金存款、存出投资款、外埠存款等。

货币资金是企业非常重要的一项资产,具有最强的流动性,被非法挪用和侵占的风险性也就比较大。因此,设计科学、合理的货币资金处理制度,对于保证货币资金的安全,提高货币资金的使用效率具有这样的意义。

#### (一)货币资金处理制度设计的要求

货币资金处理制度设计的要求是:

1. 保证货币资金业务的合法性,使货币资金的取得和使用符合国家有关法规,并做到审批手续规范化、制度化。

2. 保证货币资金业务核算准确可靠。会计部门应该按照会计法律法规的要求进行货币资金业务的核算,使货币资金在会计账簿和会计报表上得到准确列示,且其余额确实存在并为本企业所拥有。

3. 保证货币资金的安全。货币资金业务活动发生违法犯罪行为的可能性较大,保障其安全成为货币资金控制的重要目标。因此,对所有货币资金的收入和支出都应进行真实的记录和反映,防止非法侵占和挪用等行为的发生。

4. 保证货币资金的使用效率。从理财的角度看,保持适当的货币资金持有量能

够降低货币资金使用成本，因此货币资金内部控制应保证合理使用资金，合理安排货币资金收支时间，适当选择货币资金收支方式，提高货币资金的使用效率。

**（二）货币资金处理制度设计的依据**

加强货币资金的管理和控制，全国人大常委会颁布了《中华人民共和国票据法》国务院颁布了《现金管理暂行条例》和《外汇管理条例》，中国人民银行颁布了《银行账户管理办法》和《支付结算办法》，财政部发布的《企业内部控制基本规范》等，这些规定和国家有关的法律法规以及企业经营管理的需要是企业设计货币资金处理制度的依据。

## 二、货币资金处理制度设计的内容

货币资金处理制度设计的内容包括货币资金内部控制制度设计、货币资金业务凭证设计、货币资金处理程序设计和货币资金核算方法的设计等内容。其中货币资金业务凭证设计可以参照会计凭证的设计进行，关于货币资金核算方法在《基础会计学》和《中级财务会计》等课程中已有介绍，设计者可以参阅进行设计，本书不再赘述。本部分只介绍货币资金内部控制制度设计和货币资金处理程序设计。

**（一）货币资金内部控制制度的设计**

货币资金内部控制制度设计的核心是建立货币资金的职务分离制度、控制程序、稽核制度和与其相关的岗位责任制度。其最基本的要求就是负责货币资金收、付款业务的人员应与记账人员和负责审批的人员相分离。

1. 货币资金业务内部控制的要点

货币资金业务内部控制的要点主要有以下几个方面：

（1）严格遵守制度

与货币资金业务内部控制有关的制度主要有：《现金管理条例》、《银行结算制度》、《票据法》等。

（2）账钱分管

货币资金的收付及保管应由被授权批准的专职出纳人员负责，其他人员不得接触。出纳人员不得同时负责总分类账的登记和保管。

（3）及时登记

发生货币资金的收、付，应当立即入账，不得拖延。应当设置库存现金和银行存款日记账，由出纳人员序时登记，日清月结。

（4）现金盘点制度

建立定期和不定期的现金盘点制度。库存现金的清查应该采用实地盘点法。库存现金的盘点制度包括出纳人员自身随时进行的日常盘点和专门财产清查人员的定期和不定期盘点两个方面。每日出纳要进行现金盘点，编制现金日报，与现金日记账余额相核对，查明库存现金是否账实相符。

（5）定期与银行对账

企业出纳员应随时根据银行的对账单及时与银行对账，编制银行存款余额调节表。如果企业银行存款的收付业务较少，银行提供对账单较迟的，企业至少应每月与银行对一次账。

为加强对银行存款的监控，除了由出纳人员随时与银行进行对账外，还必须建立由专门清查人员负责的定期与不定期相结合的银行存款复核、检查性核对制度。

(6)加强各种收、付款凭证的管理

主要内容有：各种收、付款凭证要由会计部门统一管理，连续编号；领用空白发票、收据要进行登记；空白支票不得签名盖章，签发支票的印章要分开保管。建立出纳人员、专用印章保管人员、会计人员、稽核人员、会计档案保管人员及货币资金清查人员的责任制度；收支凭证应当与原始凭证一致；款项付讫后，出纳必须及时在付款凭证上加盖"现金付讫"或"银行付讫"图章，以防止重付或漏付；一切付款要经过批准。

2. 货币资金业务内部控制制度的内容

货币资金内部控制制度主要应包含以下内容，企业在设计时根据实际情况进行取舍。

(1)授权批准制度

货币资金的收入、支出和保管应当由两名或两名以上的授权人批准，重大货币资金支付应由企业有权批准的机构或负责人批准。

(2)岗位责任制与岗位轮换制度

货币资金业务的申请、批准、收支、保管岗位相互分离，收支、保管岗位与核算、对账岗位相互分离，货币资金收支结算票证与所需印鉴分开保管。同时，对货币资金业务的重要岗位人员实行定期轮换，并通过轮换时的交接审核，及时发现可能存在的问题。

(3)会计记录管理制度

企业应及时、正确、完整地记录货币资金业务和货币资金收支情况。各类货币资金收支业务发生后进行账务处理的截止时间原则上不超过一天。企业应确保会计记录的安全、完整，建立会计记录的录入、修改、保管、查阅程序。

(4)定期监督、检查制度

企业应定期由独立于货币资金业务岗位的人员或机构（如内部审计）对货币资金内部会计控制制度的执行情况进行监督检查。定期的独立检查有助于发现当前内部控制的薄弱环节，以进一步修订完善内部控制制度。

**(二)货币资金处理程序的设计**

货币资金处理程序的设计包括货币资金业务的增加（或者收入）和减少（支出）两个方面。

1. 货币资金业务增加程序的设计

企业的经济活动导致货币资金的增加业务包括销售产品，销售材料，销售废旧物资，对外提供劳务，预付款收回，投资取得收益等。对这些收入，企业必须根据自身组织形式和经营业务的特点制定相应的货币资金收入控制程序，以便于各职能部门相互协调，共同遵守。

一般企业货币资金收入的控制程序如图表 4－1 所示。

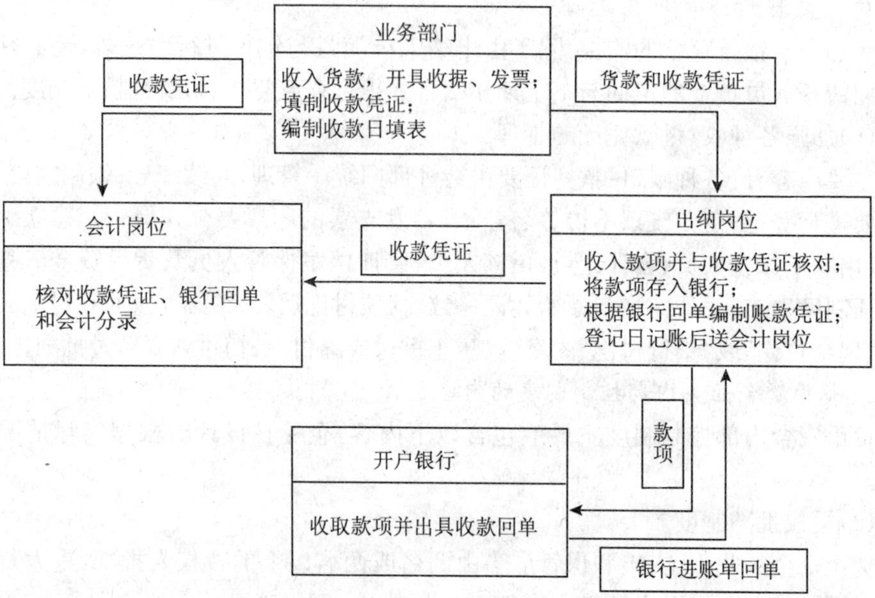


**图表 4－1　企业货币资金收入的控制程序图**

企业除了设计货币资金收入的控制程序外，还必须对与货币资金收入相关的方面进行控制。这些控制主要有：严格控制收款日期和收款金额，保证应得的收入及时收取，不缺不漏并及时送存银行；所有收款收据和发票都必须连续编号，并建立一套严格详细的领用和回收制度；建立现金、支票、汇票等货币资金收入的防伪检验制度。

由于货币资金包括库存现金、银行存款和其他货币资金，因此货币资金增加业务的控制程序又具体分为库存现金增加、银行存款增加和其他货币资金增加三个方面。在此介绍库存现金的控制程序设计。

库存现金增加业务的种类较多，现介绍两种常见的收款程序。

(1)企业自设门市部销售商品、集中收款

企业自设门市部销售商品、集中收款的业务处理过程是：先由营业员开出一式三联发票，随收取的货款送交收款员；收款员收款并加盖戳记后，将第三联留下，其余二联送回营业员；营业员将发票的第二联随商品送交顾客，第一联暂存。然后每日营业结束时，营业员根据第一联编制销售日报一式两份，并将第一联和销售日报一份送交会计部门进行销售收入核算，收款员根据第三联和货款编制收款日报一式两份，并将第三联、货款和收款日报送交出纳部门，最后会计部门将销售日报和收款日报进行核对。

该流程的关键控制点有：开票人和收款人相分离；根据不同的发票联分别编制销售日报和收款日报，并进行核对，以保证销售和收款金额的正确。

(2)出纳部门零星收款

出纳部门零星款项的现金收入业务处理过程是：首先由业务部门开出一式两联收款通知，经本部门负责人审核后交出纳部门。然后出纳员根据收款通知收取现金，编制收据一式三联，其中一联给客户，一联留存，另一联随同收款通知在登记现金日记账后送交会计部门记账，定期进行账账核对。

该流程的关键控制点有：开票和收款部门分离，出纳员只有凭审核过的收款通知才可办理收款，并出具收款收据；现金总账和明细账分别由出纳员和会计员登记和保管；定期进行收款通知单、现金日记账和总账的核对，以便发现是否多收、少收以及登记账簿的错误等。

(3)银行存款增加业务的控制程序设计

银行存款增加业务主要有：将多余现金存入银行，销售货物取得价款、接受捐赠和等。银行存款结算方法较多，有托收承付、委托收款、支票、银行汇票、商业汇票、银行本票、信用证及汇兑等。就共性而言，银行存款各种收支业务处理一般经历以下环节。

a. 授权。业务部门负责人根据业务需要，按照规定授权有关业务人员办理涉及银行存款收取的经济业务事项。

b. 签订结算合同。业务经办人员同对方签订合同，就收付款项结算方式以及结算时间等内容作出规定。

c. 填制或取得原始凭证。业务经办人员按照会计制度规定填制或取得原始凭证，作为办理银行存款收取业务的书面证明。

d. 签审凭证。业务经办人员在原始凭证上填清业务内容并签字盖章。业务部门负责人或指定人员对原始凭证审核签字，批准办理托收或承付结算手续。会计部门收到银行存款收支原始凭证后，会计主管或指定的分管会计人员负责审核，对不符合规定要求的凭证采取相应的控制措施，如采取不予受理、予以扣留或予以退回等方式。

e. 填制或取得结算凭证。出纳正确选择和使用银行结算方式及填制或取得结算凭证，根据审签的原始凭证，按照规定要求填制或取得银行存款结算凭证。比如，根据商品销售发货单、运费单和销售发票等原始凭证，填制托收承付结算凭证办理货款托收手续。

f. 审核结算凭证。会计主管或指定人员审核银行存款结算凭证回单联，并同原始凭证核对。

g. 编制记账凭证。会计人员根据审签的银行存款结算凭证及原始凭证，编制银行存款收款。对银行存款收款凭证必须连续编号。

h. 复核记账凭证。稽核人员或指定人员对记账凭证及所附银行存款结算凭证与原始凭证进行复核。

i. 登记账簿。应按开户银行和其他金融机构、存款种类分别设置“银行存款日记账”。由出纳根据经过复核的收付款记账凭证，按照业务发生的顺序逐笔登记“银行存款日记账”，并结出余额。分管会计人员根据审签合格的记账凭证登记有关明细分类账。总账会计按照规定的核算形式登记银行存款总账。

j. 核对账单，编制银行存款余额调节表。由非出纳人员或指定人员逐笔核对“银行存款日记账”和“银行对账单”;如有差错,应逐笔查明原因,分清错误与未达账项。由对账人员编制“银行存款余额调节表”,使银行存款账面余额与银行对账单调节相符;如调节不符,应查明原因,及时处理。

k. 对账。在稽核人员监督下,各账簿记录人员核对银行存款日记账和有关明细分类账及总分类账。如有差错,报经批准后予以处理。

银行存款业务控制的要求有:

a. 保证银行存款业务符合授权要求。银行存款业务发生部门主管或单位主管审核批准银行存款收取业务,并签字盖章以示审批,或授权银行存款收取业务经办人员以及经办权限。

b. 保证银行存款收取凭证真实合法。银行存款业务主管会计应审核银行存款收取原始凭证,以及银行存款结算凭证基本内容的完整性、处理手续的完备性、经济业务内容的合法性,银行存款结算凭证所反映的业务内容与金额同原始凭证的一致性,并签字盖章以示审核后,才能编制银行存款收款;会计部门主管或其授权人应审核银行存款收款凭证基本内容的完整性、处理手续的完备性、经济业务内容的合法性。

c. 保证银行存款业务会计记录完整及银行存款安全。出纳人员复核银行存款收取业务原始凭证,及时取得或填制结算凭证,对结算凭证以及原始凭证加盖“收讫”戳记,并签字盖章以示结算。同时,登记银行存款收取业务结算登记簿。

d. 保证银行存款收取业务记录完整及银行存款业务账务处理正确。记账前,稽核人员审核银行存款收取原始凭证、结算凭证基本内容的完整性、处理手续的完备性、所反映的经济业务内容的合法性及真实性;审核银行存款收款凭证基本内容的完整性、处理手续的完备性,所反映银行存款收取业务内容与金额同原始凭证的一致性,并签字盖章以示稽核。

e. 保证银行存款业务账簿之间相互制约。出纳根据银行存款收款记账凭证登记银行存款日记账,登记完毕,核对其发生额与收款凭证的合计金额,并签字盖章以示登记;银行存款总账会计根据收款凭证登记银行存款总账,登记完毕,核对其发生额与银行存款收款凭证的合计金额,并相互盖章以示登记。

f. 保证银行存款业务账务处理正确及会计资料准确。在稽核人员监督下,出纳与银行存款总账会计核对银行存款日记账与银行存款总账发生额和余额,并相互取得对方签字以示对账。

g. 保证银行存款会计信息准确及时。银行存款主管会计定期核对银行存款日记账与银行对账单,编制银行存款余额调节表,调节未达账项。复核收支业务原始凭证,并签字盖章以示审核后才进行银行存款收款凭证的传递。

本部分主要介绍现金送存的控制程序,销售与收款的控制程序将在以后介绍。

现金送存的一般程序是,首先由出纳人员清点票币,将同面额的纸币摆放在一起,按每 100 张为一把整理好,不够整把的,从大额到小额顺放。将同额硬币放在一起,壹元、伍角、壹角硬币,按每伍拾枚用纸卷成一卷,分币按 100 枚用纸卷成一卷,不足一卷的一般不送存银行,留作找零用。款项清点整齐核对无误后,由出纳人员填写现金解款单存入银行。现金解款单为一式三联或一式两联，这里以三联式现金解款单为例，第一联为回单，此联由银行盖章后退回存款单位；第二联为收款人凭证，此联由收款人开户银行作凭证；第三联为附联，作附件，是银行出纳留底联。出纳人员在填写现金解款单时，要用双面复写纸复写。交款日期必须填写交款的当日，收款人名称应填写全称。款项来源要如实填写，大小写金额的书写要标准，券别和数额栏按照实际送款时各种券面的张数或券枚填写。然后将款项连同解款单一并交银行收款柜收款。银行核对后盖章，并将第一联（回单）交存款单位作记账凭证。

(4)定额备用金业务的控制程序设计

备用金是财务部门按企业有关制度规定，拨付给所属报账单位和企业内部有关业务与职能管理部门，用于零星找零、收购零星商品物资或日常业务零星开支的备用现金。备用金管理人员负责本部门日常零星支出，一段时间后集中有关凭证向单位财务部门统一报销，由财务部门补齐已开支金额部分，使备用金存量恢复到定额水平。定额备用金收支业务要经历以下程序。

a. 设置批准制度。对需用备用金的部门建立规范的申请、批准制度。

b. 建立定额备用金。由财务部门核准，主管负责人批准，主管会计签发现金支票，由出纳办理支票交付，并根据支票存根编制付款凭证，登记银行存款日记账。同时，设置“其他应收款——备用金”科目在有关账簿进行登记，说明定额备用金的支付。

c. 定额备用金使用和报销。部门备用金管理人员开支备用金后，汇总支出凭证集中向财务部门申请报销，报销凭证应由会计人员审核后，交由出纳办理补足定额。

d. 定额备用金收回。年终，财务部门根据规定收回定额备用金，以便次年重新核定备用金标准再进行发放。收回时，应由下属部门专管人员将备用金交回财务部门，由会计人员进行审核。最后，由出纳收回现金，并编制收款凭证登记现金日记账和有关账簿。

对备用金业务要进行事前、事中和事后控制，控制要求如下：

a. 事前控制的要求

首先，确定单位应建立哪些定额备用金。其次，根据单位特定情况决定备用金数量。通常情况下，除工资备用金外，其他备用金金额不能过大，任何超过备用金金额的现金支出应得到特定的事先审批，并在一般现金中支付，而不在备用金中支付。最后，确定备用金保管人，制定该项备用金补足和支付记录制度。各备用金保管人不能同时负责其他备用金、现金收入和支出的审批。

b. 事中控制的要求

使用备用金必须有发票等原始凭证证实该笔支出。发票应由备用金使用者的审核人员签字。在某些情况下备用金支付必须得到事先。

c. 事后控制的要求

内部审计人员或其他独立的职员应不定期地清点备用金。备用金余额和已支付凭证的合计数，应与备用金固定金额相等。当备用金余额在规定数额以下时，备用金保管人可以将已支付凭证交会计部门。会计部门批准后，交出纳部门按定额补足该备用金。各备用金余额应定期与控制该备用金的总账余额核对。

备用金控制也可以采取替备用金使用人在银行开设备用金专户办法。单位应书面告知银行，该专户存款只能以单位开出的补足备用金支票为依据，取款只能由单位指定的备用金使用者才能提取，以防止经常性的现金收入流入该账户和非备用金使用者提取该现金行为的发生。

(5)其他货币资金业务控制程序设计

其他货币资金业务处理程序基本上与银行存款相似，即同样经历授权、填制或取得原始凭证、审签、审核凭证、填制或取得结算凭证、编制和复核记账凭证、登记各有关账簿、核对等环节。

其他货币资金从性质上讲属于货币资金的一部分，但其存放地点和用途与库存现金和银行存款不同，因此，对其他货币资金的控制要求也就有所不同。

其他货币资金业务控制的基本要求是：

a. 账户设置控制。设立其他货币资金账户需要满足一定的条件，只有资金收付业务频繁、持续时间较长的经济活动才有必要开设专门存款账户，所以财会部门应加强对其他货币资金开户情况、开户条件的审查。

对于外埠存款而言，财会部门应当重点审查两个方面的内容：一是经过审查核准开设外埠存款的业务部门只能开设一个相关账户，而且要审核对账户监督的可能性与有效性。二是外埠存款必须按指定用途使用。对银行本票、银行汇票账户，开设时的审查主要体现在：有关业务活动是否适合采取本、汇票形式，开设账户之后企业是否能对其进行有效的控制与监督；票据申请程序是否合法，票据使用责任是否明确；票据账户设立之后的管理问题。信用证、信用卡账户开设的审查内容有业务活动性质与存款卡类型的符合性，企业财务、业务执行部门是否已经具备对该类账户的管理条件和经验。

b. 账户使用控制。其他货币资金的使用都要经过企业银行存款账户。一般来说，其他货币资金收付和使用都远离企业所在地，使用过程也是通过外地银行完成。其他货币资金使用控制中最重要的是外埠存款的控制。使用外埠存款时，要明确使用者。设立外埠存款账户之后，企业应确定资金管理负责人；财会部门应以合约或制度形式明确财会部门和账户使用者的权利与义务关系、存款使用额度、使用范围以及相应的责任。财会部门应对重要的外埠存款账户设立专门的监控职位，对外埠存款使用的合法性、真实性与准确性进行管理。对于外埠存款应重视过程管理，以便全面掌握外埠存款使用情况，对出现的问题及时加以处理。企业财会部门应对外埠存款进行集中管理、统一调度。在将一定的使用权分配给使用者的同时，财会部门还应继续保留最终决定权；当出现必要的情况时，有权将外埠存款收回本部。

c. 账户取消控制。当有关业务结束后，外埠存款账户就应及时撤销，财会部门应监督账户的清理工作，并将余额转入企业账户。

2. 货币资金业务减少程序的设计

支付购料款、发放工资薪金、支付日常费用、预付款项、归还应付款等支出业务导致企业货币资金业务的减少。

企业的货币资金支出主要有现金支出和银行转账支出两种方式，其业务性质不外乎对外支付购货款、有关费用和对内支付工资等有关劳务费用。无论是现金支出还是通过银行转账支出，都必须根据企业支付业务的特点制定相应的货币资金支出控制程序，以便于各职能部门相互协调，共同遵守。

货币资金支出的控制程序设计一般包括以下四个环节：

a. 支付申请。单位有关部门或个人用款时，应提前向审批人提交货币资金支付申请，注明款项的用途、金额、预算、支付方式等内容，并附有经济合同或相关证明。

b. 支付审批。审批人根据其职责、权限和相应程序对支付申请进行审批。对不符合规定的货币资金支付申请，审批人应当拒绝批准。

c. 支付复核。复核人应当对批准后的货币资金支付申请进行复核，包括货币资金支付申请的批准范围、权限、程序是否正确，手续及相关单证是否齐备，金额计算是否准确，是否超出预算范围或标准，支付方式、支付单位是否妥当等。复核无误后，交由出纳人员办理支付手续。

d. 办理支付。出纳人员应当根据复核无误的支付申请，按规定办理货币资金支付手续，并及时登记现金和银行存款日记账。

货币资金支出的一般控制程序图见图表 4－2 所示。

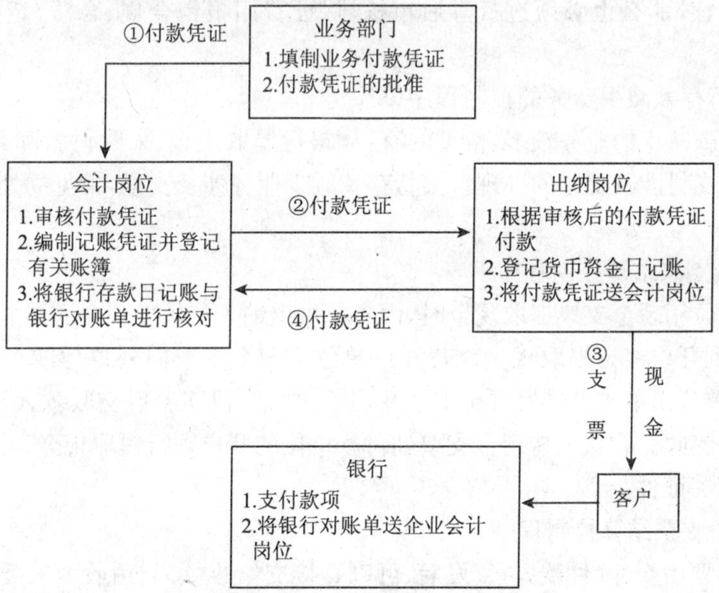


**图表 4－2　货币资金支出的一般控制程序图**

企业除了制定货币资金支出的控制程序外，还必须对与货币资金支出相关的方面进行控制。这些方面主要有：严格按《现金管理暂行条例》规定的范围使用现金，尽可能多地使用银行转账方式支付款项；对现金支付量较多的部门建立备用金制度，实行备用金管理；企业所有的付款业务都要有合格的原始凭证，并经业务人员签字证明、主管领导批准，经会计部门审核后出纳部门才能据以付款；企业应指定专人签发支票等支付工具，并妥善保管，严格按票据顺序号签发；遵守银行的结算纪律，不得签发空头支票、空白支票、远期支票，不得出借支票，也不得将支票交收款人代签；款项付讫后，出纳必须及时在付款凭证上加盖“现金付讫”或“银行付讫”图章，以防止重付或漏付；对存储的保证金、押金和企业各部门的备用金等应定期进行清查核对；建立外埠存款、银行汇票、银本票、信用卡、信用证等其他货币资金的收支管理制度。

由于货币资金包括库存现金、银行存款和其他货币资金，因此货币资金减少业务的控制程序又具体分为库存现金减少、银行存款减少和其他货币资金减少三个方面。在此介绍库存现金和银行存款减少的控制程序设计。

(1)库存现金减少业务的控制程序设计

库存现金减少业务有：将多余现金送存银行和支付日常零星开支等。在支付日常零星开支上主要有报销费用，其现金支出业务处理过程是：先由支出费用的业务部门有关人员根据原始凭证编制报销凭证，经本部门主管审核后，送交会计部门；经会计主管审核同意后交出纳员付款，随后将报销单送会计部门据此登账。

该流程的关键控制点有：费用报销必须要有原始凭证，以保证报销费用数额的真实和正确；费用报销前，必须由业务部门主管和会计部门主管审核批准，才授权出纳支付款项。如果由于报销业务频繁或其他特殊原因使会计主管不能对每笔报销业务都进行事前审核，那么也必须进行事后审核，保证费用报销合规、合法；定期进行账账核对。

(2)银行存款减少业务的控制程序设计

银行存款减少的业务较多，常见的有：从银行提取现金、采购付款和其他等业务。银行存款的支付涉及支票的办理。银行存款减少业务涉及支票，常见的处理程序有以下两种：

a. 现金支票结算控制程序

开户单位用现金支票提取现金时，由本单位出纳人员签发现金支票并加盖银行预留印鉴后，到开户银行提取现金。若开户单位用现金支票向外单位或个人支付现金时，由付款单位出纳人员签发现金支票并加盖银行预留印鉴后交收款人，同时收款人需在存根联签收。收款人持现金支票到付款单位的开户银行提取现金，并按照银行的要求交验有关证件。

b. 转账支票结算控制程序

转账支票由企业(付款人)签发后，可以直接交给收款人，由收款人委托其开户银行代收；也可以直接交给企业(付款人)的开户银行，委托开户银行将款项划转给收款人。二者在结算程序上略有不同。

由企业(付款人)签发，交收款人办理转账结算的控制程序是：付款人按应支付的款项签发转账支票并加盖银行预留印鉴后，交给收款人；收款人审查无误后，应作委托收款背书，在支票背面“背书人签章”栏签章，记载“委托收款”字样、背书日期，在“被背书人”栏记载开户银行名称，并将支票和填制的“进账单”一并交其开户银行办理转账；

银行受理后，在“进账单”上加盖银行印章，退回收款人，作为收款入账的凭据；银行之间传递支票并清算资金。

由付款人签发，委托开户银行办理转账结算的控制程序是：付款人按应支付的款项签发转账支票加盖银行预留印鉴，并填制“进账单”后，直接交其开户银行，要求转账；付款人开户银行受理后，退回“进账单”回单联（第一联），然后将款项划转收款人开户银行；银行之间传递凭证，并办理划转手续；收款人开户银行办妥进账手续后，通知收款人收款入账。

以上流程的关键控制点有：

a. 银行存款支出业务的相关人员必须职责分离。在银行存款收付业务中，涉及出纳、会计、主管及银行相关人员。应做到银行存款的审批人同出纳、支票保管人员和记账员相分离；负责调整银行往来账的人员同现金收付、负责应收应付账款的人员的职责要分离。

b. 付款审批制度。付款前由业务部门和会计部门主管审核。

c. 支票管理制度。所有的空白支票必须连续编号，空白支票要妥善保管，支票存根要按有关规定妥善保存，任何有文字或数字更改的支票应予作废（加盖“作废”戳记），并且同其他支票存根一起，按顺序编号并保留。每项支票支出，都必须有经过核准的发票或其他必要的凭证作为书面依据，而且必须经过指定的支票签署者的审批并签发。所有已签发的支票应记录备查，并于当日及时入账，定期与相关账户核对。

d. 签发支票的印鉴由会计主管保管。

e. 定期对账。要定期将企业银行存款日记账与银行送来的企业银行存款对账单核对相符。如不符，应及时查找原因，作出处理。

## 设计案例

货币资金管理制度，选自《利尔化学股份有限公司货币资金管理制度》。

### 利尔化学股份有限公司货币资金管理制度

（2009 年 7 月）

第一条　货币资金是公司流动性最强、控制管理难度最高的资产，为了加强利尔化学股份有限公司（以下简称“公司”）货币资金管理，确保货币资金的安全与完整，提高货币资金使用效率和确保会计核算工作质量，根据《中华人民共和国会计法》和《内部会计控制规范》、《支付结算管理办法》等法律、法规、规章及《公司章程》的有关规定，特制定本制度。

第二条　本制度所指货币资金是指本单位在经济活动或筹资活动（含证券发行，包括首次公开发行股票、配股、增发、发行可转换公司债券等以及非公开发行股票向投资者募集并用于特定用途的资金）中，处于货币形态的资金，包括现金、银行存款和其他货币资金（含证券发行专户存款），证券发行所募集的资金管理还需要遵守募集资金相关的法律法规及公司《募集资金管理办法》的规定。

第三条　货币资金由财务部统一管理、统一核算各种货币资金收付款业务，其他任何部门未经公司授权或委托，不得擅自办理货币资金收付款业务和以公司名义出具各种收款凭据（发票或收据）或直接接触货币资金。

第四条　货币资金预算

1. 公司财务部负责编制年度货币资金预算，作为年度预算的组成部分，经公司董事会、股东大会批准后由总经理组织执行。

2. 依据年度货币资金预算及业务发生实际情况，每月 28 日前汇总编制月度货币资金使用月度计划，确保公司经营的正常进行。

第五条　授权审批

1. 公司应根据董事会的授权和经营班子的分工情况，建立《货币资金授权审批权限一览表》，以确保货币资金业务的授权批准方式、权限、程序、责任和相关控制措施，规定具体经办人办理货币资金业务的职责范围和工作要求。

2. 审批人应根据货币资金授权批准制度的规定，在授权范围内进行审批，不得超越权限审批。对于超级越权审批的要在年度考核中扣减管理者绩效分，造成损失的要依照规定承担相应责任。

3. 经办人应在职责范围内，按审批人的批准意见办理货币资金业务。对于审批人超越审批权限范围的货币资金业务，有权拒绝办理，并及时向审批人的上级授权人汇报，以避免影响公司业务的正常开展。

4. 经办人明知审批人不合规的审批或要求，而给予办理相关货币支出业务的，应做降职降薪和调岗处理，责任重大触犯法律的，应承担相应的民事或刑事责任。

第六条　货币资金办理程序

1. 申请：公司各部门和个人用款时，应该向审批人提供填制注明款项用途、金额、支付方式等内容的凭据，并附有经济合同、《用款报告单》或经财务部审核的符合报销规定的相关报销凭据等。

2. 审批：审批人根据《货币资金授权审批权限一览表》规定在其职责范围内审批。对不符合规定的货币资金支付申请，审批人应该拒绝批示。

3. 核准：核准人应对批准后的货币资金支付申请进行复核，复核货币资金支付的申请批准范围、权限、程序是否正确，手续及相关单据是否齐全，金额计算是否正确，支付方式、支付单位是否妥当，复核无误后，交出纳办理支付手续（支付现金或填制网银付款单）。

4. 支付：出纳根据复核无误的支付凭据，按规定办理货币资金收支业务，及时登记现金和银行日记账，同时将支付凭据交负责货币资金业务处理的会计人员做账务处理。

第七条　财务岗位分工

1. 会计人员必须进行货币资金收、付业务的管理，严格按《票据法》、《现金管理暂行条例》、《支付结算办法》等有关规定进行核算。

2. 出纳员应该具备良好的职业道德、忠于职守、廉洁奉公及满足岗位工作要求的素养和能力。

3. 出纳员负责办理货币资金的收支、存取和保管业务，出纳不得兼任稽核、会计档案保管和收入、支出、费用、债权、债务账目的登记工作。

4. 保险柜由出纳员按规定保管和使用，用以保存现金、支票、有价证券、银行票据、POS机卡、网银秘钥等，保险柜不得存放私人物品及其他财物。

5. 禁止由同一人全过程（收据或发票的开具、网银的录单和审核、单据的报销和审核及付款）办理货币资金收支业务。

6. 银行票据由出纳员负责保管，银行预留印鉴由主办会计和会计主管分别保管。

7. 财务部设置稽核会计岗位负责与货币资金支付相关的业务审核，每日对收付款凭证进行稽核。

第八条　现金管理

1. 现金使用范围：

(1)物资采购、办公用品、运杂费、培训、学习等1000元以内的日常零星支出；

(2)无法通过银行转账支付的款项；

(3)差旅费用支出；

(4)为正常业务准备的备用金；

(5)除以上规定以外的货币资金支付，均采用银行划转（含POS）支付。

2. 严格执行现金最高库存限额为20000元的标准，超出限额部分的现金当天必须存入银行。

3. 存取现金超过100000元的必须两人以上到银行共同办理。

4. 出纳按支付顺序逐日逐笔及时登记《现金日记账》，对库存现金做到日清月结；不得坐支和挪用现金。

5. 出纳在存取现金的过程中发生被抢劫、偷盗、被切换等情况，应该立即向事故管辖区域的公安部门报案（或拨打110）并同时向公司财务负责人和总经理汇报。

6. 现金收支程序：

(1)现金收款：规定现金收款收据或发票由专人负责开具，开具后客户联由保管印章人员加盖财务专用章后交予客户，记账联交与出纳收取现款，出纳收款后加盖"现金收讫"章立即将该联移交负责现金凭证处理的会计进行处理。

(2)现金付款：报销人凭审批完备的《借款单》、《费用报销单》等支出凭据到出纳处申请付款，出纳付款后加盖"现金付讫"章后立即将该联移交负责现金凭证处理的会计进行处理。

第九条　银行存款管理

1. 除可以用现金支付以外的一切收付款项都必须通过银行办理转账结算。应严格执行《支付结算办法》及相关法律法规，遵守银行办理结算的相关规定，保证银行结算业务的正常进行。

2. 银行结算包括网银、POS、支票、银行汇票、汇兑、委托收款或托收承兑、信用证、银行承兑等方式。

3. 所有的银行结算凭证，财务负责人必须严格审核，防止和杜绝错付、挪用、贪污等违法行为的发生。

4. 财务部长随时掌握银行收支和结余情况，并报告财务负责人，以便合理组织资金的收支。

5. 严格遵守《银行开户管理办法》，根据公司的业务实际，选择具有本外币结算能力的银行开立账户，办理结算，不得出租、出借账户。

6. 因公司业务发展需要增加开立、变更和注销银行账户，需由财务部长和财务负责人共同书面申请，经总经理批准后方可实施。

7. 出纳应该每天到有业务发生额的银行收取银行结算凭证，以便会计人员依据审核无误的原始凭据作记账凭据，及时逐日逐笔登记《银行日记账》。

8. 负责银行对账的会计人员须在每月10日前完成《银行日记账》与银行对账单核对，发现差错应及时更正。《银行日记账》与“银行对账单”余额应该相符，若有不符必须逐笔查找原因，同时编制“银行余额调节表”进行调节，调节后的余额必须一致。调节表上的未达账项必须于次月的12日前全部入账。

第十条　办理银行支款程序

1. 支票的领取

(1)银行转账支票只能由采购人员或直接经办人领取，领用支票时必须向财务部门出具按规定完成审批程序的《用款报告单》或经审核的报销发票，支票领用人应在支票领用登记簿上签字，并在限期内核销，财务不得开具印鉴齐全的空白支票给采购人员外出采购。

(2)支票领用后应在三个工作日内报账。若有特殊原因不能在规定期限内核销的，支票领用人应给财务部出具有部门负责人签字同意的书面说明。

(3)财务部不得签发远期支票和空头支票，不得出借、出租或将支票转让给其他单位使用。

2. 网银汇款支付(含工资)

各用款部门经办人员，出示经审核和批准的《用款报告单》、《工资表》或经审核的报销凭据等，交财务部长或财务负责人核准，核准人将付款凭据交出纳录入网银系统，经网银授权批复人在网银系统中审批和核准后支付。

3. 100万元以上的公司账户之间的资金调度，由出纳书面申请，经部门审核后报总经理审批同意方可进行资金划转。

第十一条　其他货币资金的管理

1. 其他货币资金包括外埠存款、银行汇票、银行本票、在途资金和信用卡存款、信用证保证金存款。

2. 签发外埠存款、银行汇票、银行本票、信用卡存款必须按《货币资金授权审批权限一览表》规定审批程序办理完成手续，由财务部统一办理，必须按国家有关票据和支付结算制度的规定执行。

3. 设立“其他货币资金”账户，按明细设立对应的明细账进行核算。

4. 对使用后的其他货币资金进行严格的审核，定期进行清算。

第十二条　对IPO项目的专户资金，按公司货币资金管理审批权限办理支付审批手续后方可支出。财务应建立与IPO项目建设使用资金相对应的台账。

第十三条　对外投资（包括股权投资，股票、债券、银行理财产品等）、担保、贷款必须有有权部门或人员的审批及相关的合同等必备文件，完成资金审批程序，财务才能划转货币资金。

第十四条　货币资金盘点

1. 出纳根据《现金日记账》每日对库存现金进行自我盘点核对。

2. 财务部负责内部稽核的会计人员，每周不定时的不少于2次对出纳的现金日记账与所审批的报销单证进行盘点核对，每月期末最后一次盘点现金实存数后，应编制分币种、面值的《库存现金盘点表》，现金盘点实行"长收短赔"。

3. 财务部长负责不定期对保险柜的使用情况、库存现金、有价证券、现金和银行日记账、银行存款对账单等进行抽查及核对。

4. 每核对一次发现有差异，应查明原因并做好记录，须由双方签字确认，发生违纪立即报告财务负责人和总经理，由公司追究责任人的责任。

第十五条　监督和检查

1. 公司审计部负责实施货币资金的日常监督和检查工作。

2. 货币资金监督和检查的主要内容

(1)货币资金相关业务岗位及人员设置情况是否符合不相容的职务互相分离；

(2)货币资金授权批准制度规定的审批权限是否执行有效；

(3)财务印鉴章是否与财务支付款票据的保管开具实行分人保管；

(4)有效财务票据的购买、领用、安全、完整，保管手续是否健全；

(5)每次检查后应该出具书面的检查报告，对检查中发现的问题或货币资金管理中存在的薄弱环节，责令财务部立即加以纠正和完善。

第十六条　总经理应根据本制度要求组织制定分级审批权限表以便实施。

第十七条　本制度由公司董事会负责解释，并根据公司业务发展需要进行补充和修订。

第十八条　本制度自董事会审议通过之日起执行。

## 第二部分 筹资与投资业务制度设计

企业的生产经营活动所需的资金要通过各种途径和方式进行筹集。筹资是企业经营活动的开始，是现代企业重要的理财活动。科学地设计筹资业务制度，将有利于全面、系统和正确地核算筹资业务，有效监督、控制筹资活动；有利于满足生产经营活动对资金需求的同时，降低资金成本，提高资金使用效率。投资是指企业为通过分配来增加财富，或为谋求其他利益而将资产让渡给其他单位所获得的另一项资产。设计投资业务制度，对于保护投资的安全与完整，正确计量投资价值，反映和监督各类投资的形成、权益及收益的取得、投资收回与投资风险控制的情况以及对投资效益进行科学分析等都具有重要意义。

投资与筹资业务制度设计的内容主要包括投资与筹资内部控制制度设计、投资与筹资核算方法的设计和投资与筹资业务核算程序的设计三个部分。

## 一、投资与筹资内部控制制度设计

### (一)投资业务内部控制制度设计

投资活动同其他经营业务活动相比，在各个企业之间具有较大的相同性，因而投资环节的内部控制制度可以更加正规地加以组织。具体而言，投资业务内部控制制度主要包括职务分离制度，财务分析制度，投资调查审批制度，投资取得、保管和处置控制制度和投资核算控制制度等。

1. 职务分离制度

投资业务职务分离制度主要体现在以下几个方面：

(1)投资计划的编制人员与投资的审批人员相分离，以保证审批人员客观地分析投资的可行性和合理性。

(2)投资业务的操作人员与会计人员相分离，以保证业务运行和会计记录的相互核对与控制关系。

(3)有价证券的保管人员与会计记账人员相分离，以保证会计账簿对有价证券的安全进行有效控制。

(4)参与投资交易活动的职员不能同时负责有价证券的盘点工作。

(5)投资红利和利息的经办人员与会计核算人员相分离，以保证红利、利息所获现金的全款入账。

2. 财务分析制度

财务分析制度贯穿于投资的提出、立项、调查、审批、跟踪和处理过程，应由负责投资的部门和财务部门定期或不定期地对被投资企业的财务状况、证券市场行情等进行分析，并据此编制财务分析报告，递交企业最高管理当局或董事会。当企业自己无能力进行某些分析活动或者自己进行分析活动不经济时，应聘请证券分析专家、市场分析专家或其他投资咨询公司来进行，以便掌握投资的运行状态，及时采取相应对策，规避投资风险。

3. 投资调查审批制度

由于投资活动存在的巨大风险性，在投资前必须进行充分的调查研究，并以财务分析的结果为依据编制投资计划，详细说明准备投资的对象、投资理由、投资品种、数量、期限以及投资组合方案，影响投资收益的潜在利益、风险等，经决策部门审查批准后方可执行。所有投资决策都应当用书面文件予以记录。这些书面文件应进行编号控制，以便于日后追查经济责任。

4. 投资取得、保管和处置控制制度

对各种间接投资取得的有价证券和直接投资的合同、章程等需协调专门机构(专人)妥善保管,无论有价证券由银行或其他独立机构代为保管还是由企业自行保管,证券保管人都必须设置证券登记簿,根据经复核和批准的原始凭单,详细登记存取证券的名称、号码、数量、面值、存放和取出日期及经手人等内容。该登记簿应同会计部门的投资明细账定期由专门指定人进行核对,以保证投资资产的安全。对各项投资的出售、收回等处置,也需有相应的部门主管授权批准,并将处置的各项原始凭证及获取的款项交财会部门入账。如果投资资产的处置为不同证券之间的转移,则该业务应同时置于证券取得和处置的控制制度之下。如果处置的结果是收回现金,还应结合现金收入的控制方法对投资资产处置进行控制。

5. 投资核算控制制度

投资的会计核算控制制度包括投资的发生、期末计价、利息及股利的收取和投资的收回等投资业务全过程的会计核算控制制度。通过相应的账户设置、会计核算方法的选择确定,对各项投资业务进行真实、完整和系统的会计核算。

**(二)筹资业务内部控制制度的设计**

筹资业务内部控制制度的内容主要包括职务分离控制制度、决策过程审批控制制度、对外发行证券的签发控制制度、证券发行业务的控制制度和筹资凭证的记录与保管控制制度等。

1. 职务分离控制制度

筹资业务及其相关业务环节有:分析确定公司在短期和长期内所需要的资金数量;编制各种筹资计划,审批确定某种筹资方式;办理债券或股票发行登记和注册手续,签订各种借款合同;委托证券发行代理机构发行债券或股票;保管未发行的债券、股票及重新收回的股票;定期计算和支付利息;确定和支付股利;会计记录等。在上述各业务中需在职务上进行分离的有:

(1)筹资计划的编制人应与审批人适当分离,以便审批人能以独立的立场来衡量计划的优劣;

(2)办理债券、借款或股票发行的职员不能接触会计记录,通常要求由独立的机构来代理发行债券或股票;

(3)保管未发行债券或股票的职员应同负责债券或股票会计记录的职员分离;

(4)负责利息或股利计算及会计记录的职员应同支付利息或股利的职员分离,并应尽可能地让独立的机构来支付利息和股利。

2. 决策过程审批控制制度

筹资业务虽然在大多数企业中发生的次数较少,但其一旦发生对企业的财务状况有着很大的影响。因此,在筹资业务发生前对其进行有效的控制往往被认为是一个重要的环节。董事会在事先应批准授权一名负责筹资业务的高级管理人员,通常是财务经理,对他所负的责任予以明确。财务经理应在经营活动中不断地分析企业经营活动所需的资金数量,并在认为恰当的时候编制筹资计划。在计划中应详细地说明筹资的理由、筹资的数量、筹资前后企业财务实力的变化、筹资对企业未来收益的影响、各种筹资方式利弊的比较以及对某种筹资方式的建议等。如果筹资计划是由财务经理授权其他职员拟订的，他必须对最后的审定负责。筹资计划必须提呈董事会审批。董事会在接到筹资计划后，应聘请法律顾问和财务顾问审核该项筹资活动对未来净收益增加的可能性及筹资方式的合理性。如认为筹资是必需且计划是可行的，董事会应授权财务经理策划具体的筹资业务细节。在具体细节确定后，董事会需加以逐项详细审核。董事会对筹资计划和实施细则的审核结果，应用书面文件记录。这不仅是控制程序手续上的需要，也有利于对筹资计划和实施细则的修改。事实上，董事会的决议也是应向证券交易委员会必须呈报的文件之一。

3. 对外发行证券的签发控制制度

董事会核准发行债券或股票的决议是执行筹资业务的必需证明文件。但是正式发行的日期，或是否以分次发行的形式进行，有时还需视当时证券市场的交易情况来决定。因此，许多公司在内部控制制度中规定，已经董事会审核批准发行的债券或股票在正式发行前，必须经董事会指定的高级职员签署，而且签署的形式往往采用会签，即必须有两个以上的高级职员共同签发。每一位被授权签发债券或股票的职员，应仔细检查将发行的债券或股票是否同董事会所核准的相一致：各种应办理的手续和文件是否齐全以及到签发日为止的证券市场行情分析报告，或者为熟悉发行债券或股票所需的其他文件和资料。这一控制实际上是债券或股票正式发行前，防止发生错误或弊端的最后审核环节。在得到所有指定签发人的签字后，债券或股票才能正式发行。

4. 证券发行业务的控制制度

债券筹资的金额往往非常大，其推销过程有时会延续较长的时间，对于信誉并非卓著的企业来讲尤其如此。同时，推销债券还需要有专门的技巧和经验。因此，企业应委托有一定地位的银行、投资信托公司、证券交易商来代理发行债券。因为大的银行或投资信托公司资本雄厚，在其能获得一定利润的情况下，经常能包销发行公司的全部或大部分债券。这将有利于发行公司的内部控制。即使代理机构发行债券的形式不是包销而是代销，但由于它们信誉较高、拥有专业人员和设施、与投资人委托的经纪人或交易商有一定的业务交往，代销也能有效地进行。另外，债券代理发行机构在发行债券时，并不经管发行公司的资产和账册。发行公司有关债券的账户记录，可以通过这些机构的业务记录得到客观而公正的证实，从而也加强了债券发行公司的内部控制，使得以伪造的会计记录来掩盖不当行为的事件发生的可能性减少。同时，由独立机构负责股票发行和过户等交易事宜，可使发行公司的职责分离的内部控制延伸到公司外部，而这种控制的结果，往往是令人满意的，因为一项经济活动能够由两个经济实体来共同处理，控制的有效性将大大地加强。

5. 筹资凭证的记录与保管控制制度

企业吸收直接投资形成的权益性筹资或者向银行借款形成的负债性筹资，企业在正常的会计记录之外，通常要设立“股本明细表”、“股东名册”、“长期借款明细表”和“短期借款明细表”，由专人进行登记。

采用发行证券方式进行的筹资业务，其控制要点在于对实物的保管。为了加强控制的目的，对于核准后且已印刷好但尚未发行的公司债券，应当委托独立的机构代为保管。这是限制性接触控制最为有效的方法。负责债券签发的职员在债券签发后，应会同银行或信托公司指定的人员一起亲自监督对债券的加封，并且与该指派人员共同在交接单上签字。企业应设置债券登记簿，按照交接单上载明的债券名称、数量、编号、每张债券的面值、交接日期和人员等记录以及存放于银行或信托公司的债券情况予以登记。企业内部审计人员应定期根据债券登记簿的记录同银行或信托公司进行核对。如果自行保管未发行的公司债券，应指定专人存放于保险箱中保管，并详细记录债券簿。保管人不能同时负责债券的发行、现金的收入和账簿记录。对该部分债券未交独立发行机构发行之前，被授权职员不得签字。内部审计人员必须定期清点在库的债券，清点记录应同债券登记簿相核对。对到期收回的债券，必须于归还本金的同时，戳盖作废记号或注销的记号。在该类债券全部收回后，由财务经理、内部审计人员和债券保管人等组成的小组，按顺序号清点所有债券，在确认没有缺号债券或对缺号债券的原因进行调查后，填写包括债券名称、数量、编号、面值和焚毁日期等内容的焚毁证书，并当场焚毁所有债券，防止债券被不合法地再次使用。

## 二、投资与筹资核算方法的设计

### （一）投资业务核算方法的设计

投资业务核算方法的设计包括：持有至到期投资、可供出售金融资产和长期股权投资的核算。关于它们的核算方法在《中级财务会计》课程中已有介绍，设计者可以参阅进行设计，本书不再赘述。

### （二）筹资业务核算方法的设计

筹资业务核算方法的设计包括负债性筹资业务核算方法的设计和权益性筹资核算方法的设计，主要有短期借款、长期借款和应付债券等的核算。关于它们的核算方法在《中级财务会计》课程中已有介绍，设计者可以参阅进行设计，本书不再赘述。

## 三、投资与筹资业务核算程序的设计

### （一）投资业务核算程序的设计

投资按形式可分为直接投资与间接投资两类。由于直接投资的投资期限较长、投资项目单一、投资金额较大、投资内容变动很小，又有合同、章程等法律文件的严格约束，因而业务核算程序比较简单，这里不再详细说明。相反，由于有价证券的高流动性，投资企业必须建立规范、严密的投资业务核算程序，以便对交易活动实施有效控制，防止舞弊行为，保证投资核算资料的真实、完整。下面从有价证券的购入、出售和投资收益三个方面说明其一般业务核算程序的设计。

1. 有价证券购入程序设计

有价证券购入程序设计的要点是：

(1)由投资业务部门编制“股票或债券的投资计划建议书”，经批准后据此填制“证券购入通知单”一式两联，一联留存，一联交财会部门审批后交出纳部门；

(2)出纳根据“证券购入通知单”开出支票，经审核盖章并登记支票登记簿后交证券公司；

(3)收到证券公司的交割单后，出纳部门根据交割单、支票存根及“证券购入通知单”编制付款凭证，并据以登记“银行存款”日记账或“其他货币资金——存出投资款”明细账；

(4)会计部门收到付款凭证及有关单据后，登记有关账簿及证券投资登记簿。

该流程的关键控制点有：投资计划的编制与审批、保管职能要分离；投资数量较小，投资计划可由负责投资业务的经理审批，投资数额较大，投资计划则需经董事会或总经理审批；签发支票时，会计部门应根据“证券购入通知单”加以审核；定期核对总账与明细账、各明细账与证券投资登记簿，注意审核投资的数量、金额、品种是否正确；证券定期要由独立于证券业务的人员进行盘点。

2. 有价证券出售程序设计

有价证券出售程序设计的要点是：

(1)投资业务部门根据证券市场价格及企业投资目标的实现程度，提出证券出售申请；

(2)出售申请经投资决策部门(人)审核批准后，编制证券出售通知单，交证券经纪人办理出售手续；

(3)会计部门收到证券公司交来的交割单和银行转来的收账通知，审核后，交出纳部门编制收款凭证，并登记银行存款日记账或“其他货币资金——存出投资款”明细账；

(4)会计部门根据出纳部门转来的收款凭证及有关原始凭证，登记有关账簿及有价证券备查簿。

该流程的关键控制点有：证券出售要经授权批准；投资部门、出纳部门和会计部门要定期核对证券出售通知单、收账通知单和证券出售单据，以保证每笔证券卖出收益正确入账。

3. 有价证券投资收益程序设计

(1)投资股票获得的股利投资收益的业务处理的具体内容如下：

首先，会计部门根据上市公司股利分配公告和证券股利收入划账单编制股利收益表，并据以编制转账凭证、登记投资等有关账簿；其次，会计部门根据银行转来的股利收入收账通知编制收款凭证。

(2)投资债券获得利息收益的业务处理的具体内容如下：

首先，会计部门在期末根据债券的票面利率和面值计算期间利息收入，如果溢、折价购入的还应同时计算溢、折价的本期摊销额，填制债券溢、折价摊销表，并根据债券溢、折价从摊销表记录编制转账凭证登记投资收益等有关账簿。其次，出纳部门根据银行转来的利息收入收账通知单编制收款凭证。

该流程的关键控制点有：编制投资收益表前应核对有关收账、划账凭证；对已公告发放股利，但尚未收到股利的要及时查明原因；定期查阅证券投资登记簿，了解各种有价证券投资收益是否正常，账上结余的证券投资品种和数量与证券投资收益的品种和金额是否相符。

**(二)筹资业务核算程序设计**

筹资业务核算程序设计的主要内容包括股票发行业务程序、股利分配业务程序、债券发行业务程序和银行借款业务程序的设计等。

1. 股票发行业务程序设计

股票发行程序设计的要点是：

(1)企业证券部门根据审批意见在核定的股份总额范围内授权委托证券公司销售股票并签订承销协议一式两份，一份自留，一份交证券公司保存；

(2)证券公司销售股票结束后将股东交款单及股东名册送交企业证券部门；

(3)企业证券部门审核后登记股东名册，并将股东交款单送交会计部门；

(4)出纳部门收到证券公司转交的交款清单和银行收款通知时，经审核编制收款凭证并登记银行存款日记账，并将收款凭证和有关单据送交企业证券部门；

(5)证券部门据以在股东名册上登记收到股款日期，并将收款凭证和有关单据转送会计部门作账务处理。

该流程的关键控制点有：股票发行、收款、记账职务分离；核对股票交款单合计和银行收款通知金额合计；核对股东名册持有数合计与会计报表列示发行股数合计。

2. 股利分配业务程序设计

股利分配程序设计的要点是：

(1)企业证券部门根据通过的股利分配方案进行分配，登记股利分配簿并编制股利分配清单一式三份，一份自留，两份送会计部门；

(2)会计部门对股利分配清单复核后，登记应付股利明细账清单，一份自留，一份送出纳部门；

(3)出纳部门收到审核过的股利分配清单后，签发支票连同清单送证券公司委托发放股利，并按支票副本编制付款凭证，据以登记银行存款日记账，付款凭证和支票副本送回会计部门；

(4)会计部门复核登记应付股利明细账，并通知证券部门在股利备查簿中登记股利支付日期，会计部门定期进行账账核对。

该流程的关键控制点有：股利发行、职务分离；股利分配的清单与股东名册中的股东人数要核对相符；检查股利支付与股东收款金额的一致性。

3. 债券发行业务程序设计

债券发行程序设计的要点是：

(1)企业申请发行债券得到批准后，委托证券公司发行，并签订承销协议一式两份；

(2)证券公司受托发行结束后，将交款清单送交企业证券部门，据以填列应付债券明细表，并将交款清单送交会计部门；

(3)出纳部门收到证券公司转来的交款清单和银行收款通知时，经审核后编制收款凭证，并登记银行存款日记账，然后将收款凭证和有关单证交证券部门；

(4)证券部门在应付债券明细表中登记发行日期，并将收款凭证和有关单证转送会计部门，进行相关会计核算。

该流程的关键控制点有：债券发行、收款记录职务分离；核对交款清单、应付债券明细账和银行收款通知金额的一致性。

4. 银行借款业务程序设计

银行借款程序设计的要点是：

(1)企业根据生产经营需求提出借款申请审批书送交银行审批；

(2)银行审查批准贷款后，与企业签订借款合同一式两份，银行据此办理具体借款业务，进行款项划拨；

(3)企业会计部门在借款入账后，根据银行收款通知和借款合同进行相关账务处理。

该流程的关键控制点有：银行借款审批、收款、记录职务分离；借款合同需经主管领导审批；核对银行收款通知和借款合同金额的一致性。

## 设计案例

对外投资管理制度，选自《北京世纪瑞尔技术股份有限公司对外投资管理制度》。

### 北京世纪瑞尔技术股份有限公司对外投资管理制度

(2011年2月)

第一章　总则

第一条　为加强北京世纪瑞尔技术股份有限公司(以下简称"公司")投资的决策与管理，控制投资方向和投资规模，拓展经营领域，保障公司权益，根据《中华人民共和国公司法》、《上市公司治理准则》、《深圳证券交易所创业板股票上市规则》、《深圳证券交易所创业板上市公司规范运作指引》等法律、法规、规范性文件及的相关规定和《北京世纪瑞尔技术股份有限公司公司章程》(以下简称《公司章程》)的规定，制定本制度。

第二条　本制度所称投资，是指根据有关国家法律法规的规定，公司以货币出资，或将权益、股权、技术、债权、厂房、设备、土地使用权等实物或无形资产作价出资依照本办法第三条规定的形式进行投资的经济行为。

公司通过收购、置换、出售或其他方式导致公司对外投资的资产增加或减少的行为也适用于本办法。

第三条　按照投资期限的长短，公司对外投资分为短期投资和长期投资。短期投资主要指：公司购入的能随时变现且持有时间不超过一年（含一年）的投资，包括各种股票、债券、基金等；长期投资主要指：公司投资出的在超过一年不能随时变现或不准备变现的各种投资，包括债券投资、股权投资和其他投资等。包括但不限于下列类型：

1. 公司独立兴办的企业或独立出资的经营项目；

2. 公司出资与其他法人实体成立合资、合作公司或开发项目；

3. 参股其他独立法人实体；

4. 经营资产出租、委托经营或与他人共同经营。

第四条　本办法适用于公司及其所属全资子公司、控股子公司（以下简称“子公司”）的一切对外投资行为。

第五条　建立本办法旨在建立有效的控制机制，对公司及子公司在组织资源、资产、投资等经营运作过程中进行风险控制，保障资金运营的安全性和收益性，提高公司抗风险能力。

第六条　对外投资的原则：

1. 必须遵循国家法律、法规的规定；2. 必须符合公司发展战略；

3. 必须规模适度、量力而行，不影响公司主营业务的发展；

4. 必须坚持效益优先的原则。

第二章　对外投资的审批权限

第六条　公司对外投资实行专业管理和逐级审批制度。

第七条　公司对外投资的审批应严格按照《公司法》及其他相关法律、法规和《公司章程》、《股东大会议事规则》、《董事会议事规则》、《总经理工作细则》等规定的权限履行审批程序。

第三章　对外投资的组织管理机构

第八条　公司股东大会、董事会为公司对外投资的决策机构，各自在其权限范围内，对公司的对外投资做出决策，其他任何部门和个人无权做出对外投资的决定。

第九条　公司董事会战略与投资委员会为公司董事会的专门议事机构，负责统筹、协调和组织对外投资项目的分析和研究，为决策提供建议。

第十条　董事会战略与投资委员会下设投资评审小组，由总经理任组长。总经理是公司对外投资实施的主要责任人，主要负责对新项目实施的人、财、物进行计划、组织、监控，并应及时向董事会汇报投资进展情况，提出调整建议等，以利于董事会及股东大会及时对投资做出修订。总经理可组织成立项目实施小组，负责对外投资项目的任务执行和具体实施。公司建立项目实施小组的问责机制，对项目实施小组的工作情况进行跟进和考核。

第十一条　公司企业管理部、董事会办公室、财务部为公司对外投资管理职能部门，负责配合投资评审小组对新的投资项目进行评审，提出投资建议；并负责对股权投资、产权交易、公司资产重组等重大活动进行项目监管。公司法务人员负责对外投资项目协议、合同和重要相关信函、章程等法律文件的起草与审核工作。

第十二条　公司企业管理部参与研究、制定公司发展战略，对重大投资项目进行效益评估、审议并提出建议；对公司对外的基本建设投资、生产经营性投资和合营、租赁项目负责进行预选、策划、论证、筹备；对子公司及控股公司进行责任目标管理考核。第十三条公司董事会办公室负责对股权投资、产权交易、公司资产重组等投资项目负责进行预选、策划、论证、筹备，负责协办理出资手续、工商登记、税务登记、银行开户等工作。

第十四条　公司财务部负责对外投资项目的财务评估、财务管理，协助证券投资部办理出资手续、工商登记、税务登记、银行开户等工作。

第十五条　公司证券投资部负责对外投资项目的协议、合同和重要相关信函、章程等的法律审核。

第四章　对外投资的决策管理

第一节　短期投资

第十六条　公司短期投资决策程序：

1. 对外投资管理部门负责对项目投资建议进行预选投资机会和投资对象，根据投资对象的盈利能力编制短期投资计划；

2. 财务部负责提供公司资金流量状况表；

3. 短期投资计划按审批权限履行审批程序后实施。

第十七条　公司财务部负责按照短期投资类别、数量、单价、应计利息、购进日期等及时登记入账，并进行相关账务处理。

第十八条　涉及证券投资的，必须执行严格的联合控制制度，即至少要由两名以上人员共同操作，且证券投资操作人员与资金、财务管理人员分离，相互制约，不得一人单独接触投资资产，对任何的投资资产的存入或取出，必须由相互制约的两人联名签字。

第十九条　公司购入的短期有价证券必须在购入的当日记入公司名下。

第二十条　公司财务部负责定期核对证券投资资金的使用及结存情况，应将收到的利息、股利及时入账。

第二节　长期投资

第二十一条　投资管理部门对适时投资项目进行初步评估，提出投资建议，报公司董事会战略与投资委员会初审。第二十二条初审通过后，投资管理部门接到项目投资建议书后，负责对其进行调研、论证，编制可行性研究报告及有关合作意向书，报送总经理。由总经理召集公司各相关部门组成投资评审小组，对投资项目进行综合评审，评审通过后，提交公司总经理办公会议讨论通过，上报董事会战略与投资委员会。

第二十三条　公司董事会战略与投资委员会对可行性研究报告及有关合作协议评审通过后提交董事会审议；董事会根据相关权限履行审批程序，超出董事会权限的，提交股东大会。

第二十四条　已批准实施的对外投资项目，应由董事会授权公司相关部门负责具体实施。

第二十五条　公司经营管理班子负责监督项目的运作及其经营管理。

第二十六条　长期投资项目应与被投资方签订投资合同或协议，长期投资合同或协议须经公司证券投资部进行审核，并经授权的决策机构批准后方可对外正式签署。

第二十七条　公司财务部负责协同被授权部门和人员，按长期投资合同或协议规定投入现金、实物或无形资产。投入实物必须办理实物交接手续，并经实物使用部门和管理部门同意。

第二十八条　对于重大投资项目可聘请专家或中介机构进行可行性分析论证。

第二十九条　投资管理部门根据公司所确定的投资项目，相应编制实施投资建设开发计划，对项目实施进行指导、监督与控制，参与投资项目审计、终(中)止清算与交接工作，并进行投资评价与总结。

第三十条　公司证券投资部负责对所有投资项目实施运作情况实行全过程的监督、检查和评价。投资项目实行季报制。投资管理部门对投资项目的进度、投资预算的执行和使用、合作各方情况、经营状况、存在问题和建议等每季度汇制报表，及时向公司领导报告。项目在投资建设执行过程中，可根据实施情况的变化合理调整投资预算，投资预算的调整需经原投资审批机构批准。

第三十一条　公司监事会、财务部门应依据其职责对投资项目进行监督，对违规行为及时提出纠正意见，对重大问题提出专项报告，提请项目投资审批机构讨论处理。

第三十二条　建立建全投资项目档案管理制度，自项目预选到项目竣工移交(含项目中止)的档案资料，由各专业投资部门负责整理归档。第五章对外投资的转让与收回第三十三条出现或发生下列情况之一时，公司可以收回对外投资：

1. 按照公司章程规定，该投资项目(企业)经营期满；

2. 由于投资项目(企业)经营不善，无法偿还到期债务，依法实施破产；

3. 由于发生不可抗拒力而使项目(企业)无法继续经营；

4. 合同规定投资终止的其他情况出现或发生时；

第三十四条　发生或出现下列情况之一时，公司可以转让对外投资：

1. 投资项目已经明显有悖于公司经营方向的；

2. 投资项目出现连续亏损且扭亏无望没有市场前景的；

3. 由于自身经营资金不足急需补充资金时；

4. 本公司认为有必要的其他情形。

第三十五条　投资转让应严格按照《公司法》、《公司章程》有关转让投资规定办理。

处置对外投资的行为必须符合国家有关法律、法规的相关规定。

第三十六条　批准处置对外投资的程序与权限与批准实施对外投资的权限相同。

第三十七条　对外投资管理部门负责做好投资收回和转让的资产评估工作，防止公司资产的流失。

北京世纪瑞尔技术股份有限公司

二〇一一年二月十四日

# 第三部分 采购与付款业务制度设计

采购与付款业务是指企业的商品、材料以及事务用品等物资的请购、编制采购计划、订货或采购、验收入库、货款结算等工作。做好采购与付款业务制度设计，对于加强对采购与付款的内部控制，规范采购与付款业务核算，防范采购与付款过程中的差错和舞弊都具有重要意义。

## 一、采购与付款业务制度设计的要求和内容

### （一）采购与付款业务制度设计的要求

采购与付款业务是企业资金周转的第一个重要环节，采购与付款业务制度设计的具体要求主要体现在：第一，各单位应当合理设置采购与付款业务的机构和岗位，实行钱、账、物分管，以互相牵制、强化监督；第二，建立和完善采购与付款的内部控制程序，加强请购、审批、合同订立、采购、验收、付款等环节的会计控制；第三，保证采购合同的严格执行；第四，堵塞采购与付款环节的漏洞，减少风险，维护采购物资的安全与完整。

### （二）采购与付款业务制度设计的内容

采购与付款业务制度设计的内容主要包括设计采购与付款的内部控制制度、设计采购与付款核算方法和设计采购与付款业务核算程序三个方面。

## 二、采购与付款的内部控制制度的设计

科学、系统的采购与付款的内部控制制度的内容应包括以下几项：

1. 职务分离制度

企业应当建立采购与付款业务的岗位责任制，明确相关部门和岗位的职责、权限，确保办理采购与付款业务的不相容岗位相互分离、制约和监督。采购与付款业务不相容岗位至少包括：请购与审批；询价与确定供应商；采购合同的订立与审计；采购与验收；采购、验收与相关会计记录；付款审批与付款执行。按照规范要求，不得由同一部门或个人办理采购与付款业务的全过程。

2. 采购的请购单控制制度

在确定货物采购时，必须由货物的使用部门根据未来一定期间的需要量提前通知货物保管部门，由保管部门再根据现有货物的库存量计算出请购量后，正式提交请购单。经过货物使用部门和物料保管部门主管签字的请购单还必须通过采购部门和财务部门的确认后方可生效。采购部门确认的目的在于两个方面：一是防止已经采购的货物又重复执行；二是咨询现行市场价格，对所需采购资金进行估算。采购部门签署同意采购的意见并将估算的资金需要、付款时间说明后交财务部门，由财务部门根据

企业的经营目标、资金预算范围和企业的现有资金状况进行综合审查后批准。货物采购的请购单由使用部门、保管部门、采购部门和财务部门签署同意执行的意见后，再交采购部门将请购单存档备案，并办理招标订货手续。

3. 订货控制制度

采购部门凭批准执行的请购单办理订货手续时，首先应根据货物的来源及市场竞争情形，拟订采购方式(集中采购或分散采购)及日程呈报核准后，必须向不同的多家供应商发出询价单，待获取报价单后比较供应货物的价格、质量标准、可享受折扣、付款条件、交货时间和供应商信誉等有关资料，初步确定适合的供应商并准备谈判；再根据谈判结果签订订货合同及订货单，并将订单及时传送给生产、销售、保管和财会等有关部门，以备合理安排生产、销售、收货和付款。在订货控制制度中，核心点是对询价、签订合同的控制和订货单的控制。

4. 货物验收控制制度

企业所订购的货物到达时必须由与采购部门、使用部门和会计部门相分离的保管部门进行验收保管。所收货物的检验包括数量和质量两个方面。根据订货单和供货方发货单验收合格的货物入库后，仓库保管部门必须及时填制收货单一式数联，并分别传送给采购部门和财会部门。货物验收控制制度的核心是保证所购货物符合预定的品名、数量和质量标准，明确保管部门和有关人员的经济责任。

5. 入账付款或应付账款控制制度

由采购请购单、订货单和收货单共同构成的收货业务完成后，会计部门就取得了供货方的发票和收货单等表示货物已经验收入库并应支付货款或应付账款已经发生的原始凭证。这些原始凭证经过审核无误后，财会部门应该及时记录存货的增加和银行存款的减少或应付账款的增加。对货物采购与付款的核算，必须根据企业的整体管理要求设置一级账户和明细账户正确地进行记录，并与来自卖方的对账单核对，任何差异均应详细查明。会计入账时应注意两点：一是记入适当的账户和适当的会计期间；二是正确地进行计量。

6. 会计稽核与对账制度

无论是货款的支付，还是应付账款发生的记录，对进货业务涉及的所有原始凭证、记账凭证，都必须经过稽核人员或会计主管审核后才能记账；另外，对进货业务发生的应付账款必须及时、定期地与客户对账，防止债务虚列及由此造成业务人员的舞弊行为。

企业可以根据实际情况按照内部控制制度的要求进行采购与付款的内部控制制度的设计。

## 三、采购与付款核算方法的设计

本节以原材料的核算为例介绍采购业务的具体核算方法。

### (一)按实际成本计价的会计核算设计

1. 总分类核算的设计

由于材料采购地点和结算方式的不同，材料入库时间和货款支付时间不一定相同，存在以下几种可能：

(1)结算凭证和发票等单据与材料同时到达(单货同时到)企业应根据结算凭证、发票账单等凭证在支付货款后，借记“在途物资”、“应交税费——应交增值税(进项税额)”，贷记“银行存款”。若尚未付款或尚未开出承兑商业汇票，则贷记“应付账款”；若开出承兑商业汇票，则贷记“应付票据”。材料验收入库后，根据收料账单等凭证，借记“原材料”，贷记“在途物资”。

(2)已支付货款或已开出、承兑商业汇票，但材料尚未到达或尚未验收入库(单到货未到)企业应根据结算凭证、发票账单等单据，借记“在途物资”、“应交税费——应交增值税(进项税额)”，贷记“银行存款”或“应付票据”；待收到材料后，再根据收料单，借记“原材料”，贷记“在途物资”。

(3)材料已到，结算凭证未到，货款尚未支付(货到单未到)由于一般在短时间内发票账单就可能到达，为了简化核算手续，在月份之中发生的，可以暂不进行总分类核算只将收到的材料登入明细分类账，待收到发票账单时，再按实付货款登记总账，进行总分类核算。月末时，对于那些结算凭证和发票账单尚未到达的入库材料，可以按材料的合同价格或计划成本计价，暂估入账，借记“原材料”，贷记“应付账款”；下月初，用红字作同样的记账凭证，予以冲回，以便下月付款或开出、承兑商业汇票时，按正常程序进行记录。

(4)采用预付货款的方式采购材料根据有关规定预付材料价款时，按照实际预付金额，借记“预付账款”，贷记“银行存款”；已经预付货款的材料到达时，根据发票账单等所列的金额，借记“在途物资”、“应交税费——应交增值税(进项税额)”，贷记“银行存款”；预付货款不足而补付时，按补付金额借记“预付账款”，贷记“银行存款”；退回多付的货款时，借记“银行存款”，贷记“预付账款”；根据收料单等凭证，借记“原材料”，贷记“在途物资”。

企业在组织材料采购的总分类核算时，可以根据自己的具体情况，分别采用不同的核算方式。如果材料采购业务较少，则总分类核算可以根据收料凭证逐日编制记账凭证，并据以登记总分类账；如果材料采购业务较多，也可以根据收料凭证整理汇总，定期编制“收料凭证汇总表”，并于月度终了一次登记总分类账。

2. 明细分类核算的设计

材料的明细分类核算包括数量核算和价值核算两个部分。

(1)明细分类账的种类

按实际成本计价的明细分类核算，所使用的明细账包括材料卡片和材料明细分类账(数量金额式)。材料卡片是登记材料收发结存数量的明细记录，应按材料的品种、规格设置，根据收发料凭证，按日逐笔登记，序时地反映各种材料收发结存的实物数量。材料明细分类账应按材料的品种和规格设置，采用收、发、余三栏式账页，根据收发料凭证序时登记。从该明细账中，既可取得各种材料的数量资料，又可取得各种材料占用资金及其增减变化的资料。

(2)明细分类账的设置方法

根据材料卡片和材料明细账的登记部门，明细分类核算的方法分为两种：一是两套账方式；二是一套账方式。两套账方式是指由仓库设置和登记材料卡片，由财会部门设置和登记材料明细分类账。该方式的优点是，两套账可以起到互相牵制的作用，并且仓储部门可随时掌握库存材料的可供应数量，而会计部门可随时掌握库存材料所占用的资金数量；其缺点是，重复记账、工作量大。两套账方式适用于仓储和会计部门距离较远的企业。一套账方式是指将材料卡片和材料明细分类账合并为一套账，实行账卡合一。账册平时放在仓库，由保管人员负责登记材料的数量，财会人员定期到仓库稽核收发料凭单，并在收发料凭单上标价，登记材料的金额。该方式的优点是节约记账的人力和物力；其缺点是经常稽核、工作量大，尤其是如果保管人员的记录出现差错时，查找起来有困难。一套账方式适用于仓储和会计部门距离较近，能够经常检查的企业。

### （二）按计划成本计价的会计核算设计

1. 总分类核算的设计

按计划成本计价与按实际成本计价一样，购进材料的入库时间和货款支付时间不一定一样，存在以下几种可能：结算凭证和发票等单据与材料同时到达；已支付货款或已开出、承兑商业汇票，但材料尚未到达；采用预付货款方式采购材料；材料已到，结算凭证未到，货款尚未支付。前三种情况的账务处理与实际成本计价法下的账务处理方法完全相同。只是在月份终了，对于以上三种情况验收入库的材料，要根据其收料凭证，按计划成本计价汇总入账，借记“原材料”，贷记“材料采购”。同时，计算并结转材料成本差异，当实际成本小于计划成本时，应按节约额，借记“在材料采购”，贷记“材料成本差异”；当实际成本大于计划成本时，应按超支额，借记“材料成本差异”，贷记“材料采购”。在材料已到、结算凭证未到、货款尚未支付的情况下，与按实际成本计价一样，为简化核算手续，在月份内发生的，可以暂不进行总分类核算，待收到发票账单时，再进行总分类核算。月末时，对于那些结算凭证和发票账单尚未到达的入库材料，可以按材料的计划成本暂估入账，借记“原材料”，贷记“应付账款”；下月初，用红字作同样的记账凭证，予以冲回，以便下月付款或开出、承兑商业汇票时，按正常程序借记“材料采购”，贷记“银行存款”或“应付票据”。然后，再根据验收入库凭证按计划价格借记“原材料”，贷记“材料采购”，贷记或借记“材料成本差异”。

2. 明细分类核算的设计

(1)“原材料”明细分类账

仓库和财会部门应分别设置“原材料”明细分类账。仓库按材料的品种和规格设置一套数量金额式的材料明细分类账（或材料卡片），它的收入和发出栏只记数量，不记金额，结存栏分别记数量和金额，但金额栏不必逐笔计算登记，可以在月末时，根据材料的结存量和计划单价计算登记。财会部门按仓库和材料的种类设置，根据仓库转来的材料收发凭证及其计划成本，只登记金额的材料明细账，按期归类汇总登记。两个明细分类账可以互相核对和互相控制。

(2)“材料采购”明细分类账

财会部门应设置“材料采购”明细分类账。对于每一笔在途物资业务，其借方金额根据付款凭证等有关单据按实际采购成本登记，其贷方金额根据计划成本计价的收料单登记。月终，对于既有借方金额又有贷方金额的业务，将借方合计数与贷方合计数相比的差异，一次结转到材料成本差异明细分类账中去。对于只有借方金额而无贷方金额，即已付款但尚未验收入库的在途材料，应逐笔转入下月的材料采购明细分类账，以便材料验收入库时进行账务处理。该明细账提供了外购材料实际成本与计划成本的详细核算资料。

(3)“材料成本差异”明细分类账

财会部门应设置“材料成本差异”明细分类账，该明细分类账的设置，应与材料采购明细分类账的设置口径一致。其账页格式，一般采用三栏式。它用来反映各类或各种材料的实际成本与计划成本之间的差异额和差异率，为调整发出材料计划成本提供依据。

按实际成本计价时，所计算的材料成本相对来说较准确，这种计价方法一般只适用于材料收发业务较少的中小型企业。按计划成本计价的方法具有以下一些优点：第一，便于考核各类或各种在途物资业务的经营成果，分析材料成本发生节约或超支变动的原因，有利于改进在途物资环节的经营管理工作；第二，可以剔除材料价格变动对产品成本的影响，有利于分析生产环节材料消耗发生节约或超支的原因，有利于考核车间的经营成果；第三，可以加速和简化材料收发凭证的计价和材料明细分类账的登记工作。其缺点是材料成本计算的准确性相对差一些，因为它起到了平滑采购成本的作用。因此，这种计价方法适用于材料收发业务频繁，且具备设计材料计划成本资料的大型企业。

## 四、采购与付款业务核算程序的设计

采购与付款业务核算程序设计主要包括日常采购计划编制、合同签订程序设计，临时采购申请程序设计和材料采购验货付款程序的设计以及退货及折让程序设计。

### (一)日常采购计划编制、合同签订程序的设计

日常采购计划编制、合同签订程序设计的要点是：

1. 供应部门根据生产计划部门的各种生产计划编制采购计划；
2. 采购计划经审核批准后与供货单位签订采购合同；
3. 财务会计部门根据采购计划、采购合同编制财务收支计划。

采购计划须经审核批准后才能签订采购合同，会计部门参加采购合同的会签。

### (二)临时采购申请程序设计

临时采购申请程序设计的要点是：

1. 请购单位编制请购单交供应部门；
2. 供应部门编制临时采购计划，经审核同意后通知采购员进行采购；

3. 通知财会部门以备货款结算。

该流程的关键控制点有：临时采购必须经过授权批准才能办理；会计部门监督临时采购计划的实施。

**(三)材料采购验货付款程序设计**

材料采购验货付款程序设计的要点是：

1. 供货单位在材料发运后，将材料发票、运单和提货单经银行寄往购货单位；

2. 购货单位财会部门收到寄来的单据，将其送交供应部门，供应部门审核合同后据此编制收货单，通知仓库准备收货，另将提货单交企业运输部门提货；

3. 仓库验收后登记保管卡，并将签收的收货单交送供应部门；

4. 供应部门将收货单与合同再次审核无误后，将供货单位的发票、代垫运单以及收货单一并送财会部门；

5. 财会部门对照合同副本进行审核无误后，授权出纳办理货款结算，出纳付款后在发票上加盖“付讫”及日期戳记，与订购单副本一并归档。

该流程的关键控制点有：采购材料入库验收、记账与付款分管；加强收料单与合同的核对，保证材料名称、规格、数量和金额的正确；材料验收入库后才支付货款；定期进行账账、账卡和账实核对。

**(四)退货及折让程序设计**

购进物料如发现不合规格、质量不符，或其他不合订购条件时，应及时与对方商量退回、更换或折让等事宜。一般可采取以下几种处理方式：

1. 将材料退回卖方，取消订购合同，所有运费应由对方承担，有时可要求赔偿损失；

2. 不合格材料退回更换，运费应由卖方负担；

3. 如不合格材料不退回卖方，应由双方商洽折减一部分价款；

4. 不合格材料如由买方代为加工，加工费应由卖方负责，在货款中扣除。

发生退货及折让时，应由双方协商解决，同意后应由采购部门编制退回及折让通知单，分送有关部门，作为处理依据，送交会计部门的通知单，可作为冲减应付账款凭证。

退货及折让程序设计的控制要点是：退货及折让生时，应由双方协商解决；由采购部门编制退回及折让通知单，分送有关部门，作为处理依据；送交会计部门的通知单，可作为冲减应付账款的凭证。

## 设计案例

物资采购管理制度，选自《山西迈迪制药有限公司管理制度》。

### 山西迈迪制药有限公司物资采购管理制度

(2009 年 9 月 1 日)

一、总则

1. 公司所有生产用物料、机器设备及零部件、办公用品及劳保用品、清洁用品的采购,均应执行本制度规定的原则及流程。

2. 公司采购实行集中与分散相结合的采购管理体系。大宗或重要物资采取集中采购管理,日常使用物资采取月度计划采购管理,急用物资采取即时采购管理。

二、采购分类管理

1. 公司采购物资分四大类,按以下规定分别归口管理,责任部门负责相关物品的计划、采购以及保管。

2. 生产辅助设备及备品备件由设备动力部负责。

3. 生产用物料由物料管理部负责。

4. 检验仪器及试剂等由质量保证部负责。

5. 办公用品、劳保用品及卫生清洁用品、食堂用具等由综合管理部负责。

三、采购计划申请与审批

1. 根据公司年度经营计划、材料消耗定额、各部门物资需求以及现有库存情况,各部门可相应制定年度采购预案,于每年12月30日前报综合管理部汇总。公司年度采购计划须经总经理办公会讨论通过。

2. 各部门根据需求及生产进度安排于每月30日前,按上述类别分别做出下一月度的具体采购申请,一式两份,经部门主管签字报相关采购部门。

3. 采购责任部门根据各部门的采购申请及库存量,做出月采购计划表,一式两份。注明采购物品的品名、规格、计划数量、库存数量、采购数量、单价、金额、备注(对于采购申请表中超出计划范围的应注明的原因)。经部门负责人签字后报综合管理部汇总,报请总经理助理、总经理审批。

4. 采购部门按经过审批的月度采购申请表实施采购,无特殊原因不得随意采购。

5. 采购计划难以概括或市场供求变化导致物资需求变化改变的,可由需用部门提出临时采购计划,采购责任部门根据库存情况提出即时采购申请,报总经理助理、总经理审批后实施采购。

6. 经审批后的申请表一份交采购人员照单进行采购,一份交财务部留档,以作为报销的根据。

四、采购物资验收入库工作程序

1. 物资到厂后,采购责任部门应对采购物资进行检验或验证。

2. 检验或验证合格后,由采购责任部门采购人员填写各类《物资入库单》,经检验或验证人员签字后由库管登记入库。

五、采购物资付款工作程序

1. 采取预付款方式的采购物资,由采购人员凭《采购合同》填写《借款单》或《付款申请单》,经责任部门领导、财务部负责人、总经理助理、总经理批准后办理预付款手续。

2. 采取除预付款方式之外的方式付款的采购物资,在采购物资到厂入库后,由采购人员凭《采购合同》、《物资入库单》以及购货发票根据公司报销的有关规定经财务部负责人、总经理助理、总经理批准后办理报销付款手续。

六、规定与标准

(一)物资需求采购信息传递规定

1. 物资需求使用部门必须在《月度物资需求(采购)计划》或《紧急物资需求(采购)计划》上将所需物资的相关需求说明,特别是品种、规格、型号、供货日期以及对采购物资的其他特殊要求。

2. 所需物资需试用后方能结算付款的,物资需求部门应在《月度物资需求(采购)计划》或《紧急物资需求(采购)计划》上注明相关事项。

3. 物资需求使用部门也要及时掌握物资的市场信息情况,在《月度物资需求(采购)计划》或《紧急物资需求(采购)计划》上将所需物资的估计单价和金额列明。

4. 物资需求使用部门需要对所需物资的规格或数量进行变更时必须立即通知责任采购部门,双方协商积极配合处理相关事宜。

(二)物资采购规定

1. 物资采购部门必须按照"质量第一"和"公开、公正、公平"的原则,以"降低成本、保障生产经营"为目的,切实做好物资的采购工作。

2. 责任采购部门要严格遵守《供货商评价制度》,通过质优优选、近处单位优选、价低优选、老供货单位优选、直接生产单位优选、信誉好单位优选等方式,综合考虑质量、价格、交货期、售后合同四个方面的内容,在"重质量、遵合同、守信用、看服务"的前提下,做好物资供应商的考察选择工作。公司主要的采购物资必须保证各有3～5家资质完备、质量可靠、诚信度高、服务周到的备选供应商。

3. 对于采购部门提出的供货商及供货价格有疑义的物资需求使用部门,应在公司综合办公会议上提出并由会议决定。

4. 凡采购单价在3万元以上的大型设备,10万元以上的成套设备,5万元以上的大宗物资,由采购领导小组确定相关事宜。

5. 若厂商报价的采购物资规格与《物资采购计划表》所列的规格略有不同或属代用品者,采购经办人员应列出资料在《物资采购计划表》上经主管审核后,物资需求使用部门或责任采购部门签字同意后方可采购。

6. 若因缺货等原因无法按需货日期完成物资采购,采购部门应及时通知物资需求使用部门,双方协商处理好相关事宜。

(三)采购物资验收入库、出库规定

1. 采购物资到厂后,必须经相关部门检验或验证合格后方可入库。

2. 对于经检验或验证不合格的采购物资,采购部门必须与供应商进行协商,采取退货、换货或索赔措施。

3. 各类物资采购责任部门要对所有采购物资的质量标准和检验方式进行规范和明确。

4. 各需求部门在物资验收合格后按其使用情况办理出库手续。

5. 市场销售部领用样品,包装盒,说明书等包材时,库房人员应根据销售部开具的申请单(销售经理签字)经总经理助理签字后开具出库单,申请单原件随同出库单第二联一并转财务留存。领用的成品按结算价、材料按成本价所核算的费用由销售部全额承担。

(四)采购物资付款规定

下列情况财务部应拒绝支付采购款项:

1. 与《采购合同》规定的付款方式或付款金额不一致的款项。

2. 物资采购责任部门未在《物资入库单》上签字的款项。

3.《物资入库单》中列出的采购物资的数量、品种与《采购合同》不一致的款项。

所需物资为需试用后方能结算付款的,物资需求部门应在《月度物资需求(采购)计划》或《紧急物资需求(采购)计划》上注明相关事宜。

(五)采购纪律规定

1. 各物资需求使用部门根据生产经营管理需要,本着"节约成本"的原则报物资需求(采购)计划,对任何乱报计划,铺张浪费甚至违规违纪提报物资需求(采购)计划的行为进行严肃处理。

2. 物资采购经办人员必须牢固树立企业主人翁思想,尽职尽责,坚持原则,秉公办事,切实维护公司的利益,保障公司采购成本的最低化,采购质量的最优化,采购效率的最快化。

3. 采购人员都必须遵守公司规章制度的规定,按照规定的程序和标准采购。任何人不得私自订购和盲目进货。

4. 采购人员必须做到廉洁自律,秉公办事,不谋私利。任何人不得在物资采购过程中私下收受回扣或酬金。对实际出现的回扣或酬金必须在三日之内上交。

5. 采购人员必须树立服务意识,急生产经营所急,想生产经营所想,任何人不得无故积压或拖延采购及相关工作。

6. 为掌握瞬息万变的市场经济商品信息,如价格行情等,采购人员必须经常自觉学习业务知识,提高业务工作能力,以保证及时保质保量地做好物资基层工作。

7. 售后服务

对于采购物资,采购责任部门在签订购买合同时要明确服务约定。

(1)采购物资在投用前需厂家进行现场指导的,由采购责任部门负责联系。

(2)对于在使用过程中(保质期内,正常使用条件下)出现的质量问题,由采购部门在规定的时间内协调解决。

山西迈迪制药有限公司<br>二00九年九月一日

# 第四部分 销售与收款业务制度设计

销售是指企业通过各种途径向客户出售商品或提供劳务的经营行为，它是企业生产经营过程的必要环节。通过销售取得收入，实现成本的冲回，实现企业的赢利。销售业务的具体内容包括销售自产商品、外购商品、材料以及提供非工业性劳务、固定资产出租、无形资产转让等。销售与收款业务制度设计的意义在于规范销售与收款业务活动，全面、系统记录与核算销售过程，监督与控制商品的发出与货款的收回。

## 一、销售与收款业务制度设计的要求、原则和内容

### (一)销售与收款业务制度设计的要求

针对销售与收款业务的特点，销售与收款业务内部控制制度设计的要求有：

1. 保证营业收入的真实性、完整性和合理性；
2. 保证商业折扣和现金折扣的真实性与适度性；
3. 保证销售折让与销售退回的合理处理与揭示；
4. 保证应收账款记录的真实性和可收回性；
5. 杜绝销售与收款业务中可能出现的一切违法乱纪和侵吞企业利益的行为。

### (二)销售与收款业务制度设计的原则

销售与收款业务制度设计的原则包括：

1. 定位销售对象，明确服务客体

销售应以满足顾客需求为主要目标，只有被顾客认可的商品才能顺利实现销售并实现价值增值。因此，销售过程的会计控制应该以市场为导向，明确服务客体，以满足顾客需要、顺利实现销售与回款为最终目标。为了更好地了解顾客的情况，可以考虑建立客户尤其是大客户的追踪分析系统，以便适时地了解客户的需求情况、信用情况和财务状况。

2. 建立健全产品价格控制制度

销售收入的多少直接受制于销售价格，销售价格是“牵一发而动全身”的敏感因素，产品价格的制定是否科学合理是能否实现销售收入的重要环节。企业必须建立健全有效的价格控制与价格反馈制度，该制度应有利于销售部门根据市场情况采取灵活的定价策略，不会因价格过高而失去市场，也不会因价格过低而减少收入。这样，不仅能够随时保持一个适应市场变化的较为合理的售价，以避免由于定价不合理而产生的损失，而且也可以控制营销人员自行定价的随意性。

3. 严格控制现金折扣、销售退回与折让

现金折扣实际上是企业放弃了一部分销售收入(虽然在会计处理上是把发生的现

金折扣计入了财务费用),因此必须严格监督现金折扣政策的执行情况,检查给顾客的现金折扣是否符合企业的现金折扣政策,以防止有人利用给顾客折扣而为自己谋取私利的行为发生,审查现金折扣的合理性,即给予顾客现金折扣的成本应小于企业因此而获得的收益。

销售退回与折让是企业因售出商品的质量不合格等原因而被退回所售商品或在售价上给予减让,其发生必然要减少销售收入,产生损失。因此要避免发出商品的品种和数量发生错误,保证发出商品的质量符合要求,要将销售退回和折让的发生降低到最低限度。对由于客观条件造成的商品损坏而退货或折让的情况,应查明其理由是否恰当,计算是否正确,规定被退回的商品要办理恰当的退货手续,并及时进行账簿反映,以便修正销售收入和应收款账的余额。

4. 保证应收账款的真实性和可收回性

为了获得更多的销售收入,大多数企业往往会制定赊销政策,允许符合条件的企业推迟付款。赊销必然会产生应收账款,因此,赊销的同时必须对应收账款进行严格控制。在销售前要审核客户的资信情况,以保证赊销的货款可收回,经济利益能够流入企业;销售后要确定应收账款账面的债权数是否真实,是否存在收回来的货款被侵占和挪用的现象;销售后还要证实应收账款的记录同销货业务的实际发生额是否相一致,防止记账错误或舞弊的发生。

5. 及时足额收回货款

销售后货款的及时足额回收是销售与收款业务控制的关键一步。不能收回货款,收入所代表的经济利益就没有真正流入企业,不利于企业生产的顺利进行。做好收款控制,应在销售前认真调查、分析客户信誉及财务状况;在销售后对客户还款能力进行及时追踪,同时也要建立应收款收缴队伍和催收制度。

### (三)销售与收款业务制度设计的内容

销售与收款业务制度设计的内容主要有:销售与收款的内部控制制度设计、销售与收款核算方法的设计和销售与收款业务核算程序的设计等。

## 二、销售与收款的内部控制制度设计

根据《中华人民共和国会计法》和《内部会计控制规范》等有关法律法规和规章的规定,企业应当设计的销售与收款的内部控制制度包括:

### (一)职务分离制度

销货业务需要办理的主要事项有制定商业折扣标准、接受客户订单、核准付款条件、填制销货通知、发出商品、开具发票、核准销售折扣、定销售折让或退货条件并办理退款或接受退货、收取货款以及各环节相应的会计记录等。企业应当建立销售与收款业务的岗位责任制,明确相关部门和岗位的职责、权限,确保办理销售与收款业务的不相容岗位相互分离、制约和监督。

(1)将办理销售、发货、收款三项业务的部门(或岗位)分别设立。其中销售部门

(或岗位)主要负责处理订单、签订合同、执行销售政策和信用政策、催收货款；发货部门(或岗位)主要负责审核销售发货单据是否齐全并办理发货的具体事宜；财会部门(或岗位)主要负责销售款项的结算和记录、监督管理货款回收。不得由同一部门或个人办理销售与收款业务的全过程；

(2)接受客户订单的人不能同时负责核准付款条件和客户信用调查工作。

(3)填制销货通知的人不能同时负责发出商品工作。

(4)开具发票的人不能同时负责发票的审核工作。

(5)办理各项业务的人员不能同时负责该项业务的审核批准工作。

(6)记录应收账款的人员不能同时负责货款的收取和退款工作。

(7)会计人员不能同时负责销售业务各环节的工作。

(8)有条件的企业应当建立专门的信用管理部门或岗位，负责制定单位信用政策，监督各部门信用政策执行情况。信用管理岗位与销售业务岗位应分设。

**(二)订单控制制度**

企业商品的销售一般是从接受客户的订单开始的，建立订单控制制度是销售业务控制的重要环节。订单控制制度包括以下几个方面：

(1)根据不同的客户和销售形式设计多种订单格式，以满足企业内部各个部门协调工作、相互制约的经营管理需要。

(2)规定订单在企业内部各环节的流转程序，并规定相应的授权批准程序。

(3)实行订单顺序编号法，对已执行的订单和尚未执行的订单分别进行管理和控制，以便随时检查订单的执行情况和每一订单的处理过程。

**(三)销售发票控制制度**

商品发出后向客户开具销售发票既是企业销售成立的标志，也是向客户收取货款的依据。如果在向客户开出销售发票和账单时缺乏有效的控制，不但会导致营私舞弊行为的发生，还会使会计的营业收入记录不真实。销售发票控制制度主要包括：

(1)指定专人负责发票的保管和使用，明确发票管理制度。

(2)发票使用人领用发票时应签字注明所领用发票的起讫号。

(3)发票使用人所开具的发票必须以发货通知单等有关凭证上载明的客户名称、日期、数量、单价和金额等为依据如实填列各项内容。

(4)财会部门必须指定独立于发票使用人的专人，定期或不定期地对所有使用过的发票与会计记录和有关手续凭证进行核对检查。

**(四)收款业务控制制度**

收款业务控制制度的设计内容有：

(1)客户信用审查。收到客户订单后，首先应由负责客户信用调查的部门进行客户的信用审查，然后才能决定是否接受订单。然后根据订单的规定期限和结算方式收取销售款项，保证足额安全地收取款项。对于超过单位既定销售政策和信用政策规定范围的特殊销售业务，单位应当进行集体决策，防止决策失误而造成严重损失。

(2)企业应当配备合格的人员办理销售与收款业务。办理销售与收款业务的人员应当具备良好的业务素质和职业道德。单位应当根据具体情况对办理销售与收款业务的人员进行岗位轮换。

(3)企业应当对销售与收款业务建立严格的授权批准制度,明确审批人员对销售与收款业务的授权批准方式、权限、程序、责任和相关控制措施,规定经办人的职责范围和工作要求。审批人应当根据销售与收款授权批准制度的规定,在授权范围内进行审批,不得超越审批权限。经办人应当在职责范围内,按照审批人的批准意见办理销售与收款业务。对于审批人超越授权范围审批的销售与收款业务,经办人员有权拒绝办理,并及时向审批人的上级授权部门报告。严禁未经授权的机构和人员经办销售与收款业务。

(4)企业应当按照《现金管理暂行条例》、《支付结算办理》和《内部会计控制规范——货币资金(试行)》等规定,及时办理销售收款业务。应将销售收入及时入账,不得账外设账,不得擅自坐支现金。销售人员应当避免接触销售现款。

(5)加强应收账款的管理,主要设计内容有:

企业应当建立应收账款账龄分析制度和逾期应收账款催收制度。销售部门应当负责应收账款的催收,财会部门应当督促销售部门加紧催收。对催收无效的逾期应收账款可通过法律程序予以解决。

按客户设置应收账款台账,及时登记每一客户应收账款余额增减变动情况和信用额度使用情况。对长期往来客户应当建立起完美的客户资料,并对客户资料实行动态管理,及时更新。对于可能成为坏账的应收账款应当报告有关决策机构,由其进行审查,确定是否确认为坏账。单位发生的各项坏账,应查明原因,明确责任,并在履行规定的审批程序后作出会计处理;

注销的坏账应当进行备查登记,做到账销案存。已注销的坏账又收回时应当及时入账,防止形成账外款。

(6)加强应收票据的管理

企业应收票据的取得和贴现必须经由保管票据以外的主管人员的书面批准。应当有专人保管应收票据,对于即将到期的应收票据,应及时向付款人提示付款;已贴现票据应在备查簿中登记,以便日后追踪管理。应制定逾期票据的冲销管理程序和逾期票据监控制度。

(7)对账制度

企业应当定期与往来客户通过函证等方式核对应收账款、应收票据、预收账款等往来款项。会计部门应建立定期或不定期地与客户的对账制度,及时了解客户的财务状况,并将对账结果和对客户财务状况的了解通报给销售部门、客户信用部门,以便及时采取有效措施,减少坏账损失。

**(五)销售价格政策控制制度**

商品的销售价格一方面直接影响着产品的销售市场,同时也影响着企业当期利润指标的实现,因此,企业必须制定一个良好的销售价格政策控制制度。这项制度至少包括以下两个方面：一是制定统一的产品销售价格目录；二是规定灵活的商业折扣、现金折扣标准，并建立相应的授权批准权限。

**（六）退货业务控制制度**

企业发生的销货退回相对于正常销售来说是少量的、不经常发生的业务，但由于其直接影响着企业的信誉和销售收入、应收账款的确认，直接抵减了企业的经济效益，也可能产生舞弊行为，因此，建立退货业务的控制制度依然是至关重要的。

退货业务的控制制度主要有以下几个方面：

(1)建立退货损失惩罚制度。在整个销售控制制度中明确每一个环节的责任人，当发生退货业务时能够找到承担损失的责任人，并给予相应的处罚，以加强生产、销售等各环节业务人员的责任意识，减少不必要的退货损失。

(2)设立独立于销售部门的销货争议处理机构。当客户验收商品发现问题并通知企业时，销货争议处理机构能够立即展开调查，积极与客户协调，确认责任方。对由于本企业责任而造成客户争议的，应拿出双方都能够接受的解决方案。

(3)建立销售折让优先制度。对确认为本企业的责任的，第一解决方案应是给予客户销售折让，以减少可能发生的退货损失。

(4)理顺销售折让和销售退回的凭证流转程序。它可使会计记录所使用的原始凭证真实可靠，从而保证相应会计记录的客观性。

(5)建立退货、索赔、销售折让审批制度。任何退货、索赔及销售折让的执行，都必须有授权领导的批准。

(6)建立退货验收制度和退款审查制度。这个制度的具体内容与进货验收制度和付款制度基本相同。

**（七）售后服务控制制度**

在激烈的市场竞争中，企业为树立信誉、扩大销路，必须对售出商品进行质量担保。在规定的质量担保范围内为客户提供良好服务，又必须将保修费用降到最低标准，这是售后服务控制制度的核心。为此，企业必须根据自身商品的特点，对服务对象、服务的时间范围、服务标准、服务单位和服务业务的手续等建立相应的内部控制制度。

## 三、销售与收款核算方法的设计

销售与收款核算方法的设计包括销售收入的核算方法设计、应收及预付款项的核算方法设计和销售与收款业务的账务处理设计等。其设计内容可参照《会计学基础》和《中级财务会计》等课程的内容进行。

## 四、销售与收款业务核算程序的设计

销售与收款业务包括发出商品和收回货款两个基本环节。

**（一）销售和发货业务的程序**

企业应当按照规定的程序办理销售和发货业务，其基本程序是：

1. 销售谈判

企业在销售合同订立前，应当指定专门人员就销售价格、信用政策、发货及收款方式等具体事项与客户进行谈判。谈判人员至少应有两人以上，并与订立合同的人员相分离。销售谈判的全过程应有完整的书面记录。

2. 合同订立

企业应当授权有关人员与客户签订销售合同。签订合同应符合《中华人民共和国合同法》的规定。金额重大的销售合同的订立应当征询法律顾问或专家的意见。

3. 合同审批

企业应当建立健全销售合同审批制度。审批人员应对销售价格、信用政策、发货及收款方式等严格把关。

4. 组织销售

企业销售部门应按照经批准的销售合同编制销售计划，向发货部门下达销售通知单，同时编制销售发票通知单，并经审批后下达给财会部门，由财会部门根据销售发票通知单向客户开出销售发票。编制销售发票通知单的人员与开具销售发票的人员应相互分离。

5. 组织发货

发货部门应当对销售发货单据进行审批，严格按照销售通知单所列的发货品种和规格、发货数量、发货时间、发货方式组织发货，并建立货物出库、发运等环节的岗位责任制，确保货物的安全发运。

6. 销货退回

单位应当建立销售退回管理制度。单位的销售退回必须经销售主管审批后方可执行。销售退回的货物应由质检部门检验和仓储部门清点后方可入库。质检部门应对客户退回的货物进行检验并出具的检验证明；仓储部门应在清点货物、注明退回货物的品种和数量后填制退货接收报告。财会部门应对检验证明、退货接收报告以及退货方出具的退货凭证等进行审核后办理相应的退款事宜。

应当在销售与发货各环节设置相关的记录、填制相应的凭证，建立完整的销售登记制度，并加强销售合同、销售计划、销售通知单、发货凭证、运货凭证、销售发票等文件和凭证的相互核对工作。销售部门应设置销售台账，及反映各种商品、劳务等销售的开单、发货、收款情况。销售台账应当附有客户订单、销售合同、客户签收回执等相关购货单据。

**(二)常见销售业务的处理程序设计**

由于销售业务类型不同，其业务处理会有所区别。销售业务主要有采用合同发货制销售和采用非合同提货制销售两种类型。

1. 合同发货制销售业务处理程序设计

合同发货制的销售业务处理程序设计的要点体现在以下几个方面：

(1)销售部门根据销售合同编制发货通知单，分别通知仓库备货和企业内部运输部门办理发货；

(2)货物发出后，销售部门根据仓库签收的发货通知单开具销售发票，登记产成品明细账；

(3)运输部门在办理托运手续后，将提货单和运单送交销售部门，销售部门将其与销售发票一并送交会计部门；

(4)会计部门审核无误后，开具代垫运费清单，并通知出纳员办理货款结算，同时进行销售账务处理。

该流程的关键控制点有：销售开票、发货、收款和记账分管；严格按合同发运商品，结算货款；定期进行账账、账实核对。

2. 非合同提货制销售业务处理程序设计

非合同提货制的销售业务处理程序设计的要点体现在以下方面：

(1)销售部门根据客户要求和产品价格目录编制销货发票；

(2)经销售部门主管(可以授权销售员)和会计部门主管审核后，授权出纳部门收款；

(3)仓库根据已经付款的销售发票发货，并登记产成品保管账(卡)；

(4)会计部门进行销售账务处理。

**(三)销售与收款业务监督检查的设计**

企业应当建立对销售与收款内部控制的监督检查制度，明确监督检查机构或人员的职责权限，定期或不定期地进行检查。监督检查机构或人员应通过实施符合性测试和实质性测试检查销售与收款业务内部控制制度是否健全，各项规定是否得到有效执行。

销售与收款内部控制监督检查的内容主要包括：

1. 销售与收款业务相关岗位及人员的设置情况。重点检查是否存在销售与收款业务不相容职务混岗的现象。

2. 销售与收款业务授权批准制度的执行情况。重点检查授权批准手续是否健全，是否存在越权审批行为。

3. 销售的管理情况。重点检查信用政策、销售政策的执行是否符合规定。

4. 收款的管理情况。重点检查单位销售收入是否及时入账，应入账款的催收是否有效，坏账核销和应收票据的管理是否符合规定。

5. 销售退回的管理情况。重点检查销售退回手续是否齐全、退回货物是否及时入库。

企业对监督检查过程中发现的销售与收款内部控制中的薄弱环节应当采取措施，及时加以纠正和完善。

## 设计案例

销售与收款管理制度设计，选自《青海明胶股份有限公司内部控制制度》。

**青海明胶股份有限公司内部控制制度**

(2007年9月28日)

第七章　销售业务控制制度

第一条　为了加强公司销售业务的内部控制，规范销售业务行为，防范销售活动中的差错和舞弊，根据财政部《内部会计控制制度一销售与收款(试行)》等法律法规，结合本公司销售业务特点和管理需要，制定本制度。

1. 本制度所指销售业务包括销售计划、收受客户订购单、销售谈判、价格核定、合同评议、发出商品、开具销货发票、登记应收账款和货款回收等业务。

2. 本制度适用于公司总部及所属子公司的销售业务管理与控制。

第二条　岗位分工与授权

1. 公司建立销售业务岗位责任制，明确规定相关部门和岗位的职责与权限，确保办理销售业务的不相容岗位相互分离、制约和监督。

2. 公司销售业务岗位和职责分工如下：

(1)销售部负责编制销售计划、执行销售政策、处理客户定单、价格谈判、签订合同、开具发货通知单、催收销售货款等；

(2)财务部牵头，综合部、销售部门配合制定公司信用政策和建立客户信用登记档案，监督各部门信用政策执行情况；

(3)财务部价格负责人员核定销售价格；

(4)财务部负责审核确认发货通知单、开具销售发票、结算销售款项、登记收入及应收账款、监督管理货款回收等；

(5)库存管理部门负责根据手续齐全的发货通知单办理产品发货，登记保管账等；

(6)审计部定期审计检查销售业务的合规性、合理性和会计记录的正确性与及时性。

3. 公司负责计划、核价、谈判、收款、发货等销售业务的员工，必须参加人力资源部的岗位培训，并获得《岗位合格证》后方能独立上岗办理销售业务。

4. 产品的销售价格、赊销政策、折扣政策要严格执行公司授权文件的规定，各级审批人要在授权范围内行使职权，不得超越审批权限。

5. 公司授权销售部、财务部、库管部分别办理销售、收款和发货业务，其他任何部门均无权经办销售收款与发货业务。

第三条　销售与发货控制

1. 公司对销售业务实行严格的计划管理和销售目标责任制。每年12月份，公司总经理与销售部经理签订下一个年度的《销售目标责任书》，明确全年的销售目标、货款回收目标、费用指标及奖惩兑现政策。

2. 销售部要将年度销售目标层层分解落实到各个销售科室和每个业务员，并将目标分解落实情况报公司备案。

3. 每月25日前，销售部将下月份的《产品销售计划》编制完毕，经公司分管销售的副总经理签批后报生产部，生产部据以编制下月份的《产品生产计划》。

4. 销售部必须严格执行《产品销售计划》，确保计划履行率不低于95%；如果计划履行率低于95%经公司造成经济损失的，由销售部门承担损失的50%，损失金额从销售兑现奖励中扣除。

5. 销售部要严格执行公司的销售政策，按照公司《价格管理条例》的规定和公司领导的授权与客户谈判销售价格及结算方式。

6. 销售部向客户报价要严格执行如下审批权限：

(1)在核定价格之上报价，由销售部部长审查批准；

(2)在低于核定价格20%范围内报价，报分管销售的副总经理批准；

(3)当低于核定价格超过20%报价时，需总经理、销售副总经理、财务总监研究决定；

(4)产品价格每季度决定一次，由总经理召开价格专门会议研究决定。

7. 销售部与客户办理业务时，需充分了解和掌握客户的信誉、财务状况等有关情况，要按照评定的客户等级执行相应的销售政策，努力规避账款回收的风险。

8. 产品销售与发货要严格下列程序办理：

(1)销售谈判。产品销售谈判的内容包括销售品种、销售数量、销售价格、发货方式和收款方式等，销售谈判的全过程应有完整的书面记录。谈判的责任分工如下：

①销售金额在50万元以下的订单，由区域经理和业务人员负责谈判；

②销售金额50万～100万元的订单，由主管销售的副总经理和区域经理负责谈判；

③销售金额在100万元以上的订单，由总经理和销售部经理、区域经理共同负责谈判。

(2)合同订立。各级销售人员与客户拟订的销售合同，必须经过销售部、财务部、生产部的评审、把关和总经理审批及签字授权后，销售部才能与客户签订“产品销售合同”。

(3)产品生产。销售部按照销售合同及时编制《产品销售计划》；生产部根据《产品销售计划》向生产分厂及各车间下达“产品生产任务指令”；各分厂及各车间确保按质、按量、按时完成产品生产任务。

(4)产品开票。产品完工入库后，销售部门按照销售合同的规定开具“产品发货通知单”和“销售发票开具通知单”；财务部审核无误后，向客户开具增值税销售发票，并在“产品发货通知单”和销售发票上加盖发票专用章、“现金收讫”或“银行收讫”、“转账收讫”以及出纳员章。

(5)产品发货。库管部要严格审核“产品发货通知单”和销售发票的手续齐备性，严格按照发货通知书单所列的品种、数量、发货时间和发货方式组织发货、确保货物准确、安全发运。

(6)产品发货回执的签收。产品到达客户目的地后，销售部业务员要请客户采购或收货人员在公司送货单上签字，经过客户签字的送货单的正本由销售部专人保管员，副本交财务部会计作为登记与核对账目的依据之一。

9. 产品销售退货执行如下程序：

(1)销售部根据客户退回的产品清单填写“产品退回处理审批单”；

(2)销售部业务员在“产品退回处理审批单”上签字，说明产品退回的理由和处理建议；

(3)销售部长在“产品退回处理审批单”上签字,提出处理意见;

(4)需要鉴定退回产品质量的,由质保部质检员填写鉴定意见;

(5)财务部长在“产品退回处理审批单”上签字,提出处理意见;

(6)产品核算会计根据“产品退回处理审批单”注明的最终处理意见填写“产品退库单”;

(7)保管员以“产品退库单”为依据予以收货,并在“产品退库单”上签字和登记《产品保管账》。

10. 退货的产品按四种情况分别处理:

(1)产品完好无损,可以继续销售的,留在仓库等待销售;

(2)产品需维护后再销售的,由生产部填写“产品退库返收单”,将产品退到有关分厂处理,处理合格后重新办理入库;

(3)产品需降级销售的,财务部和保管员另立账户进行登记核算;

(4)产品需作报废处理的,由生产部填写“产品报废审批单”,办理有关报废手续。

11. 产品退回的情况,销售部负责落实产品退回的责任。

12. 销售部应设置“销售台账”,正确反映各种产品的销售发货、开单及货款回收情况;销售台账应当附有客户订单、销售合同、客户签收回执等相关购货单据。

13. 销售部的每名业务员都要建立《销售业务备忘录》,分客户逐笔登记产品的发出、开票、货款及未结算情况。

第四条　货款回收与账目核对

1. 销售部业务人员要严格按销售合同的有关条款行使催收货款的权利。

2. 销售部收回的货款要及时交财务部入账,不得截留或挪用,违者以犯罪论处。

3. 财务部往来账会计负责应收账款的账龄分析,对已经逾期或即将逾期的货款要按月列出清单,由销售部落实业务员催收。对催收无效的逾期应收账款,应通过法律程序予以解决。

4. 销售部要按客户设置应收账款台账,及时登记每一个客户应收账款余额增减变动情况和信用情况。

5. 财务部门要按年度处理应收账款的呆、坏账。需处理的呆、坏账由财务部列出清单,销售部负责核实并逐笔说明形成坏账的原因和责任,报经财务总监及总经理审批后,由财务部作会计处理。

6. 已经注销的呆、坏账应当转到备查账管理,做到账销案存。已经注销的呆、坏账又收回时应当及时入账,防止形成账外款。

7. 公司的销售应收账款需按如下要求进行核对:

(1)财务部往来核算会计按月与销售部业务员核对货款收回及余额情况;

(2)财务部产品往来核算会计按月与客户核对产品发出及结算情况;

(3)财务部往来核算会计至少每年度到客户财务部门面对面核对账目一次。

8. 应收账款的核对双方要将对账结果填制《应收账款核对表》备案。核对出的未达账项,要逐笔查明原因,杜绝串户等错误现象发生。

第五条　监督检查

1. 审计部负责对公司销售业务情况进行检查。

2. 销售业务监督检查的内容主要包括：

(1)销售业务相关岗位及人员的设置情况；

(2)销售业务授权批准制度的执行情况；

(3)销售业务的管理情况；

(4)销售业务的会计核算情况；

(5)销售退回的管理情况。

3. 审计部对监督检查的结果要出具审计报告，有关部门对发现的薄弱环节和问题要采取措施，及时加以纠正和完善。

第六条　附则

1. 本制度由财务部制度、修订和解释。

2. 本制度从发布之日起施行。

# 第五部分　成本费用业务制度设计

成本费用控制是按照既定的成本费用控制目标，对成本费用形成过程中的一切耗费(受控系统)进行严格的计算、调节和监督(施控系统)，从而保证成本费用控制目标实现的过程。

## 一、成本费用业务制度设计的概述

成本是企业为生产一定种类和数量的产品所发生的直接材料、直接人工和制造费用的总和。费用是指企业在一定期间发生的不能直接归属特定产品的费用，包括管理费用、财务费用和销售费用等期间费用和营业税款附加、营业外支出所得税费用等。

### (一)成本费用业务的内容

成本费用业务一般包括如下的内容：

1. 成本费用基础工作

成本费用基础工作包括对各种成本费用进行原始记录、实物资产计量、验收及盘点、定额及内部结算业务的控制。这些基础工作失误会使整个成本费用工作可信度下降，导致成本费用信息失真。

2. 划分成本责任中心，建立作业中心

成本费用发生前，首先要划分成本责任中心，建立作业中心。根据成本数据和企业内外部情况，对未来的成本水平及其发展趋势作出科学的估计，在组织生产前制定成本费用标准，拟定成本计划，层层下达落实。

3. 成本费用管理工作

在组织生产过程中分别对成本费用进行严格的管理，并做好费用开支的审批工作。

4. 成本费用分析工作

事后根据实际资料、数据进行成本费用分析，寻求降低产品成本的途径，并定期对目标成本实现情况和成本计划指标完成结果实施全面审核和评价。针对成本费用分析中发现的问题，及时采取纠正措施。

### (二)成本费用制度设计的概念

成本费用制度设计就是针对生产经营过程中所发生的各种耗费，设计出一套完整、科学的成本核算制度和管理制度，从而保证企业产品成本信息的真实、完整，以及成本发生控制在目标限额以内，帮助管理者及有关利益方面更好地进行生产经营决策和管理业绩评价。

### (三)成本费用制度设计的作用

1. 通过成本核算制度的设计和实施，可以保证国家有关财经法规、制度的贯彻实施。

2. 设计科学合理的成本核算制度，可以提高成本核算的质量，为会计信息使用者提供真实、可靠的成本核算资料。

3. 设计科学合理的成本核算制度，有利于加强成本控制与管理，降低成本，提高经济效益。

4. 通过成本核算制度的设计和实施，可以规范成本核算方法和程序。

### (四)成本费用业务制度设计的目标

成本费用业务制度设计应达到以下目标：

1. 保证各项成本费用的合法性

各项成本费用开支要符合国家有关财经法规要求，严格遵守国家规定的成本费用开支范围和开支标准。

2. 保证各项成本费用开支的合理性

各项成本费用开支必须符合单位生产经营活动的需要，正确划分资本性支出与收益性支出的界限、成本支出与期间费用的界限、成本支出与营业外支出的界限，体现收入与费用的匹配原则，做到经济合理。

3. 保证成本费用正确核算，及时提供真实、可靠的成本费用信息资料

成本费用信息资料是国家进行宏观管理的重要资料，也是单位进行内部管理的重要资料。必须严密组织成本费用核算，采用科学的成本核算方法，正确计算各种产品成本、劳务成本，及时提供经济管理所需要的实际成本及其他成本费用信息资料。

4. 加强成本费用管理，提高经济效益

应通过采用目标成本、标准成本、定额成本以及责任成本控制等科学的控制方法，努力节约费用开支，减少损失、浪费，降低成本，提高经济效益。

### (五)成本费用核算制度的设计要求

1. 以国家成本费用计算和管理的规定为设计依据

遵守国家的宏观政策、法律法规和《企业会计准则》等,将有关规定的原则精神贯穿于成本核算制度设计工作的始末。例如,设计成本核算的一般原则、费用要素的确认与计量原则等制度,要符合《企业会计准则》的规定等。

2. 要适应企业的生产经营特点

设计成本费用核算制度时,必须从企业的实际出发,与企业的生产组织、生产工艺特点相适应。例如,设计成本计算期,必须考虑企业的生产组织方式;设计成本项目,必须考虑产品生产耗费情况;设计产品成本计算方法,必须考虑生产特点,即企业的生产组织方式和生产工艺特点。

3. 保证成本费用管理各项职能得以充分发挥

成本管理的职能有成本预测、成本决策、成本计划、成本核算、成本分析、成本考核等,这些职能相互联系、相互制约。其中,成本核算是基本职能,在设计成本核算制度时,要保证提供的成本核算资料的通用性,即适应成本管理其他职能的要求,发挥成本管理各项职能的作用。

4. 贯彻内部控制制度原则

为加强成本管理,在进行成本核算制度设计中,要设计一系列内部控制制度,如定额管理制度、原始记录制度、实物保管与盘点制度、成本分析制度等,从而保证成本计算的准确性,达到节约耗费,降低成本。

5. 有利于成本计算工作

成本核算制度的设计要处理好正确计算成本和简化核算手续之间的关系。首先,确保正确计算成本。在设计时做到办理业务的手续严密、责任明确、程序清楚、方法科学、计算准确;其次,注意成本核算本身的成本和核算的及时性,在确保核算质量的前提下降低核算成本。

### (六)成本费用业务制度设计的内容

成本费用业务制度设计的内容包括成本费用业务内部控制制度设计、成本费用核算制度设计和成本费用控制流程设计等几个方面。

成本费用核算制度设计的内容较多,在会计实际工作中最主要的两个基本方面:成本核算基础工作制度设计和成本计算制度设计。

成本核算基础工作制度设计又称成本核算基础工作设计,是指设计成本核算和成本管理的各项制度。主要内容有:成本开支范围;定额管理制度;原始记录制度;与成本有关的业务制度等。

成本计算制度设计内容主要有:成本核算方法体系设计,包括成本计算对象、成本计算期、成本项目、计算方法;费用归集与分配设计,包括原则、方法、程序;费用归集与分配和成本计算中使用的凭证设计;标准成本核算方法设计等。

## 二、成本费用业务内部控制制度的设计

企业成本费用业务制度的设计必须建立完善健全的内部控制制度。根据财政部《内部会计控制规范——成本费用(征求意见稿)》的规定,应建立以下制度。

### (一)成本费用业务岗位分工制度

单位应当建立成本费用业务岗位责任制,明确相关部门和岗位的职责、权限,确保办理成本费用业务的不相容岗位相互分离、制约和监督。成本费用支出需要分离的不相容岗位包括:成本费用预算编制与审批;成本费用支出审批与执行;成本费用支出执行与相关会计记录。应配备合格的人员办理成本费用业务。办理成本费用业务的人员应具备良好的业务素质和职业道德。

### (二)成本费用业务授权批准制度

应当对成本费用业务建立严格的授权批准制度,明确审批人对成本费用的授权方式、权限、程序、责任和相关控制措施,规定经办人办理成本费用业务的职责范围和工作要求。审批人应当根据成本费用业务授权批准制度的规定,在授权范围内进行审批,不得超越审批权限。经办人应当在职责范围内,按照审批人的批准意见办理成本费用业务。对于审批人超越授权范围审批的成本费用业务,经办人有权拒绝办理,并及时向审批人的上级授权部门报告。

### (三)成本费用支出制度

企业应当采用标准成本、定额成本或作业成本等成本控制方法,利用现代信息技术,结合生产工艺特点,实施对成本的控制。

成本费用支出制度包括的具体制度有:

1. 建立成本费用预算制度

企业应当建立严格的成本费用预算制度。成本费用预算应当符合单位的发展目标和成本效益原则。标准成本、定额成本、作业成本都可以作为成本预算和成本控制的基础。企业应根据成本费用预算内容,分解成本费用指标,落实成本费用责任主体,可按成本费用指标的完成情况,制定奖惩措施,实行成本费用责任追究制度;

2. 建立材料成本控制制度

企业应加强对材料采购和耗用的成本控制,将材料成本控制在预算范围内;

3. 建立人工成本控制制度

企业应建立人工成本控制制度,合理设置工作岗位,以岗定责,以岗定员,以岗定酬,通过实施严格的绩效考评与激励机制控制人工成本;

4. 制造费用控制制度

企业应明确制造费用支出范围和标准,采用弹性预算等方法,加强对制造费用的控制。

5. 其他费用控制制度

企业应制定费用开支范围、标准和费用支出的申请、审核、审批、支付程序,严格控

制各项费用开支。根据费用、预算和经济业务的性质，按照授权批准制度所规定的权限，对费用支出申请进行审批。会计机构或人员在办理费用支出业务时，应根据经批准的费用支出申请，对发票、结算凭证等相关凭据的真实性、完整性、合法性以及合规性进行严格审核。

#### （四）成本费用支出核算和报告制度

应建立成本费用支出核算和报告制度，及时对各项成本费用支出进行核算与披露，保证成本费用支出控制制度得到有效的履行。应建立合理的成本费用核算制度。成本费用核算制度应符合国家统一会计制度的规定，不得随意改变成本费用确认标准或者计量方法，不得虚列、多列、不列或者少列成本费用。同时，企业应建立成本费用内部报告制度，实时监控成本费用支出情况，对实际发生的成本费用与成本费用预算的差异，应及时查明原因，并作出相应处理。

#### （五）成本费用监督检查制度

企业应建立对成本费用业务的监督检查制度，明确监督检查人员的职责权限，定期、不定期地进行检查。监督检查机构或人员应通过实施符合性测试和实质性测试，检查成本费用内部控制制度是否健全，各项规定是否得到有效的执行。成本费用监督检查内容主要包括：

1. 成本费用业务相关岗位及人员的设置情况。重点检查是否存在成本费用业务不相容职务混岗现象。

2. 成本费用业务授权批准制度执行情况。重点检查成本费用业务授权批准手续是否健全，是否存在越权审批行为。

3. 成本费用预算制度执行情况。重点检查成本费用支出的真实性、合理性、合法性，是否超出预算范围。

4. 成本费用核算制度执行情况。重点检查成本费用记录、报告的真实性和完整性。

对监督检查过程中发现成本费用内部控制中的薄弱环节，应采取措施，及时加以纠正。

### 三、成本费用核算方法的设计

成本费用核算方法的设计可以参阅《中级财务会计》和《成本会计》等课程，在此不再赘述。

### 四、成本费用控制流程设计

成本费用业务经历事前进行的成本费用预算、划分责任中心、制定成本控制，事中进行的生产成本发生、产品成本核算、期间费用发生控制以及事后进行的成本费用分析、成本费用考核与评价等环节。

#### （一）事前成本费用控制

1. 成本费用预算

成本费用预算以单位销售预算为基础，由成本费用消耗部门根据成本费用预测结果进行编制。由于成本费用预算编制的程序控制同其他预算基本相同，所以这里主要介绍成本费用预测的内容。

成本费用预测是根据成本性态及其与技术经济因素的依存关系，结合发展前景和采取的各种措施，利用大量观察所得到的有关数据，采用科学方法对未来产品成本水平及期间费用开支状况作出的预计。成本费用预测方法分为定性分析法和定量分析法两类。定性分析法常用的方法有专家座谈会、函询调查法、德尔菲法、类推法等；定量分析法常用的方法有趋势分析法、因素分析法等。成本费用预测的内容包括：根据单位生产、销售发展情况和生产消耗水平的变化，在测定目标利润的前提下，测算目标成本与费用；根据计划年度各项技术经济措施实施情况，测算计划年度可比产品成本降低指标；根据产量与成本相互关系的直线方程式，预测产品成本发展趋势。

进行成本预测，应注意以下方面的控制：

(1)注意资料真实与完整。预测必须建立在充分的历史成本资料基础上，为此，会计人员应提供真实、完整的资料。

(2)选择合适的成本费用预测方法。应结合单位实际情况，选择适合本企业情况的成本费用预测方法。

(3)合理确定成本费用控制水平。确定成本费用控制水平，要避免直接把过去的成本费用水平略加修改的做法，应结合市场及单位成本费用控制水平作出决定。

2. 划分责任中心

为了实行有效的控制，需要按统一领导、分级管理原则，在企业内部合理划分责任单位。责任中心即为企业内部按各自生产经营特点和一定的控制范围，由主管人员对其可控的生产经营活动负责，并拥有相应权力的内部单位。

企业内部生产经营活动通常具有自身的特点及相应的控制范围。比如，生产车间进行产品生产，其控制对象是产品生产成本；而分厂的生产经营活动，除了产品生产之外，可能还包括产品销售等，因此，其控制对象不仅有产品生产成本，还有收入与利润等。

企业内部根据生产经营活动的特点、控制区域和权责范围的大小，一般可以划分为成本中心、利润中心和投资中心三种类型。在划分责任中心的基础上明确各责任中心的目标。责任目标是有关责任中心在其权责范围内，预定应当完成的生产经营任务和财务指标。它把单位全面预算所确定的成本费用目标和任务进行分解，为每一责任中心确定相应的责任预算，以便各责任中心了解其在实现企业总体目标过程中所应完成的具体任务。通过确定责任预算和考核标准，各责任中心有了明确的奋斗目标和行为标准。

划分责任中心、明确责任目标过程中应注意以下方面：

(1)考虑具体情况。责任中心划分必须建立在广泛细致的调查基础上，深入分析单位成本费用开支状况以及部门设置的特点。

(2)责任中心划分必须明确划分依据、划分原则。

(3)从实际出发。责任预算应该在单位总体经营目标的指导下，体现“以人为本”

思想，由各责任中心自行编制，然后层层上报、审批，避免强行摊派。

3. 制定成本费用控制目标

应根据预定的目标预先制定成本费用控制标准。期间费用控制标准可以参考费用开支范围、费用额度手册以及上期实际发生的费用制定。成本控制标准的确定较为复杂，成本控制标准规定了在一定的生产条件下，材料、工资和费用的实际耗费所应遵守的数量界限。成本控制标准主要包括直接材料用量标准、直接人工消耗标准、材料价格标准、直接工资分配率标准和制定费用开支限额及其分配率等。制定成本控制标准的方法主要有固定预算法和弹性预算法。

固定预算法是根据实际消耗情况，参考单位历史、外单位和国际先进水平，经过技术经济分析，综合各方面资料，求得平均先进的消耗定额作为直接材料、直接人工耗用量标准。

弹性预算法是单位采用编制成本预算的方法制定成本标准。制造费用通常不能按产品制定消耗定额，应以部门为单位，按固定和变动费用来编制费用预算，作为费用开支控制标准，其中变动费用预算应按实际产量进行调整，以消除产量变动因素的影响，更合理地进行成本控制和考核。将费用预算确定的固定与变动费用的发生额除以预计分配标准总数，就可以求得固定和变动费用的分配率标准。

直接工资分配率也是根据直接工资预算中的工资总额除以直接人工工时总额求得。为了有效进行成本控制，有些成本控制标准还必须依据分级归口管理的原则，按成本形成的责任单位逐级分解，落实到各部门、各单位、班组和个人，作为成本控制标准，保证单位成本计划的实现。

制定成本控制目标应注意：成本控制目标应服从单位总体经营目标，并切合实际；各部门成本控制目标应总体平衡，避免部门之间松紧不一；会计部门应参与目标制定全过程。

### （二）事中成本费用控制

事中成本费用控制是在成本费用发生过程中，为保证成本费用控制制度的落实，降低成本费用，确保成本费用记录真实，及时提供全面、可靠的成本费用耗用资料，为单位进行成本费用控制方法的改进、成本费用管理水平的提高而采取的措施。事中成本费用控制是成本费用控制各环节的关键。

事中成本费用控制包括生产成本发生控制、产品成本核算控制和期间费用发生控制。

1. 生产成本发生控制

生产成本是为生产产品和提供劳务所发生的耗费，是单位成本费用的主要部分。生产成本的高低直接影响单位的利润，生产成本核算的可靠性又直接影响生产成本信息是否准确。

(1)生产成本业务流程所经历的环节

生产成本业务主要由生产部门负责，同时，还涉及计划、劳资及会计等部门。生产过程业务处理流程一般经历以下环节：

①制定开支标准，分解费用指标。技术部门应会同生产成本发生部门制定材料、动力等费用的消耗定额与开支标准，作为对各项生产成本控制的依据。计划和会计部门根据生产成本消耗定额及其开支标准编制生产成本计划，并将费用指标分解落实到生产成本具体发生部门，以便于对费用进行控制。

②用料控制。用料部门根据生产计划及消耗定额填制领料单，经部门主管人员审核签字后，据以领用材料；各部门考核人员进行考勤和产量记录，经由各部门负责人审核签字后，送交会计部门作为计算职工工资、提取职工福利费及分配工资费用的依据；各车间核算人员记录动力消耗情况，经有关主管人员审核签字后，作为分配动力消耗费用的依据。

③会计记录。会计部门根据各部门审批签字的各种费用开支凭证，结合各部门费用限额办理各项费用开支结算业务，同时，汇集各项生产成本的原始记录进行审核汇总，并按生产成本经济用途记入有关账簿。

(2)生产成本发生过程控制措施

为保证生产成本业务会计核算资料准确可靠，生产成本业务合规合法，生产成本支出经济合理，生产成本计价正确真实，单位应根据生产成本业务的特点以及生产经营对生产成本管理的要求，采取以下控制措施：

①生产成本业务授权控制。各车间和职能部门需要开支的各项费用在由专人填制有关凭证后，要经车间或部门负责人审查批准；对于超出限额或预算的费用开支由上级主管人员审批。

②生产成本业务合法性控制。具体措施包括：仓库保管人员检查经过批准的领料单上领料数量是否超过限额、手续是否齐全后，在领料单上签章并据以发放材料；劳资部门检查车间和其他职能部门转来的考勤、产量记录等原始记录后，签发由会计部门提供的工资结算单；会计部门检查各种以货币资金形式支付的各种综合性费用支出是否超过限额或预算、手续是否齐全后，办理货币资金结算。超过计划或预算的费用开支应检查是否经过适当的批准手续。

③会计记录控制。会计部门有关人员分别审查由采购、劳资等部门转来的各项费用开支原始凭证及转账凭证基本内容的完整性、处理手续的完备性、经济内容的合法性、计算内容的正确性，并签字盖章以示审核。

④稽核控制。稽核人员审核材料发出汇总表、工资结算汇总表、固定资产折旧计算表以及其他费用支出原始凭证；审核基本内容的完整性、处理手续的完备性、经济内容的合法性、计算内容的正确性；审核转账凭证基本内容的完整性、处理手续的完备性、所反映的费用归集内容和金额与原始凭证的一致性，并签字盖章以示稽核。

⑤账簿核对控制。生产成本明细账主管会计根据原始或记账凭证，及时登记生产成本等明细账，登记完毕，核对其发生额与原始或记账凭证合计金额，并签字盖章以示登记；生产成本总账会计根据记账凭证登记生产成本总账，登记完毕，核对其发生额与记账凭证合计金额，并签字盖章以示登记。

为保证账账相符，保证生产成本业务账务处理正确及会计资料准确，单位应在稽核人员监督下，生产成本明细账主管会计与生产成本总账会计要定期核对生产成本明细账与生产成本总账发生额和余额，并相互取得对方签证以示对账。

2. 产品成本核算控制

产品成本核算控制的主要内容有：

(1)产品成本核算业务流程经历的环节

产品成本核算业务主要由会计部门负责，同时，还涉及生产等部门。会计部门进行产品成本业务主要是对与生产成本开支有关的原始凭证进行归集、分配及计算。其业务处理流程一般经历以下环节：

①收集资料。会计部门收集与生产费用支出有关的原始凭证和其他资料，为生产成本业务核算提供依据。

②分配费用。会计部门对与生产成本支出有关的原始凭证进行审核，确定每项成本的具体用途。按照规定将属于成本开支范围的生产费用划分为直接人工、直接材料和制造费用，编制各种成本费用分配表，按照成本项目归集分配各项成本费用要素；根据受益期限在本期和以后各期分配跨期成本费用，将应计入产品的生产成本费用划分为应由本期产品成本负担的费用和应由以后各期产品成本负担的费用；将本期产品成本负担的生产成本在各种产品之间进行划分。

③计算生产成本。会计部门组织生产车间定期清查盘点在产品，核实在产品实存数量，并根据盘点结果和账面资料编制在产品盘点表，对在产品盘盈盘亏等问题及时作出处理；根据在产品盘点表、产成品交库单以及有关生产成本分配表，在完工产品和期末在产品之间分配生产成本，计算完工产品成本和在产品成本，编制生产成本计算表和生产成本汇总表。

④结转产成品成本。对产成品成本核算结果进行相应的账务处理，登记有关总账科目，并将总账科目期末余额与所属明细账余额核对；编制产品成本报表，反映单位成本计划执行情况，经过单位负责人员和会计主管人员审核签章后报送各有关部门。

(2)产品成本核算业务控制措施

为保证生产成本业务会计核算资料准确可靠，在产品安全完整，生产成本业务合规、合法，生产成本计算准确，生产成本计算和成本报表及时编制，单位应根据生产成本业务特点以及经营管理对生产成本业务的要求，在生产成本核算业务过程中应采取以下控制措施：

①编制费用汇总表和分配表。会计部门核算人员应根据审核后的领退料凭证、工资结算单以及其他有关费用的原始凭证，按照费用用途归类，划分应计入生产成本的费用，以及不应计入生产成本而归由其他项目负担的费用，并按成本项目编制各项费用汇总表和分配表。

②编制在产品盘存表。会计部门应会同生产部门定期清查盘点在产品，核实在产品数量，确定在产品完工程度，及时处理盘盈盘亏及报废的在产品，编制在产品盘存表。

③编制生产成本计算单。会计部门成本核算人员应在规定的时间内，根据各项生

产费用汇总表、分配表以及在产品盘存表，把已经发生应归入生产成本的生产费用，在各个期间、各种产品以及完工产品和在产品之间进行分配，计算出完工产品总成本和单位成本，并编制生产成本计算单。

④检查复核成本计算单。生产成本计算出来之后，会计部门主管人员应检查成本核算方法是否适当，分配方式和分配比率是否合理，核算程序是否合规，计算结果是否正确，对比已经计算出来的生产成本与计划成本或上期实际成本，检查是否存在差异。复核无误后，在生产成本计算单上签章以示复核。

⑤编制成本报表。会计部门主管会计根据复核的生产成本计算单，编制生产成本汇总表，填制有关记账凭证，及时结转生产成本，并根据生产成本计算单及有关科目余额编制成本报表。

⑥核对账簿。在稽核人员监督下，生产成本明细账主管会计与生产成本总账会计应定期核对生产成本明细账与产品成本总账发生额与余额，并相互取得对方签证以示对账。

⑦核对账表。会计主管核对成本报表资料，做到账表及表表相符，核对无误后签章，并送单位负责人审核和签章。

3. 期间费用控制

期间费用控制方法主要有预算控制法、定额控制法、审批控制法和归口分级管理法。

(1)预算控制法

期间费用预算主要根据期间费用项目的特点和各项期间费用过去年度的资料，并考虑计划期可能发生的变化分项目编制。

期间费用预算控制的关键是各部门、各单位必须严格按预算执行，不得突破预算指标。年度终了，单位应根据预算进行考核，对于突破指标的部门、单位和个人要进行惩罚，节约则给予奖励。

(2)定额控制法

定额控制法是事先依照一定的条件或经济环境，为生产某种产品或零部件或为完成某项业务而需要耗费的人力、物力、财力的数量标准，确定一个额度作为费用开支标准。定额控制的关键在于，在定额以内可以报销，节约的还可以奖励，超过定额的部分则不予报销。定额标准一旦制定就必须严格执行，不得随意突破和更改。

(3)审批控制法

审批控制法是通过建立严格的费用审批控制制度，明确审批人员及其权限，通过分层审批，以有效监督期间费用预算的执行，减少期间费用超额度、超标准、乱开口子和造假贪污等不正常现象的发生。审批控制一般由费用发生部门业务人员提出申请，经有关领导审批后在额度内开支；费用开支后由有关人员将有关单据填写报销单，按费用审批控制制度规定，经有关领导审批后方可予以报销。

(4)归口分级管理法

归口分级管理法主要内容包括：

①归口管理。归口管理即按管理权限和管理责任相结合原则，合理安排各部门、各单位在期间费用上的权责，调动各部门、各单位管理好相关费用的积极性。通常，管理费用主要由行政管理部门管理，销售费用由销售部门管理，财务费用由财务部门管理，进货费用由进货部门管理。

②分级管理。各管理部门应根据各项费用的具体情况，将费用控制责任层层分解，层层落实，让归口管理部门所属单位和个人都对相关费用的管理负有责任，从而加强对期间费用的控制。

③统一管理。财务部门作为综合管理部门应对期间费用进行统一管理。所有期间费用开支都由财务部门统一办理借款报销手续。财务部门按单位有关费用开支范围和开支标准，严格执行单位制定的费用预算、费用定额和费用审批制度，对每一笔期间费用支出认真审核，按规定报销。

在实际工作中，应将以上几种控制方法结合应用。比如，预算控制总是建立在定额控制和归口分级控制之上；定额控制又和审批控制和归口分级控制联系在一起；审批控制和归口分级控制直接相联系等。

**（三）事后成本控制**

1. 成本费用分析

成本费用分析是指对成本费用实际执行结果作出的分析。成本费用分析是在实际成本费用核算资料形成后，根据实际及其他有关资料对成本费用执行结果进行评价，分析产生问题的原因，总结成本降低的经验，以利于下一期成本费用控制活动的开展。

会计部门应按成本费用归口、分级管理的原则，运用专门方法进行成本费用分析，通过分析，及时掌握成本费用升降的原因。

通过成本费用分析，针对差异原因进一步采取纠正措施，修订成本费用标准，使今后内部控制工作能够有效地进行。

对各项成本费用及其升降情况分析的内容包括：成本费用计划完成情况分析；成本费用降低任务完成情况分析；单位成本分析；营运支出项目分析。

进行成本费用分析需要注意的问题为：成本分析应结合成本标准和成本控制目标，联系实际情况分析其原因；通过分析找出差距，提出改进措施。

2. 成本费用考核与评价

成本费用考核是成本费用控制过程末端的一项关键活动。成本费用考核是指定期通过成本费用指标的对比分析，对目标成本费用实现情况和成本费用计划指标的完成结果进行全面审核、评价，是成本费用管理职能的重要组成部分，对于降低成本费用、促进成本费用管理水平的提高具有重要意义。

为了使成本费用控制系统发挥积极作用，维持系统长期有效运行，单位必须建立一套完善的成本费用考核评价制度，在考核评价过程中应注意做到奖惩分明。

## 五、成本核算基础工作制度的设计

成本核算基础工作制度设计又称为成本核算基础设计，即设计成本核算和成本管理的各项基础工作制度。根据成本管理的要求，成本核算基础工作制度设计的主要有：成本开支范围的设计、消耗定额管理制度设计、原始记录制度设计、其他与成本有关的业务制度设计、厂内计划价格制度设计等。

### （一）成本开支范围的设计

成本开支范围是指在企业发生的耗费中，哪些应当记入产品的成本，应当记入多少，哪些不应当记入产品的成本。

1. 成本开支范围设计的程序

成本开支范围设计应当从以下几个方面进行：

明确国家有关规定；正确确定和合理划分企业发生的生产耗费；确定本企业在生产过程中各项生产耗费，将生产耗费按照国家规定进行划分为记入成本的费用和不能计入成本的费用，其中记入成本的费用构成产品的成本；确定成本项目，确定了记入产品成本的费用之后，将费用细分形成成本项目；确定成本项目的具体开支标准；形成制度。

2. 成本开支范围的设计内容

(1)明确国家有关规定

主要明确国家有关成本发面的规定有：国务院1984年3月5日颁发了《企业成本管理条例》；2007年1月1日实施的《企业会计准则》；财政部颁发的（财行[2006]313号）《中央国家机关和事业单位差旅费管理办法》等。

(2)确定产品成本项目及其构成

正确确定和合理划分企业发生的生产耗费，确定计入产品成本的内容。

《企业会计准则》规定了产品的成本项目，包括三个部分：直接材料、直接人工和制造费用。每个部分又包括具体的内容，构成了成本开支项目。

不同的企业，成本开支项目构成不同。以工业企业为例，成本开支项目包括：

①产品生产过程中发生的直接材料费，包括实际消耗的各种原材料、辅助材料、外购半成品、燃料、动力和包装物及低值易耗品等。

②直接从事产品生产人员的工资、奖金、津贴和补贴以及福利费。

③企业各个生产部门（分厂、车间）为组织和管理生产所发生的生产部门管理人员的工资、奖金以及福利费。

④生产部门发生的固定资产折旧费、固定资产修理费、固定资产经营性租赁费（不包括融资租赁费）、原油储量有偿使用费、油田维护费、矿山维修费。

⑤生产部门为组织、管理生产发生的机物料消耗、低值易耗品摊销、取暖费、水电费、办公费、差旅费、运输费、设计制图费、试验检验费、劳动保护费及其他间接制造费用。

⑥生产部门发生的保险费，废品损失，季节性、修理期间的停工损失等按规定可以

记入成本的费用。

(3)确定不得记入成本的费用

成本开支范围制度的设计出了规定计入产品成本的项目以外，还必须明确规定不得记入产品成本的费用。仍以工业企业为例，不得记入产品成本的项目有：

①属于期间费用开支范围的各项收益性支出，如管理费用、财务费用、销售费用。

②各项资本性支出，如购置和建造固定资产的支出、购入无形资产和其他资产的支出。

③对外投资性支出。

④各种营业外支出，如被没收的财物损失、支付的罚款、滞纳金、违约金、赔偿金、赞助款、捐赠支出等。

⑤国家规定不得列入成本、费用的其他支出。

(4)确定费用开支标准

对以上项目要具体制定费用开支数额标准，在《财务会计》、《经济法》、《成本管理》等课程中已经学习。

例如，直接材料按照材料的买价＋运费；

计入直接人工的有：实际发放的工资、津贴、奖金等(交纳个人所得税之前)，福利费按照工资的14%计提等；

水电费、办公费按照实际发生数额计算；

差旅费按照规定的标准记入，不同的企业有不同的规定，具体可以参照财政部颁发的(财行[2006]313号)《中央国家机关和事业单位差旅费管理办法》的规定确定；

《中央国家机关和事业单位差旅费管理办法》有关规定：

第三条　差旅费开支范围包括城市间交通费、住宿费、伙食补助费和公杂费。

第三章　住宿费第九条财政部根据各地的经济发展水平和物价水平，分别确定各级别人员的住宿费开支标准上限：副部长级人员每人每天600元、司局级人员每人每天300元、处级以下人员每人每天150元标准以下凭据报销。

第四章　伙食补助费第十三条出差人员的伙食补助费按出差自然(日历)天数实行定额包干，每人每天50元。

第五章　公杂费第十五条出差人员的公杂费按出差自然(日历)天数实行定额包干，每人每天30元，用于补助市内交通、通信等支出。

固定资产折旧费按照规定的折旧方法计算；

可选用的折旧方法包括年限平均法、工作量法、双倍余额递减法和年数总和法等。

平均年限法(直线法)中：年折旧额＝固定资产原值×年折旧率

(5)形成制度

成本开支范围是国家根据成本的经济内涵、国家的分配方针和企业实行独立经济核算要求而规定的，使产品成本能正确反映企业生产消耗水平，使各企业的成本开支口径一致。各企业必须严格遵守国家规定的成本开支范围，以保证成本计算的正确性、可比性。

成本开支范围一经制定，要保持相对稳定。当然，国家经济体制、分配方针、财务管理制度变化时，应作相应调整。

企业应当在国家统一规定的成本开支范围的基础上，根据企业的具体生产经营特点和管理要求，进行必要的补充和细化，设计出清楚、全面的成本开支范围。

在实际工作中，成本开支范围没有单独的制度，一般是和成本管理制度等结合在一起的。

3. 成本开支范围设计实例

(1)某公司《总公司费用报销管理规定》：

第十一条总公司职工出差到外地，按乘坐车、船，飞机标准(见附表1)乘坐，特殊情况、不宜执行上述标准时，应由总公司分管领导签批。

第十四条总公司总经理、副总经理出差，各项费用实报实销。其他人员出差，住宿费在规定标准(见附表2)以内部分，按住宿发票实报实销，超过标准的部分由本人自负；部门副职及其以下人员，同性别两人以上出差，须合并住宿。此外，助理总经理及其以下人员出差每人每天给予出差补助100/130元(一般地区、特殊地区)，出差补助包括在外地的市内交通费和伙食费。职工每次出差如在同一地点驻留二十日以上者，自第二十一日起比照规定标准的80%给予报销。经批准开车出差，当日往返者，按每天出差补助的一半给予补助。

**附表 1**

| 级　别 | 乘坐标准 | | |
|---|---|---|---|
| | 飞机 | 火车 | 轮船 |
| 总经理、副总经理、助理总经理 | 头等仓 | 软席 | 头等仓 |
| 部门正职 | 商业仓 | 软席 | 二等仓 |
| 其他人员 | 普通仓 | 硬席 | 三等仓 |

**附表 2**

| 级别 | 单人住宿标准(人·天)(一般地区/特殊地区) | 同性两人住宿标准(人．天)(一般地区/特殊地区) |
|---|---|---|
| 助理总经理 | 500/800 内实报 | — |
| 部门正职 | 300/500 内实报 | — |
| 部门副职 | 240/400 内实报 | 150/210 内实报 |
| 处级经理 | 200/320 内实报 | 120/180 内实报 |
| 一般人员 | 160/240 内实报 | 100/160 内实报 |

(2)中国纺织机械(集团)有限公司成本和费用管理制度(中)

第五章　成本费用核算细则

第一节　材料费用核算

第五十一条　企业材料采购成本包括：

(一)购入材料的原价(不含增值税；不包括购入材料包装物或容器的押金)

(二)购入材料的外地运杂费；

(三)符合上级主管物资部门制定的、材料运输途中定额损耗率限额内的损耗；

(四)材料入库前，整理挑选时发生损耗的净损失，及其整理费用；

(五)进口材料的国外进价，进口环节的各种税金和其他进口费用，以及应分摊的外汇价差。

委托其他单位代理进口的商品的采购成本为实际支付给代理单位的全部价款。

……

中国纺织机械(集团)有限公司

**(二)建立健全定额管理制度**

在成本核算中,主要是指消耗定额。

1. 消耗定额的概念

消耗定额是指企业在当前的设备条件和技术水平下,规定的生产产品消耗的直接材料、直接人工、制造费用的标准。

2. 消耗定额类型

主要有三类:

(1)劳动定额是指在正常的生产技术和生产组织条件下,为完成单位合格产品所规定的劳动消耗量标准。

劳动定额有两种表现形式:时间定额和产量定额。

①工时定额是指在技术条件正常、生产工具使用合理和劳动组织正确的条件下,工人为生产单位合格产品或某项作业所消耗的劳动时间标准。

②产量定额是指在技术条件正常,生产工具使用合理和劳动组织正确的条件下,工人在单位时间内完成合格产品或某项作业的数量。

(2)物资消耗定额是指在一定的生产技术条件下,生产单位产品或完成某项作业所消耗的原材料、燃料和动力等的数量标准。

(3)费用定额是指规定的在某一期间内费用发生的标准。主要是指制造费用各项目的开支标准。

3. 制定定额的方法

消耗定额的制定方法有四种:

(1)经验估计法是根据技术人员和员工的实际经验,结合有关技术文件和产品实物,考虑计划期内的技术组织条件变化等因素制定物资消耗定额的方法。

(2)统计分析法是根据以往生产中物资消耗的统计资料,经过分析研究,并考虑计划期内技术组织条件的变化等因素,来确定物资消耗定额的方法。

(3)技术测定法是根据产品的设计结构、技术要求、流程、合理的方案来制定消耗定额的方法。技术测定法制定定额比较准确,但计算工作量大,主要适用于图样,工艺资料完整且批量较大的产品。

(4)类推比较法是以现有的产品定额资料作为依据,经过对比推算出另一种产品零件或工序的定额的方法。

**(三)建立健全原始记录制度**

1. 原始记录

原始记录是直接反映生产经营活动的原始资料,是计算产品成本的基础。其特点是原始记录是对各项经济活动发生所作的直接记录，可信程度高。原始记录有两种形式：一是以专门的表格形式进行记录，或直接在记录簿、台账上进行记录；二是用单据的形式进行记录。前一种形式的记录，在会计核算、统计核算、业务核算中叫做原始记录，后一种形式的记录中有关会计核算的部分直接作为原始凭证。

2. 原始记录制度

原始记录制度是会计核算工作的基础环节，是对原始记录的设置、开具、接收、传递、使用、保管等进行规范管理的制度。原始记录制度主要包括财产物资的入库与出库、工时消耗、生产设备运转、零部件和半成品内部转移、废品发生、费用支出、产品质量检验等的记录制度。

3. 原始记录制度的设计

原始记录涉及各个职能部门、生产单位，建立原始记录制度应由财会部门会同统计、生产、劳资、供应、动力设备、检修、质检等部门共同完成。

原始记录制度在内容上应当设置经济活动的时间、内容、记量单位、数量、金额、填制人员及负责人签章等项目栏次。

下面以生产通知单、废品报告单、考勤簿为例说明原始记录的设计。

(1)生产通知单的设计

生产通知单是记录每一个班组每一个工人的产量和工时的一种原始记录，是在工作结束时由检验人员根据验收结果填制的。生产通知单要记录每一个班组每一个工人的生产情况，应设置生产单位、工人姓名、工作时间、单位定额、实际产量、完成的工时、检验员签章等项目栏次，格式如图表 4－3 所示。

**生产通知单**

车间：　　　　　　　　　　工段：　　　　　　　　　　　　　　编号：
班组：　　　　　　　　　　日期：　　　年　　月　　日

| 机器编号 | 工人 | | 零件名称 | 工作时间 | | | | 完成定额工时数 | 实际产量 | | | | 检验员 |
|---|---|---|---|---|---|---|---|---|---|---|---|---|---|
| | 工号 | 姓名 | | 定额时间 | 开始时间 | 结束时间 | 实际工时 | | 交验数量 | 合格数量 | 废品数量 | 废品通知单号 | |
| | | | | | | | | | | | | | |
| | | | | | | | | | | | | | |
| | | | | | | | | | | | | | |

**图表 4－3　生产通知单格式**

(2)废品报告单的设计

废品是指不符合技术文件规定的质量标准，不能按照原始用途使用或需要经过修理加工的在产品、半成品和产成品。废品分为可修复废品和不可修复废品。可修复废品是指经过修理可以使用，而且所花费的修复费用在经济上合算的废品。不可修复废品是指技术上不能修复，或者技术上可以修复但所花费的修复费用在经济上不合算的废品。

对于废品要核算其损失，废品损失应当包括对可修复废品进行修复发生的费用，不可修复废品的报废净损失。核算废品损失的原始记录是“废品报告单”。“废品报告单”应当列明返修废品的品种、数量、废损程度、修复要求等，不可修复废品的品种、数量、废损程度、产生原因、过失人等，格式如图表 4－4 所示。

**废品报告单**

车间：　　　　班组：　　　　单号：　　　　日期：

<table>
<tr><td colspan="2">产品名称：产品类别：计量单位：<br>废品数量：其中：可修复废品数量：不可修复废品数量：<br>废品发生原因：</td></tr>
<tr><td>可修复废品的修复费用：<br>其中：<br>直接材料<br>直接人工<br>制造费用<br>合计：<br>减：责任单位和责任人赔偿</td><td>不可修复废品的生产成本：<br>减：回收残料价值<br>责任单位和责任人赔偿</td></tr>
<tr><td>可修复废品净损失</td><td>不可修复废品净损失</td></tr>
<tr><td colspan="2">车间负责人：　　　　技术检验员：　　　　车间核算员：</td></tr>
</table>

**图表 4－4　废品报告单格式**

(3)考勤簿的设计

考勤记录是反映职工出勤和缺勤情况，据以计算职工工资，并进行分析考核职工工作时间利用情况的原始记录。考勤记录有两种形式：考勤簿和考勤卡。以考勤簿为例说明其设计。

考勤簿要反映每个职工每日的出勤、缺勤以及缺勤原因，因此考勤簿要设计车间或部门、考勤时间、职工姓名、每日出缺勤情况、全月出缺勤情况汇总、考勤人员签章等内容，格式如图表 4－5 所示。

**考勤簿**

车间(部门)：　　　　班组：

日期：　　年　　月　　日　　　　考勤员：

| 姓名 | 工号 | 职务 | 级别 | 出、缺勤情况 | | | | | 考勤统计 | | | | | | | | |
|---|---|---|---|---|---|---|---|---|---|---|---|---|---|---|---|---|---|
| | | | | 1 | 2 | … | 30 | 31 | 出勤 | 旷工 | 病假 | 事假 | 迟到早退 | 加班加点 | 其他 | 备注 | |
| | | | | | | | | | | | | | | | | | |
| | | | | | | | | | | | | | | | | | |
| | | | | | | | | | | | | | | | | | |
| | | | | | | | | | | | | | | | | | |
| | | | | | | | | | | | | | | | | | |

**图表 4－5　考勤簿格式**

## (四)建立健全与成本有关的各项业务制度

与成本有关的业务制度主要包括以下 5 类：

1. 存货管理制度

存货管理制度设计内容包括存货的主要项目，存货的计价及核算管理，存货的计量、收发、存管理，定额管理，清查盘点等。

2. 固定资产管理制度

固定资产管理制度设计的内容有：固定资产的标准及分类，固定资产管理职责分工，固定资产增加业务的手续及计价，固定资产报废的标准和减少的业务手续，固定资产使用、维修、折旧、清查盘点和分析等

3. 包装物及低值易耗品管理制度

包装物及低值易耗品管理制度设计内容有：领用、保管、摊销、在用包装物及低值易耗品的管理。

4. 费用管理制度

费用管理制度设计的内容：费用预算管理，费用开支标准，费用分析制度等。

5. 薪酬管理制度

薪酬管理制度设计的内容：薪酬的构成及计算办法，发放的审批管理，薪酬的会计处理等。

## 六、成本计算制度设计

成本计算制度设计的主要内容有：设计成本计算对象和计算期、设计费用要素和成本项目、设计生产费用分配方法和分配标准、设计生产费用核算凭证设计和生产费用核算一般程序、设计产品成本计算方法、设计成本核算工作的级次和设计标准成本核算方法等内容。

### （一）成本计算对象和计算期的设计

1. 成本计算对象的设计

(1)概念

成本计算对象是指在成本计算过程中以什么为中心来归集生产费用，即确定哪个零件，哪种产品是生产费用的承担者。

成本计算对象设计是指归集和划分生产费用，并确定记入相应零件和产品的工作。

(2)成本计算对象设计的依据

成本计算对象的设计，取决于企业的生产特点和成本管理的要求。

生产特点是指企业的生产工艺特点和生产组织特点。

按照生产工艺特点，生产可以分为单步骤生产和多步骤生产。其中单步骤生产(简单生产)是指生产工艺技术过程不能间断，或不能分散在不同地点进行的生产。生产周期较短，工艺较简单，如发电、采掘、铸造等。多步骤生产(复杂生产)是指生产工艺技术过程可以间断，生产可以分散在不同地点进行的生产，生产周期较长，工艺较复杂，又可分为连续加工式生产和装配式生产。连续加工式生产是指原材料投入生产到产品完工，要依次经过各生产步骤的连续加工的生产。如纺织、冶金等生产。装配式生产是先将原材料平行加工成零件、部件，然后将零件、部件装配成产成品。如机械、仪表等生产。按生产组织方式分为大量生产、成批生产、单件生产。其中大量生产是

指大量地、重复地生产同一品种或很少几个品种的产品。产品品种少、产量较大。如纺织、面粉等的生产。成批生产是按照事先规定的产品批别和数量投入生产，分批重复地生产几种固定的产品。产品品种较多、产量较大，生产具有重复性。如服装、机械的生产。又可分为：大批生产：产品批量较大，往往重复生产，性质上接近大量生产。小批生产：产品批量较小，一批产品一般可同时完工，性质上接近单件生产。单件生产是根据订货单位的要求，生产个别的、性质特殊的产品的生产。如船舶、飞机、新产品试制等。

(3)成本计算对象设计的内容

根据企业的生产特点和成本管理的要求，成本计算对象的设计是：

①单步骤大量生产以产品品种为成本计算对象。

②大批量多步骤连续加工式生产以生产步骤为成本计算对象，既按步骤又按品种计算各步骤半成品和产成品成本。如果是封闭式生产或不要求计算半成品成本的，也可以以最终产品计算成本。

③大批量多步骤装配式平行加工的生产以最终产品和分别平行加工的零部件为成本计算对象。

④单件、小批生产：一批产品一般可同时完工，可按单件、产品批别计算产品成本。

⑤品种繁多、规格繁多的企业，可以先对产品分类，以类别作为成本计算对象，可以简化成本计算工作。

2. 成本计算期的设计

成本计算期是指企业按照成本计算对象归集生产费用，计算产品成本的起止日期。

成本计算期的设计取决于生产组织特点。大量大批生产：成本计算期为每月的起止日期，与生产周期不一致；单件小批生产：产品成本只能在某批、某件产品完工后计算，故成本计算为投产开始至生产结束，即与生产周期一致。

**(二)费用要素和成本项目的设计**

1. 费用要素的设计

费用要素是指生产费用按经济内容分类所形成的类别。

企业发生的各种费用按其经济内容，可以划分为劳动对象方面费用、劳动资料方面费用和活劳动方面费用，这三大费用构成费用要素。还可以将费用划分为两大类，一类为产品制造成本，另一类为期间成本。前者构成产品的成本，后者直接计入当期赢利。费用要素还可以细分；我国过去将生产费用要素划分为十类，新的制度将其压缩为八类，包括：外购材料、外购燃料、外购动力、工资及职工福利费、折旧费、利息支出、税金和其他支出。

2. 成本项目的设计

成本项目是指产品成本的构成要素，是根据成本管理的要求，对计入产品成本的生产费用按用途进行的分类。

设计成本项目的目的是通过成本核算，既提供产品的总成本和单位成本，同时又提供产品成本的构成情况，以满足成本管理（包括进行成本计划、控制、考核、分析等）的需要。

企业中一般将成本项目设计为“直接材料”、“直接人工”和“制造费用”三个项目，具体内容如下：

（1）直接材料

直接材料是指企业生产产品过程中实际消耗的原材料、辅助材料、外购半成品和配套件、燃料、动力、包装物等。

（2）直接人工

直接人工是指企业直接从事产品生产的工人的工资及按规定比例计提的职工福利费。

（3）制造费用

制造费用是指企业基本生产车间和辅助生产车间为组织和管理生产而发生的各项费用。如车间管理人员工资，车间用固定资产折旧费、保险费、修理费、经营性固定资产租赁费、机物料消耗、水电费、办公费等。

对于上述成本项目，企业可以根据以下几个方面的因素进行适当的合并和分解：

第一，设计成本项目时要考虑企业的具体情况和管理要求。如在多步骤连续式加工的企业，管理要求成本核算提供各步骤完工的半成品成本和各步骤发生的费用，可增设“自制半成品”成本项目；再如企业管理要求提供废品损失情况，可增设“废品损失”成本项目。

第二，设计成本项目时，要考虑各项费用在成本中所占比重，凡是在产品成本中占有较大比重的直接成本费用，应单独设置成本项目加以列示。如企业产品生产所需的外部协作加工较多，在成本中所占比重较大，可单独设置“外部加工费”成本项目。再如燃料和动力的耗费，如数额比重较大，可将其从直接材料成为项目中分离，增设“燃料和动力”成本项目，也可增设“燃料”与“动力”两个成本项目。

第三，设计成本项目时，要考虑分类的多少、粗细要适当。分类太粗，成本项目的设计起步到应有的作用；分类太细，会增大成本核算的工作量，影响成本核算的及时性，不能满足成本的需要。

### （三）生产费用分配方法和分配标准的设计

1. 生产费用归集与分配一般原则的设计

企业在成本形成过程中发生的各项生产费用，要通过归集和分配才能计入成本。每个企业都应制定生产费用归集和分配的一般性规则和标准，作为具体操作的依据。这些一般性原则也是制定成本核算与管理制度必须体现的。生产费用的归集与分配的一般性原则，主要从以下三个方面加以设计。

（1）在生产费用归集分配的一般方法方面，凡费用发生时能直接确认归属对象的，应直接计入产品成本；凡多个成本计算对象共同发生的，不能直接确认归属对象的费用，应先通过中间环节进行归集，然后再采用适当的方法定期分配计入产品成本。

(2)在生产费用核算和产品成本计算方面，要遵守历史成本这一会计核算的基本原则。一般规定不得以计划成本、估计成本、定额成本来代替实际成本。采用计划成本或定额成本核算的，必须在规定的成本计算期，调整为实际成本。

(3)在生产费用的确认与计量方面，一般规定：严格成本开支范围；贯彻权责发生制和配比原则；正确区分费用界限。

2. 生产费用分配方法和分配标准设计的内容

生产费用的分配包括要素费用在各受益对象之间的分配，在完工产品和在产品之间的分配。

(1)要素费用分配方法和分配标准的设计

①要素费用分配方法

要素费用分配的基本方法是比率分配法，先计算分配率，再计算分配数额，公式是：

分配率＝分配对象/分配标准总数。

某对象应当承担的分配数＝该对象的分配标准数×分配率。

②分配标准的设计

分配标准的设计的原则：相关性，简便性，稳定性。

直接材料：消耗定额，产品重量，产品产量，定额成本，系数等。

外购动力：生产工时，机器工时，机器功率时数。

直接工资：实用工时，定额工时。

辅助生产费用：直接分配法，一次交互分配法，计划成本分配法，代数分配法。

制造费用：生产工时，机器工时，工资成本。

(2)完工产品和在产品之间费用的分配方法和分配标准的设计

如果产品在计算内全部完工，则全部生产费用为产品的总成本；

如果产品在计算内尚未全部完工，既有产成品，又有在产品，则全部生产费用要在完工产品和在产品之间分配。

生产费用在完工产品与在产品之间的分配方法设计要遵循一定的原则，主要包括受益原则(谁受益谁负担，多受益多负担，少受益少负担)、计算简便原则、重要性原则和相对稳定原则。设计的分配方法主要有两类。第一类是比率分配法，采用这类方法分配的结果较为合理准确。第二类是扣减法，这类方法是首先确定期末在产品成本，然后用生产费用总额扣减期末在产品成本即为产成品成本。使用此类方法具有一定的前提条件，分配结果欠准确，但易于计算。

常用的分配方法有七种，内容如下：

①约当产量比例分配法

约当产量比例分配法是指先根据月末在产品的盘存数量，按其完工程度和投料程度折合为相当于完工产品的产量(称约当产量)，然后再按完工产品产量和在产品约当产量的比例来分配该种产品成本费用的一种方法。简称约当产量法，又叫折合产量法。

约当产量法适用于月末在产品数量较大，各月末在产品数量变化也较大，产品成本中各个成本项目的成本比重相差不大的产品。一般地说，化工、机械等行业，运用约当产量法计算在产品成本比较合理。

采用约当产量比例法计算完工产品成本和月末在产品成本，必须正确计算在产品的约当产量，而在产品约当产量计算的正确与否，主要取决于在产品完工程度的测定是否正确，这对成本费用分配的正确性，有着决定性的影响。

②定额耗用量比例分配法

定额耗用量比例分配法，是指企业分别成本项目，将完工产品和在产品的数量分别乘以各该消耗定额，求出完工产品和在产品的定额耗用量，然后按二者定额耗用量的比例，将各项目的成本费用总额在完工产成品和在产品之间进行分配的一种方法。其计算公式为：

完工产品定额耗用量＝完工产品产量×完工产品单位消耗定额

期末在产品定额耗用量＝在产品数量×在产品单位消耗定额

成本费用分配率＝期初在产品成本＋本月发生的成本费用

完工产品定额耗用量＋期末在产品定额耗用量

完工产品成本＝完工产品定额耗用量×成本费用分配率

期末在产品成本＝期末在产品定额耗用量×成本费用分配率或＝成本费用总额－完工产品成本

定额耗用量比例分配法，主要适用于材料、工时等消耗定额比例健全的机械制造、轻工等企业。采用这种方法时，“直接材料”成本项目应按材料消耗定额计算；其余各个成本项目，一般按工时消耗定额计算；在各个加工阶段中的在产品，应分别按各个阶段的消耗定额计算。

③不计算在产品成本法

企业如果各月月末在产品数量很少，算不算在产品成本，对完工产品成本的影响很少，为了简化核算工作，可以不计算在产品成本。这就是说，某种产品每月发生的成本费用，无须在完工产品和在产品之间进行分配，全部由本月完工产品成本负担。

④按年初数固定计算在产品成本法

企业如果期末在产品数量较多，但各月之间在产品结存数量变化不大、比较固定，某种产品当月发生的成本费用，就是当月完工产品的总成本。可按年初在产品成本作为各月期末在产品的成本。但年终时，必须根据在产品实际盘存量，予以调整，以免在产品成本与实际出入过大，影响成本计算的正确性。

⑤在产品成本按完工产品成本计算法

采用这种方法是将在产品视同完工产品，按在产品和完工产品的数量比例分配费用。这种方法只适用于月末在产品已近完工，只是尚未包装或尚未验收入库的产品。

⑥按所耗原材料费用计算在产品成本法

采用这种方法，期末在产品成本，按所耗用原材料费用进行计算。这种方法用于企业生产车间各月在产品的数量较大，变化也较大，原材料费用在产品成本中所占的比重较高的情况。为了简化核算手续，在产品成本可以只计算原材料费用，不计算其他费用，其他费用全部由完工产品成本负担。这样，某种产品的月初在产品成本与本月发生的费用之和，减去按原材料费用计算的月末在产品成本，便是本月完工产品成本，如造纸、酿酒、纺织等工业企业，都可以采用这种方法。

⑦定额成本法

定额成本法是指企业用事先核定的单位在产品定额成本计算在产品成本的一种方法。其计算公式为：

期末在产品成本＝期末在产品数量×单位在产品定额成本

完工产品总成本＝期初在产品成本＋本月发生的成本费用－期末在产品成本

完工产品单位成本＝完工产品总成本÷完工产品产量

这种计算方法的特点是：能够简便地解决成本费用在完工和在产品之间的分配问题。但是这种方法要求企业的各项单位定额成本必须准确，如果不准确，会使完工产品和期末在产品之间成本费用的分配不实，影响成本计算的正确性。

**(四)生产费用核算凭证设计和生产费用核算一般程序设计**

1. 生产费用核算凭证的设计

生产费用核算的有关原始记录设计前面已作部分介绍，本节介绍其他主要费用分配凭证的设计，包括要素费用分配、辅助生产费用分配、制造费用分配的常用凭证的设计。

(1)要素费用分配凭证的设计

在要素费用分配表中，应设计被分配的费用、分配的时间、费用的受益部门或产品、分配标准、分配数额等栏次。常见的要素费用分配表有材料费用分配表、外购动力费用分配表、工资费用分配表、固定资产折旧分配表等。

(2)辅助生产费用分配凭证的设计

辅助生产费用分配表应设计辅助生产车间名称、被分配的费用、提供的产品或劳务的数量、分配的时间、费用的受益部门或产品、分配率、分配数额等栏次。其格式依照分配的方法而定。

(3)制造费用分配凭证设计

制造费用分配表应设置分配时间、分配对象(产品)、分配标准、分配率和分配金额等项目、栏次。

(4)产品成本计算单和完工产品成本汇总计算表的设计

产品成本计算单应设置成本计算时间、产品名称、完工产品质量、成本项目、费用的发生情况等项目、栏次。

完工产品成本汇总计算表的内容应设置各种产品的名称、产量、总成本和单位成本以及各产品成本的构成情况(即成本项目)等。

2. 生产费用核算一般程序的设计

生产费用核算的一般程序，是对生产经营费用进行分类核算，将发生的各项要素费用按经济用途进行归类的基本工作过程。生产费用核算的内容较多、进程较长，各环节的核算形式也较为繁杂，为了保证核算的正确性、规范性，企业应将这一过程按费用归集和分配的先后顺序划分为基本的工作步骤并加以制度化，即设计生产费用归集和分配的一般程序。

企业生产费用归集和分配的一般程序设计如下：

(1)审核原始凭证，根据审核无误的原始凭证和费用的受益对象，编制各项费用分配表。对于直接费用，计入生产成本(基本生产)总账和明细账，间接费用分别记入生产成本(辅助生产)、制造费用、废品损失等总账和明细账。

(2)审将应由本期负担的费用额分配记入生产成本(辅助生产)、制造费用、废品损失等总账和明细账。

(3)审编制辅助生产费用分配表，按所设计的分配方法将之分配至生产成本(基本生产)、制造费用、废品损失等总账与明细账。

(4)审编制制造费用分配表，将制造费用分配记入生产成本、废品损失等总账和明细账。

(5)审将不可修复废品成本由生产成本(基本生产)账户转至废品损失总账与明细账。

(6)审编制废品损失分配表，将废品损失静额分配记入生产成本总账与明细账(基本生产的废品损失成本项目)。

(7)审期末计算完工产品成本与在产品成本，将完工产品成本转至成品总账和明细账。

**(五)产品成本计算方法的设计**

现企业使用的成本计算方法很多，但基本方法只有品种法、分批法、分步法三种，其他方法均建立在这三种基本方法的基础上。企业设计成本计算方法的步骤是：首先根据企业自身生产特点和管理要求，结合各成本计算方法的特点，先选择某一种或几种基本成本计算方法为基础；然后再结合企业特点，对选定的成本计算方法进行补充、修定或创新设计，并以文字或程序图的方式加以反映、说明，以利操作。

1. 选择基本的成本计算方法

基本成本计算方法可参考如下三种方法进行设计。

(1)品种法

品种法是以所生产的产品品种为成本计算对象，归集生产费用，计算产品成本的一种方法。

品种法的主要特点是按产品品种开设成本计算单，以成本项目开设专栏；成本计算期与会计报告期一致，按月计算成本；单步骤生产企业月末无在产品，因此成本费用不必进行完工产品和在产品分配；但在多步骤生产企业月末一般存在在产品，如月末在产品数量较多，则存在完工产品与产品之间成本费用的分配问题。

品种法适用于单步骤生产企业和管理上不要求提供各步骤半成品成本的多步骤生产企业，如火力发电厂、铸件厂、玻璃制品厂等。

品种法成本计算的基本程序如下：

①根据各项生产费用发生的原始凭证和其他有关材料，编制各要素费用分配表，分配各种要素费用。

②根据各要素费用分配表，登记产品成本计算单、辅助生产成本明细账、制造费用明细账、管理费用明细账。

③根据辅助生产成本明细账所归集的全月费用编制辅助生产成本分配表，采用适当的分配方法，在各受益部门之间分配，并据以登记有关费用明细账。

④根据制造费用明细账所归集的全月费用，编制制造费用分配表，在各种产品之间分配费用，并据以登记各产品成本计算单。

⑤根据产品成本计算单所归集的全部费用，采用适当的方法在月末完工产品和在产品之间进行分配，确定完工产品和在产品成本，编制完工产品成本汇总表，计算各种完工产品的总成本和单位成本。

(2)分批法

分批法是以所生产产品的批别为成本计算对象，归集生产费用计算产品成本的一种方法。

分批法的主要特点是以生产的产品的批别或件别作为成本计算对象，开设成本计算单；一般是在一批产品全部完工的月份才计算成本，所以成本计算期与生产周期一致；由于一般情况下是在每批产品完工后才计算成本，因此一般不必在完工产品和在产品之间分配生产费用。但是若一批产品跨月完工，那么成本费用就需在完工产品与在产品之间进行分配。

分批法适用于单件小批并且管理上不要求分步计算各步骤半成品成本的多步骤生产企业，如重型机械、造船等。

分批法成本计算的基本程序与品种法基本相同，不同之处主要表现在成本计算对象上，因此不再赘述。

(3)分步法

分步法是以所生产产品的生产步骤和品种为成本计算对象，归集生产费用，计算产品成本的一种方法。

分步法的主要特点是以各种产成品及其所经过的各生产步骤的半成品为成本计算对象，开设成本计算单；成本计算是定期(按月)进行，成本计算期与会计报告期相一致；月末须在完工产品与在产品之间进行费用的分配。

分步法适用于大量、大批多步骤生产的企业，如造纸、纺织、冶金以及大量大批生产的机械制造等企业。

在大量大批多步骤生产的企业中，各企业成本管理要求又有不同，有的企业要求提供各生产步骤的半成品，有的则不需。分步法又分为计算半成品成本的分步法和不计算半成品成本的分步法两种，前者称为“逐步结转分步法”，后者称为“平行结转分步法”。

①逐步结转分步法

逐步结转分步法又称为“计算半成品成本法”，是按照产品加工的顺序，将上一步骤的半成品成本随同半成品实物的转移而结转到下一生产步骤的相同产品的成本之中，以逐步计算半成品成本和最后一个步骤地完工产品成本。逐步结转分步法适用于大量大批连续式多步骤生产的企业。

逐步结转分步法成本计算的基本程序分为四个部分：

按生产步骤和产品品种开设成本明细账，根据各种费用发生的凭证或通过费用分配表按品种法计算成本的程序和方法，将各项生产费用记入各生产成本明细账；

月终，将第一步骤生产成本明细账中所归集的生产费用，根据完工的半成品数量和期末在产品数量，采用一定的方法进行分配，计算出半成品的总成本和单位成本；

将第一步骤交付给下一步骤的半成品成本结转到第二步骤产品成本明细账中的"半成品"或"直接材料"成本项目之中，再加上第二步骤发生的费用，即为第二步骤归集的总费用。然后根据第二步骤完工的半成品数量和期末在产品数量，采用一定的方法进行分配，计算出第二步骤的半成品总成本和单位成本；

按照加工步骤如此逐步结转直至最后一步，就可计算出最终完工的产成品总成本和单位成本。将各个步骤的在产品成本相加，就可计算出企业期末在产品成本。

②平行结转分步法

平行结转分步法，又称为"不计算半成品成本法"，是先计算各步骤发生的生产费用中应计入完工产品成本的"份额"，然后由财会部门进行平行汇总，形成企业最终产品成本的一种方法。平行结转分步法主要适用于大量大批多步骤的装配式生产企业，如机械制造企业。

平行结转分步法成本计算的基本程序分为四个部分：

按生产步骤和产品品种开设生产成本明细账，根据各种费用凭证或费用分配表登记各生产成本明细账；

月终，各步骤将其生产费用在完工半成本和加工中再产品之间分配，计算单位半成品费用，然后再计算各步骤应计入产成品成本中的费用份额；

将各步骤生产费用总额减去本步骤应计入产成品成本的费用份额，即为本步骤期末在产品成本；

将各步骤应计入产成品成本的费用份额平行相加，即可计算出本月完工产成品总成本，再除以完工产品数量，即为完工产成品单位成本。

经过以上设计，选定了各产品的基本成本计算方法，有的企业可以依选定的方法直接进行操作。但更多的情况是应根据企业的实际情况，对所选定的成本计算方法加以补充、修订或创新设计。

综上所述，各企业的生产情况时复杂的，管理要求是多方面的，成本计算的方法也是多种多样的，应用时应当根据企业的特点、管理要求、规模大小、管理水平等实际情况，将成本计算的各种方法灵活应用。需要指出的是，各种产品成本计算方法是人们通过长期的反复实践应用，不断改革、完善而形成和发展起来，因此，不能将成本计算方法看成是一经采用便一成不变的东西，而应该不断地改革、完善、创新。

### (六)合理设计成本核算工作的级次

成本核算工作有一级核算和二级核算两种级次。实行一级成本核算方式,就是把成本核算工作全部集中到厂部的财会部门进行。实行二级成本核算方式,就是把成本核算工作分散在车间和厂部分别进行;由车间成本核算员根据原始凭证在产品成本明细账中进行登记、归集所发生的各项费用,按月计算出车间成本后,报送厂部财会部门,而后再由财会部门根据各车间上报的车间成本资料,加以汇总,计算出各种产品的制造成本。

实行一级核算,可以减少核算层次和核算人员,但不便于车间及时考核产品成本的升降情况。实行二级核算,上述情况正好相反。企业采用哪一种成本核算级次,要根据企业规模的大小和成本管理的要求来确定。一般情况下,大中型企业适宜采用二级核算,小型企业适宜采用一级核算。但要明确指出两点:第一,不论何种企业采用哪种成本核算级次,都应大力开展群众性的班组核算,使专业核算与群众紧密结合;第二,不论企业采用哪种成本核算级次,其成本核算资料都必须分车间反映费用的发生情况,以便考核各车间成本管理工作的业绩和缺点,寻求节约费用支出和降低成本的途径。

### (七)标准成本核算方法的设计

1. 标准成本概念

标准成本是经过仔细调查分析和运用技术测定等科学方法制定的在有效经营条件下应该实现的成本,使根据产品的耗费标准和耗费的标准价格预先计算的一种目标成本。企业采用的标准成本又多种,按照制定标准成本所依据的生产技术和经营水平分类,分为理想标准成本、正常标准成本和现实标准成本。标准成本计算法一般采用现实标准成本概念。

2. 标准成本核算方法的实施程序设计

标准成本计算法是指以预先制定的标准成本为基础,用标准成本与实际成本进行比较核算和分析成本差异的一种产品成本计算方法,也是加强成本控制、评价经济业绩的一种成本控制方法。标准成本法的核心是按标准成本记录和反映产品成本的形成过程和结果,并利用成本差异分析实现对成本的控制。其基本设计程序如下:

第一步,按照成本项目制定出各种产品的标准成本。

第二步,依据产品的标准成本进行产品成本核算,其中“在制品”(即“生产成本”)“库存商品”和“自制半成品”账户的借贷方,都按标准成本登录。

第三步,分成本项目计算产品实际成本与标准成本的各种成本差异,并设立对应的成本差异账户进行归集,以便用来控制和考核产品成本。在各个成本差异账户中,借方登记超支差异,贷方登记节约差异。

第四步,每月末根据各成本差异账户的借贷方余额编制成本差异汇总表,将各种成本差异余额转入“主营业务成本”或“本年利润”账户,计入当月损益。

第五步,分析各种成本差异,找出产生差异的原因,确定成本责任,进行成本考核。

3. 标准成本核算方法设计的内容

标准成本核算法设计的主要内容包括标准成本的制定、成本差异的计算、成本差异的账务处理和成本差异的分析。其中，标准成本的制定是采用标准成本法的前提和关键，据此可以达到成本事前控制的目的；成本差异计算和分析是标准成本放的重点，借此可以促成成本控制目标的实现，并据以进行经济责任的考评。

有关标准成本核算方法的内容在《管理会计》和其他课程中已有介绍，设计时可以参考，在此不再赘述。

## 设计案例

成本费用控制制度设计，选自《青海明胶股份有限公司内部控制制度》。

### 青海明胶股份有限公司内部控制制度

（2007 年 9 月 28 日）

第九章　成本费用控制制度

第一条　为了加强公司成本费用的内部控制，降低成本费用，防范成本费用中的差错与舞弊，根据财政部《内部会计控制规范》等法律法规，结合本公司成本费用支出的特点和管理需要制定本制度。

1. 本制度所指成本费用包括采购成材、制造成本和期间费用的计划、执行、控制、核算、报告、考核等内容。

2. 本制度适用于总公司及所属子公司、分公司的成本费用管理与控制。

第二条　岗位分工与授权批准

1. 公司建立成本费用岗位责任制，明确规定相关部门和岗位的职责与权限，确保办理成本费用业务的不相容岗位相互分离、制约和监督。

2. 公司成本费用业务严格规范和执行如下程序：

(1)计划编制与审批；

(2)支出审批与执行；

(3)控制、核算与考核。

3. 公司成本费用岗位的基本分工如下：

(1)采购部负责编制、执行采购成本计划；

(2)各生产部门负责编制、执行管理、制造费用计划；

(3)销售部负责编制、执行销售费用计划；

(4)各管理部室负责编制、执行管理费用计划；

(5)财务部负责编制、执行财务费用计划；

(6)生产部负责审核、控制产品制造成本计划；

(7)预算管理部门负责审核各项成本核算费用计划、控制成本费用的发生、考核各项成本费用的完成；

(8)财务部负责成本费用的核算与报告；

(9)审计部负责定期审计检查成本费用的合规性、合理性和会计记录的正确性与及时性；

(10)公司总裁及分管副总负责有关成本费用的审批。

4. 成本费用的发生和付款要严格按照公司授权文件的规定，各级审批人要在授权范围内行使职权，不得超越审批权限。

第三条　成本费用控制的基本模式

1. 公司成本费用控制模式的基本内容是以销售收入为起点，以目标利润为核心，通过倒挤成本的方式，将采购成本、制造成本、期间费用分解落实到有关分厂和职能部门。

2. 销售部申请生产的每一批产品，在安排生产前，首先由财务部测算、核定成本费用指标和采购物资的最高限价。

(1)期间费用＝销售费用＋管理费用＋财务费用

销售费用＝销售收入×销售费用率

管理费用＝销售收入×管理费用率

财务费用＝销售收入×财务费用率

(2)产品制造成本＝销售收入－税金及附加－目标利润期间费用

产品制造成本＝直接材料＋直接人工＋制造费用

直接人工成本＝(产品产量×计件要资率)×(1＋175%)

直接材料成本＝∑(直接材料成本×材料单价)

制造费用＝(直接材料成本＋直接人工成本)×制造费用率

采购物资最高限价计算公式：

采购物资最高限价＝直接材料成本/直接材料消耗

3. 财务部核定管理费用指标分解落实到各个部门，作为考核各个管理部门工作业绩的依据。

第四条　采购成本的控制

1. 采购成本控制包括采购计划、询价、核价、合同签订、物资入库、货款结算等活动的全过程。

2. 采购计划的编制要严格执行根据仓库的《物资补库计划》编制《物资采购计划》的程序；《物资采购计划》经过预算管理办公室审核、总经理审批后生效。

3. 采购部实施物资采购时需填制“物资请购单”，“物资请购单”中的价格要严格执行财务部核定的物资采购最高限价。

4. 如果实际物资采购价格低于最高限价，公司将给予经办人一定比例的奖励；如实际物资采购价格高于最高限价，必须要获得财务部核价人员的确认和总经理的批准，并给予一定比例的罚款。

5. 采购物资办理入库时，必须符合以下两个条件：

(1)符合“物资请购单”；

(2)经质检部检验合格；

6. 采购物资登记入账时，必须同时符合两个条件：

(1)供应商开具增值税发票;

(2)价格、质量、数量、规格型号完全符合“物资请购单”的要求。

7. 采购物资付款时,必须符合以下三个条件:

(1)已经列入当期货币资金支出预算;

(2)双方往来账核对无误;

(3)“付款申请单”已经财务总监签字批准。

第五条　制造成本的控制

1. 制造成本控制包括成本计划、领料、入库、考核等活动的全过程。

2. 制造成本计划要严格执行财务部核定的目标成本,各分厂要将目标成本层层分解,逐一落实到各车间、工段和岗位。

3. 生产部下达“产品生产任务指令”时,必须将“材料消耗定额清单”同时下达。

4. 各部到仓库领料时,必须按“材料消耗定额清单”填写“领料申请单”。如不符合“材料消耗定额清单”,材料会计不予开具“材料出库通知单”,保管员不予发料。

5. 各分厂的直接人工工资,按照财务部核定的目标人工成本,实行按产品产量计件发放;由于生产工人操作失误导致的废品,以及超定额材料消耗,一律由责任人承担50%的损失,从计件工资中扣除。

6. 各分厂的制造费用支出,按照财务部核定的额度分项目控制。其中,变动费用项目要分解到工序,固定费用项目总量控制。

7. 月末,根据完工产品和生产费用计算出产品制造成本、低于或高于目标成本,给予一定比例的处罚或奖励。

第六条　期间费用的控制

1. 公司按照期间费用的不同性质实行归口管理和控制。

2. 销售费用的归口管理部门为销售部,销售费用支出实行按销售收入费用率进行总量控制。

3. 管理费用的归口管理部门为各个职能部室,管理费用中的变动费用项目由财务部分解落实到有关部室,固定费用项目按性质归口到职能部门。

4. 财务费用的归口管理部门为财务部,由财务部按照费用项目严格控制。

5. 公司每月编制《期间费用支出预算》下达务有关部室。

6. 发生费用支出时,由财务部门严格按预算控制,超出预算部分,一律不予列支。期间费用的支出程序如下:

(1)费用支出部门填写“费用支出审批单”;

(2)按照公司规定的审批权限请有关领导审批签字;

(3)责任会计在审核无误、有预算指标的前提下,签字说明;

(4)费用支出经办人根据费用支出情况分别到仓库或出纳员处办理领料或费用报销手续。

7. 财务部的会计人员在办理费用支出时,应当根据手续齐全的“费用支出审批单”,对发票、结算凭证等相关凭据的真实性、完整性、合法性有及合规性进行严格审核。

8. 月末，公司根据各项期间费实际发生额进行考核奖惩，若低于预算指标，则给予有关部门一定比例的奖励；若高于预算指标，则给予一定比例的罚款。

第七条　成本费用的核算

1. 财务部按照相关会计制度，结合公司生产经营特点和管理需要制定成本费用核算制度，不得随意改变成本费用的确认标准和计量方法，不得虚列、多列、不列或者少列成本费用。

2. 公司制造成本核算的基本方法，由各公司按生产经营的特点在符合会计准则和前提下确认，一经确认不得随意变更。

3. 期末结束后成本费用核算岗位要编制成本费用报表，监控成本费用的支出情况，对于实际发生的成本费用与成本费用预算的差异，应查明原因，并做出相应处理。

第八条　成本费用的监督检查

1. 审计部负责对公司的成本费用进行监督检查，内容有：

(1)成本费用业务相关岗位及人员的设置情况；

(2)成本费用业务授权批准制度的执行情况；

(3)成本费用预算制度的执行情况；

(4)成本费用核算制度的执行情况；

(5)成本费用考核的奖惩兑现情况。

2. 审计部对监督检查的结果要出具内部审计报告，发现的薄弱环节和问题，有关部门要采取措施，及时加以纠正和完善。

# 第六部分　存货业务制度设计

## 一、存货业务制度设计的目的

存货是指企业在日常生产经营过程中持有以备出售，或仍然处在生产过程，或者在生产或提供劳务过程中将被耗用的材料或物资等。包括企业的各种库存商品、产成品，库存的各种原材料、辅助材料、包装物、低值易耗品等。存货属于企业的流动资产。

存货业务制度设计的目的在于：提供存货的各种真实、完整、有用信息；保证存货的安全；控制存货的流动；监督、落实存货的经营责任；加速存货资金周转，考核存货的经济效益。

## 二、存货业务制度设计的内容

存货业务制度设计的内容包括存货内部控制制度的设计、存货核算方法的设计和存货业务核算程序的设计等。

## 三、存货内部控制制度的设计

### (一)存货内部控制制度设计的要求

存货业务包括材料、物资的收入、保管和发放等环节。存货内部控制制度设计的基本要求是：

1. 通过其内部控制制度设计，严格各种存货收发手续的规定，保护实物财产的安全；

2. 通过其控制制度设计，能够正确反映各种存货增减变动和结存情况，保证企业生产活动的正常进行。

3. 通过其控制制度设计，利于正确计算物化劳动，考核存货资金以及防止存货超储积压。

**(二)存货的内部控制制度的内容**

为实现存货内部控制设计的目标与要求，存货业务控制制度的设计应由以下几个基本方面构成。

1. 落实保管责任制度

存货保管责任制度包括授权控制和职责分工两部分内容。授权控制，是指对各种存货的收、发，根据其重要程度，指定有关的负责人审核批准，严格把关，确保存货的安全完整和合理使用，使存货的保管责任与使用责任分离。职责分工，是指对于存货的请购、采购、验收、记账、保管、请领、审批、发放，必须由不同的人员担任，不能由一人包办，要实行钱、账、物分管，以便相互牵制、相互制约，或减少差错。

例如，企业设置专职仓库保管人员，明确其职责范围，落实存货保管的经济责任。采购部门购货后不得由购货部门收纳保管，而必须由仓库保管人员收货。仓库保管部门应根据购货订单上的数量和质量要求独立地检验收到的货物。每一项收到的货物必须在检验以后填制包括供应商名称、收货日期、货物名称、数量和质量、运货人名称以及原购货订单编号等内容的收货报告单。该单应及时报告供应部门和会计部门，以防止少计应付账款或成本以及存货。为了便于会计部门的处理和收货的登记，收货报告单应事先做好存货编号。验收合格的货物经统一安排交由适当的场所存储，而且已经经仓库保管确认的收货记录也成为储存业务部门的业绩考核起点，仓库保管员对已经确认的存货数量和质量负有相应的保管责任。

2. 建立严格的存货计量、记录和管理制度

存货计量、记录和管理制度的设计内容有：

(1)存货的分类和编号

①存货的分类

企业的存货品种较多，收发很频繁，为了便于管理和核算，需要对存货进行一定的分类。存货的特征因企业的性质不同而不同，存货类别的划分必须符合企业的管理核算需要。

企业通常将存货划分为以下几个大类：

a. 原材料

原材料是指企业在生产过程中经加工改变其形态或性质并构成产品主要实体的各种原料及主要材料、辅助材料等。具体包括原料及主要材料、辅助材料、外购半成品(外购件)、修理用备件(备品备件)、包装材料、燃料等。

b. 在产品

在产品是指企业正在制造尚未完工的生产物，包括正在各工序加工的产品和已加工完毕尚未入库的产品。

c. 半成品

半成品是指经过一定生产过程并已检验合格交付半成品仓库保管，但尚未完工的在产品和仍需进一步加工的中间产品。

d. 产成品

产成品是指企业已经完成全部生产过程并验收入库，可以按照合同规定条件送交订货单位，或可以作为商品对外销售的产品。

e. 商品

商品是指可供销售的物品。工业企业的商品包括用本企业自备原材料生产的产成品和对外销售的半成品等；商品流通企业的商品包括外购或委托加工完成验收入库用于销售的各种商品。

f. 包装物

包装物是指为了包装本企业的商品而储备的各种包装容器，如桶、箱、瓶、坛、袋等。

g. 低值易耗品

低值易耗品是指不能作为固定资产的各种用具物品，如文具、管理工具、玻璃器皿、劳动保护用品，以及在经营过程中周转使用的容器等。

注意：为建造固定资产等各项工程而储备的各种材料，虽然也具有存货的某些特征（如流动性），但它们并不符合存货的概念，因此不能作为企业的存货进行核算。企业的特种储备及按国家指令专项储备的资产也不符合存货的概念，因而也不属于企业的存货。另外，代销商品应作为委托方的存货处理；对于销售方按销售合同协议规定已确认销售，而尚未发运给购货方的商品，应作为购货方的存货；对于购货方已收到商品，但尚未收到销货方结算凭证的商品，购货方应作为其存货处理；对于购货方已经确认为购进而尚未到达入库的在途商品，购货方应将其作为存货处理。

商业企业对存货的划分则主要是根据商品的物理特性，如护肤用品类、服装类、家用电器类和日用品类等。这些对存货的分类既是企业的保管部门对此进行分拣、归类和摆放的依据，也是会计部门对存货进行明细核算的依据。

②存货的编号

在上述分类的基础上，为了加强对各类存货的科学管理，还应对各类存货进行编号。编号有助于存货的整理和及时取放，而且可以更好地适应现代物流管理的要求，是实现企业现代化仓储保管的基本技术手段。

常用的编号方法有：

a. 按存货的性能、技术特征和规格标准编号

例如在机械制造企业中，原料及主要材料可分为黑色金属和有色金属等大类；黑色金属又可分为钢材、生铁等小类；钢材还可分为钢板、圆钢和钢管等品种；钢板还可细分为不同的规格。于是，对某一金属进行编号时，可按"类—大类—小类—品种—规

格”顺序组合编号，各顺序类文字一般用字母代号或数字表示。

b. 按存货存放地点位置标准编号

该方法又称为“四号定位”法，即按材料物资存放的仓库号、料架号、层号、位号(料场则是区号、点号、排号、位号)数需组合编号。例如，某一材料存放于2号仓库、3号料架、第6层、第8号位，则该材料编号为“2—3—6—8”。这种编号便于发料。

由于企业存货种类较多，为了保证存货名称在使用时一致，避免相互混淆，出现差错和简便核算，应编制存货目录，采购部门、生产部门、会计部门和仓储部门就可以统一使用编号，并且采用计算机管理。

(2)存货的计量与记录

设置精确的计量工具对收入、发出的存货精确计量。一旦存货经过单据核对、计量验收入库，仓库保管员为了加强对存货的保管，仓库对每种材料设置材料吊卡(也称料牌，悬挂在料架上的卡片)记录各种物资的收发结存数量。当物资发生收发时，仓库保管员就要在吊卡上进行记录，并要对吊卡上的结存数量与实物经常进行核对，强化管理。材料吊卡并不是账簿，但它是保管和核算材料时的重要资料。

(3)存货的计划和管理

存货的保管包括对存货计划和具体管理制度，这一部分的主要控制要点包括：

①要求各种存货的收入、发出必须根据有关规定办理有关手续。仓库保管员只有根据经过被授权的责任人批准过后的领料单、限额领料单和销货单等有关凭证，才能发料，领料人和发料人均应在领发料凭证上签字。如需超过限额领料，领用部门应说明原因，并经生产技术部门和供应部门的责任人审核同意，才能补发追加材料。

②对各种存货要实行计划控制，由财会部门、供应部门和仓储部门在年初拟定生产销售计划时规定合理的储存定额；在本年经营过程中，由仓库保管员随时对照年初拟定的储存定额，掌握存货的最高与最低储备量，及时向有关部门反映，提出调整建议，原则上不得随便偏离计划，以保证生产的正常进行和避免存货的超储积压。

③各种存货应妥善保管，按品种、规格、编号定位堆放，并悬挂材料吊卡，以便随时核对。

④库存物资的任何变动都应有一定的凭证手续作为依据，管理人员和任何人员都不得在没有手续的情况下动用库存货物，不得发出、变卖和赠送存货，或用一种存货交换另一种存货。

⑤对于委托外单位加工的存货，仓库保管员应根据计划部门填写的“委托外加工发料通知单”进行发料，财会部门据以记账。仓库保管员同时应在备查登记簿中予以登记，加工完成验收入库时再予注销原记录。

⑥建立存货的稽核制度。其具体内容包括仓库保管员负责稽核所保管的存货数量和材料吊卡是否相符；采购部门负责稽核存货账、卡和实物数量是否相符；财会部门负责稽核存货的总分类账和明细分类账的金额是否相符，并定期或不定期抽查采购部门的账、卡和实物数量，看其是否相符。

3. 采用永续盘存制，加强会计对各项存货的控制

永续盘存制方法通过设置详细的存货明细分类账，逐日逐笔地记录存货收入的数

量和金额、发出的数量，能够随时结出结余存货的数量、从账面求出期末结存金额。其具体做法是，在会计部门设总分类账户，仓库部门设明细分类账。在货物收、发、存业务中，所有有关收发业务的手续凭证都应有一联送交会计部门，由会计部门进行记录。同时，仓库保管部门登记明细分类账，对各种材料和商品的数量、金额分别核算。各种存货每一次收入和支出之后，都要计算出结存数。结存数又可分为实物数量的、金额的和既有实物数量又有金额的三种不同方式。设计时应当考虑企业对于存货的计价方法和管理上的不同要求来决定，一般是仓库采用数量永续盘存制，明细分类账则采用数量、金额并用的永续盘存制。

永续盘存制可以随时反映各种商品物资库存的余额，并能反映其变化的原因。仓库明细分类账与总分类账结合起来，形成一个完整的仓库内部控制。在总分类账中，盘存账户实际上是一个总仓库，起到在金额上控制的作用，反映众多明细盘存账户中的详细过程汇总情况。明细账逐笔登记，而总账则汇总登记，明细账虽然是由仓库人员登记的，但会计部门总账已对其发生控制作用，可以通过稽核的方式发现错误和防止舞弊。

4. 健全实地盘点制度

盘点控制是指通过对企业的资产实施定期盘点清查，并将盘点结果与会计记录进行比较以确定其是否相符，进而发挥控制作用的一种控制方式。企业应根据自身的特点建立资产盘点制度，主要包括：

(1)定期盘点

针对不同的资产，盘点的时间间隔有所不同，一般而言，重要的、增减过程中容易发生错误和舞弊的资产，其盘点时间间隔应短些；反之可以长些。

(2)盘点人员组成

针对不同的组成，确定盘点人员的具体构成。一般来讲，应由资产保管人员、记录人员、内部审计人员、单位或得到授权部门的负责人员共同组成盘点小组，以确保盘点结果的客观、准确。

(3)盘点手续

盘点前，应做好各项准备工作，包括盘点表、盘点器具的准备，盘点具体时间的安排等；盘点过程中，应合理确定哪些人员动手点数，哪些人员监视，哪些人员复查等。

(4)盘点结果的处理

首先应通过对盘点结果的抽查，确保盘点结果的相对准确；然后，对盘点所查明的问题应得到有关部门的核准进行调整处理，如调账等。

采用实地盘点制度，目的是防止并及时揭示出现的差错或舞弊行为，保证账实相符。无论是采取永续盘存制还是实地盘存制的企业，都应该重视并健全企业的实地盘点制度，盘点制度应该经常化、规范化、制度化。盘点工作应由专人负责，成立专门的盘点小组，不得由实物保管人员独自进行，以保证盘点结果的客观公正性。

5. 实施存货保险制度

在存货分类和目录设置以及编号的基础上，由存货管理部门根据企业的存货性质和重要程度以及历史数据，对存货进行价值等级测算，统计各类存货的损失率和库存时间以及跌价损失，算出企业存货的储存机会成本，然后与向保险公司投保发生的保险费用进行比较，决定是否投保以及为哪些存货建立保险制度，降低存货发生意外损失的风险。

6. 建立库存存货质量管理制度

库存存货质量的管理包括两个方面：一是存货的残损变质；二是存货的积压呆滞。无论属于哪一种情况，都必须结合存货的盘点及时发现并采取措施处理，以保证存货质量的良好，减少发生的损失，并保证会计存货核算资料的真实可靠。对于经仓库保管部门盘点确认已经确实不能继续使用和盘亏的存货应编制"存货报废审批单"，该单由存货管理部门填制，经财务、存货部门负责人及企业领导审批后方可作报废账务处理。

7. 确定恰当的存货明细分类账分户方法

由于材料、商品等存货种类、规格繁多，存货的明细核算既可以按其品种、规格和等级分户，也可以按其品种、规格、等级和进货单价等其他方法分户，不同的分户方法直接导致发出或销售存货价值计算结果的不同和库存价值的不同。因此，无论采用哪种分户方法，都必须结合企业自身的经营管理特点，综合考虑设账的繁简程度与计算成本准确程度的关系，选择恰当的分户方法，为准确计算材料发出成本、库存商品销售成本提供必要的资料。

8. 健全存货明细账设置

商品储存指标有业务部门的"可调库存"、仓库部门的"保管库存"和财会部门的"会计库存"三种口径，企业应结合设定的材料、库存商品明细分类账分户方法，分别按三种口径组织存货的明细核算，以充分利用所能提供的各项资料，促进企业改善业务经营，提高存货乃至整个企业的经营管理水平。三种口径的存货明细分类账一方面使各个部门可以随时掌握和了解存货的变动与结存，有利于下一期间的工作进行；另一方面，不同的部门分别设置不同的存货明细账可以健全企业的内部控制，是保证内部稽核工作顺利进行的基础条件。

## 四、存货核算方法的设计

存货的核算方法包括"在途物资"、"材料采购"、"材料成本差异"、"原材料"、"周转材料"、"委托加工物资"、"代理业务资产"、"生产成本"、"库存商品"、"发出商品"等的核算方法，其内容在《会计学基础》和《中级财务会计》等课程中已有详细介绍，在此不再赘述。

## 五、存货业务核算程序的设计

企业应当制定科学规范的存货业务流程，明确存货的取得、验收与入库，仓储与保管，领用、发出与处置等环节的控制要求，并设置相应的记录或凭证，如实记载各环节业务的开展情况，确保存货业务全过程得到有效控制。

### (一)存货的取得、验收与入库控制设计

1. 存货的取得

企业应当根据存货的不同取得方式，采取相应的控制方法实施有效控制，确保存

货取得真实、合理、透明。

(1)企业外购存货控制设计

企业外购存货控制应当符合《内部会计控制规范——采购与付款(试行)》的有关规定,采购批量和采购时点的确定应当符合市场状况、行业特征和企业经营管理的实际需要。

(2)企业接受投资者投入的存货

接受投资者投入存货的实有价值和质量状况应当经过评估和检查,并与企业筹资合同或协议的约定相一致。

(3)企业取得的存货为对方单位抵顶债务的

企业取得的为对方单位抵顶债务的存货的取得应经过企业有关部门和人员审核批准,其实有价值和质量状况应当符合双方的有关协议。

2. 存货的验收

企业应当组织有关部门和人员对所取得的存货的品种、规格、数量、质量和其他相关内容进行验收,出具验收证明。对于验收合格的存货,应当及时办理入库手续。

对验收过程中发现的异常情况,负责验收的部门和人员应当立即向有关部门报告;有关部门应当及时查明原因,视存货的不同取得方式作出相应处理。

3. 存货入库

企业财会部门应当按照国家统一的会计制度的规定,根据验收证明对验收合格的存货及时办理入账手续,正确登记入库存货的数量与金额。

对会计期末货物已到、发票未到的收货,应暂估入账。

企业存货管理部门应当设置实物明细账,详细登记经验收合格入库的存货的类别、编号、名称、规格、型号、计量单位、数量、单价等内容,并定期与财会部门核对。对代管、代销、暂存、受托加工的存货,应单独记录,避免与本单位存货相混淆。

**(二)存货的仓储与保管控制**

1. 存货的仓储

企业应当根据销售计划、生产计划、采购计划、资金筹措计划等制订仓储计划,合理确定库存存货的结构和数量,加强对存货的日常管理,严格限制未经授权的人员接触存货。企业生产部门应当加强对生产现场的材料、低值易耗品、半成品等物资的管理与控制,并根据生产特点、工艺流程等对转入、转出存货的品种、数量等进行登记。对在生产过程中废弃的存货,也应进行登记。企业仓储、保管部门应当建立岗位责任制,明确各岗位在值班轮班、入库检查、货物调运、出入库登记、仓场清理、安全保卫、情况记录等各方面的职责任务,并定期或不定期地进行检查。

2. 存货的保管

企业应当建立存货的分类管理制度,对贵重物品、生产用关键备件、精密仪器、危险品等重要存货,应当采取额外控制措施,确保重要存货的保管、调用、转移等经过严格授权批准,且在同一环节有两人或两人以上同时经办。企业应当按照国家有关法律法规要求,结合存货的具体特征,建立健全存货的防火、防潮、防鼠、防盗和防变质等措施,并建立相应的责任追究机制。

企业应当建立健全存货清查盘点制度，定期或不定期地对各类存货进行实地清查和盘点，及时发现并掌握存货的灭失、损坏、变质和长期积压等情况。存货发生盘盈、盘亏的，应查明原因，分清责任，并及时报告有关部门。企业应当创造条件，逐步实现存货的信息化管理，确保相关信息及时传递，提高存货运营效率。建立健全存货成本会计核算系统，正确计算和结转存货成本。加强对存货跌价的会计核算，及时掌握存货价值变动情况。确认、计量存货跌价的依据应当充分，方法应当正确。

**(三)存货的领用、发出与处置控制**

企业应当加强对存货领用与发出的控制。

企业内部各业务部门因生产、管理、基本建设等需要领用原材料等存货的，应当履行审批手续，填制领料凭证。

企业销售存货，应当符合《内部会计控制规范——销售与收款(试行)》的有关规定。

企业对外捐赠存货，应当履行审批手续，签订捐赠协议。捐赠对象应当明确，捐赠方式应当合理，捐赠程序应当可监督检查。

企业运用存货进行对外投资，应当履行审批手续，并与投资合同或协议等核对一致。

企业应当建立存货处置环节的控制制度，明确存货处置的范围、标准、程序、审批权限和责任。

企业处置残、次、冷、背存货，应由仓储、质检、生产和财会等部门共同提出处置方案，经单位负责人或其授权人员批准后实施。企业应当组织相关部门或人员对存货的处置方式、处置价格等进行审核，重点审核处置方式是否适当，处置价格是否合理，处置价款是否及时、足额收取并入账。企业应当建立健全存货取得、验收、入库、保管、领用、发出及处置等各环节凭证、资料的保管制度，并定期与财会部门核对，发现问题，及时处理。

**(四)存货控制的监督检查**

企业应当建立对存货业务内部控制的监督检查制度，明确监督检查机构或人员的职责权限，定期或不定期地进行检查。存货内部控制监督检查的内容主要包括：

(1)存货业务相关岗位及人员的设置情况。重点检查是否存在不相容职务混岗的现象。

(2)存货业务授权批准制度的执行情况。重点检查授权批准手续是否健全，是否存在越权审批行为。

(3)存货收发、保管制度的执行情况。重点检查存货取得是否真实、合理，存货验收手续是否健全，存货保管的岗位责任制是否落实，存货清查、盘点是否及时、正确。

(4)存货处置制度的执行情况。重点检查存货处置是否经过授权批准，处置价格是否合理，处置价款是否及时收取并入账。

(5)存货会计核算制度的执行情况。重点检查存货成本核算、价值变动记录是否真实、完整、及时。企业对在监督检查过程中发现的存货内部控制中的薄弱环节，负责监督检查的部门应当告知有关部门，有关部门应当及时查明原因，采取措施加以纠正和完善。企业监督检查部门应当按照企业内部管理权限向上级有关部门报告存货内部控制监督检查情况和有关部门的整改情况。

## 六、几种常见存货业务处理程序设计

在企业的实际工作中，常见的存货主要有原材料、库存商品等。本部分只介绍原材料发料程序、委托加工材料发料和委托加工材料完工验收、付款程序的设计内容。

### (一)原材料发料程序设计

原材料发料程序是指企业一般性领料的业务过程，其控制程序设计的要点是：

(1)领用部门开出一式四联领料单，经审核后到仓库领料；

(2)仓库发料后登记材料保管卡，并将领料单相应联次交领用部门和供应部门；

(3)供应部门根据领料单登记材料明细账，月底根据明细账编制材料库存月报；

(4)会计部门根据领用部门和供应部门送来的领料单进行核对无误后，编制材料发出汇总表，据此登记有关费用账和材料总账。

该流程的关键控制点有：材料领用审核、发放和记账分管；会计部门对来自领用部门和发料部门不同来源的领料单进行核对，从而保证领料的真实性和正确性；定期进行账账、账卡、账实和表表核对。

### (二)委托加工材料发料程序设计

委托加工材料发料程序反映企业委托外单位加工材料的业务处理过程，其控制程序设计的要点是：

(1)企业生产计划部门编制委托加工领料单，通知本企业运输部门办理领料及运输；

(2)材料仓库发料、运输部门领取材料后送往外加工单位并取得外单位签收证明；

(3)供应部门根据委托加工领料单登记材料明细账；

(4)月末，生产计划部门、运输部门和供应部门分别将委托加工领料单送至会计部门，会计部门经核对后登记材料发出汇总表上的委托加工材料发出数，并登记有关总账和明细账。

该流程的关键控制点有：委托加工材料领用、运输、发放和记账分管；财会部门分别从不同部门核实委托加工材料请领、实领和实发数量的一致性；定期进行账账、账卡、账实和表表核对。

### (三)委托加工材料完工验收、付款程序设计

委托加工材料完工验收、付款程序设计反映企业委托加工材料完工验收和加工费结算业务的处理过程。委托加工材料完工验收、付款程序设计的要点在于：

(1)委托加工材料加工完毕，由加工单位寄(转)来加工费发票，供应部门将其与原留存的委托加工领料单合在一起，并编制委托加工收料单；

(2)材料仓库收料后，登记材料卡，并将收料单交供应部门；

(3)供应部门核对无误后，通知会计部门付款，登记材料明细账；

(4)会计部门审核付款凭证无误后，授权出纳员办理付款结算；

(5)供应部门和会计部门定期分别编制库存月报和收料汇总表,并进行账卡、账账和卡实核对。

该流程的关键控制点有:核对委托加工发料单和收料单,保证加工材料品种、规格和数量的正确性;对委托加工材料进行入库检验,并核对加工发票和发料单;对加工费用进行审核;定期进行账账、账卡和账实核对。

## 设计案例

存货管理制度设计,选自《金陵药业股份有限公司财务管理制度》。

### 金陵药业股份有限公司财务管理制度

(经2007年8月24日第三届董事会第十三次会议审议通过)

第八章　存货管理

第三十三条　存货包括原材料、外购商品、燃料、包装物、低值易耗品、委托加工材料、在产品、半成品、产成品、消耗性生物资产等。凡在盘存日期,法定所有权属于本公司的一切货物,不论存放何地均视同存货。如委托其他单位代销的货物,已经购入明确所有权属于本公司,尚在运输途中的货物以及货物已远离本公司,所有权尚未转让给对方的均视同本公司存货。但已作销售,所有权已转让给对方,货物暂留存本公司仓库,不列入本公司存货。

第三十四条　存货的计价

(一)外购存货一律按实际成本计价,实际成本包括买价、大宗存货的运杂费及其直接费用。

(二)自制存货其实际成本包括自制过程中发生的材料费、工资及加工中的动力、燃料、制造费用等直接费用。消耗性生物资产的成本包括在收获前耗用的种苗、肥料、农药等材料费、人工费、抚育费、设施费、良种试验费、调查设计费和应分摊的间接费用等必要支出。

(三)委托加工存货其实际成本包括实际耗用的原材料及加工过程中的加工费、运输费、保险费、装卸费、包装费等各项支出。

(四)盘盈的存货按重置成本计价。

(五)如果发生购货折扣收入,不论何种情况都应冲减有关项目的实际成本。

(六)一切外购存货都应取得合法有效的增值税专用发票。

(七)一切存货在日常核算管理中包括入库、领用、记账,均按实际成本计价,不采用计划价格核算。

第三十五条　存货的收发、领退、转移的管理

(一)库存材料的管理

1. 采购:根据月度生产作业计划,结合仓库存量和储备定额编制月采购计划,由业务部门采购一切材料。原则上先进行市场调研,进行招标采购,保质保量,保价低廉。

2. 入库:采购物资回来,一律先入库后领用,不得直接报销。外购和自制材料必

须按规定程序进行质量检查和计量，凭计划、合同、发票等办理入库，外购物资的价格还应交物价管理人员进行审核，对于进价不符的物资不予进库。

货到发票未到的货物，采购人员于月终填制入库单，采取估价入账，采购人员应尽可能在次月将发票入账。

为了保证材料核算在时间上的一致性，采购人员应做到货到发票到的材料当月办理入库，当月凭发票入库单等单据到财务部门报账，不得拖延。

3. 发出：生产领用库存材料必须凭定额领料单领料，其他领用的零星材料须经单位负责人签字领用。销售材料须凭办妥财务结算的提货单发货。

4. 库存：财务部会同仓储业务部门制定最低储备量和最高储备量。仓库保管人员严格掌握库存定额。库存材料一律不准出借。

5. 财务部定期或不定期抽查库存情况。对库存积压在六个月以上的物资，应作专题书面报告有关部门和分管经理、厂长。财务部与仓储业务部门至少应每月进行一次对账，每季度对重要的库存进行一次抽盘，每年进行一次全面的盘点。

6. 包装物视同原材料进行管理。

(二)在产品的管理

财务部应会同生产部门制定在产品定额，严格控制在产品占用。生产部门应加强生产均衡性计划管理。

(三)产成品的管理

车间产品生产按当月生产作业计划完成。完工产品及时入库，化验合格，办理入库手续。

销售产成品发出一律凭办妥财务结算手续的发票提货。抽检产品或其他原因领用产成品由分管经理、厂长批准，填写领用单领用。

销售产品退货，由销售部门报分管经理、厂长批准，经检验后重新入库。

(四)存货的发出，采用加权平均法计价，各单位仓库实行明细品种数量管理，财务实行数量、金额管理。

(五)为了保证存货的安全和完整，年终组织全面清查，每月财务和仓库对账，保证账物相符。

(六)所有存货未经公司批准不得私自出售、抵押和赠送。

(七)所有存货资金包括储备资金、生产资金、成品资金，均须核定资金定额天数和最高占用额，实行考核。

第三十六条　低值易耗品：使用年限在一年以内，价值低于2000元且易损耗的各种劳动资料列入低值易耗品管理。低值易耗品按实际进价核算，在领用时实行一次摊销。

第三十七条　低值易耗品实行归口分级管理

(一)公司、各单位的办公室是低值易耗品的归口管理部门。对低值易耗品要建立台账，落实专人负责。统一编号，定期与使用部门核对账物。如有丢失和损坏，查明原因，属于人为因素确定赔偿金额，通知财务部门扣款。

(二)各部门需要添置低值易耗品，由使用部门向归口管理部门报申请计划。经公司、各单位经理批准后购置，使用部门办理领用手续。

（三）属于个人管理使用的物品，人员调动要办理移交手续，否则不予签调。

（四）财务部门设低值易耗品一级科目，按实际成本进行核算。

# 第七部分 固定资产业务制度设计

## 一、固定资产业务制度设计的意义

### （一）固定资产的内容

固定资产是企业生产经营的主要劳动资料，是指为生产商品、提供劳务、出租或经营管理而持有的，且使用寿命超过一个会计年度的有形资产。当与该固定资产有关的经济利益很可能流入企业，该固定资产的成本能够可靠地计量时，才可以确认为固定资产。

由于企业的经营内容、经营规模等各不相同，固定资产的标准也不强求绝对一致。各企业应根据制度中规定的固定资产的标准，结合各自的具体情况，制定适合本企业实际情况的固定资产目录、分类方法、每类或每项固定资产的折旧年限、折旧方法，作为固定资产核算的依据。企业的固定资产根据不同的管理需要和核算要求及不同的分类标准，可以进行不同的分类，主要有以下几种分类方法。

1. 按固定资产经济用途分类

按固定资产的经济用途分类，可分为生产经营用固定资产和非生产经营用固定资产。生产经营用固定资产，是指直接服务于企业生产、经营过程的各种固定资产。如生产经营用的房屋、建筑物、机器、设备、器具、工具等。非生产经营用固定资产，是指不直接服务于生产、经营过程的各种固定资产。如职工宿舍、食堂、浴室、理发室等使用的房屋、设备和其他固定资产等。

2. 按固定资产使用情况分类

按固定资产使用情况分类，可分为使用中固定资产、未使用固定资产和不需用固定资产。

使用中固定资产，是指正在使用中的经营性和非经营性固定资产。由于季节性经营或大修理等原因，暂时停止使用的固定资产仍属于企业使用中的固定资产，企业出租（指经营性租赁）给其他单位使用的固定资产和内部替换使用的固定资产也属于使用中的固定资产。

未使用固定资产，是指已完工或已购建的尚未交付使用的新增固定资产及因改建、扩建等原因暂停使用的固定资产。如企业购建的尚待安装的固定资产、经营任务变更停止使用的固定资产及主要的备用设备等。

不需用固定资产，是指本企业多余或不使用的各种固定资产。

### （二）固定资产业务制度设计的意义

通过固定资产业务制度的设计，可以强化固定资产投资效益的管理、减少投资风险、保证固定资产的安全完整及合理使用。

### (三)固定资产业务制度设计的内容

固定资产业务制度设计的内容主要有固定资产内部控制制度设计、固定资产核算方法设计和固定资产控制程序设计等几个方面。

## 二、固定资产内部控制制度设计

固定资产业务内部控制制度设计的主要内容包括以下几个方面。

### (一)职务分离与相应责任控制制度

企业应当配备合格的人员办理固定资产业务。办理固定资产业务的人员应当具备良好的职业道德和业务素质。

企业应当建立固定资产业务的岗位责任制,明确相关部门和岗位的职责、权限,确保办理固定资产业务的不相容岗位相互分离、制约和监督。主要内容有:

(1)固定资产投资预算的编制与审批相分离;

(2)固定资产的取得、验收与款项支付相分离;

(3)固定资产投保的申请与审批相分离;

(4)固定资产的保管与清查相分离;

(5)固定资产处置的申请与审批、审批与执行相分离;

(6)固定资产业务的审批、执行与相关会计记录相分离。

企业不得由同一部门或个人办理固定资产的全过程业务。

### (二)投资管理控制制度

固定资产投资是企业生存和发展的基本保证,它是一个事关企业发展的战略问题。因此,在制定固定资产投资决策时,必须对决策制度、相应的筹资制度、外部制度约束等固定资产投资制度进行安排,并对可利用资本的成本和规模、项目的赢利性、企业承担风险的意愿和能力等主要影响投资决策的变量进行分析,利用投资决策的价值判断方法,对固定资产投资的可行性进行研究、分析。要建立固定资产业务的授权批准制度,明确授权批准的方式、程序和相关控制措施,规定审批人的权限、责任以及经办人的职责范围和工作要求。严禁未经授权的机构或人员办理固定资产业务。审批人应当根据固定资产业务授权批准制度的规定,在授权范围内进行审批,不得超越审批权限。经办人应当在职责范围内,按照审批人的批准意见办理固定资产业务。对于审批人超越授权范围审批的固定资产业务,经办人有权拒绝办理,并及时向审批人的上级授权部门报告。

### (三)固定资产的资本性支出制度

按正确划分资本性支出和收益性支出、实质重于形式、重要性等会计一般原则,以及借款费用、租赁等具体会计准则和相关会计制度的规定,企业应结合经营实际明确资本性支出的范围和最低金额,制定具体的固定资产入账标准。将不属于资本性支出范围和最低金额线以下的支出直接列作当期费用,冲减当期利润。

**(四)固定资产取得和处置控制制度**

(1)对固定资产的验收投产、内部转移、调拨出租、报废清理和更新等固定资产的变动,要由有关部门提出报告,经审核批准后方可执行。

(2)会计部门对批准执行的固定资产验收投产、内部转移、调拨出租、报废清理和更新等变动情况,须建立规范的凭证流转程序,以保证及时取得相关原始凭证,确保固定资产核算的真实性。

(3)会计部门对固定资产的增减变动必须及时进行相应的会计处理,除了进行总分类核算外,还应建立固定资产目录、明细分类账和卡片,做到账、卡、物相符。

(4)形成有专人负责的固定资产使用管理制度,对未使用、不需用或使用不当的固定资产及时提出处理措施;对清理报废的固定资产残值应及时入账,实物要妥善保管和统一处理。

**(五)固定资产维修保养制度**

该制度要求企业要建立固定资产维修保养制度,保证固定资产正常运行,控制固定资产维修保养费用,提高固定资产使用效率。

企业要制订固定资产维修保养计划,并按计划规定的步骤和方式实施固定资产的日常维修和保养和定期检查、维修和保养,及时消除安全隐患,降低固定资产故障率和使用风险,单位固定资产需要大修的,应由财会部门、固定资产管理和使用部门共同组织评估,提出修理方案,经单位负责人或其授权人员批准后实施。固定资产维修保养费用,应当纳入单位预算,并在经批准的预算额度内执行。

**(六)固定资产盘点控制制度**

该制度要求企业应当建立固定资产清查盘点制度,明确固定资产清查的范围、期限和组织程序,定期或不定期地进行盘点。单位应当组成固定资产清查小组对固定资产进行清查、盘点,根据盘点结果详细填写固定资产盘点报告表,并与固定资产账簿和卡片相核对。发现账实不符的,应编制固定资产盘盈、盘亏表并及时作出报告。

单位固定资产管理部门、使用部门应当查明固定资产盘盈、盘亏的原因,提出初步处理意见,经单位负责人或其授权人员批准后作出相应处理。

**(七)固定资产折旧控制制度**

该制度要求企业根据固定资产的自身特征和使用情况选择恰当的折旧计算方法,正确计提固定资产折旧。

**(八)固定资产保险制度**

企业中的固定资产一般数量少,但价值量大,在企业的生产经营中占有重要地位。同时,固定资产也存在着自然灾害和意外事故造成损失的巨大风险。由固定资产的重要地位和风险的不可控性决定,企业必须建立固定资产投保制度,明确应投保固定资产的范围和标准,由固定资产管理部门会同财会部门等拟订投保方案,经单位负责人或其授权人员批准后办理投保手续,防范和控制固定资产的意外风险。

## 三、固定资产核算方法设计

固定资产核算方法已经在《会计学基础》和《中级财务会计》等课程中介绍，可供设计时参考，在此不再赘述。

## 四、固定资产业务核算程序的设计

企业应当制定固定资产业务流程，明确固定资产的取得与验收、日常保管、处置与转移环节的控制要求，并设置相应的记录或凭证，如实记载各环节业务的开展情况，确保固定资产业务全过程得到有效控制。固定资产业务核算程序设计，主要包括固定资产的取得与验收、日常保管和处置与转移三个方面。

### （一）固定资产的取得与验收

1. 固定资产的取得

企业增加固定资产首先应当编制固定资产投资预算，加强对固定资产投资的预算管理，明确固定资产投资预算的编制、调整、审批、执行等环节的控制要求。预算的编制应当符合企业发展战略和生产经营实际需要，综合考虑固定资产投资方向、规模、资金占用成本、预计赢利水平和风险程度等因素，在对固定资产投资项目进行可行性研究和分析论证的基础上，合理安排投资进度和资金投放量；其次是固定资产预算的审批和购建。企业编制、调整、审批固定资产投资预算，应当符合《内部会计控制规范——预算（试行）》的有关规定，外购固定资产，应当符合《内部会计控制规范——采购与付款（试行）》的有关规定，自行建造固定资产，应当符合《内部会计控制规范——工程项目（试行）》的有关规定。

2. 固定资产的验收

企业应当建立固定资产验收制度，固定资产管理部门、使用部门和财会部门应当参与固定资产验收工作。验收时应当区别固定资产的不同取得方式，对外购、自行建造、投资者投入、接受捐赠、外单位调入以及通过其他方式获取的固定资产进行验收，办理验收手续，出具验收报告（验收单），并与购货合同、供应商的发货单及投资方、捐赠方等提供的有关凭据、资料进行核对。在办理固定资产验收手续的同时，应当完整地取得产品说明书及其他相关说明资料。

验收合格的固定资产，企业应当填制固定资产交接单，登记固定资产账簿。对于经营性租入、借用、代管的固定资产，单位应当设立备查登记簿进行专门登记，避免与本单位固定资产相混淆。单位支付外购、自行建造的固定资产款项，按照《内部会计控制规范——采购与付款（试行）》、《内部会计控制规范——工程项目（试行）》和《内部会计控制规范——货币资金（试行）》的有关规定执行。

### （二）固定资产的日常保管控制

企业要建立固定资产归口、分级管理制度，明确固定资产管理部门、使用部门和财会部门的职责权限，确保固定资产管理权责明晰、责任到人。根据国家统一的会计制度的要求，结合单位经营管理特点，建立健全固定资产账簿登记制度和固定资产卡片管理制度，确保固定资产账账、账实、账卡相符。企业财会部门、固定资产管理和使用部门应当定期核对相关账簿、记录、文件和实物，发现问题，及时报告。

企业应加强对固定资产折旧、减值的会计核算，及时掌握固定资产价值变动情况。确认、计量固定资产减值的依据应当充分，方法应当正确。

企业启封使用固定资产或将固定资产由使用状态转入封存状态，应当履行审批手续。改变固定资产使用状态，涉及变更固定资产保管地点的，应当登记在案。

**(三)固定资产的处置与转移控制**

企业应当建立固定资产处置环节的控制制度，明确固定资产处置的范围、标准、程序、审批权限和责任。重大固定资产处置，应当实行集体审议联签。

企业应当根据固定资产的实际使用情况和不同类别，在处置环节采取相应的控制程序和措施。对使用期满正常报废的固定资产，应由固定资产管理部门填制固定资产报废单，经单位授权部门或人员批准后进行报废清理。对未使用、不需用的固定资产，应由固定资产管理部门提出处置申请，经单位授权部门或人员批准后进行处置。对拟出售或投资转出的固定资产，应由有关部门或人员填制固定资产清理单，经单位授权部门或人员批准后予以出售或转作投资。

企业要组织相关部门或人员对固定资产的处置依据、处置方式、处置价格等进行审核，重点审核处置依据是否充分，处置方式是否适当，处置价格是否合理。及时、足额地收取固定资产处置价款，并及时入账。出租、出借固定资产，应由固定资产管理部门会同财会部门拟订方案，经单位负责人或其授权人员批准后办理相关手续，签订出租、出借合同。合同应当明确固定资产出租、出借期间的修缮保养、税赋缴纳、租金及运杂费的收付、归还期限等事项。内部调拨固定资产，应当填制固定资产内部调拨单，由调入、调出部门、固定资产管理部门和财会部门的负责人及有关管理人员签字后，方可办理固定资产交接手续。

**(四)固定资产制度执行的监督检查**

企业应当建立对固定资产内部控制制度执行的监督检查制度，明确监督检查机构或人员的职责权限，定期或不定期地进行检查。监督检查的内容主要包括：(1)固定资产业务相关岗位及人员的设置情况。重点检查是否存在不相容职务混岗的现象。(2)固定资产业务授权批准制度的执行情况。重点检查在办理请购、审批、采购、验收、付款、处置等固定资产业务时是否有健全的授权批准手续，是否存在越权审批行为。(3)固定资产投资预算制度的执行情况。重点检查购建固定资产是否纳入预算，预算的编制、调整与审批程序是否适当。(4)固定资产日常保管制度的执行情况。重点检查固定资产的归口分级管理制度和岗位责任制度是否落实，维修保养费用是否超过预算额度。(5)固定资产处置制度的执行情况。重点检查处置固定资产是否履行审批手续，作价是否合理。对在监督检查过程中发现的固定资产内部控制中的薄弱环节，负责监督检查的部门应当告知有关部门，有关部门应当及时查明原因，采取措施加以纠正和完善。监督检查部门应当按照单位内部管理权限向上级有关部门报告固定资产内部控制监督检查情况和有关部门的整改情况。

## 五、几种常见固定资产处理程序的设计

### (一)设备更新申请批准程序设计

设备更新申请批准程序的设计的目的在于正确反映和有效控制固定资产更新申请批准实施的处理过程。其程序设计的要点包括:

(1)由设备管理部门编制设备更新计划交总工程师室(或类似机构)审批;

(2)经审批后,如属外购设备,总工程师室编制购买通知单一式三份,如属自制设备,编制制造任务书交辅助生产部门安排制造;

(3)设备管理部门根据购买通知单与供货单位签订合同,并将合同副本、设备购买通知单和自制设备制造任务书交财会部门留存,作为外购设备付款和自制设备核算的依据。

该流程的关键控制点有:设备更新计划必须经过审批才能实施;财会部门参加合同的会签。

### (二)设备采购、验收、付款程序设计

设备采购、验收、付款程序的设计,其目的在于正确反映和有效控制固定资产从采购、验收到付款的业务处理过程。其程序设计的要点包括:

(1)供货单位根据合同发货后,将设备购买发票和运输提货单函寄设备管理部门;

(2)设备管理部门根据有关设备购买通知单和合同编制设备入库单一式三联,并分别通知运输部门提货和设备仓库准备接货;

(3)企业内部运输部门提取设备后编制到货清单,并交设备管理部门验收,验收无误后登记设备库存账,并通知财会部门付款;

(4)财会部门核对合同副本和购买通知单,经确认无误后办理货款结算,并登记有关总账和明细账。

该流程的关键控制点有:提货、验收、付款分管;设备验收、付款均要核对有关合同和凭证;定期进行账账、账实核对。

### (三)设备报废清理程序设计

设备报废清理程序的设计,其目的在于保证设备报废清理合规有序地进行。其程序设计的要点包括:

(1)设备使用部门提出设备报废申请报设备管理部门;

(2)设备管理部门审核同意后,注销该部门的固定资产卡片,并在固定资产登记簿作好记录;

(3)设备管理部门通知使用部门注销固定资产卡片,通知清理部门清理报废设备,通知会计部门注销固定资产卡片,并进行固定资产报废清理核算。

该流程的关键控制点有:设备报废必须经过审核后才能办理;对固定资产增减变

动及时作好记录；定期核对使用部门、设备部门和财会部门的固定资产卡片，并保证账卡、账实相符。

## 设计案例

固定资产业务处理制度设计，选自《新疆西部建设股份有限公司固定资产管理制度》。

### 新疆西部建设股份有限公司固定资产管理制度

（2010年12月）

第一章　总则

第一条　为加强公司固定资产管理，确保资产安全、完整，防止资产流失，根据国家有关法规、政策，结合公司实际，特制定本制度。

第二章　固定资产管理体制

第二条　公司对固定资产按照统一领导、分级管理、归口负责、责任到人的原则。

公司固定资产管理委员会负责全公司固定资产的管理工作，负责审批各分(子)公司固定资产的更新、新增、调拨、报废。各分(子)公司由财务部门会同设备部门成立固定资产管理组，负责分(子)公司内部的固定资产具体管理工作。

第三条　公司对固定资产的安全保管和有效利用进行全面监督，组织参与分、子公司固定资产的清查；各分、子公司对本单位的固定资产只有使用、保养、维修的权利和义务，严格执行公司固定资产更新、新增、调拨、报废等审批手续。

第四条　凡新增固定资产或由公司组织实施的新建、扩建等专项工程形成固定资产，均需要填制"固定资产请购单"、"固定资产订购单"和"固定资产验收单"，办理固定资产请购、定价和实物验收的审批核验手续。

第五条　完善固定资产管理的基础工作，建立健全各种固定资产台账、档案。

（一）资产使用部门负责固定资产的具体管理工作，建立固定资产使用管理台账，定期记录固定资产使用、保养、修理等情况。

（二）资产管理部(设备部)负责固定资产的全面管理工作，建立固定资产管理台账和档案，按照固定资产类别、名称、规格型号、使用部门和存放地点，统一编号，编制固定资产目录。

（三）财务部建立固定资产价值总账和明细账，核算固定资产价值及折旧。按月与管理部门核对，管理部门按月与使用部门核对，以确保账、卡、物，数量、金额相符。

（四）对固定资产实行二级管理，公司与各使用单位共同建立固定资产账、物、卡管理体系，完全达到账物相符、账卡相符。

第三章　固定资产的范围、分类、预计使用年限

第六条　同时具有下列特征的有形资产作为固定资产：

（一）企业为生产商品、提供劳务、出租或经营管理而持有的。

（二）单位价值在2000元以上，资产使用寿命超过一个会计年度。

第七条　按固定资产的用途及使用情况进行如下分类：

（一）按经济用途分为：房屋及建筑物、生产设备、运输设备、其他设备四类。

（二）按使用情况分为：在用固定资产、不需用固定资产、未使用固定资产。

第八条　固定资产按经济用途分类：

固定资产分类及预计使用年限表

| 类别 | 折旧年限 | 类别 | 折旧年限 |
|---|---|---|---|
| 一、房屋及建筑物 | | （三）泵类设备 | 8 |
| （一）房屋 | 35 | 01：混凝土拖式泵 | 8 |
| 01：框架结构房屋 | 35 | 02：各类泵机 | 8 |
| 其中：办公楼 | 35 | 其中：电泵 | 8 |
| 职工宿舍楼 | 35 | 水泵 | 8 |
| 02：砖混结构房屋 | 35 | （四）实验设备及仪器 | 8 |
| 03：简易房屋 | 35 | 01：电子天平 | 8 |
| 其中：彩板房 | 35 | 02：测定仪 | 8 |
| （二）构筑物 | 20 | 03：试块养护槽 | 8 |
| 01：框架结构构筑物 | 20 | 04：标准养护箱 | 8 |
| 其中：粉煤灰储库 | 20 | （五）供热设备 | 14 |
| 02：砖混结构构筑物 | 20 | 01：锅炉 | 14 |
| 其中：砂石料仓 | 20 | 三、运输设备 | 9 |
| （三）配套设施 | 20 | （一）生产用运输设备 | 9 |
| 01：各类管网 | 20 | 01：混凝土搅拌运输车 | 9 |
| 02：电动大门 | 20 | 02：混凝土汽车泵 | 9 |
| 二、生产设备 | 10 | 03：车载泵 | 9 |
| （一）生产线 | 10 | 04：装载机 | 10 |
| 01：混凝土生产线 | 10 | 05：挖掘机 | 10 |
| 其中：生产线土建基础 | 10 | 06：载货车 | 9 |
| 搅拌主机 | 10 | 07：加油车 | 9 |
| 筒仓 | 10 | （二）服务用运输设备 | 9 |
| 输送机 | 10 | 01：小轿车 | 9 |
| 空压机 | 10 | 02：面包车 | 9 |
| 减速机 | 10 | 03：大客车 | 9 |
| 02：磨机生产线 | 10 | 四、其他设备 | 3—8 |
| 03：烘干生产线 | 10 | （一）办公设备 | 3 |
| 04：废石加工生产线 | 10 | 01：电子设备 | 3 |
| 05：矿粉生产线 | 10 | 其中：计算机 | 3 |
| （二）辅助生产设备 | 10 | 复印机 | 3 |
| 01：汽车衡 | 10 | 打印机 | 3 |
| 02：发电机 | 10 | （二）家具设备 | 8 |
| 03：变压器 | 10 | 01：办公桌 | 8 |
| 04：配电柜 | 10 | （三）生活用具 | 8 |
| 05：清洗机 | 10 | 01：电视机 | 8 |
| 06：起重机 | 12 | （四）其他 | 8 |

第四章　固定资产核算管理

第九条　固定资产计价标准

固定资产计价标准按固定资产取得的方式分别确定：

（一）购入的固定资产，其取得的成本包括：购买价款、安装调试成本、包装费、运输费、专业人员服务费、相关税费等。企业购入需要安装的固定资产支出，应通过在建工程归集，达到预定可使用状态时转入固定资产，计入固定资产的成本。

（二）自行建造固定资产，发生的工程成本应通过在建工程归集，工程完工达到预定可使用状态时，计入固定资产的成本。其成本包括：工程用物资成本、人工成本、交纳的相关税费、应予资本化的借款费用以及应分摊的间接费用等。

（三）投资者投入固定资产的成本，应当按照投资合同或协议约定的价值加上应支付的相关税费确定，但合同或协议约定价值不公允的除外。

（四）融资租入的固定资产，按租赁开始日租赁资产的公允价值与最低租赁付款额的现值两者中较低者，作为入账价值。

（五）接受捐赠的固定资产，应按以下规定确定其入账价值：

1. 捐赠方提供了有关凭据的，按凭据上标明的金额加上应支付的相关税费，作为入账价值。

2. 捐赠方没有提供有关凭据的，按如下顺序确定其入账价值：同类或类似固定资产存在活跃市场的，按同类或类似固定资产的市场价格估计的金额，加上应支付的相关税费，作为入账价值；同类或类似固定资产不存在活跃市场的，按该接受捐赠的固定资产的预计未来现金流量现值，作为入账价值。

3. 如受赠的系旧的固定资产，按照上述方法确认的价值，减去按该项资产的新旧程度估计的价值损耗后的余额，作为入账价值。

（六）盘盈的固定资产，按同类或类似固定资产的市场价格，减去按该项资产的新旧程度估计的价值损耗后的余额，作为入账价值。

（七）已入账的固定资产除发生下列情况外，不得任意变动固定资产账面原值：经过公司经理办公会批准对固定资产进行重新估价的；增加、补充设备或改造装置的；将固定资产一部分拆除的；根据实际价值调整原来暂估价值的；发现原固定资产记账有误的。

第十条　固定资产折旧按照规定的预计使用年限和5%的预计净残值率，采用年限平均法（直线法）计提折旧。特殊事项报经股份公司批准后，也可采用加速折旧法计提折旧，不得随意改变折旧政策，不得少提、多提固定资产折旧。

第十一条　企业在确定计提折旧范围时，按以下规定核算：

1. 各企业应按月提取折旧，当月增加的固定资产，当月不提折旧，从下月起计提折旧；当月减少的固定的资产，当月仍计提折旧，从下月起不提折旧。

2. 固定资产提足折旧后，不论能否继续使用，均不再提取折旧；提前报废的固定资产，也不再补提折旧。

3. 达到预定可使用状态但尚未办理竣工决算的固定资产，无论是否交付使用，应当按照估计价值确定其成本，并计提折旧；待办理完竣工决算手续后，再按照实际成本调整原来的暂估价值，但不需要调整原已计提的折旧额。

4. 处于大修理、闲置状态的固定资产应照提折旧。

5. 固定资产计提减值准备后，应当在剩余使用寿命内根据调整后的固定资产账面价值（账面余额减累计折旧和减值准备后的金额）和预计净残值重新计算确定折旧率和折旧额。

6. 融资租入固定资产计提折旧可按照有关规定执行。

第十二条 企业的固定资产后续支出，按以下规定核算：

（一）与固定资产有关改、扩建等更新改造的支出符合固定资产确认条件的，应将固定资产账面价值转入在建工程，并停止计提折旧。发生的后续支出通过"在建工程"归集，同时将被替换部分资产的账面价值扣除，完工并达到预定可使用状态时，再从在建工程转入固定资产，并重新确定固定资产的使用寿命、预计净残值和折旧方法，计提折旧。

（二）与固定资产有关的日常修理费用，应按费用性质计入当期成本或费用。

（三）企业以经营租赁方式租入的固定资产发生的改良支出，应予资本化，作为长期待摊费用，合理进行摊销。

第十三条 企业固定资产的处置，按以下规定核算：

（一）由于出售、转让、报废或者毁损等原因而发生的固定资产清理净损益，计入当期营业外收支。

（二）各企业应对固定资产定期盘点，至少每年年末实地盘点一次。对盘盈、盘亏的固定资产，应当查明原因，写出书面报告，并根据企业的管理权限，经股东大会或董事会，或者经理会议或类似机构批准后，在期末结账前处理完毕。盘盈的固定资产，作为前期差错处理，通过"以前年度损益调整"归集；盘亏或毁损的固定资产，在减去过失人或者保险公司等赔款和残料价值之后，计入当期营业外支出。

如盘盈、盘亏或毁损的固定资产，在期末结账前尚未经批准的，在对外提供财务会计报告时应按上述规定进行处理，并在会计报表附注中做出说明；如果其后批准处理的金额与已处理的金额不一致，应按其差额调整会计报表相关项目的比较数据。

（三）若当地政府对固定资产的报废、处置有特殊规定的，从其规定。

（四）非货币性资产交换、债务重组等的固定资产处置按照相关规定执行。

第十四条 企业对固定资产的购建、出售、清理、报废和内部转移等，都应当办理会计手续，设置固定资产明细账，编制固定资产卡片进行管理。

第十五条 企业有关固定资产减值准备的计提按照公司有关规定执行。

第十六条 企业按照工程项目的性质对在建工程实行分项核算。在建工程，包括施工前期准备、正在施工中的建筑工程、安装工程、技术改造工程等。在建工程应当按照实际发生的支出确定其工程成本，并单独核算。

第十七条 企业自行建造的工程，应当按照直接材料、直接人工、直接机械费等计量；采用出包方式建造的，按照应支付的工程价款等计量。设备安装工程，按照所安装设备的价值、工程安装费用、工程试运转等所发生的支出等确定工程成本。

第十八条　工程达到预定可使用状态前进行试运转所发生的净支出，计入在建工程成本。在建工程项目在达到预定可使用状态前所取得的试运转过程中形成的、能够对外销售的产品，其发生的成本，计入在建工程成本，销售或转为库存商品时，按实际销售收入或按预计售价冲减在建工程成本。

第十九条　在建工程发生单项或单位工程报废或毁损，减去残料价值和过失人或保险公司等赔款后的净损失，计入继续施工的工程成本；如为非常原因造成的报废或毁损，或在建工程项目全部报废或毁损，应将其净损失直接计入当期营业外支出。

第二十条　所建造的固定资产已达到预定可使用状态，但尚未办理竣工决算的，应当自达到预定可使用状态之日起，根据工程预算、造价或者工程实际成本等，按估计的价值转入固定资产，并按关于计提固定资产折旧的规定，计提固定资产的折旧，待办理了竣工决算手续后，再按实际成本调整原来的暂估价值，但不需要调整原已计提的折旧额。

第二十一条　为在建工程准备的各种物资，应当按照实际支付的买价、增值税额、运输费、保险费等相关费用，作为实际成本，并按照各种工程物资的种类进行明细核算。

第二十二条　自建固定资产工程完工后剩余的工程物资，如转作本企业库存材料的，按其实际成本，转作企业的库存材料。如可抵扣增值税进项税额的，应按减去增值税进项税额后的实际成本，转作企业的库存材料。

第二十三条　盘盈、盘亏、报废、毁损的工程物资，减去保险公司、过失人赔偿部分后的差额，工程项目尚未完工的，计入或冲减所建工程项目的成本；工程已经完工的，计入当期营业外收支。

第二十四条　各企业应在半年末和年度终了时，对在建工程按照账面价值与可收回金额孰低计量，对可收回金额低于账面价值的差额，应当计提在建工程减值准备。在建工程减值准备的计提按照公司的有关规定执行。

第五章固定资产的增加和验收

第二十五条　固定资产请购处理程序

（一）资产使用部门申请增添固定资产时，应填写“固定资产请购单”，注明请购日期、请购单位、用途说明、品名、规格、数量、需要日期、建议厂商等资料，经本部门负责人审核后，将“固定资产请购单”送交资产管理部。

（二）资产管理部收到“固定资产请购单”后，复核增添该项资产的适用性及必要性，如公司内部可调拨者，填写“固定资产内部转移通知单”通知相关部门办理资产转移手续，并在“固定资产请购单”上备注栏填注调拨情形，将“固定资产请购单”退回请购单位自行归档。如公司内部无法调拨者，签署审核意见，报公司主管资产的领导审核后，按签报授权审批权限逐级上报审批。

（三）经批准的“固定资产请购单”转交资产采购部，资产采购部依公司采购程序办理核签。

第二十六条　固定资产采购处理程序

公司实行统一集中采购的原则

(一)购置大型、批量仪器设备及新建造基本建设项目,采购部应先审核供应商的资质,组织由主管领导、职能部门、有关专家、使用单位共同参与的招标工作组,严格执行公司有关招、投标的规定,做到公正、公平、公开,保证购建的固定资产无论是质量、价格及服务方面均达到要求。填写"固定资产订购单",注明请购单位、供货厂商、品名、规格、数量、金额、付款方式,由本部门主管领导签署审核意见,报公司财务负责人审核后,按签报授权审批权限逐级上报审批。

(二)购置临时、零星、急需固定资产项目,采购部按一般采购程序,货比三家后,直接填写"固定资产订购单",注明请购单位、供货厂商、品名、规格、数量、金额、付款方式,由本部门主管领导签署审核意见,报公司财务负责人审核后,按签报授权审批权限逐级上报审批。

(三)采购部依据审批后的"固定资产订购单",与供货商联络订购事宜,与厂商签订购买合同。采购合同一式两份,由采购部与供货商分别留存一份;采购部应复印一份留存,原件与发票交财务部作为付款入账的依据。

第二十七条　固定资产验收处理程序

(一)采购人员应与厂商联系送货时间及地点。固定资产送达时,请购单位、采购人员、资产管理部门均应派员共同点收数量、检查品质及规格是否与"请购单"相符。

(二)固定资产验收合格后,资产管理部填写"固定资产验收单"交由验收人员共同签字,同时资产管理部门按"固定资产编号规则"编制固定资产编号,制作固定资产编号标纸,粘贴于固定资产上,登记"固定资产管理台账",并将资产相关资料附于"固定资产管理台账"上,采购人员将固定资产交请购单位使用。

(三)采购部将"请购单"、"订购单"、"固定资产验收单"、"发票"一同送交财务部作为付款入账的依据。月末货到票未到,应将除发票外的单据送交财务部做暂估入账处理。

第十章　固定资产的清查

第四十条　为加强固定资产的管理,确保账卡、账物、账账相符,资产管理部应于每年终对固定资产全面实地清查盘点一次。

(一)盘点工作由资产管理部与财务部共同进行,具体职能部门负责实施。

(二)盘点应编制固定资产盘点清册,经盘点人员和使用部门负责人签字,对出现的盘盈、盘亏现象,分别由使用部门负责查明原因,并填写盘盈、盘亏清单,经管理部门、财务部会签。

(三)盘盈的净收入和盘亏的净损失,按公司签报审批程序及权限批准后,财务部负责作账务处理。

第十一章　附则

第四十一条　本制度自发布之日起执行。

附：固定资产请购单、订购单、验收单格式

**固定资产请购单**

| 请购单位 | | | | | |
|---|---|---|---|---|---|
| 需要资产时间 | | | | | |
| 请购资产情况 | 资产名称 | 资产用途 | 规格型号 | 计量单位 | 数量 |
| 1 | | | | | |
| 2 | | | | | |
| 3 | | | | | |
| 4 | | | | | |
| 5 | | | | | |
| 6 | | | | | |
| 7 | | | | | |
| 8 | | | | | |
| 9 | | | | | |
| 10 | | | | | |
| 备注：<br>推荐厂商：1.<br>2.<br>3. | | | | | |

领导审批：　　　　资产管理部门：　　　　请购单位(部门)：

部门负责人：　　　单位(部门)负责人：

经办人：　　　　　申请人：

**固定资产订购审批单**

| 年　月　日 | | | | | | |
|---|---|---|---|---|---|---|
| 供货厂商 | 资产名称 | 规格型号 | 数量 | 单价 | 金额 | 付款方式 |
| | | | | | | |
| | | | | | | |
| | | | | | | |
| | | | | | | |
| | | | | | | |
| | | | | | | |
| | | | | | | |
| | | | | | | |
| | | | | | | |
| | | | | | | |
| | | | | | | |
| | | | | | | |
| | | | | | | |
| | | | | | | |
| | | | | | | |
| | | | | | | |

批准：　　　　　　资产管理部：　　　　订购单位(部门)：

领导审批：　　　　部门负责人：　　　　单位(部门)负责人：

(签字)　　　　　　经办人：　　　　　　申请人：

固定资产验收单

年　　月　　日　　　　　　　　财产编号：________

财产类别：

| 资产名称 | | 取得日期 | | 资产成本记录 | | |
|---|---|---|---|---|---|---|
| 规格型号 | | 数量 | | 设备内容 | 数量 | 取得成本 |
| 产地 | | 可用年限 | | | | |
| 存放地点 | | 月折旧额 | | | | |
| | | | | 合计 | | |
| 备注 | | | | | | |

交物单位：　　　　　　使用部门：

单位名称：　　　　　　部门负责(签字)　　　　　　经手人(签字)

管理部门:资产管理部　　　　　　财会部门:财务部

部门负责(签字)　　　　　　部门负责(签字)

技术验收人(签字)　　　　　　经手人(签字)

# 第八部分　工程项目业务处理制度设计

## 一、工程项目及其控制制度设计的目标和内容

### (一)工程项目及其种类与特点

1. 工程项目的概念

工程项目又称为建设项目，一般是指在一个总体设计或总预算范围内，由一个或几个互有内在联系的单项工程组成，建成后在经济上可以独立核算经营，在行政上又可以统一管理的工程单位。

2. 工程项目的种类

工程项目可以分为基本建设项目和技术改造项目两大类。

(1)基本建设项目

基本建设项目是形成新的固定资产，或者说，是以扩大生产能力或新增工程效益为主要目的，以建设或购置固定资产为主要内容的经济活动。基本建设项目的形式包括新建、改建、扩建、恢复工程及与之相联系的其他经济活动，它不是零星的、少量的固定资产建设，而是具有整体性的、需要一定量投资额以上的固定资产建设。

3. 技术改造项目

技术改造则是与基本建设相对应的概念。两者都属于固定资产再生产，但两者也存在区别。比如，基本建设是以新建、扩建、恢复等形式表示的扩大再生产，主要特点是增加生产要素的数量。技术改造则主要是针对现有企业状况的经济活动，主要包括对现有生产线的工艺、设备、工程设施的改造；为改进交通运输设施和运输条件而进行

的更新改造工程；为节约能源和原材料，治理"三废"污染而对现有企业进行的技术改造工程；对现有供热、供气、供排水和道路、桥梁等市政设施进行改造等。

4. 工程项目的特点

工程项目的特点具有如下特点：

(1)工程项目规模大，耗用资金多。由于项目规模大，耗用资金多，因此，要求单位有较高的项目管理水平；否则，项目失败将给单位带来巨大损失。

(2)工程项目工期长，涉及面广。在很长时间内，工程项目只消耗人力、物力、财力，而不提供任何产品，风险较大。

(3)工程项目质量要求高，技术高度综合，工艺复杂一个大型项目往往要经历几千道工序。

(4)协作要求高。基本建设项目比一般工业产品大得多，协作要求高，涉及行业多，协调控制难度大。

5. 工程项目业务的内容

工程项目业务包括以下几个方面的内容：

(1)工程项目投资决策(项目评估)

工程项目决策是对拟建项目必要性、可行性进行技术经济评价，对不同建设方案进行比较选择，以及对拟建项目的技术经济指标作出判断和决定的过程。工程项目决策是工程项目的起点。

(2)工程项目勘察设计

工程勘察是运用多种科学技术方法，为查明工程项目建设地点的地形、地貌、土质、岩性、地质构造、水文地质等自然条件所进行的测量、测试、观察、勘探、试验、鉴定和综合评价等工作，其目的是为设计和施工提供可靠的依据。

(3)工程项目招标与投标

招标是项目建设单位将工程项目内容和要求以文件形式标明，招引项目承包单位(承包商)报价(投标)，经比较，选择理想承包单位并达成协议的活动。投标是承包商向招标单位提出承包该工程项目价格和条件，供招标单位选择以获得承包权的活动。

(4)工程施工与监理

工程施工与监理是指指定工程项目负责人及组织机构，或委托具有相应资质的监理单位对项目施工全过程的质量、投资、进度和安全进行控制的管理活动。

(5)工程项目竣工验收

工程项目竣工验收由建设、施工单位和项目验收委员会，以批准项目的设计任务书和设计文件，以及国家(或部门)颁发的施工验收规范和质量检验标准为依据，按照一定的程序和手续，在项目建成并试生产合格后对工程项目所进行的总体检验和认证。

(6)工程项目竣工决算

工程项目竣工决算由编制竣工决算报表和竣工财务决算情况说明书两部分工作组成。

### (二)工程项目控制制度设计的目标

根据工程项目的特点以及经营管理的要求，工程项目控制应保证达到以下目标。

1. 保证工程项目业务的合法性

工程项目批准前要进行可行性分析，包括经济效益预测与判断。工程项目要具备完备、合法的审批手续。此外，由于工程项目工期长、投资数额大，有些项目还需要采取分包等方式施工建造，往往容易在招投标过程中发生舞弊行为。因此，工程项目控制要将防止舞弊行为的发生作为其重要目标。

2. 保证工程项目质量合格

没有质量保证的"豆腐渣"工程不但没有经济价值，而且会带来许多后患。尤其是重点工程项目，更需要按照"质量第一"的要求进行控制。

3. 保证工程项目业务会计核算资料准确可靠

会计部门要按工程项目有关管理规定组织核算，正确编制会计凭证，及时对工程建设事项作出记录，全面、完整地反映工程项目形成过程，保证工程项目业务会计核算资料准确可靠。

4. 保证工程项目经济合理与安全

要正确核算工程项目成本，按照预算严格控制费用支出水平。同时，做好工程竣工验收及总结评价工作，保证工程项目合理与安全。

### (三)工程项目控制制度设计的内容

工程项目控制制度设计的内容包括工程项目内部控制制度的设计、工程项目核算方法的设计和工程项目控制程序的设计等。

## 二、工程项目内部控制制度的设计

为了加强对工程项目的内部控制，防范工程项目管理中的差错与舞弊，提高资金使用效益，企业应当建立适合本单位业务特点和管理要求的工程项目内部控制制度，并组织实施，企业负责人对本单位工程项目内部控制的建立健全和有效实施负责。

在工程项目内部控制方面需要设置的制度有：

### (一)工程项目业务岗位分工制度

企业应当建立工程项目业务的岗位责任制，明确相关部门和岗位的职责、权限，确保办理工程项目业务的不相容岗位相互分离、制约和监督。

工程项目业务需要分离的不相容岗位包括：

(1)工程项目建议、可行性研究与项目决策岗位职责相分离；

(2)工程项目概预算编制与审核岗位职责相分离；

(3)工程项目实施与价款支付岗位职责相分离；

(4)工程项目竣工决算与竣工审计岗位职责相分离。

### (二)工程项目业务授权批准制度

企业应当对工程项目相关业务建立严格的授权批准制度，明确审批人授权批准方式、权限、程序、责任及相关控制措施，规定经办人的职责范围和工作要求。审批人应当根据工程项目相关业务授权批准制度的规定，在授权范围内进行审批，不得超越审批权限。经办人应当在职责范围内，按照审批人的批准意见办理工程项目业务。对于审批人超越授权范围审批的工程项目业务，经办人有权拒绝办理，并及时向审批人的上级授权部门报告。严禁未经授权的机构或人员办理工程项目业务。

**(三)工程项目决策控制制度**

企业应当建立工程项目决策环节的控制制度，对项目建议书和可行性研究报告的编制、项目决策程序等作出明确规定，确保项目决策科学、合理。应当组织工程、技术、财会等部门的相关专业人员，对项目建议书和可行性研究报告的完整性、客观性进行技术经济分析和评审，出具评审意见。应当建立工程项目集体决策制度，决策过程应有完整的书面记录。严禁任何个人单独决策工程项目或者擅自改变集体决策意见。应当建立工程项目决策及实施的责任制度，明确相关部门及人员的责任，定期或不定期地进行检查。

**(四)工程项目概预算制度**

企业应当建立工程项目概预算环节的控制制度，对概预算的编制、审核等作出明确决定，确保概预算编制科学、合理。应当组织工程、技术、财会等部门的相关专业人员对编制的概预算进行审核，重点审查编报依据、项目内容、工程量计算、定额套用等是否真实、完整、准确。概预算制度是工程项目内部控制中最重要的部分。工程项目概预算是根据国家有关部门确定的费用标准，事先计算确定的工程项目的全部费用。工程项目立项和建造都应依据概预算，在工程项目的建造过程中对实际支出与概预算和预算的差异以及未列入预算的特殊事项，履行特别的审批手续。

**(五)工程项目价款支付制度**

工程项目价款支付环节的控制制度，应对价款支付的条件、方式以及会计核算程序作出明确规定，确保价款支付及时、正确。会计人员应对工程合同约定的价款支付方式、有关部门提交的价款支付申请及凭证、审批人的批准意见等进行审核，审核无误后办理价款支付手续。会计人员在办理价款支付业务过程中发现拟支付的价款与合同约定的价款支付方式及金额不符，或与工程实际完工情况不符等异常情况，应及时报告。因工程变更等原因造成价款支付方式及金额发生变动，应提供完整的书面文件和其他相关资料。会计人员应对工程变更价款支付业务进行审核。

企业应当加强对工程项目资金的筹集与运用、物资采购与使用、财产清理与变动等业务的会计核算，真实、完整地反映工程项目资金流入流出情况及财产物资的增减变动情况。

**(六)工程项目竣工决算制度**

企业应当建立竣工决算环节的控制制度，对竣工清理、竣工决算、竣工审计、竣工验收等作出明确规定，确保竣工决算真实、完整、及时。应当建立竣工清理制度，明确竣工清理的范围、内容和方法，如实填写并妥善保管竣工清理清单。应当依据国家法律法规的规定及时编制竣工决算。应组织有关部门及人员对竣工决算进行审核，重点审查决算依据是否完备，相关文件资料是否齐全，竣工清理是否完成，决算编制是否正确。

应建立竣工决算审计制度，及时组织竣工决算审计。未实施竣工决算审计的工程项目，不得办理竣工验收手续。应及时组织工程项目竣工验收，确保工程质量符合设计要求。应当对竣工验收进行审核，重点审查验收人员、验收范围、验收依据、验收程序等是否符合国家有关规定。验收合格的工程项目，应及时编制财产清单，办理资产移交手续，并加强对资产的管理。

### （七）工程项目监督检查制度

企业应当建立对工程项目内部控制的监督检查制度，明确监督检查机构或人员的职责权限，定期或不定期地进行检查。工程项目内部控制监督检查的内容主要包括：

（1）工程项目业务相关岗位及人员的设置情况。重点检查是否存在不相容职务混岗的现象。

（2）工程项目业务授权批准制度执行情况。重点检查重要业务的授权审批手续是否健全，是否存在越权审批行为。

（3）工程项目决策责任制的建立及执行情况。重点检查责任制度是否健全，奖惩措施是否落实到位。

（4）概预算控制制度执行情况。重点检查概预算编制依据是否真实，是否按规定对概预算进行审核。

（5）各类款项支付制度执行情况。重点检查工程款、材料设备款及其他费用支付是否符合相关法规、制度和合同的要求。

（6）竣工决算制度执行情况。重点检查是否按规定办理竣工决算，实施决算审计。对监督检查过程中发现的工程项目内部控制中的问题和薄弱环节，应采取措施，及时加以纠正。

## 三、工程项目核算方法的设计

在工程项目核算的核算上，一般是通过“在建工程”进行核算，其内容和方法已经在《会计学基础》和《中级财务会计》等课程中介绍，可供设计时参考，在此不再赘述。

## 四、工程项目控制程序的设计

工程项目主要包括工程项目决策、招标、投标、定标、工程项目施工及工程项目竣工验收等环节。各个环节的控制设计如下。

### （一）工程项目决策

项目决策是指对拟实施项目在技术上是否可能、经济上是否有利、建设上是否可行所进行的综合分析和论证，并决定是否实施某工程项目的技术经济研究活动。设置科学的项目决策环节和程序（项目论证）的目的，是避免或减少项目决策失误，提高投资效益和综合效益。经过项目论证认为可行的项目，才允许进行设计、实施和运行。

工程项目决策先后经过项目投资机会研究与项目初选、项目建议书编制、项目可行性研究、项目评估与决策等环节。每一环节必须先经过审批才能进入下一环节。

1. 项目投资机会研究与项目初选

投资机会研究的主要任务是提出工程项目投资建议，即在一个确定的地区和部门内，根据自然资源、市场需求、国家产业政策等情况，通过调查、预测和分析研究，选择项目，识别最有利的投资机会。经过投资机会研究，认定有前途的项目可以进入项目初选阶段，又称为初步可行性研究阶段。进入这一阶段的项目通过了工程项目机会研究的认定，值得继续研究，但一般又不能肯定是否值得进行详细可行性研究。在这一阶段，需要进一步判断项目是否有较高的经济效益，决定对项目中哪些关键性问题作进一步的辅助研究。研究结果需要明确两个方面的问题：一是工程项目概貌，包括产品方案、生产规模、原料可能的来源、可供选择的技术、比较满意的厂址及建设进度安排等；二是比较精确地估算出经济指标，从而作出经济效益评价。

经项目初选后，认为可行的工程项目进入编写项目建议书环节。

2. 项目建议书编制

项目建议书是工程项目周期中的最初阶段，是对工程项目的初步选择。项目建议书主要考察项目建设的必要性、建设条件的可行性和项目获利的经济性，并作出项目的投资建议和初步设想，作为选择投资项目的初步决策依据和进行可行性研究的基础。该环节的控制主要包括：建设单位应指定专门部门或委托具有资质的单位编制项目建议书；项目建议书的编制应坚持真实客观原则，不得随意扩大或缩小项目的投资规模，人为压低或提高投资估算，夸大项目经济效益；会计机构或会计人员应直接参与项目建议书的编制，项目建议书投资估算编制及经济效益评估必须得到会计部门的认可；建设单位应组织会计、技术及工程等部门的相关专业技术人员，对项目建议书进行技术经济论证，严禁建设单位盲目决策；会计机构或会计人员应对项目建议书中的财务分析和预测结果的可行性发表具体的书面意见。

3. 项目可行性研究

可行性研究是一种系统的投资决策分析研究方法，是项目投资决策前对拟建项目的工程、技术、经济、财务、生产、销售、环境及法律等进行全面、综合的调查研究，对备选方案从技术先进性、生产可行性、建设可能性、经济合理性等方面进行比较评价，从中选出最佳方案的研究方法。

可行性研究是投资项目建设前期研究工作的关键环节，从宏观上可以控制投资规模和方向，改进项目管理；从微观上可以减少投资决策失误，提高投资效益。可行性研究报告的内容包括总论、项目建设必要性分析、产品市场分析与结论、生产规模确定、建设条件分析与结论、技术条件分析与结论、财务数据估算、财务效益分析、不确定性分析、国民经济效益分析、社会效益分析以及结论与建议。

4. 项目评估与决策

工程项目评估是在可行性研究的基础上，在最终决策前，对其市场、资源、技术、经济和社会等方面的问题进行再分析、再评价，以选择最佳投资方案的过程。项目评估是投资前期对工程项目进行的最后一项研究工作，也是建设项目必不可少的程序之一。它由项目审批部门委托专门评估机构及贷款银行，根据投资项目方案，就项目建设的必要性，技术、财务、经济的可行性等进行综合分析论证，对可行性研究报告或设计任务书所提供材料的可靠性、真实性进行审核，最后提出项目“可行”或“不可行”或“重新研究”的评估报告。如果项目可行，即加以批准。

工程项目评估机构应遵循客观公正、实事求是原则，认真进行项目审查和评估。审查分为一般审查和详细审查。评估机构和银行在收到项目可行性研究报告后进行一般性审查和核实，以判断可行性研究报告的编写程序和内容是否符合要求，数据资料是否齐全，编写报告的经济、技术人员是否具备资格，可行性研究报告是否客观、科学、公正地反映项目本来面目。详细审查内容包括以下几个方面：

(1)对编制可行性研究报告的单位进行审查。可行性研究报告一般由主管部门或建设单位委托的设计部门或工程咨询单位编制。通常，先对编制单位的资格进行审定，未经资格认定的单位不能承担可行性研究报告任务。国家重点建设项目的可行性研究报告要由省级以上设计机构编制。

(2)审查编写人员的任职资格及其签字盖章是否真实。

(3)审查拟建项目是否为重复建设项目，产品有无销路。

(4)审查技术水平是否可靠，拟建项目的原材料供应有无可靠来源。

(5)对环境保护措施进行审查。对那些污染严重，破坏生态平衡，危害人民身心健康又无有效治理措施的项目可以不必继续评估；审查厂址环境情况，项目施工和投产后正常生产时对环境的影响以及“三废”治理措施。

(6)对项目经济效益进行审查。一方面，对投资、产品成本、价格、利息等指标和计算公式的正确性进行检查；另一方面，审核项目的财务评价和国民经济评价是否正确。工程项目评估是单位投资决策的基本依据，也是项目融资机构贷款的依据。一旦项目评估对可行性研究报告予以肯定，投资决策形成，经有关部门批准，项目即进入执行阶段。

工程项目投资决策环节控制要点主要有：

第一，建设单位应指定专门部门或委托具有相应资质的单位编报项目建议书。项目建议书应根据真实客观的原则编制，不得随意缩小或扩大项目投资规模，人为压低或提高投资估算，夸大项目经济效益。

第二，会计机构或人员应直接参与项目建议书的编制，项目投资估算编制及经济效益评估应得到会计部门认可。

第三，建设单位应组织会计、技术、工程等部门的相关专业技术人员，对项目建议书进行技术经济分析和论证，严禁建设单位盲目决策。

第四，会计机构或人员应对项目建议书中财务分析和预测结论的可靠性发表具体的书面意见。

第五，建设单位应按有关规定严格控制投资估算的精确度，严禁人为恶意调整投资估算。对重大工程项目，建设单位应实行集体决策，并根据客观经济条件的变化及时作出调整。

第六，会计机构或人员必须参与决策全过程，相关决议应由会计部门会签。

**（二）工程项目勘察、设计**

建设单位应建立相应的勘察设计单位选择程序和标准，择优选取具有相应资质的勘察设计单位并签订合同，重大工程项目应采用招投标方式选择设计单位。严禁建设单位委托无证或不具备相应资质的单位承担工程设计任务。要指定专门部门或委托设计监理负责设计协调和管理，监督设计单位推行限额设计和标准设计，防止设计单位以任何形式将工程设计任务转让他人。应组织相关部门及专业技术人员对设计方案进行分阶段审核，防止设计单位设计保守，确保最终方案的适用性、经济性、合理性及设计文件的完整性。不得授意设计单位扩大或缩小可行性研究报告所确定的设计范围，人为调整投资额。

**（三）工程项目招标、评标、定标和商签合同**

建设工程施工项目招标、投标活动一般分为以下四个阶段。

1. 招标准备阶段

这一阶段具体步骤为：具有招标条件的单位填写《建设工程招标申请书》，报有关部门审批。获准后组织招标班子和评标委员会，编制招标文件和标底，发布招标公告，审定投标单位，发放招标文件，组织招标会议和现场勘察，接受投标文件。

2. 投标准备阶段

根据招标公告或招标单位的邀请，选择符合本单位施工能力的工程向招标单位提交投标意向，并提供资格证明文件和资料；资格预审通过后，组织投标班子，跟踪投标项目，购买招标文件，参加招标会议和现场勘察，编制投标文件，并在规定时间内报送给招标单位。标底反映建筑工程产品的价格，它主要根据现行国家定额、费用、设备与材料价格以及设计工程量等规定进行计算。

投标报价是施工企业对工程项目的自主定价。企业自主定价必须建立在企业自我成本测算基础上，反映企业“个别劳动时间”和“社会劳动时间”的有机结合。同时，工程招标不能任意压低工程直接费以及背离定额计价依据。会计机构或人员应审核标底计价内容、计价依据的准确性和合理性，以及标底价格是否在经批准的投资限额内。

3. 开标评标阶段

按照招标公告规定的时间、地点，由招标、投标方派代表并有公证人在场的情况下当众开标；招标方对投标者作资格后审、询标、评标；投标方做好询标解答准备，接受询标质疑，等待评标决标。建设单位应要求投标人提供有关资质证明文件和业绩情况，并按确定的标准和程序对潜在投标人进行资格审查。会计机构或人员应对潜在投标人的财务情况进行综合审查。

建设单位应组建评标委员会负责评标。评标委员会应由建设单位代表和有关技术、经济等方面的专家组成，建设单位代表应包括会计人员。评标委员会应按招标文件确定的标准和方法，对投标文件进行评审、比较，并择优选择中标对象。

4. 决标签约阶段

评标委员会提出评标意见报送决定单位确定，依据决标内容向中标单位发出《中标通知书》；中标单位接到通知书后，在规定期限内与招标单位签订合同。

建设单位应分别与勘察设计单位、监理单位、施工单位及材料设备供应商订立书面合同，明确当事人各方的权利和义务。建设单位会计机构或人员应参与合同签订，审核合同金额、支付条件、结算方式、支付时间等内容。书面合同应留存会计机构一份，以便监督执行。

建设单位应监督审查合同履行情况，运用法律手段保证工程项目质量、投资、工期和安全。会计机构或人员应审核有关合同履行情况的凭证，并以此作为支付合同价款的依据。在对方单位违约的情况下，会计机构或人员应拒绝支付有关款项。

**(四)工程项目施工与监理**

施工是最终决定产品质量的关键阶段。施工环节包括工程项目施工合同的执行、施工款项拨付、工程质量、投资、进度控制及施工费用管理等环节。每个建设单位都必须依据项目自身的特点及管理要求，建立相应的控制制度。

工程施工期一般较长，而这一阶段对工程质量又特别重要。因此，单位应加强施工阶段的监督管理，保证工程质量。该阶段应从以下方面进行控制。

1. 指定工程项目负责人及组织机构

单位应指定工程项目负责人及组织机构，或委托具有相应资质的监理单位对项目施工过程的质量、投资、进度和安全进行控制。会计机构要配备专人管理基本建设财务与会计核算。

2. 做好开工前的准备工作

会计机构或人员应对各项建设资金的筹集和到位情况进行审查，保证工程项目资金来源合法、可靠，不得非法集资，不得挤占生产资金。审查施工单位开工报告及相关资料单位应认真审查施工单位开工报告及相关资料，符合条件才能开工。按规定必须申请领取施工许可证的工程项目，应在开工前取得施工许可证。未经批准开工前，会计机构或人员不得支付工程款。

4. 抓住重点进行控制

建设单位应选择工程项目质量控制的重点部位、重点工序和重点质量作为控制点，进行重点控制。

5. 检查监理工作

建设单位应对监理工作进行检查，确保监理资料真实、完整，及时掌握工程质量、进度及投资情况。

6. 工程变更控制

建设单位应制定工程变更的提出、论证及决策程序，明确相关人员职责。不得通过变更设计，扩大建设规模、增加建设内容、提高建设标准。需要追加投资的重大变更，必须经过会计机构或人员的审查论证，并落实资金来源。

7. 费用支付审批控制

建设单位应建立严格的工程款、材料设备款及其他费用支付审批程序，按规定使用工程项目资金，将实际投资额控制在批准范围内。不得将项目资金用于计划外项目，不得随意列支工程管理费。

8. 工程项目款项支付控制

工程项目款项支付控制措施为：工程预付款应在建设工程或设备、材料采购合同已经签订、施工或者供货单位提交了经建设单位财务部门认可的银行履约保函和保险公司担保书后，按合同规定条款支付；工程进度款项应严格按建设工程合同规定条款、实际完工量及工程监理情况结算、支付；设备、材料货款按采购合同规定条款支付；工程结束后，建设单位应按合同规定金额或比例提留质量保证金，并在质量保证期满，经有关部门验收合格后将其支付给施工单位。

9. 会计报告控制

建设单位会计机构或人员应定期清查工程物资，核实基本建设支出，及时编制准确、完整的会计报告，如实反映建设资金来源和占用、建设成本和投资效果、概预算和年度投资计划完成情况。

10. 计提减值准备控制

建设单位应定期或者至少于每年年度终了核定各项在建工程成本，按可收回金额低于账面价值的部分及时计提减值准备。会计机构或人员应及时查明在建工程减值原因，追究相关人员责任并作出相应的会计处理。

**（五）工程项目竣工验收**

工程项目竣工验收是由建设、施工单位和项目验收委员会，以批准项目的设计任务书和设计文件以及国家（或部门）颁发的施工验收规范和质量检验标准为依据，按照一定的程序和手续，在项目建成并试生产合格后，对工程项目总体进行检验和认证的活动。

1. 明确竣工验收标准

竣工验收准备工作全部完成以后，即可以按竣工验收标准和合同规定正式办理竣工验收手续。对生产性工程和辅助公用设施，要按设计要求建设并能满足生产要求。对主要工艺设备要做到安装配套，经联动负荷试生产合格，构成生产线，形成生产能力，生产出设计文件中规定的产品。职工宿舍和其他必要的生活福利设施能适应投产初期的需要。竣工决算完成后，工程技术档案资料要准备齐全。

2. 加强竣工验收工作的组织领导

大中型和限额以上基本建设和技术改造项目，由国家计委或由国家计委委托项目主管部门、地方政府部门组织验收。小型和限额以下基本建设和技术改造项目，由项目主管部门或地方政府部门组织验收。竣工验收要根据工程规模大小、复杂程度组成验收委员会或验收组。验收委员会或验收组应由银行、物资、环保、劳动、统计、消防及其他有关部门组成。建设单位、接管单位、施工单位、勘察设计单位参加验收工作。验收委员会或验收组负责审查工程建设的各个环节，听取各有关单位的工作报告，审阅工程档案资料并实地查验建筑工程和设备安装情况，并对工程设计、施工和设备质量等方面作出全面评价。不合格的工程不予验收；对遗留问题提出具体解决意见，限期落实完成。

**(六)竣工验收程序**

1. 单项工程验收

一个单项工程或一个车间，已按设计要求建成，能满足生产要求或具备使用条件即可以由单位组织验收。要组织施工和设计单位整理有关施工技术资料和竣工图，据以进行验收和办理交接手续。验收后由单位根据有关规定投入使用。

2. 全部验收

整个建设项目已符合竣工验收标准时即应按规定进行全部验收。验收准备工作以单位为主，组织设计、施工等单位或聘请外部专门机构进行验收。在整个项目进行全部验收时，对已验收过的单项工程不再办理验收手续。有些大型联合企业因全部建成时间很长，对其中重要工程，如大型铁矿等，也应按整个项目全部验收办法进行验收。

工程项目竣工验收环节控制内容主要包括：

(1)会计机构或人员在工程竣工后应及时开展各项清理工作，包括各类会计资料的归集整理、账务处理、财产物资盘点核实及债权债务清偿，做到账账、账证、账实及账表相符。

(2)会同监理、设计单位对施工单位报送竣工资料的真实性、完整性进行审查，并依据设计与合同要求组织竣工预验收。对存在的问题要求施工单位及时整改。

(3)对符合竣工验收条件的工程项目及时组织竣工验收。验收合格的工程项目，会计机构或人员应建立交付使用财产明细表，并转增固定资产。未经验收或验收不合格的工程不得交付使用。对竣工验收后留有收尾工程的项目，应按验收中审定的收尾工程内容、数量、投资和完成期限组织扫尾。

**(七)工程项目竣工决算**

竣工决算由竣工决算报表和竣工财务决算情况说明书两部分组成。竣工决算报表一般包括竣工工程概况表、竣工财务决算表、交付使用资产总表、建设成本总表、未完工程项目表等。竣工审查前应收集有关计划、财务方面的资料，如设计概算文件等。竣工决算应重点审查下列内容。

1. 准确性和完整性

应审查竣工决算“文字说明书”和所叙述的事实是否全面系统，是否符合实际情况，有无虚假不实、掩盖矛盾等情况，报表中各项指标是否准确真实。审查竣工决算各种报表是否填列齐全，有无缺报漏报，已报决算各表的栏次、科目、项目填列是否正确完整。

2. 审查有关项目填列的正确性

应核对竣工财务决算表中，工程项目投入款项、交付使用资产等项目余额是否正确。

3. 审查工程项目支出

根据批准的初步设计概算，审查工程成本中有无不属于工程范围的开支，所有工程项目是否属于计划范围以内，有无搞计划外工程；增加的工程项目是否经单位管理部门批准；属于设计变更方面，要审查有没有设计部门的变更设计手续。结合财务制度审查各项费用支出是否符合规定，有无乱挤乱摊成本，扩大开支范围；有无乱立标准，铺张浪费等情况。

应审查建设成本超支或节约原因。应将其实际数与概算进行总的和分项目的对比，以考核建设成本总的和各项构成内容的节约超支情况，并计算节约超支额和超支率。根据节约超支情况，进一步查找影响建设成本节约超支的原因。

4. 审查竣工时间

竣工时间提前或拖后对投资效果有直接影响。提前竣工不仅可以提前交付使用、提前投产，还可以减少建设过程的费用支出。工程项目竣工决算环节控制内容主要包括以下方面：

(1)审核竣工结算书。建设单位应及时组织会计机构或人员对施工单位提交的竣工结算书进行审核，以审定金额作为工程款结算的依据。

(2)及时编制竣工决算。建设单位应按国家有关规定及时编制竣工决算，如实反映工程项目实际造价和投资效果，不得将应计入当期经营费用的各种支出计入建设成本。

(3)及时组织决算审计。建设单位应按有关规定及时组织决算审计，对建设成本、交付使用财产、结余资金等内容进行审查。会计机构或人员应按审定的金额确认新增固定资产价值。

(4)建立概预算及决算分析考评制度。建设单位应建立由会计机构或人员参与的概预算及决算分析考评制度，在竣工决算后组织分析概预算执行情况及差异产生原因。对于实际投资规模超过审定投资规模的项目，应当追究相关决策者和执行人员的责任。

(5)建立工程项目后评估制度。应由会计机构或人员负责，对投入使用的生产性项目进行成本效益分析。如果项目实际经济效益严重低于可行性研究分析的预测，应追究相关人员责任。

### (八)工程项目监督检查

单位应组织检查机构或指定专门人员，并明确其检查职责权限，采取定期或不定期形式，对本单位的工程项目控制制度进行日常检查和监督。对监督检查过程中发现的薄弱环节，应及时采取措施，加以纠正和完善。

## 设计案例

工程项目控制制度设计，选自《内蒙古平庄能源股份有限公司财务内部控制制度》。

### 内蒙古平庄能源股份有限公司财务内部控制制度

（2007年7月4日）

第六章　工程项目的内部控制

**一、总则**

第一条　为了加强对公司工程项目管理的内部控制，根据《中华人民共和国会计法》等相关法律法规，结合本公司的实际情况，制定本制度。

第二条　本制度所称工程项目，是指公司根据经营管理需要，自行或者委托施工方建造工程项目的活动。

第三条　公司加强工程项目管理应采取的措施：

（一）权责分配和职责分工明确，机构设置和人员配备科学合理，做到工程项目预算的审批人与编制人相分离；工程支出的审批人与执行人相互分离，重大合同必须由独立于经办人以外的负责人批准，必要时可聘请法律顾问进行审核；工程项目的验收人员应与参与工程施工管理人员相分离。

（二）工程项目的决策依据、程序、审批权限和责任制度明确。

（三）概预算编制的依据、内容、标准和审批程序明确。

（四）价款支付的方式、金额、时间进度和审批程序明确。

（五）竣工决算环节的控制流程应当科学严密，竣工清理范围、竣工决算依据、决算审计要求、竣工验收程序、资产移交手续等明确。

（六）对工程项目的会计核算和报告符合国家统一的会计制度的规定。

**二、职责分工及授权批准**

第四条　各单位应建立工程项目业务的岗位责任制，明确相关部门和岗位的职责、权限，确保第三条规定的不相容岗位相互分离、制约和监督。

第五条　公司的工程项目由公司总部集中审批并组织或授权实施。

第六条　公司财务部职责是受理有关工程项目的申请和项目建议；组织项目的可行性论证和评估；组织或委托招标；办理工程开工的前期工作如：工程项目开工建设之前，必须经有关部门批准立项，并取得相关的工程建设许可证；组织编制概、预算；组建项目管理机构；监督工程质量进度；审核工程结算（工程量）；

组织项目后评价；

第七条　公司财务部负责对工程结算的审核，对于需发包实施的工程项目，负责工程招标的编制及审核，并参与工程的招标工作，在招投标活动要注意审查投标人的施工资质、技术力量、管理水平、信用等级和关联关系，防止可能发生的不利事件，保证招投标活动的公开、公平、公正。

第八条　公司的工程项目由财务部组织会计核算，或根据工程项目的授权由被授权单位的财务部门组织会计核算。

**三、项目决策控制**

第九条　各单位建立工程项目决策环节的控制制度，对项目建议书和可行性研究报告的编制、项目决策程序等作出明确规定，确保项目决策科学、合理。

第十条　工程项目形成初步实施意向之后，各单位组织工程、技术、财会、法律等部门的相关专业人员对项目建议书和可行性研究报告的完整性、客观性进行技术经济分析，设计实施方案，编制工程初步预算，写出书面可行性研究报告提交公司总经理办公会或董事会审议通过，需股东大会审议的重大工程项目，由董事会将工程项目提交股东大会审议通过。

第十一条　严禁任何个人单独决策工程项目或者擅自改变集体决策意见。若工程项目发生重要变更的，根据授权重新履行审批程序。

**四、概预算控制**

第十二条　各单位建立工程项目概预算环节的控制制度，对概预算的编制、审核等作出明确规定，确保概预算编制科学、合理。

第十三条　公司财务部负责组织工程、技术、财会等部门的相关专业人员对各单位编制的概预算进行审核，重点审查编制依据、项目内容、工程量的计算、定额套用等是否真实、完整、准确。

**五、价款支付控制**

第十四条　负责工程项目施工的部门和人员必须重视工程质量管理，监督现场施工严格设计方案的要求进行，杜绝偷工减料、以次充好现象的发生，一旦发现不符合设计要求或偷工减料、以次充好的现象，要马上向施工单位提出并要求返工或采取可靠的补救措施，同时定期写出现场监理施工进度报告。

财务部要严格控制工程付款，严格按现场施工进度报告和主管领导的批准的额度支付工程款，加强对工程预算方案的考核监督和工程实施的核算监督，确保工程项目预算方案的贯彻执行和工程项目实际投资金额的真实、合法、完整。

第十五条　公司办理工程项目价款支付业务，按公司内部控制制度——资金控制制度的有关规定办理。

第十六条　公司办理工程项目采购业务，由公司供应分公司办理。

第十七条　公司工程项目一般不予支付预付款。如确需支付预付款的，须明确在合同中规定，并经总经理审批后，及时办理。

第十八条　公司会计人员对工程合同约定的价款支付方式、有关部门提交的价款支付申请及凭证、审批人的批准意见等进行审查和复核。复核无误后，方可办理价款支付手续。

工程进度款的支付要按工程项目进度或者合同约定进行，不得随意提前支付。

公司会计人员在办理价款支付业务过程中发现拟支付的价款与合同约定的价款支付方式及金额不符，或与工程实际完工进度不符等异常情况，及时报告。

第十九条　各单位严格控制项目变更，对于必要的项目变更应经过相关部门或中介机构(如工程监理、财务监理等)的审核。

因工程变更等原因造成价款支付方式及金额发生变动的,提供完整的书面文件和其他相关资料。公司会计人员对工程变更所涉及的价款支付进行审核。

第二十条　公司加强对工程项目资金筹集与运用、物资采购与使用、财产清理与变现等业务的会计核算,真实、完整地反映工程项目成本费用发生情况、资金流入流出情况及财产物资的增减变动情况。

第二十一条　各单位加强对在建工程项目减值情况的定期检查和归口管理,减值准备的计提标准和审批程序,按照《内部控制制度——财务报告编制》的有关规定执行。

**六、竣工决算控制**

第二十二条　工程项目施工完毕后,由公司财务部组织有关人员进行竣工决算审计,未实施竣工决算审计的工程项目,原则上不得办理竣工验收手续。因生产经营急需组织竣工验收的,同时进行竣工决算审计。

各单位在竣工决算审计结束后,及时组织有关人员对工程项目进行验收,验收过程中要认真、细致地检查工程是否达到设计要求,是否存在技术或安全方面的隐患,财务人员和设备管理人员要参加验收工作,重点对工程投资的账面与实物进行核对,并对所有实物进行登记造册,为以后实施管理、核算作好准备。

第二十三条　验收结束后,要写出书面的验收报告。对需要进行整改的,还必须说明需整改的项目和具体要求,限定整改时间;出现实物盘亏的要查明原因,分清责任,对有关责任人进行处理。整改完毕后必须进行再验收,完全合格后才能正式交付使用,交付使用的同时要办理资产移交手续,由承建单位和资产管理单位签字交接,有关图纸、技术和管理资料要完整移交给接收单位,否则接收单位有权拒绝接收。验收报告需参与验收的全体成员签字。

第二十四条　工程通过验收后,财务部门应及时与承建单位结清工程款,办理工程竣工决算。如不能及时办理工程结算和决算,应及时按工程预算金额暂估记入固定资产科目,待办理完工程竣工决算后再按实际金额调整。

第二十五条　工程项目完工后,由公司总部组成专门检查考核小组,对工程项目预算方案执行情况、工程质量等方面进行考核、评价、分析,总结经验教训,存在预算超支的现象要查找原因,分清责任,作出相应的处理。

第二十六条　工程项目运行后,财务部对投入使用的工程项目进行成本效益分析。对出现经济效益严重低于可行性研究报告内容的情况,应追究相关人员的决策责任。

第二十六条　建立工程施工的阶段进度审计制度,对工程的阶段性完成情况进行审计和分析,发现问题及时上报工程项目决策部门及相关人员。

# 第九部分 预算管理制度设计

## 一、预算管理制度设计概述

### (一)预算的含义

所谓预算,是指企业对一定期间经营活动、投资活动、财务活动等作出的全面安排。通过编制预算可以优化企业的资源配置,全方位地调动企业各个层面员工的积极性,促使企业实现效益最大化。预算是行为计划的量化,有助于管理者协调、贯彻计划,是一种重要的管理工具。其优点表现为:

1. 制订计划。预算有助于管理者通过计划具体的行为来确定可行的目标,同时能使管理者考虑各种可能的情形。

2. 促进合作与交流。总预算能协调组织的活动,使得管理者全盘考虑整个价值链之间的相互联系,预算是一个有效的沟通手段,能触及到企业的各个角落。

3. 有助于业绩评价。通过预算管理各项目标的预测、组织实施,能促进企业各项目标的实现,保证企业各项目标的不断提高和优化,是体现企业业绩的一种好的管理模式。

4. 激励员工。预算的过程会促进管理者及全体员工面向未来,促进发展,有助于增强预见性,避免盲目行为,激励员工完成企业的目标。

正是由于预算管理具备以上优势,它才能在大企业中得以广泛应用,并取得了好的效果。企业预算管理是在企业战略目标的指引下,通过预算编制、执行、控制、考评与激励等一系列活动,全面提高企业管理水平和经营效率,实现企业管理的目标。

### (二)预算管理制度设计的原则、要求和内容

1. 企业预算管理制度设计的原则

为了科学的设计预算会计管理制度,使预算正确体现国家的方针政策,如实地反映客观实际,适应市场经济的要求,充分发挥其应有的作用,就应坚持如下原则:

(1)政策性原则

政策性原则要求遵纪守法。设计预算管理制度必须首先树立法制观点和政策观点,严格执行国家有关法律、政策、制度和财经纪律,坚持企业生产经营活动的正确方向。各项指标的确定和措施的考虑,都必须以政策为依据,以法律为准绳,这就要划清合法和非法的界限。凡是合法的,就要积极去办;凡是非法的,就要坚决抵制。要做到一切支出有正当去向,一切收入有正当来源,决不能弄虚作假,搞歪门邪道。短期利益服从长远利益,坚决反对只顾本身利益,损害整体利益的倾向。

(2)目的性原则

目的性原则要求改进服务、提高效益。设计预算管理制度必须树立服务观点、效

益观点，要不断提高服务质量，不断提高经济效益。服务质量不仅包括服务态度而且包括产品质量。经济效益更是一切经济工作的核心。这就要正确处理经营和服务的关系、服务和效益的关系。

(3)伸缩性原则(也称弹性原则)

伸缩性原则要求积极可靠、留有余地。设计预算管理制度必须树立唯物观点、辩证观点，要坚持实事求是，具体情况具体分析。这就要把革命热情和科学态度结合起来，把需要和可能结合起来，使计划指标既积极先进，又稳妥可靠，留有充分余地。既不能思想保守，把计划指标订得过低，也不能把计划订得过高。同时，为了防止意外情况的发生，还要留一定的后备财力。

(4)协调性原则

协调性原则要求统筹兼顾、综合平衡。设计预算管理制度必须树立兼顾观点、平衡观点，要兼顾企业各个部门、各个层次，要兼顾国家、企业、职工三者利益，使各项计划指标取得平衡。这就要处理好重点和一般的关系，国家、企业和个人的关系。做到统筹兼顾、全面安排、保证重点、综合平衡，使上下左右协力同心，围绕企业的共同目标努力，而不能各行其是、互相脱节。

(5)民主性原则

民主性原则要求群策群力、集思广益。设计预算管理制度必须要有群众观点、民主观点，这就要民主性原则要求群策群力、集思广益。必须要有群众观点、民主观点，这就要正确处理干部和群众的关系、民主和集中的关系。要充分激发群众的积极性和创造性，充分发挥他们的聪明才智。这样编制的计划才有群众基础，从而计划的实现才有可靠的保证。

2. 预算管理制度设计的要求

预算管理制度设计的要求主要有：

(1)遵守国家的法律法规

为了规范预算管理，我国发布了一系列规律法规和规章，常见的有：《中华人民共和国预算法》、《中华人民共和国会计法》和《内部会计控制规范——基本规范(试行)》等法律法规。企业在设计预算管理制度时必须遵守这些规范。

(2)讲究整体效益

设计预算管理制度必须树立系统性观点，从整体上把握，实现系统效益。

(3)岗位与职责分工明确。

预算管理的岗位与职责分工应当明确、具体，适合本单位业务特点和管理要求。

(4)控制流程清晰

制定清晰明确的预算工作业务流程，明确预算编制、预算执行、预算调整、预算分析与考核等各环节的控制要求，并在各个环节设置相关的记录或填制相应的凭证，确保预算工作全过程得到有效控制。

3. 预算管理制度设计的内容

预算管理制度设计的内容主要包括预算管理内部控制制度设计、预算编制方法设计和预算管理工作程序设计等。

## 二、预算管理内部控制制度设计

根据《内部会计控制规范——预算(征求意见稿)》的规定,企业应当设计的预算管理内部控制制度主要有以下几个方面。

### (一)预算工作岗位责任制

1. 预算机构设置制度

企业应当建立预算工作岗位责任制,明确相关部门和岗位的职责、权限。企业应设置的预算机构及其岗位、人员的职责主要有:

(1)企业应当设立预算委员会、预算领导小组专门机构(又称为企业预算管理部门)具体组织本单位预算管理工作。不具备设立专门机构条件的,可以指定财会部门等负责预算管理工作。

(2)企业股东大会(股东会)或类似最高权力机构(又称为最高权力机构)负责审批单位年度预算方案。国有的和国有资产占控股地位或者主导地位的大、中型企业的年度预算方案,还须经单位职工代表大会审议通过。董事会、厂长(经理)办公会或类似决策机构(又称为称单位决策机构)负责制订单位年度预算方案。企业总会计师应当协助单位负责人加强对企业预算管理部门的领导。企业内部相关职能部门的主要负责人应当参与企业预算管理工作。

(3)企业预算管理部门主要负责拟订预算目标和预算政策;制定预算管理的具体措施和办法;组织编制、审议、平衡预算草案并报企业最高权力机构审批;组织下达预算;协调、解决预算编制和执行中的问题;考核预算执行情况,督促完成预算目标。

企业内部生产、投资、筹资、物资管理、人力资源、市场营销等职能部门具体负责本部门业务预算的编制、执行、控制、分析等工作,并配合预算管理部门做好企业总预算的综合平衡、控制、分析、考核等工作。

(4)企业内部各职能部门应当加强沟通和联系,确保相关业务的预算与其执行情况能够相互印证、相互监督。企业所属基层单位(含具有控制与被控制关系的下属单位)在上级单位预算管理部门的指导下,负责本单位预算的编制、执行、控制和分析工作,并接受上级单位的检查和考核。所属基层单位负责人对本单位预算的执行结果负责。

(5)企业应当配备合格的人员办理预算工作。经办人员应当具备良好的业务素质和职业道德,熟悉国家有关法律法规和本单位的经营业务、管理要求和工作程序。

2. 预算工作岗位责任制度

企业应当建立预算工作岗位责任制,明确相关部门和岗位的职责、权限,确保办理预算工作的不相容岗位相互分离、制约和监督。企业预算工作不相容的岗位一般包括:预算编制(含预算调整)与预算审批岗位与职责相互分离;预算审批与预算执行岗位与职责相互分离;预算执行与预算考核岗位与职责相互分离。

**(二)预算工作授权批准制度**

企业应当对预算工作建立严格的授权批准制度，明确审批人的授权批准的方式、权限、程序、责任和相关控制措施，规定经办人的职责范围和工作要求。审批人应当根据预算工作授权批准制度的规定，在授权范围内进行审批，不得超越审批权限。经办人应当在职责范围内，按照审批人的批准意见办理预算工作。对于审批人超越授权范围审批的预算事项，经办人有权拒绝办理，并有权向上级部门报告。

**(三)预算工作流程制度**

企业应当制定预算工作业务流程，明确预算编制、预算执行、预算调整、预算分析与考核等各环节的控制要求，并在各个环节设置相关的记录或填制相应的凭证，确保预算工作全过程得到有效控制。

**(四)预算执行情况预警机制**

企业应当建立预算执行情况预警机制，通过科学选择预警指标，合理确定预警范围，及时发出预警信号，积极采取应对措施。

**(五)预算执行结果质询制度**

企业应当建立预算执行结果质询制度，要求预算执行单位对预算指标与实际结果之间的重大差异进行解释和答辩。

## 三、预算编制方法设计

预算的编制工作由财务部门在公司法定代表人的领导下，具体负责企业财务预算的编制、审查、汇总、上报等工作，跟踪预算的执行情况，寻找预算与实际执行的差异并分析原因，提出改进的措施及建议，促进企业预算目标的实现。企业办公室、营销部门、生产部门等职能部门应负责本部门业务涉及的预算编制。预算编制是一个复杂而烦琐的过程，常见的编制方法有三种。

**(一)自上而下的编制方法**

自上而下法，是根据总部的计划大纲，层层下达指标，并根据企业利润目标编制整体预算，再根据整体预算编制部门预算。这种模式是总部将下属各子公司或分部(包括各级职能部门)视为预算管理的被动主体，预算目标完全来自于上层管理者，下层只是被动的执行单位，没有独立的决策权。其优点在于能够防止本位主义泛滥，保证预算目标最大化的实现；但其缺点是基层人员的参与程度低，既可能使预算偏离实际，还可能影响预算顺畅的贯彻执行。这种模式与集权制的管理思想与风格一脉相承，它适用于集权制企业。

**(二)自下而上的编制方法**

自下而上法，是由最基层的成本中心开始编起，然后由各部门分别按产品类别、市场类别提出利润目标，再根据此利润目标编制部门预算，最后企业汇总、适当调整，编成整体预算。这一模式强调预算来自下属预算主体的预测，来自于下级，总部只设定目标，监督目标的执行结果、而不过多地介入过程的控制。自下而上模式的最大优点在于能发挥二级单位的积极性，强化其参与意识，并具有管理的认同感；而其最大的缺点就在于难以避免下级预算单位在预算编制土的“宽打窄用”可能导致严重的本位主义，使预算留有较大的余地，从而影响到最优化预算目标的实现。它更多地适用于分权制公司。

### （三）上下结合法

上下结合法的基本内容是：首先由企业总管提出计划大纲或预算编制方针，然后各部门据以确定产品类别、市场类别等部门类别的利润目标，并编制部门预算，然后企业总体平衡。如果认为目标较低，就应调整目标，这样当上下目标一致时，批准部门预算，再编出整体预算。

在上述三种方法中，上下结合法既符合企业总体目标，又考虑了各部门的具体条件，具有突出的优点，但上下的协调需要时间和精力。因而，如何设计预算编制方法仍是一个重要问题。不同企业的预算内容有所不同。做什么预算、不做什么预算；什么预算可以分离，什么预算可以合并；先做什么预算，后做什么预算；什么预算宜详细，什么预算应该简略，也就是孰有孰无、孰分孰合、孰先孰后、孰详孰略，这都是预算体系应研究的内容。譬如，对于研究与开发、人力资源、信息成本与收入做不做单独的预算，这是有无问题；管理费用和销售费用预算是分开，还是合并，这是分合问题；先做销售预算，还是先做生产预算，这是先后问题；销售预算可以详细到按品种，而制造费用就只能略到按项目，这是详略问题。

企业常见具体预算的编制有固定预算、弹性预算、增减量预算、零基预算、滚动预算、概率预算和基础预算等，这些内容在《管理会计学》和《财务管理学》等课程中已有介绍，在此不再赘述。

## 四、预算管理工作程序设计

要求预算管理控制的基本程序包括预算编制、预算执行、预算调整、预算分析与考核等几个部分。设计内容如下。

### （一）预算编制设计

1. 预算种类的设计

企业应当根据自身业务特点和工作重心等编制相应的业务预算，并在此基础上编制年度预算方案。年度预算方案应当符合本单位发展战略、经营目标、投资计划、筹资计划和其他重大决议。

企业编制经营预算，应当以上一年度生产经营的实际状况为基础，综合考虑预算期内经济政策变动、市场竞争状况、产品竞争能力等因素对销售、生产、采购等业务可能造成的影响，严格控制经营风险。经营预算主要包括投资预算和筹资预算。其中投资预算的编制应当符合成本效益原则和风险控制要求，在对投资项目进行可行性研究、论证和集体决策的基础上，合理安排投资结构和资金投放量，严格控制投资风险；筹资预算的编制应当以筹资计划和资金需求决策为基础，合理安排筹资规模和筹资结构,审慎选择筹资方式,保持最佳资金成本,严格控制财务风险。

2. 预算大纲的设计

企业应当编制预算大纲或预算手册,为编制预算提供指引。预算大纲或预算手册应当做到内容完整,指标统一,要求明确,权责明晰。一般地,单位预算大纲或预算手册的内容应当包括:总纲;上一年度预算完成情况;宏观经济形势、行业市场状况及单位内部环境分析;单位产业调整计划、价格政策及经营目标;主导预算指标目标值及辅助预算指标的编制要求;预算编制的格式及内容体系;预算编制的时间进度安排;预算编制质量要求及相关责任等。

3. 年度预算的编制

企业编制年度预算,一般应按照"上下结合、分级编制、逐级汇总"的程序进行。

(1)下达目标。单位决策机构应根据单位发展战略,在对预算期经济形势作出初步预测和决策的基础上,及时提出下一年度单位预算目标,包括销售目标、成本费用目标、利润目标和现金流量目标等,并确定预算编制政策,由预算管理部门下达各预算执行单位。

(2)编制上报。单位所属各预算执行单位应按照单位预算管理部门下达的预算目标和政策,结合自身特点以及预测的执行条件,提出本单位预算的具体方案,及时上报单位预算管理部门。单位内部预算执行单位编制的预算方案须经本单位负责人签章确认。

(3)审查平衡。单位预算管理部门应对各预算执行单位上报的预算方案进行审查、汇总,提出综合平衡的建议。在审查、平衡过程中,单位预算管理部门应当进行充分协调,对发现的问题提出初步调整的意见,并反馈给有关预算执行单位予以修正。

(4)审议批准。单位预算管理部门在有关预算执行单位修正调整的基础上,编制出单位年度预算初步方案,经进一步修订、调整后,正式编制年度预算草案,提交单位决策机构审议,最终形成年度预算方案,并报单位最高权力机构批准。单位本年度预算方案,一般应在上年度 12 月 31 日之前审批完毕。

(5)下达执行。单位年度预算经批准后,由预算管理部门组织逐级下达各预算执行单位执行。

具体编制预算时,企业应当根据自身经济业务特点和经济活动规律,区别不同预算项目的性质,确定相应的预算编制方法。

**(二)预算执行控制**

企业应当建立预算执行责任制度,明确相关部门及人员的责任,定期或不定期地进行检查,实施考核,落实奖惩。预算执行在单位负责人领导下,实行分级负责、归口管理。

预算一经批复下达,各预算执行单位必须认真组织实施,将预算指标层层分解,从横向和纵向落实到内部各部门、各单位、各环节和各岗位,形成全方位的预算执行责任体系。

企业应当将年度预算作为预算期内组织、协调各项生产经营活动和管理活动的基本依据,将年度预算细分为季度和月度预算,通过分期预算控制实现年度预算目标。企业应当加强对货币资金收支业务的预算控制,及时组织预算资金的收入,严格控制预算资金的支付，调节资金收付平衡，严格控制支付风险。纳入单位预算的资金拨付，按照授权审批程序执行。未纳入单位预算的支出项目，不予支付。虽已纳入单位预算，但支付手续不健全、凭证不合规的支出项目，不得支付。

企业在办理实物资产、对外投资、工程项目、采购与付款、销售活动与收款、成本费用等业务时，应当严格执行预算标准，应当健全凭证记录，完善管理制度，严格执行生产经营月度计划和成本费用的定额、定率标准，加强监控。应当建立预算执行情况内部报告制度，及时掌握预算执行动态及结果。

企业预算管理部门应当运用财务会计报告和其他会计资料监控预算执行情况，及时向单位决策机构和各预算执行单位报告或反馈预算执行进度、执行差异及其对单位预算目标的影响，促进单位完成预算目标。有条件的单位，应当逐步推进预算的信息化管理进程，通过现代电子信息技术手段监控和推动预算执行。

**（三）预算调整控制**

企业正式下达执行的预算，一般不予调整。内部预算执行单位在执行过程中由于市场环境、经营条件、国家法规政策等发生重大变化，或出现不可抗力重大自然灾害、公共紧急事件等致使预算的编制基础不成立，或者将导致预算执行结果产生重大差异的，经单位决策机构批准，可以调整预算。预算的调整应当由预算执行单位逐级向单位决策机构提出书面报告，阐述预算执行的具体情况、客观因素变化情况及其对预算执行造成的影响程度，提出预算的调整幅度。预算管理部门应当对预算执行单位提交的预算调整报告进行审核分析，集中编制单位年度预算调整方案，提交单位决策机构审议批准，然后下达执行。企业审批预算调整方案应当符合以下要求：

1. 预算调整事项应当符合单位发展战略和年度生产经营目标；

2. 预算调整方案应当客观、可行；

3. 预算调整重点应当放在预算执行中出现的重要的、非正常的、不符合常规的关键性差异方面。

对于不符合上述要求的预算调整报告和调整方案，单位预算管理部门和单位决策机构应当予以否决。

**（四）预算分析与考核**

控制企业应当建立预算执行情况分析制度，预算管理部门应当定期召开预算执行分析会议，全面掌握预算执行情况，研究、解决预算执行中存在的问题，提出改进措施。

企业预算管理部门和各预算执行单位应当充分收集有关财务、业务、市场、技术、政策、法律等方面的信息资料，根据不同情况分别采用比率分析、比较分析、因素分析、平衡分析等方法，从定量与定性两个层面充分反映预算执行单位的现状、发展趋势及其存在的潜力。对于预算执行差异，应当客观分析产生的原因，提出解决措施或建议，提交单位决策机构研究决定。

企业当建立预算执行情况审计制度，通过定期或不定期地实施审计监督及时发现和纠正预算执行中存在的问题，维护预算的严肃性。

企业应当建立预算执行情况考核制度。预算管理部门应当定期向单位决策机构报告预算执行情况,并组织对预算执行单位进行考核。有条件的单位,也可设立专门机构负责考核工作。预算执行情况的考核要依照预算执行单位上报预算执行报告、预算管理部门审查核实、单位决策机构批准的程序进行。单位内部预算执行单位上报的预算执行报告,应经本部门、本单位负责人签章确认。企业预算执行情况的考核以单位正式下达的预算方案为标准,以经注册会计师或上级部门审定的年度财务会计报告信息为依据。实行中期考核的单位,以单位中期预算为标准,以中期财务会计报告为依据。单位预算执行情况考核,应当坚持公开、公平、公正的原则,考核结果应有完整的记录。企业要建立预算执行情况奖惩制度,奖惩办法应当明确,奖惩措施应当落实。

**(五)监督检查设计**

企业应当建立对预算内部控制的监督检查制度,明确监督检查机构或人员的职责权限,定期或不定期地进行检查。内部控制监督检查的内容主要包括:

1. 岗位分工和授权批准情况。

重点检查预算编制、审批、执行等各岗位是否分离;各岗位之间职责、权限是否明确;是否依照授权程序办理预算工作。

2. 预算编制情况。

重点检查预算编制依据是否科学、合理、是否存在预算与经济实际相脱节甚至相互背离的情况;预算编制程序和方法是否合规、正确,是否存在违反编制程序、滥用编制方法的情况。

3. 预期执行情况。

重点检查各预算执行单位是否建立预算责任制;是否严格执行经批准的预算指标;对预算执行中出现的问题是否及时进行纠正和处理。

4. 预算调整情况。

重点检查预算调整是否严格按照规定程序进行,预算调整理由是否充分、适当,有无盲目调整预算、或借调整预算逃避责任的情况。

5. 预算分析与考核情况。

重点检查是否建立科学的分析考核制度和严格的审计制度;是否落实预算责任制,兑现奖惩措施。

企业对在监督检查过程中发现的预算内部控制中的薄弱环节,负责监督检查的部门应当告知有关部门,有关部门应当及时查明原因,采取措施加以纠正和完善。监督检查部门应当向上级部门报告预算内部控制监督检查情况和有关部门的整改情况。

## 设计案例

预算制度设计,选自《山东高速公路股份有限公司预算管理制度(修订)。

## 山东高速公路股份有限公司预算管理制度(修订)

(经2010年3月25日公司第三届董事会第三十三次会议审议通过)

第一章　总则

第一条　为了强化公司对财务预算的管理,加强公司宏观调控,保障公司运营管理的正常进行,根据有关法规、《公司章程》、《公司财务管理制度》以及公司实际情况,制定本制度。

第二条　公司各部门、各分公司、管理处、科站均为预算编制、执行、监督单位。

第三条　公司按照确保安全稳定的局面、保障路桥畅通、保持路桥资产完好、保证净资产收益率以及保证精神文明建设需要等原则编制预算。压缩管理费用,压缩非生产资本性支出。通过建立经济责任制和综合绩效考核制度,考核监督预算的执行情况,保障公司预算管理的有效运行

第二章　预算的程序

第四条　公司股东大会审议批准公司的年度财务预算方案以及财务预算调整方案。公司监事会负责对股东大会通过的年度财务预算方案的执行情况进行监督检查。

第五条　公司董事会负责制订公司年度财务预算方案以及财务预算调整方案。

第六条　公司经营层负责编写公司财务预算草案;组织公司财务预算方案的执行;拟定预算预备费的动用方案;编写公司财务预算调整方案。

第七条　公司计划财务部具体负责审核、汇总公司各部门、各分公司、各管理处预算草案,汇编公司预算草案;组织和监督公司预算的执行;提出公司预算预备费动用方案;具体编制公司预算的调整方案;定期向公司经营层报告财务预算的执行情况。

第八条　公司各部门负责编制本部门预算草案;审核各分公司、管理处预算中属于本部门职权范围内部分;组织和监督职权范围内预算的执行。

第九条　各分公司、管理处计划财务科具体负责审核、汇总本单位各部门预算草案,汇编管理处预算草案;组织和监督分公司、管理处预算的执行;提出预算调整建议;定期向公司报告财务预算的执行情况。

第三章　预算的内容

第十条　财务预算由预算收入和预算支出组成。

第十一条　公司实行"收支两条线"的财务管理体制。预算收入全部归公司所有。预算支出划分为公司预算支出和各分公司、管理处预算支出。

第十二条　预算收入包括:(1)车辆通行费收入;(2)其他业务收入(清障收入、广告位租赁收入、固定资产出租收入等);(3)投资收益收入;(4)营业外收入。

第十三条　预算支出包括:

(1)公路养护支出(2)设施维护支出(3)公路防害及抢修支出(4)公路绿化支出(5)征收业务支出(6)管理费用支出(7)财务费用支出(8)归还融资本金支出(9)其他业务支出(10)营业外支出(11)对外投资(12)固定资产购置(13)基本建设及大修改造工程支出(14)其他支出等。

第四章　预算的编制

第十四条　总会计师负责财务预算的编制组织工作，召集专题会议，研究预算编制事宜。

第十五条　公司于每年11月1日前向公司各部门、各分公司、管理处下达编制下一年度预算草案的通知，提出编制预算草案的原则和要求。计划财务部具体负责部署预算草案的编制事项，规定预算收支科目、报表格式、编报方法。

第十六条　公司各部门应根据预算草案编制的原则和要求，并结合本部门的具体情况，具体布置预算编制工作。

各部门预算由本部门统筹安排预算和各分公司、管理处预算组成。公司各部门负责审核本部门职权范围内各管理处的预算草案，并汇总编制本部门的预算草案，于每年12月10日前送达计划财务部。

第十七条　各分公司、管理处根据公司的通知和各部门的要求，结合本单位的具体情况，编制预算草案。

各分公司、管理处汇总的预算草案，应当于每年11月20日前报计划财务部及公司各部门。

第十八条　计划财务部审核、汇总公司各部门、各分公司、管理处预算草案，汇编公司预算草案。

第十九条　在汇编财务预算期间，各部门、各分公司、管理处发现本级预算需更改时，应以书面形式在每年12月15日前通知计划财务部。

第二十条　公司财务预算草案经总会计师审核后报总经理办公会审议。审议通过后提交公司董事会，经董事会审议通过后提交公司股东大会批准实施。

第二十一条　公司预算草案经股东大会批准后，为公司正式预算。计划财务部下发公司各部门、各分公司、管理处执行。

第二十二条　公司预算编制执行弹性原则。如果公司实际总收入超过预算总收入，成本费用可按照不高于收入增长率的幅度进行相应调整。

第二十三条　公司预算和分公司、各管理处预算，应当参考上一年预算执行情况和本年度收支预测进行编制。

第二十四条　按照规定必须列入预算的收入，不得隐瞒、少列。支出预算按照公司确定的定额、往年支出情况据实编制，不得将上年的非正常支出作为编制预算的依据。

第二十五条　公司财务预算按照实际养管经费的5%～7%统一设置成本费用类支出预备费，按照公司固定资产和无形资产净值的0.5%～1%统一设置资本性支出预备费，用于当年预算执行中的自然灾害救灾开支及其他难以预见的特殊开支。

第二十六条　财务预算的上年结余，可以在下年用于上年未结转项目的支出；有余额的，经公司批准，可以用于下年批准的其他预算支出。

第五章　预算执行

第二十七条　财务预算由公司经营层组织执行，具体工作由公司计划财务部负责，分公司、管理处由计划财务科负责。

第二十八条　预算年度开始后，财务预算在股东大会未批准前，为了保障运营管理的进行，公司可以先按照上一年同期的预算支出数额安排支出；预算经股东大会批准后，按照批准的预算执行。

第二十九条　公司预算支出主要分为正常经费和专项支出。正常经费是指公司按定额编制，定期拨付，各单位自主使用的资金，主要包括人员工资、行管费、小修保养费、生产性用电、设施维修等。专项支出是指由公司统筹安排的支出，主要包括专项工程、基建改造工程、资产购置以及用于运营管理的特别支出。

第三十条　正常预算由公司计划财务部编制月度支出计划，经总会计师审核后，按月拨付各分公司、管理处。

第三十一条　专项支出由各部门、各分公司、管理处提出。各分公司、管理处专项支出需经公司分管部门审核。各部门需将本部门以及各分公司、管理处专项支出报分管领导审核。各部门将审核后的专项支出送计划财务部汇总，计划财务部根据财务预算方案对专项支出提出意见，报总会计师审核。总会计师将审核后的支出报公司总经理审批。

第三十二条　公司办理资产购置与维护、工程项目、对外投融资（含重组与并购）、信息系统的开发与维护、人力资源、安全环保、成本费用等重大支出项目，均应符合预算要求，并按照公司有关规定执行。

第三十三条　计划财务部门应及时、足额地拨付预算支出资金，加强对预算支出的管理和监督。

第三十四条　公司计划财务部门负责预算执行的具体工作，主要任务是：

（一）研究落实财务管理制度，为运营管理工作提供支持和服务；

（二）组织制定预算收入和预算支出的制度和办法；

（三）根据年度支出预算和季度、月度用款计划，及时、合理地调度、拨付预算资金。

（四）指导和监督各单位建立健全财务制度和会计核算体系，按照规定使用预算资金，节减开支，提高效率。

第三十五条　计划财务部门应当加强对预算拨款的管理，按照批准的年度预算、用款计划和进度拨款。不得办理无预算、无用款计划、超预算、超计划的拨款。

第三十六条　公司各部门、各分公司、管理处应当加强对预算执行情况的分析，提出增收节支的建议。

第三十七条　各预算执行部门建立有效科学的预警防范机制，通过科学选择预警指标，合理确定预警范围，及时发出预警信号。各部门、各管理处应当按照预警指标的范围定期检查财务预算的执行情况。对于财务预算执行过程中发生的超过或临界点的情况及出现偏差较大的重大项目，各有关单位应当及时查找原因并报告公司，公司计划财务部根据具体情况，提出改进经营管理的措施和建议。

第三十八条　为有效应对预算执行过程中存在的预算松弛现象，公司建立定期的预算执行情况分析工作机制，定期召开预算执行分析会议进行信息交流和沟通的工作，以增加预算执行的有效性和严肃性。

第三十九条　计划财务部应当利用财务报表监控财务预算的执行情况，及时向有关领导提供财务预算的执行进度、执行差异及其对企业财务预算目标的影响等财务信息,促进企业完成财务预算目标。

第四十条 各部门、各单位应当加强对预算收入和支出的管理,不得截留或者动用应当上缴的预算收入;不得将不应当在预算内支出的款项转为预算内支出;不得擅自扩大支出范围、提高开支标准,严格按照预算规定的支出用途使用资金。

第四十一条 预算外支出由各部门或各分公司、管理处提出申请,计划财务部根据申请编制预备费的动用方案,经总会计师审核,报总经理办公会议确定后,报董事长审签。

第六章 预算的调整

第四十二条 预算调整是指经股东大会批准的公司预算,在执行中因特殊情况需要增加或者减少收入、支出的部分变更。

第四十三条 公司预算的调整方案必须提请股东大会审查和批准。

第四十四条 在预算执行中,弹性预算范围内以及公司返还或者给予补助而引起的预算收支变化,不属于预算调整。

第四十五条 预算调整由各部门、各分公司、管理处提出申请,并列明调整的原因、项目、数额、措施及有关说明。计划财务部对要求追加预算支出、减少预算收入的事项进行严格审核,并根据预算调整申请编制预算调整方案。

第四十六条 各部门、各单位的预算支出,必须按照公司批复的预算科目和数额执行,不得挪用。接受公司返还或者补助的各分公司、管理处,应当按照公司规定的用途使用款项,不得擅自改变用途。

第四十七条 不同预算科目间的资金调剂使用的,虽不属于预算调整,但必须报经公司批准。

第七章 预算的监督

第四十八条 股东大会、董事会、监事会对公司预算进行监督。

第四十九条 计划财务部对各部门、各单位的预算执行情况和效果进行监督、检查和考核,并汇总预算执行情况和检查情况向公司经营层报告,切实做到有奖有惩、奖惩分明

第五十条 公司各部门、各单位应当接受计划财务部有关预算的监督检查;按照要求,如实反映和提供有关预算资料;按照计划财务部提出的检查意见进行整改。

第五十一条 各部门应当加强对各管理处预算执行的监督,对分公司、管理处在预算执行中违反公司预算管理办法的行为,予以制止和纠正。

各分公司、管理处应当加强对各基层单位预算执行的监督;严格执行公司的有关制度,并将预算执行结果及时上报。

第五十二条 公司各部门、各分公司、管理处如违反预算管理办法,由公司责令纠正,并给予该单位和负有直接责任的主管人员处罚。

第五十三条 公司审计部门依照《中华人民共和国审计法》以及公司有关的规定,对各部门、各单位的预算执行情况实行审计监督。

第八章 附则

第五十四条 本制度由公司计划财务部负责解释。

第五十五条　本制度自董事会批准之日起实施。

# 第十部分 担保业务处理制度设计

担保是指为确保特定的债权人实现债权，以债务人或第三人的信用或者特定财产来督促债务人履行债务的法律措施。《内部会计控制规范——基本规范（试行）》第十七条明确规定，企业应当加强对担保业务的会计控制，严格控制担保行为，建立担保决策程序和责任制度，明确担保原则、担保标准和条件、担保责任等相关内容，加强对担保合同订立的管理，及时了解和掌握被担保人的经营和财务状况，防范潜在风险，避免或减少可能发生的损失。

## 一、担保业务处理制度设计概述

### （一）担保业务处理制度设计的意义

在现实经济生活中，企业往往会发生为其他单位提供债务担保的事项，如果被担保单位不能在债务到期时偿还债务，则企业必须履行偿还债务的连带责任。因此，债务担保有可能形成企业的一项或有负债，企业承担着履行担保责任的潜在风险。基于此，为了保护企业投资者和债权人的利益，企业应当科学地设计担保业务处理制度，加强对担保业务的会计控制，严格控制担保行为，防范潜在风险，避免或减少可能发生的损失。

### （二）担保业务处理制度设计的目标

从担保定义和业务特点看，对于担保企业来说，其面临的最大的问题就是风险问题，即一旦被担保企业没有偿债能力和偿债意愿时，担保企业必须承担连带责任。对此，为防范或减少企业对外担保业务的风险，担保企业内部会计控制的目标就应定位于以下方面。

1. 保证担保业务的合法性

通过内部会计控制系统，应确保企业的担保活动符合法律规定，防止不合法的担保给企业带来负面影响。另外，按照会计制度和会计准则的规定进行相关的会计核算，保证担保业务充分、完整和真实地予以记录，并随时通过其报告体系加以公布。

2. 保证降低担保业务的风险

担保业务对担保企业来讲具有潜在的风险性，企业应通过担保业务的会计控制，有效降低担保风险，避免对外担保行为给企业自身造成损失。

### （三）担保业务处理制度设计的原则

1. 合法性原则

企业在设计担保业务处理制度时，必须遵循国家有关法律、法规，如《中华人民共和国会计法》、《内部会计控制规范——基本规范（试行）》和内部会计控制规范——担保（征求意见稿）等的规定。并随着单位经营管理战略、方针、理念等内部环境的变化和国家法律法规、政策制度等外部环境的改变进行相应的修改或完善。

2. 适用性原则

企业设计的担保业务处理制度包含的内容，主要取决于单位业务特点和管理要求，包括组织机构的设置和单位内部采取的相互协调的方针、措施等。

3. 可行性原则

企业在设计担保业务处理制度时，要经过充分论证，量力而行，对担保业务的处理程序要有明确规定，要简便易行，便于实际操作和运行。

4. 有效性原则

企业在设计担保业务处理制度时，应定期检查其执行情况，对发现的薄弱环节及时进行改进，对出现的问题及时进行处理，保证内部控制落到实处、发挥实效。

5. 成本效益原则

企业要力争以最小的担保风险取得最大的控制效果。

### (四)担保业务处理制度设计的内容

担保业务处理制度设计主要包括担保业务内部控制制度设计、担保业务处理方法设计和担保业务控制程序设计等内容。

## 二、担保业务内部控制制度设计

企业应当按照国家有关法律法规和其他相关规定，结合企业有关担保内部控制的规定，建立适合本企业业务特点和管理要求的担保内部控制制度，并组织实施。企业负责人对本单位担保业务内部控制的建立健全及有效实施负责。企业应当设计的担保业务内部控制制度有：

### (一)担保业务岗位责任制

企业应当建立担保业务严格的岗位责任制，明确相关部门和岗位的职责、权限，确保办理担保业务的不相容岗位相互分离、制约和监督。担保业务不相容岗位至少包括：

(1)担保业务的评估与审批岗位与职责分离；

(2)担保业务的审批、执行与监督岗位与职责分离；

(3)相关财产的保管与担保业务记录岗位与职责分离。

企业应当配备合格的人员办理担保业务。办理担保业务的人员应当具备良好的职业道德和业务素质，熟悉国家有关法律法规及专业知识。不得由同一部门或个人办理担保业务的全过程。

### (二)授权批准制度

授权审批是指每一项经济业务的执行必须经过一定形式的授权或批准。有效的授权审批应明确授权的责任和建立经济业务授权审批的程序。企业应当建立担保业务严格的授权批准制度，明确审批人对担保业务的授权批准方式、权限、程序、责任和相关控制措施，规定经办人办理担保业务的职责范围和工作要求。审批人应当根据担保业务授权批准制度的规定，在授权范围内进行审批，不得超越权限审批。经办人应当在职责范围内，按照审批人的批准意见办理担保业务。对于审批人超越权限审批的担保业务，经办人员有权拒绝办理。严禁未经授权的机构或人员办理担保业务。

**(三)担保政策、程序和担保范围等制度**

为防范风险，避免和减少因担保可能发生的损失，企业应制定担保政策，明确担保的对象、范围和禁止担保的事项等；应当制定科学规范的担保业务操作程序。审批人和经办人应严格按照规定程序办理担保业务。用来规范担保业务。如被担保企业必须是生产经营正常，经济效益较好，财务制度健全，营运资金合理等。

**(四)担保业务评估制度**

企业应当建立严格的担保业务评估制度，采用适当的评估方法，对担保业务进行评估，确保担保业务符合担保政策。应当对重要的担保业务实行集体决策审批，并建立相应的责任制度。

企业对外单位的担保业务，应当组织相关人员对申请担保单位主体的资格，申请担保项目的合法性，申请担保单位的资产质量、财务状况、经营情况、行业前景和信用状况或申请担保单位反担保和第三方担保的不动产、动产和权利归属等进行全面评估，形成评估报告。企业对自身的担保业务，申请与评估应当分离。

被担保项目发生变更时，单位应重新组织进行评估。审批人应当根据评估报告，按规定权限和程序进行审批、订立担保合同。签订合同应符合《中华人民共和国合同法》和《中华人民共和国担保法》的规定。重要担保业务合同的订立，应当征询法律顾问或专家的意见。企业应当组织相关人员对担保合同的合法性和完整性进行审核。

**(五)担保业务监测报告制度**

企业应当建立担保业务的监测报告制度，重点加强对被担保单位、被担保项目资金流向的日常监测，定期了解被担保单位的经营管理情况，形成报告。对异常情况应及时要求被担保单位采取有效措施化解风险。

企业应当采取适当的监测方式，对被担保单位、被担保项目进行监测。常见的检测方式有以下几种：

(1)参加被担保单位与被担保项目有关的会议、会谈和会晤；

(2)对被担保工程项目的施工进度和财务进行审核；

(3)担保单位认为必要时，可派员进驻被担保单位工作，被担保单位应提供方便和支持。

**(六)担保财产保管制度**

企业应当建立担保财产保管制度，集中妥善保管有关担保财产和权利证明，定期对财产的存续状况和价值进行复核，发现问题及时处理。担保业务记录制度充分的凭证与记录是现代企业内部会计控制的重要因素，是记录和反映经济业务的载体，也是担保业务控制形式的有效保证。企业应当建立担保业务记录制度，对担保的对象、金额、期限和用于抵押和质押的物品、权利及其他有关事项进行全面的记录。

### (七)担保控制的监督检查制度

企业应当建立和健全对担保控制的监督检查制度,明确监督检查机构和人员的职责权限,定期或不定期地进行检查。企业的监督检查机构和人员应可以采用符合性测试或其他方法检查担保业务内部控制制度是否健全,各项规定是否得到有效执行。担保业务控制监督检查的内容主要包括:

(1)担保业务相关岗位及人员的设置情况。重点检查是否存在担保业务不相容职务混岗的现象。

(2)担保业务授权批准制度的执行情况。重点检查担保对象是否符合规定,担保业务评估是否科学合理,担保业务的审批手续是否符合规定,是否存在越权审批的行为。

(3)担保业务监测报告制度的落实情况。重点检查是否对被担保单位、被担保项目资金流向进行日常监测,是否定期了解被担保单位的经营管理情况并形成报告。

(4)担保财产保管和担保业务记录制度落实情况。重点检查有关财产和权利证明是否得到妥善的保管,担保业务的记录和档案文件是否完整。企业对在监督检查过程中发现的担保内部控制中的薄弱环节,单位应当及时采取措施,加以纠正和完善。

## 三、担保业务处理方法设计

有关担保业务的核算方法已经在《中级财务会计》等相关课程中介绍,设计时可以参阅,不再重述。

## 四、担保业务控制程序设计

担保业务的控制程序设计主要包括以下几个方面。

### (一)担保业务的受理

受理担保业务时,要求被担保企业提供完整的资料,主要有:

(1)被担保企业出具的担保申请书;

(2)被担保事项的经济合同、协议及相关文件资料;

(3)有关反担保的资料。

担保业务的受理阶段,企业必须对对担保业务材料进行审查,审查的主要内容包括:

(1)材料的完整性。主要审查被担保企业提交的文件、资料的种类是否完整、齐全。

(2)材料的合法性。审查被担保企业提交的文件、资料以及申请的担保事项是否真实、合法、有效。

(3)条件:主要审查被担保企业是否符合企业规定的担保原则、标准和条件。

### (二)调查了解被担保企业的经营和财务状况

企业可以以被担保企业经有资格机构审计过的财务报表为基础,通过调查被担保企业财务部门和主要管理者，必要时向被担保企业的商业往来客户、供货商和其他债权人，询问被担保企业资信情况，核对财务报表和主要凭证，查看库存，了解和掌握被担保企业的动态情况以及走访外部管理部门，了解其对被担保企业的评价，核实有关情况等方式，获取第一手材料。

### （三）担保评估

在充分了解被担保单位经营情况和财务状况的基础上，应对比担保政策，对担保业务进行科学、合理的评估，这是决定是否接受担保的重要依据。应责成专人或成立小组，运用一定的方法进行评价。应侧重评价的内容包括：被担保单位经营战略、方针是否符合国家产业政策；被担保单位过去收益状况及未来收益增长趋势；被担保单位资产的流动性，特别应注意其经营活动现金流量的稳定性、持续性；被担保单位一贯的资信程度；被担保单位潜在债务。

在评估过程中，应做到财务指标和非财务指标相结合，定量分析和定性评议相结合。必要时，应聘请专家参与评估。应充分估计担保业务给单位带来的潜在风险，分析单位承受风险的能力。评估报告是评估审批的主要依据。

### （四）担保业务的审批

担保业务审查人员通过对调查审批报告及相关材料的审查，分析被担保企业的履约能力、反担保情况及本企业相关利益，对照本企业的担保责任、担保标准和条件等政策规定，决定是否办理该担保业务。企业必须对本单位提供对外担保的权限作出严格的规范，防止层层担保、任意担保。各项经济活动担保由单位财务、法律部门统一办理，报单位财务主管审核，由单位领导班子集体决策审批。任何个人无权单独批准、办理对外担保事宜。对越权提供担保的下属单位、职能部门和任何个人，无论其担保行为是否给单位造成经济损失均应追究责任。

### （五）签订担保合同

根据调查、了解的被担保企业的财务与经营情况和企业的担保原则、担保标准和条件，经审批后，与被担保企业签订担保合同。担保合同一般一式三份，一份交受益人；一份由会计部门作表外或表内科目登记的附件；一份由经办部门存查。担保合同签订后，担保经办人员应及时登记担保业务台账。

### （六）担保检查

在担保有效期内，担保业务经办人员应对被担保企业资格、经营管理和担保等事项进行检查，并了解担保事项的进展情况，促使被担保企业按时履约，或在本企业履行担保责任垫付款项后能及时得到追偿。企业可以规定检查的时限，如担保期在 1 年以内或风险较大的担保业务，担保业务经办人员需每 1 个月进行一次跟踪检查；担保期在 1 年以上的担保业务，至少每季度进行一次跟踪检查。

### （七）担保合同的履行

担保合同的履行，是指担保合同签订后，企业应被担保企业和受益人要求对担保合同进行修改或应受益人要求履行担保责任，或在保证期满担保合同注销的过程。具体包括修改、展期、终止、垫款、收回垫付款项等环节。

1. 担保合同的修改。

担保期间，被担保企业和受益人因主合同条款发生变更需要修改担保合同内容，应按要求办理。例如，对增加担保范围或延长担保期间或者因变更、增大担保责任的，按拟重新签订的担保合同的审批权限报有权审批部门审批。其中，经办部门应就担保合同的变更内容进行审查后，形成调查报告，同时要求被担保企业提出修改担保合同的意向文件。经批准的，经办部门再重新与被担保企业签订担保合同。

2. 担保合同的展期。

对于担保合同的展期，应视同新担保业务进行审批，重新签订担保合同。

3. 担保合同的终止和注销。

当出现以下情况时，担保业务经办部门要及时通知被担保企业，担保合同终止。担保合同终止的情形有：

(1)担保有效期届满；

(2)修改担保合同；

(3)被担保企业和受益人要求终止担保合同；

(4)本企业替被担保企业垫付款项。

企业已经承担担保责任的，在垫付款项未获全部清偿前，经办部门不得注销担保合同，并要向被担保企业和反担保企业发送催收通知书，通知被担保企业还款。

**(八)垫付款项及其催收**

垫付款项及其催收控制的主要内容有：

(1)担保业务垫付款项的前提条件和内部批准手续。担保期间，担保业务执行部门收到受益人的书面索赔通知后，核对书面索赔通知是否有有效签字、盖章，索赔是否在担保规定的有效期内，索赔的金额、索赔证据是否与担保合同的规定一致等内容。核对无误后，经有权签字人同意后对外支付垫付款项。

(2)垫付款项的催收和处理。担保业务经办人员要在垫款当日或第 2 个工作日内，向被担保企业发出垫款通知书，向反担保企业发送《履行担保责任通知书》并加强检查的力度，以便及时、全额收回垫付款项。

## 设计案例

担保管理制度设计，选自《山西安泰集团股份有限公司担保业务管理制度》。

### 山西安泰集团股份有限公司担保业务管理制度

(2010 年 4 月 26 日)

第一章　总则

第一条　为了规范上市公司对外担保行为，加强担保业务管理，明确担保业务审批权限，有效防范对外担保的风险，保证公司资产安全，依据《中华人民共和国公司法》、《中华人民共和国担保法》、《关于规范上市公司对外担保行为的通知》等其他相关法律、法规及规定以及《上海证券交易所股票上市规则》和《山西安泰集团股份有限公司章程》的规定，特制定本制度。

第二条　公司对外担保行为除遵守有关法律、法规、规范性文件和公司章程的规定外，还需遵守本制度的有关规定。

第三条　本制度适用于山西安泰集团股份有限公司（以下称“公司”）及公司控股子公司。

第四条　本制度中的“对外担保”指公司为他人提供的担保，包括公司对控股子公司的担保，担保方式包括但不限于保证、抵押或质押。

第五条　本制度中的公司及公司控股子公司的对外担保总额，是指包括公司对控股子公司担保在内的公司对外担保总额与公司控股子公司对外担保总额之和。

第二章　对外担保的决策程序

第六条　公司对对外担保事项必须经董事会或股东大会审议。

第七条　公司应就对外担保适宜调查被担保人的经营和信誉情况，认真分析被担保人的财务状况、营运状况、行业前景和信用情况。被担保人应满足以下标准：

（一）管理规范，运营正常，资产优良；

（二）近三年连续赢利，现金流稳定，并能提供外部审计审定的报告；

（三）企业资产负债率不超过70%；

（四）资信状况良好，银行评定信用等级应不低于A级；

（五）近一年内无因担保问题引起的诉讼或未决诉讼。

被担保人不满足上述标准中的任一一条标准的，该等担保事项需由股东大会审议批准，若公司认为需要，被担保人需向公司提供反担保。

公司可在必要时聘请外部专业机构对实施对外担保的风险进行评估，以作为董事会或股东大会进行决策的依据。

第八条　对被担保人的资信审查由公司财务负责人负责。财务负责人可以要求被担保人提供如下资料：

（一）企业法人营业执照；

（二）现行有效的公司章程；

（三）董事会、监事会、经理人员名单；

（四）信用等级的证明文件；

（五）最近一期经审计的财务报告；

（六）贷款用途的详细说明；

（七）贷款项目的可行性研究报告；

（八）发展前景的说明；

（九）财务负责人认为的其他必要文件。

财务负责人认为必要时，可提请董事会要求聘请专业机构协助调查，董事会决定是否聘请专业机构协助调查。

第九条　公司财务负责人应在调查完成后作出详细的调查报告，并提交董事会审议。提交董事会审议的议案应包括担保或贷款金额、被担保方的基本情况及财务状况、贷款的用途、担保期限、担保方式、贷款期限、对公司财务结构的影响等。

第十条　董事会应对公司财务责任人提交的报告认真审慎的审议，并就相关对外担保事宜最终作出决议。

第十一条　公司下列对外担保行为，须经股东大会审议通过：

（一）公司及其控股子公司的对外担保总额，超过公司最近一期经审计净资产50%以后提供的任何担保；

（二）为资产负债率超过70%的担保对象担保的担保；

（三）单笔担保额超过公司最近一期经审计净资产10%的担保；

（四）按照担保金额连续十二个月内累计计算原则，达到或超过公司最近一期经审计总资产30%以后的担保；

（五）对股东、实际控制人及其关联方提供的担保。

第十二条　股东大会在审议为股东、实际控制人及其关联方提供担保的议案时，该股东或受该实际控制人支配的股东，不得参与该项表决，该项表决由出席股东大会的其他股东所持表决权的半数以上通过。

第十三条　除本制度第十一条所述须经股东大会审议通过的对外担保事宜以外，其余对外担保行为均须由董事会审议通过。

第十四条　由董事会审批的对外担保，必须经出席董事会的三分之二以上董事审议同意并作出决议。

第三章　对外担保的管理要求

第十五条　公司对外担保应尽可能要求对方提供反担保（对控股子公司的担保除外），谨慎判断反担保提供方的实际担保能力和反担保的可执行性。

第十六条　公司独立董事应在董事会审议对外担保事项时发表独立意见，必要时可聘请会计师事务所对公司累计和当期对外担保情况进行核查。如发现异常，应及时向董事会和监管部门报告并公告。

第十七条　公司的对外担保事宜由公司财务部管理，财务部负责对公司担保业务进行日常管理和统计研究分析，并定期向董事会报告担保业务情况。

财务部应妥善管理担保合同及相关原始资料，及时进行清理检查，并定期与银行等相关机构进行核对，保证存档资料的完整、准确、有效，注意担保的时效期限。

财务部在合同管理过程中，一旦发现未经董事会或股东大会审议程序批准的异常合同，应及时向董事会和监事会报告。

第十八条　公司应指派专人持续关注被担保人的情况，收集被担保人最近一期的财务资料和审计报告，定期分析其财务状况及偿债能力，关注其生产经营、资产负债、对外担保以及分立合并、法定代表人变化等情况，建立相关财务档案，定期向董事会报告。

如发现被担保人经营状况严重恶化或发生公司破产、清算、解散、分立等重大事项的，有关责任人应及时报告董事会。董事会有义务采取有效措施，将损失降低到最小程度。

第十九条　对外担保的债务到期后，公司应督促被担保人在限定时间内履行偿债义务。若被担保人未能按时履行义务，公司董事会应及时采取必要的补救措施。

第二十条　公司担保的债务到期后需展期并需继续由其提供担保的，应作为新的对外担保，重新履行担保审批程序。

第二十一条　公司控股子公司办理对外担保的有关资料应报公司备案，并按季度向公司报告有关担保业务的执行情况。

第四章　其他事项

第二十二条　本制度未尽事宜，依照国家有关法律、法规公司章程及其他规范性文件的有关规定执行。本制度与有关法律、法规或公司章程的有关规定不一致的，以有关法律、法规或公司章程的规定为准。

第二十三条　本制度由公司董事会负责解释。

第二十四条　本制度自公司董事会审议批准后生效实施，公司于 2005 年 8 月 8 日制定的《山西安泰集团股份有限公司担保业务管理制度》自本制度生效之日起即行失效。

山西安泰集团股份有限公司董事会

二〇一〇年四月二十六日

# 第十一部分　责任会计制度设计

## 一、责任会计制度设计的意义与原则

责任会计是企业为了实现管理效益，通过划分责任中心并以责任中心可控的资金运动为对象，对责任中心职责履行和相关经济利益进行控制和考核的一种企业内部会计制度。责任中心按所负责的内容，一般可以划分为成本中心、收入中心利润中心和投资中心等。

责任会计制度是有效地控制各责任中心的职责履行情况，并合理地确定职责履行与其相关经济利益，而建立的一套行之有效的、能及时和正确地反映、评价和考核各责任中心实际经营业绩会计制度的工作。

### (一)责任会计制度设计的意义

随着现代经济的发展，企业规模不断扩大，传统的企业集中管理模式已无法满足经营管理的需要。为了有效地控制、管理庞大的经济组织，分权管理模式应运而生。为了发挥分权管理的有点，克服其缺点，必须设计一套行之有效的、完整的责任会计制度，将企业划分为各种不同形式的责任中心，建立起以责任中心为主体，以责、权、利相统一为特征，以责任预算、责任控制、责任考核为内容，通过信息的积累、加工和反馈而形成的企业内部控制系统，就可以将企业确定的目标、组织、控制和决策等达到最优组合。

(二)责任会计制度设计的原则

设计责任会计制度遵循以下几个基本原则：

1. 责任主体原则

在分权管理模式下，企业经营管理的责任也随着经营决策权的下放一起层层落实到各级管理部门，使各级管理部门在充分发挥有经营决策权的同时，也对其经营管理的有效性承担相应的经济责任。为了考核、评价各级管理部门经济责任的落实情况，责任会计的核算必须按各级管理部门设置相应的责任中心，建立责任主体，并以责任中心为对象进行会计资料的收集、加工整理、记录、计算对比和分析等项工作。

2. 目标一致原则

无论是集中管理还是分权管理，其最终目的都是实现企业的整体目标。因此，当经营决策权授予各级管理部门时，实际上就是将企业的整体目标分解成各责任中心的具体目标。为此，责任会计制度的设计，无论是责任中心权责范围的确定，还是责任预算的编制、责任中心的业绩考评，都必须始终注意与企业的整体目标保持一致，避免因片面追求局部利益而损害整体利益。

3. 可控性原则

由于各责任中心的利益与其经营业绩直接挂钩，因此，对各责任中心的业绩考核与评价，包括收入和费用的核算，必须以责任中心自身能够控制为原则。如果一个责任中心，自身不能有效地控制其可实现的收入或发生的费用，也就很难合理地反映其实际工作业绩，从而也无法作出相应的评价与奖惩。所以，设计责任会计制度，在责任中心的责任目标、责任预算、责任核算与责任考核等方面，必须始终关注可控性原则，尽可能排除责任中心不能控制的因素。

4. 激励原则

分权管理及相应的责任会计的建立，都是为最大限度地调动各责任中心员工的工作积极性，提高工作质量，更好地实现企业的整体目标。这就要求对各责任中心的责任目标、责任预算的确定相对合理。它包括两个方面：一是目标合理、切实可行，目标过高，会挫伤员工的积极性，反之，也不利于企业的整体目标；二是经过努力完成目标后所得到的奖励与所付出的努力相适应。

5. 反馈原则

责任会计的管理集中在事前、事中和事后三个方面，这些都需要相应的信息反馈，尤其是事中、事后管理。及时、准确地反馈生产经营中的各种相关信息，才能有效实施管理控制。这就要求责任会计制度的设计必须保证以下两个信息反馈渠道的畅通：一是信息向责任中心的反馈，使其能够及时了解预算的执行情况，以便采取有效措施调整偏离目标或预算的差异；二是向责任中心的上级反馈，以便上级管理部门作出适当反应。

6. 重要性原则

重要性原则要求责任会计在责任预算、责任核算、业绩考核、报告及评价等方面的指标设计，应注意在全面中突出重点，注重成本效益性。

### (三)责任会计制度设计的内容

责任会计的重要特性在于强调以责任中心为组织基础,收集资料、编制计划并提供计划实际完成情况的会计信息。一套完整的责任会计制度通常包括以下几项具体内容:划分责任中心、规定权责范围、建立企业内部转移价格和内部结算制度、编制责任报告和考评工作业绩等几个方面。

## 二、责任中心的设计

责任中心是指具有一定的管理权限并承担相应经济责任的企业内部单位,其基本特征是责、权、利相统一。划分责任中心的目的是调动企业的一切积极因素,使各中心在其职责范围内努力工作,为实现企业的总体目标创造有利条件。设置责任中心是进行责任会计设计的首要问题。

### (一)责任中心设计的原则

在一个企业里,如何设置责任中心、设置多少责任中心,取决于以下几个基本原则:

1. 与企业的组织机构相适应

一个企业的经营管理机构是由一个个既相互依存又相互制约的管理部门形成的完整体系。无论是集权管理的企业还是分权管理的企业,都会有若干个部门和若干管理层次。这就要求责任会计作为企业内部管理的一种形式,其责任中心的设置,一方面必须与企业的组织机构相适应,另一方面必须对企业原有的组织机构作通盘研究,统筹设计,根据责任会计的要求进行适当调整,将责任会计管理与企业管理的其他形式有机结合。

2. 能够划清责任单独核算

为保证责任中心经营管理责任的有效实施,企业的各个责任中心就必须单独核算,而只有以划清各责任中心的责任范围为前提,才能对责任中心进行单独核算。

3. 使责、权、利紧密结合

在责、权、利三者中,责是核心,权是尽责的必要条件,利是履行责任的内在动力。它要求企业对责任中心的管理:第一,让责任中心拥有与企业总体管理目标相协调,并且与其职能责任相适应的经营决策权;第二,使其承担与其经营决策权相适应的经济责任;第三,建立与其责任相配套的利益机制。

### (二)责任中心的设计

由于授权范围的不同,各责任中心承担的经济责任也不会相同。按授权范围和责任范围的不同,责任中心可以设置成本中心、利润中心和投资中心三种形式。

1. 成本中心的设计

(1)成本中心的含义

成本中心是对成本或费用负责的责任中心,即只考核所发生的成本和费用,而不形成或不考核其收入的责任单位。这类责任中心大多是指只负责产品生产的生产部门、劳务提供部门以及给予一定费用指标的企业管理科室。

成本中心是责任中心中应用较为广泛的一种责任中心形式。上至工厂，下至车间、工段、班组，甚至个人都可划分为成本中心，可以说，只要有费用支出的地方，就可以建立成本中心。由于成本中心的规模大小不一，各成本中心的控制、考核的内容也不相同。成本中心有两种类型，标准成本中心和费用中心。标准成本中心通常是指，通过技术分析可以相对可靠地估算出该部门成本发生的数额的成本中心，如产品成本中的直接材料、直接人工和制造费用等。其特点是投入(耗用)量与产出量有密切关系，成本可通过标准成本或弹性预算予以控制。或者说，标准成本中心是对那些实际产出量的标准成本负责的成本中心。

一般而言，成本中心的特点是只衡量成本费用，不衡量收益。成本中心没有经营权和销售权，其工作成果就不会形成可以用货币计量的收入。例如，一个生产车间，由于其所生产的产品仅为企业生产过程的一个组成部分，不能单独出售，因而不可能计算货币收入；有的成本中心可能有少量的收入，但不是主要的考核内容，因而没有必要计算货币收入。成本中心的目标是经过确定的责任成本。这个责任成本是当期发生的各项可控成本之和。可控成本是相对于不可控成本而言的。凡是责任中心能控制的各种耗费，称为可控成本；凡是责任中心不能控制的各种耗费，称为不可控成本。

具体而言，可控成本应具备如下三个条件：

第一，责任中心能够通过一定的方式了解将要发生的成本；

第二，责任中心能够对发生的成本进行计量；

第三，责任中心能够通过自己的行为对成本加以调节和控制。

凡不能同时具备上述三个条件的成本通常为不可控成本，一般不在成本中心的责任范围之内。

(2)成本中心的考核

成本中心考核的主要内容是责任成本，即将成本中心实际发生的责任成本同预算的责任成本目标或目标成本进行比较，包括成本(费用)降低额和降低率。其计算公式如下：

成本(费用)降低额＝预算成本(费用)－实际成本

成本降低率＝成本降低额÷预算成本×100％

在对成本中心进行考核时，需要注意的是，如果预算产量与实际产量不一致时，应按弹性预算的方法首先调整预算指标，然后再计算上述指标。

2. 利润中心的设计

(1)利润中心的含义

利润中心是对利润负责的责任中心，由于利润等于收入减去成本和费用，所以利润中心实际上既要对收入负责，又要对成本费用负责。这类责任中心一般是指有产品或劳务生产经营决策权的部门。在一个企业中，利润中心往往处于较高的层次，如分厂、分公司、有独立经营权的各部门，包括辅助生产部门或封闭式生产车间等。各利润中心都自成一体，独立经营，但也相互协调。与成本中心相比，利润中心的权力和责任都相对要大得多。

利润中心可以分为自然的利润中心和人为的利润中心。自然的利润中心是指对外销售产品而取得实际收入为特征的利润中心。这类责任中心一般具有产品销售权、价格制定权、材料采购权、生产决策权。如当公司采取事业部制时，每个事业部均有销售、生产、采购的机能，有很大的独立性，这些事业部就是自然的利润中心。人为的利润中心是以产品在企业内部流转而取得“内部销售收入”为特征的利润中心，即在企业内部按照内部结算价格将产品转让给本企业其他部门，取得收入，实现内部利润的责任中心。这类责任中心一般也应具有独立的经营管理权，即能够自主决定本利润中心的产品品种、产品产量、作业方法、人员调配和资金使用等。

(2)利润中心的考核

考核利润中心的指标主要是利润，但对于不同范围的利润中心来说，其利润指标的表现形式也不相同，但一般都包括毛利、贡献毛益和营业利润三种形式。

①毛利

毛利等于销售净额与销售成本之差。作为利润中心的考核指标，它包含了利润中心管理者所能控制的收入和销售产品成本两个因素，有利于各部门进行成本分析与控制；此外，由于这一指标不考虑营业费用因素，能促使各部门管理者调整产品结构，以最大限度地获取毛利，为最终利润的实现奠定基础。但在采用这一指标时，应注意由于毛利的增加所引起的营业费用不相应增加，从而导致净收益减少的问题。

②贡献毛益

贡献毛益是毛利额减去直接费用后的差额。在计算贡献毛益时首先要区分直接费用和间接费用。这里的直接费用是指那些由于特定部门的业务所引起、能直接归属于该部门并能为该部门所控制的费用，如与销售量相关的推销员工资等；而间接费用则是指那些由企业整体受益、不能直接归属于某一部门的费用，如企业管理人员工资等。某一部门的毛利减去部门直接费用后即为该部门的贡献毛益。采用贡献毛益指标对利润中心进行考核评价，有三个明显的优势：一是由于将各部门可以影响和控制的一部分营业费用(直接费用)记入各部门，使这些费用的减少既有利于部门创利额的增加，也有利于企业净收益的增加，保持了利润中心目标与企业整体目标的一致。二是贡献毛益指标更好地体现了可控性原则，能促使各部门充分利用公用设备、设施，节约有关费用。三是采用贡献毛益指标有利于企业高层管理者的决策，即当一个部门亏损时，只要它能创造贡献毛益，在没有其他更好方案的前提下，就应保留。

③营业利润

营业利润是在上述贡献毛益的基础上减去各部门应负担的营业费用(间接费用，包括摊销费用和管理费用)后的余额。采用营业利润作为考核指标，不但可以克服毛利指标可能出现的利润中心目标与企业整体目标的不一致，也考虑到了企业发生的间接费用都是间接地为各部门经营服务的事实。但间接费用在各部门之间的分配，应根据企业的具体情况，有公平合理的基础，这是保证营业利润可控及保持各部门工作积极性的关键。

3. 投资中心的设计

(1)投资中心的含义

投资中心是对投资负责的责任中心，其特点是既要对成本和利润负责，又要对投资效果负责。由于投资的目的是获取利润,因而投资中心同时也是利润中心。它与利润中心的区别主要在于:利润中心没有投资决策权,它是在企业确定投资方向后进行的具体的经营;而投资中心则拥有投资决策权,即能够相对独立地运用其所掌握的资金,有权购置和处理固定资产,扩大或缩小生产能力。投资中心在责任中心中处于最高层次,它具有最大的决策权,也承担最大的责任。投资中心是分权管理模式的最突出表现,大型集团公司下面的分公司、子公司往往都是投资中心。在组织形式上,成本中心基本上不是独立的法人,利润中心可以是也可以不是独立的法人,但投资中心一般都是独立的法人。

(2)投资中心的考核

评价投资中心业绩的指标,主要是投资利润率和剩余收益。

①投资利润率

投资利润率又称投资报酬率,是指投资中心所获得的利润与投资额之间的比率,其计算公式为:

投资利润率＝利润÷投资额×100％

为便于分析,投资利润还可扩展为:

投资利润率＝销售收入成本费用利润

投资额×销售收入×成本费用＝资本周转率×销售成本率×成本费用利润率

投资利润是目前许多公司十分偏爱的评价投资中心业绩的指标。其优点如下:一是能反映投资中心的综合赢利能力;二是投资利润率具有可比性,体现了资本的获利能力,有利于评价各投资中心经营业绩的优劣;三是可以作为选择投资机会的依据,有利于调整资本流量和存量,优化资源配置;四是以投资利润率作为评价投资中心经营业绩的尺度,有利于正确引导投资中心的管理行为,避免短期行为。以投资利润率作为评价指标的不足之处是缺乏全局观念,各投资公司为达到较高的投资利润率,可能会采取减少投资的方式,损害集团的整体利益。

②剩余收益

剩余收益是指投资中心获得的利润扣除其最低投资收益后的余额。其计算公式为:

剩余收益＝利润－(利润额×预期最低投资收益率)

以剩余收益作为投资中心经营业绩评价指标的基本要求是,只要投资利润率大于预期的最低收益率,该项投资便是可行的。一项投资,只要其投资利润率高于预期最低投资收益率,就能为投资中心和企业所接受;反之,该投资项目既不会为企业,也不会为投资中心所接受。它避免了投资利润率的缺陷,与投资利润率起互补作用,可以在投资决策方面使投资中心利益和企业整体利益保持一致。

## 三、责任预算分解制度的设计

责任预算是指以责任中心为对象,以其可控的收入、成本和利润等为内容编制的预算。责任预算既是责任中心的努力目标和控制依据,又是考核责任中心业绩的标准,同时也是企业总预算的具体化,可以和总预算融为一体。责任预算分解制度设计包括责任预算分解制度设计原则和责任预算编制方法两个方面。

### (一)责任预算分解制度设计原则

责任预算分解制度的设计应遵循以下四个原则:

1. 以明确的经营目标为前提

责任预算作为联结企业整体经营目标与目标落实的中介,它是以定量方式将企业的整体经营目标具体地描述为各责任中心的经营目标,使之明确各自为目标的完成应作出何种程度的贡献。经营目标的确定是会计管理活动的起点,同时也是责任预算编制的基础。

2. 全面性与突出重点相结合

责任预算对影响经营目标实现的各项业务都要以金额或数量的形式进行反映,应尽量避免由于缺乏周详的考虑而影响目标的实现,使有关责任指标之间相互衔接,保证责任预算的综合平衡。同时,由于企业经营的多面性、复杂化导致责任预算编制的困难程度增加,因此,在编制责任预算时,又要注意抓住经营重点。

3. 积极可行并留有余地

面对竞争激烈的市场环境,任何一个企业,无论其规模多大,管理水平多高,也不可能洞悉市场的一切,不可能十分准确地计算出自身的产品销售量、销售额及费用水平等一系列费用,因而,在责任预算编制时必须留有余地。

4. 编制过程要充分论证

责任预算在编制程序上,首先,要由企业依据种种预测资料制定出以获得目标利润为中心的全年经营目标,并按责任中心的具体情况将经营目标分解为数量指标和价值指标下达给有关责任中心;其次,由各责任中心根据自身情况提出资金、技术、设备、材料和用工等方面的安排及相应的意见和要求;再次,经企业与各责任中心反复协调、平衡后,由各责任中心结合企业制定的内部结算价格编制出各自的责任预算;最后,由企业依据各责任中心的预算进行平衡、修订,编制出企业的责任预算下发到各责任中心,作为具有强制约束力的文件要求责任中心执行。

### (二)责任预算编制方法

编制责任预算的目的在于将责任中心的经济责任数量化。责任预算的编制方法有两种:一种是在企业总预算的基础上,从责任中心的角度,对总预算进行层层分解而形成的各责任中心的预算。或者说,是把总预算确定的目标,按照企业内部各责任中心进行划分,落实到企业的各个部门和各级单位,以保证实现企业的总体目标。这种自上而下、指标层层分解的方式比较常见。优点是使整个企业浑然一体,便于统一指挥和调度;不足之处是可能遏制责任中心工作的积极性和创造性。另一种是采取自下而上的方式,即由各个责任中心首先自行列示各自的预算指标,层层汇总,最后由企业负责人或诸如预算委员会等机构进行汇总和调整,从而建立企业总预算。这种方式有利于发挥各责任中心的积极性,但容易使各责任中心只注意本中心的具体情况,或者局限于本部门管理的狭窄范围之内,影响到企业总目标的实现。

责任预算的编制方法与企业组织机构设置和经营管理方式有密切关系。组织机构设置与经营管理方式不同,责任预算的编制程序也会有很大差异,在编制责任预算时,企业应根据自身特点来选择编制方法。

在责任核算系统下,要求分别考核各责任中心的经营业绩,为此,当各责任中心相互提供产品或劳务时,应当按照合理的内部转移价格进行结算,对于因责任归属而发生的责任成本也应进行转移和清算,以便分清各责任中心的经济责任,明确各责任中心的业绩,为考核提供依据。进行责任核算系统设计时,需要设计内部转移价格和内部结算制度以及选择适合本企业特点的责任会计核算方法。

## 四、内部转移价格和内部结算制度的设计

### (一)内部转移价格的设计

为了正确反映各责任中心的工作业绩,对企业内部各责任中心之间相互提供的,即内部所转移的各种产品、劳务等进行结算,需要对企业内部所转移的各种产品、劳务等确定其转移价格。由于转移价格的确定直接涉及与其相关的各责任中心的利益,因此,企业在制订内部转移价格时必须根据各种产品或劳务的具体情况,将其确定得科学、合理,使之无可争议,为内部结算、考核打好基础。

所谓内部转移价格,是指企业内部有关责任中心之间转移中间产品和相互提供劳务的结算价格。从企业总体来看,内部转移价格无论怎样制定,都不影响企业的利润总数,影响的只是利润或内部利润在各责任中心之间的分配情况。

1. 内部转移价格的设计原则

(1)全局性原则

设计内部转移价格应强调企业的整体利益高于各分权单位的利益。由于内部转移价格直接关系到各责任中心经济利益的大小,每个责任中心必然会为本责任中心争取最大的利益,在利益发生冲突的情况下,企业应从整体利益出发设计内部转移价格,以保证企业利润最大化。

(2)激励性原则

内部转移价格的设计应公正合理,防止某些部门因价格上的缺陷而获得一些额外的利益或损失,也就是说,内部价格的设计应能激励各责任中心经营管理的积极性,使他们的努力工作与所得到的收益相适应。

(3)自主性原则

在企业整体利益的前提下,承认各责任中心的相对独立性,就必须给予各责任中心相对独立的经营权,如生产权、技术权、人事权和理财权等,设计的内部转移价格必须为各方所接受。

2. 内部转移价格的设计类型

(1)市场价格

以市场价格作为内部转移价格的责任中心,应该是独立经营核算的利润中心,它们有权决定生产的数量、出售或购买的对象及其相应的价格。通常认为,市场价格是

制定内部转移价格的最好依据。因为市场价格最能体现责任中心的基本要求，即在企业内部引进市场机制，造成一种竞争气氛，使其中每个利润中心实质上都成为独立的机构，各自经营、相互竞争，最终通过利润指标来考核和评价其工作成果。但以市场价格作为内部转移价格时，应注意两点：

第一，在中间产品有外部市场，可向外部单位销售，或从外部单位购买时，以市场价格作为内部转移价格，并不等于直接将市场价格用作结算，而应在此基础上，对外部价格作一些必要的调整。外部销售价格一般都包括销售费、广告费及运输费等，这些费用在内部转移时，一般可避免发生。为使利益在各责任中心分配得更公平，这些可避免的费用应从市场价格中扣除，即以市场价格减去对外的销售费、广告费等才是内部销售的中间产品价格。

第二，以市场价格为依据制定内部转移价格时，通常是假设中间产品有完全竞争的市场或中间产品提供部门即"卖"方无闲置生产能力，但完全竞争的市场条件是很难找到的，而且市场价格也受到一定的限制，有些产品（半成品）没有现成的市价，而另一些产品只有非完全竞争市场价格，不能直接作为内部转移价格。

（2）协商价格

以内部协商价格作为内部转移价格，具有一定的弹性，可以照顾双方利益并得到双方的认可。但在确定内部协商价格时，容易使双方争执不休，造成部门间的矛盾；如果过多地依赖上级管理当局的仲裁，又会降低衡量部门业绩的能力。

（3）双重内部转移价格

所谓双重内部转移价格，是指对产品（半成品）的供需双方分别采用不同的转移价格。如对产品（半成品）的"出售"部门，可按协商的市场价格计价；而对"购买"部门，则按"出售"部门的单位变动成本计价；其差额由会计部门进行调整。这样区别对待，有利于产品（半成品）接受部门正确地进行经营决策，避免因内部定价高于外部市场价格，接受部门向外部进货，而不从内部"购买"。这种方法通常在中间产品有外界市场、生产（供应）部门生产能力受限制，且变动成本低于市场价格的情况下才会行之有效，提高企业的整体收益。

（4）以"成本"作为内部转移价格

以产品成本作为内部转移价格，是制定转移价格的最简单的方法。由于成本有不同的概念，如实际成本、标准成本和变动成本等，在制定转移价格时，也分别有不同的方法。

实际成本法是以中间产品生产时发生的生产成本作为内部转移价格。这种方法的优点就是简单，但只是一种实际成本的计算转让过程，严格上不能作为一种内部"价格"发挥其在各部门之间划清经济责任和调节企业内部利润的作用。因此，这种方法对于产品或劳务的提供部门降低成本缺乏激励作用。实际成本加成法是在实际成本的基础上加上一定的利润作为内部转移价格。这种方法能够让提供中间产品的部门取得一定的利润，适用于各成本中心相互转移产品或劳务时确定价格。但是，这种转移价格包含了实际成本，成绩和缺陷转嫁现象不能消除，无助于调动提供部门降低成本、增加利润的积极性。而加成的高或低具有主观随意性，影响双方经营业绩的正确评价。

标准成本法是以各中间产品的标准成本作为其内部转移价格。这种方法的最大优点是将管理和核算工作结合起来,可以避免成绩和缺陷转嫁现象的发生,使责任分明,能调动双方的积极性。适用于成本中心产品的转移。

变动成本法是以变动成本作为内部转移价格。这种方法的优点是符合成本性态,能够明确揭示成本与产量的关系,便于考核各责任中心的工作业绩,有利于企业和各责任中心进行生产经营决策。其缺点是不包含固定成本,不能反映劳动生产率的变化对单位固定成本的影响,割裂了固定成本与产量之间的关系,不利于调动各责任中心增加产量的积极性。变动成本法主要适用于采用变动成本法计算产品成本的成本中心。

#### (二)内部结算制度的设计

只有建立以内部转移价格为基础的内部结算制度,才能及时、准确地反映各责任中心之间的相互联系和责任关系。内部结算制度的形式有多种,如内部转让通知单、内部托收承付结算方式、内部货币结算方式和内部银行支票方式等。各种结算制度的繁简程度不一,适合于各种不同类型的企业和责任单位。因此,企业必须根据自身的实际需要进行选择确定。

### 五、责任会计核算方法的设计

企业责任会计核算是责任会计设计的一个重要环节,同时它也是有别于财务会计核算的一个特殊体系。按照责任会计核算与财务会计核算的相互关系,责任会计的核算方法一般分为双轨制和单轨制两种模式。

#### (一)双轨制核算模式

双轨制核算,是指在不影响和改变企业原有财务会计核算的前提下,根据企业内部控制和责任管理的需要,在财务会计核算体系之外,购建一套独立的责任会计核算体系,进行责任收入、责任成本和责任利润等方面的核算。

实行双轨制核算,在责任会计核算上,可以完全按照内部控制管理的要求,设置独立的账户、独立编制凭证、独立登记账簿,从而专门提供企业各责任中心责任预算的完成情况。但也存在着以下两个缺点:一是由于设置双重的核算体系,加大了日常账务处理的工作量,造成重复性劳动;二是由于两个彼此具有相互联系的核算内容相互脱节,致使财务会计和责任会计所提供的信息之间缺少直接联系,不利于企业管理当局将企业的整体财务状况、经营成果和各责任中心的责任考核相结合进行综合分析。因此,双轨制核算一般只适用于实行责任会计的初期采用,随着企业管理水平的提高和会计人员在业务实践中的经验积累,一般都会转向单轨制核算。

#### (二)单轨制核算模式

单轨制核算是指将责任会计的核算纳入财务会计的核算体系,使责任会计核算与财务会计核算合二为一,通过设置一套账簿同时进行责任会计与财务会计的核算。在这种核算模式下,企业必须根据对各责任中心进行考核的需要,增设内部核算账户,或在正常的财务会计账户下,按对各责任中心的考核内容增设二级或三级明细分类账户。在按统一的财务会计制度反映企业财务状况、经营成果的同时,也根据内部管理需要,反映各责任中心的财务状况和经营成果。例如,在“主营业务成本”账户下,按不同的成本或利润中心设置二级账户,如果企业需要分门别类地反映成本项目,也可按成本项目设置三级明细账户,或按成本项目设置二级账户,按责任中心设置三级明细账户。这类账户主要还有“主营业务收入”、“营业税金及附加”、“销售费用”、“管理费用”、“财务费用”和“本年利润”等。

单轨制核算时,成本中心既要计算责任成本,同时也要计算产品成本。二者结合的形式一般有责任成本与产品成本结合核算的形式、责任成本与产品变动成本结合核算的形式两种。采用责任成本与产品成本结合核算的形式,其核算方法有两种:第一种是以传统的产品成本核算体系为基础设置账簿,计算产品制造成本,并将成本责任中心当期发生的不可控费用剔除,计算责任成本。责任成本的计算是通过编制调整成本计算表来完成的,无须另行设置账簿。第二种是在成本责任中心的生产费用类账户下,分设“可控费用”和“不可控费用”明细账,将可控费用和不可控费用分别进行登记,并分别在各种产品之间进行分配。成本责任中心各种产品的当期可控费用之和为实际责任成本,某种产品的可控费用与不可控费用之和为该产品的实际成本。这两种责任成本与产品成本相结合的核算方法,都能够避免双轨制会计核算下成本计算工作的重复。

责任成本与产品变动成本结合核算的形式,一般以变动成本法为基础设置账簿进行核算。具体地说,是车间及以下层次的成本责任中心按照变动成本法计算产品成本,变动成本按产品进行归集;固定成本按成本中心进行归集,分为可控成本和不可控成本。成本中心当期发生的可控变动成本与可控固定成本之和为成本责任中心的责任成本。责任成本与产品变动成本相结合的核算形式,能够清晰地表明产量变动与成本控制水平而引起的成本变动,便于合理考核成本责任中心的工作业绩。

## 六、责任会计报告的设计

责任中心的业绩考核是通过编制责任会计报告来完成的。责任会计报告又称业绩报告、绩效报告,它是根据责任会计记录编制的反映责任预算实际执行情况的会计报告,是系统、全面地反映企业内部各级责任中心生产经营活动过程、资金运动情况及其结果的总括性文件。因此,责任会计报告的设计是责任会计制度设计的一项重要内容。

### (一)责任会计报告设计的基本要求

1. 内容系统

责任会计制度要求以按责任中心编制的责任预算为起点,对预算的执行情况进行系统地记录、计量,按期编制责任报告,对责任中心进行考核。责任报告要能够系统地反映企业内部经济活动的全貌,不同层次的责任中心编制不同的责任报告,其详细程度应根据各责任中心管理人员的管理需要,因此,各企业责任报告的内容会不尽相同,但必须以最低的责任层次为起点,将责任报告逐级汇总(如成本中心的从班组到车间),直至向企业最高管理层的报告,形成企业的一个责任报告系统。

2. 信息相关

信息相关要求责任会计报告所披露的信息必须与所要报告的管理者需要相关。一方面，它能够提供受到该层管理人员所能控制因素影响的指标；另一方面，要保持指标的形成具有清晰的逻辑层次；同时，还要以文字形式提出需要管理当局特别引起注意的地方。

3. 形式灵活

由于责任会计报告是对各责任中心的责任履行情况所作出的专门报告，因此，在将责任预算、实际执行情况及其产生的差异用报表列示的同时，还可以对重大差异予以分析，查找原因，并作出说明或提出改进建议。可见，与财务会计的财务报告不同，由于责任会计报告是企业的一种内部报告，它必须根据管理当局的需要进行灵活多样的设计。除了编制报表以外，还可以采用数据分析、文字说明等方式进行报告。

**(二)责任会计报告的种类**

责任会计报告按不同的标志可以有多种不同的分类。但由责任中心是责任会计的基本主体决定，责任会计报告按不同类型的责任中心分类并进行设计是最重要的。下面就不同类型责任中心的责任报告格式和内容分别作以说明。

1. 成本中心责任报告

成本中心的责任报告应主要反映其责任成本的预算额、实际发生额及其差异额，并按成本或费用项目分别列示。采用不同成本计算方法的责任中心，其责任报告的成本或费用项目也不相同。通过成本中心的责任报告，可以了解成本中心责任成本预算的完成情况和产生差异的原因，有助于对其成本中心进行控制，并据此对各成本中心的业绩进行考核。格式如图表 4－6 所示。

**成本中心责任报告**

编制单位：　　　　　　　　年　　月　　　　　　　　金额单位：＿＿＿＿

| 项目 | | 预算 | 实际 | 实际超支(节约) | 差异原因 |
|---|---|---|---|---|---|
| 可控成本 | | | | | |
| 变动成本 | 直接材料 | | | | |
| | 直接人工 | | | | |
| | 变动制造费用 | | | | |
| | 变动成本合计 | | | | |
| 固定成本 | 固定制造费用 | | | | |
| | …… | | | | |
| | …… | | | | |
| | 固定成本合计 | | | | |
| 不可控成本说明 | | | | | |

**图表 4－6　成本中心责任报告格式**

2. 利润中心的责任报告

利润中心的责任报告主要反映其责任利润的预算额、实际发生额和差异额，并按利润的形成过程分项列示。其一般格式见图表 4－7 所示。

**利润中心责任报告**

编制单位：　　　　　　　　年　　月　　　　　　　　金额单位：________

| 项目 | | 预算 | 实际 | 实际超支(节约) | 差异原因 |
|---|---|---|---|---|---|
| 销售净额 | | | | | |
| 销售成本 | | | | | |
| 毛利 | | | | | |
| 部门直接费用 | 人员工资 | | | | |
| | 广告费 | | | | |
| | 折旧费 | | | | |
| | 直接费用合计 | | | | |
| 部门贡献毛益 | | | | | |
| 间接费用 | 管理人员工资 | | | | |
| | 办公费用 | | | | |
| | 销售费用 | | | | |
| | 间接费用合计 | | | | |
| 营业利润 | | | | | |

图表 4-7　利润中心责任报告格式

利润中心的利润差异较大时，应在责任报告中进行分析并作出说明。通过利润中心的责任报告，可以了解利润中心的销售、成本等情况，分析影响责任中心目标利润完成情况的主要原因，并据以对利润中心的工作业绩进行评价。

3. 投资中心的责任报告

投资中心的责任报告主要反映投资利润预算完成情况，包括责任利润预算的完成情况、责任投资利润率和资金周转率指标的完成情况。其一般格式见图表 4-8 所示。

**利润中心责任报告**

编制单位：　　　　　　　　年　　月　　　　　　　　金额单位：________

| 项目 | | 预算 | 实际 | 实际超支(节约) | 差异原因 |
|---|---|---|---|---|---|
| 销售净额 | | | | | |
| 销售成本 | | | | | |
| 毛利 | | | | | |
| 部门直接费用 | 人员工资 | | | | |
| | 广告费 | | | | |
| | 折旧费 | | | | |
| | 直接费用合计 | | | | |
| 部门贡献毛益 | | | | | |
| 间接费用 | 管理人员工资 | | | | |
| | 办公费用 | | | | |
| | 销售费用 | | | | |
| | 间接费用合计 | | | | |
| 营业利润 | | | | | |
| 资产平均占用额 | | | | | |
| 投资周转率 | | | | | |
| 销售利润率 | | | | | |
| 投资利润率 | | | | | |
| 剩余收益 | | | | | |

图表 4-8　投资中心责任报告格式

在投资中心的责任报告中，应对投资利润率预算的完成情况，影响投资利润率变动的原因进行重点分析。

# 参考文献

1. 李凤鸣:《会计制度设计》[M],复旦大学出版社,2010 年 6 月

2. 于吉永:《内部会计控制制度设计与运行》[M],立信会计出版社,2006 年 12 月

3. 颉茂华:《企业财务与会计制度》[M],清华大学出版社,2005 年 11 月

4. 赵岩．崔国萍:《企业会计制度设计》[M],立信会计出版社,2009 年 1 月

5. 孙光国:《会计制度设计》[M],东北财经大学出版社,2006 年 3 月

6. 孙福军:《浅谈会计电算化内部管理控制制度设计》,《经济研究导刊》[J],2010/20

7. 潘玉金:《中小企业会计制度设计的原则与内容》,《现代商业》[J],2010/18

8. 刘德道:《我国会计要素和会计科目重构探讨》,《财会通讯(学术版)》[J],2008/12

9. 刘德道:《新旧固定资产准则之比较》,《中国农业会计》[J],2008/02

10. 孟令清:《建立内部会计控制制度与设计原则》,《商场现代化》[J],2009/36

11. 谭贵连:《制造业内部会计控制制度的设计》,《消费导刊》[J],2009/14

12. 王桂林:《浅谈企业内部会计制度设计》,《山东纺织经济》[J],2009/04

13. 庞艳敏:《会计电算化内部控制制度建立与完善》,《中国集体经济》[J],2010/34

14. 赵红梅:《浅谈企业内部会计控制制度的革新与发展》,《现代经济信息》[J],2010/23

15. 徐发山:《简析中小企业如何构建内部会计控制制度》,《现代经济信息》[J],2010/23

16. 邓军:《完善企业内部会计控制制度研究》,《企业研究》[J],2010/18

17. 秦亚南:《浅谈中小企业内部会计控制制度的构建》,《价格月刊》[J],2010/11

18. 郭梅:《试论企业内部会计控制制度》,《经营管理者》[J],2010/22

19. 吴敏艳:《中小企业内部控制问题探讨——基于会计岗位轮换制度的缺失》,《财政监督》[J],2010/16

20. 陈娟:《建立健全医院内部会计控制制度的几点体会》,《中医药管理杂志》[J],2010/10

21. 左春红:《对企业内部会计控制制度的分析》,《中小企业管理与科技(下旬刊)》[J],2010/11

22. 王铁民:《浅议推行内部会计控制制度的难点与措施》,《科技创新导报》[J],2010/30

23. 陈迪:《会计电算化背景下内部控制制度的新变化》,《商业文化(学术版)》

[J],2010/10

24. 高明:《企业内部会计控制制度存在的主要问题及对策分析》,《内蒙古煤炭经济》[J],2010/06

25. http://www. chinaacc. com/

26. http://www. eastmoney. com/

27. http://www. sina. com. cn/

28. Trenerry Alan R. :《Accounting system design》[M],copyright Pearson Education Australia Pty Limited 2003